王晓/著
（带头大哥777）

操盘之王II

——盘中定乾坤

TECHNIQUES
DETERMINE
PROFITS

山西人民出版社

图书在版编目(CIP)数据

操盘之王.2,盘中定乾坤 / 王晓 著. ——太原:山西人民出版社,2011.10

ISBN: 978-7-203-07448-9

I. ①操… II. ①王… III. ①股票交易—基本知识 IV. ①F830.91

中国版本图书馆 CIP 数据核字(2011)第 193781 号

操盘之王Ⅱ:盘中定乾坤

著　　者:王晓
责任编辑:李建业
装帧设计:周周设计

出 版 者:山西出版集团·山西人民出版社
地　　址:太原市建设南路 21 号
邮　　编:030012
发行营销:0351-4922220　4955996　4956039
　　　　0351-4922127 (传真)　4956038 (邮购)
E-mail:sxskcb@163.com 发行部
　　　　sxskcb@126.com 总编室
网　　址:www.sxskcb.com

经 销 者:山西出版集团·山西人民出版社
承 印 者:三河市航远印刷有限公司

开　　本:787mm × 1092mm 1/16
印　　张:24
字　　数:350 千字
版　　次:2011 年 11 月第 1 版
印　　次:2011 年 11 月第 1 次印刷
书　　号:978-7-203-07448-9
定　　价:77.70 元

序言 preface

《操盘之王》发行后，一石激起千层浪，轻松打破了股票类图书日、周、月销售全国记录，雄居全国销售排行榜52天。作为一本股票类图书能做到如此，难能可贵。书中我用最简单的文字对技术进行阐述，之所以如此，是因为我觉得技术本来就是很简单的东西，只是这些年被某些人玄化了，不断地复杂化，给股民造成了极大的困扰。历史上著名诗人及文学家白居易的文字称为“老妪能解”，就是说他的文字不识字的老妪都能听的明白。就因为白乐天的诗老妪能解，才确立了他的诗在人民心中的地位。而我恰恰也在这么做。技术并无高低之分，分别只在于个人的理解能力而已。那么我把技术掰开了揉碎了呈现给大家，就是我最想做的事情。

这本《操盘之王Ⅱ：盘中定乾坤》应该算《操盘之王》的前传，对《操盘之王》的部分基础知识进行了补充，从新股民直通专业操盘手，同时这本书也对各种技术流派以及多种股票操作原理进行了一些个人的分析，众家之长为已所用，弃去糟粕，取之精华。这才是股者之道。

希望这本书能为股民进入市场提供一些必要的帮助。

contents

目录

contents

目录

contents

目录

第一章 操盘预备式

第一节 股票的定义

股票是社会化大生产的产物，已有几百年的历史。企业可以通过向社会公开发行股票筹集资金用于扩大生产经营。国家也可通过控制多数股权的方式，用同样的资金控制更多的资源。

在国内沪深股市，每股股票的面额都已标准化，是一元人民币，股票的发行总额为股份公司的总股本数。上市公司的其他相关信息，都将定期在中国证监会指定的报纸如《中国证券报》、《上海证券报》、《证券时报》上刊登。我国沪深股市股票的发行和交易都是借助电脑及高科技通讯系统进行的，上市的股票已实现了无纸化，所以现在的股票仅仅只是计算机系统内的一串符号而已。

一、股票的三点用途

1. 作为一种出资证明，当一个自然人或法人向股份有限公司参股投资时，便可获得股票作为出资的凭据；

2. 股票的持有者可凭借股票来证明自己的股东身份，参加股份公司的股东大会，对公司的经营发表意见；

3. 股票持有人凭借着股票可获得一定的经济利益，参加股份公司的利润分配，也就是通常所说的分红。

二、获取股票有四种途径

1. 作为股份有限公司的发起人而获得股票，我国许多上市公司都由国有独资企业转为股份制企业，原企业的部分财产就转为股份公司的股本，相应地原有企业就成为股份公司的发起人股东。

2. 在股份有限公司向社会募集资金而发行股票时，自然人或法人出资购买的股票，通常被称为原始股。

3. 在二级流通市场上通过出资的方式受让他人手中持有的股票，这种形式也是我国股民获取股票的最普遍形式。

4. 他人赠与或依法继承而获得的股票。无论股票的持有人是通过何种途径获得股票，只要他是股票的合法拥有者，持有股票就表明他是股票发行企业的股东，就享有相应的权利与义务。

股票作为一种重要的金融工具，需要经国家有关部门的核准才能发行，在我国，所有股票的发行都必须征得中国证券监督管理委员会的审核批准。

第二节　股票的性质

股票只是对一个股份公司拥有的实际资本的所有权证书，只是代表取得收益的权利，是对未来收益的支取凭证，它本身不是实际资本，而只是间接地反映了实际资本运动的状况，从而表现为一种虚拟资本。股票虽然只是一种凭证，但由于股票的持有人凭着股票可获得一定的经济利益并享有相应的权利，所以股票是一种有价证券，并具有以下一些性质。

1. 收益性

股票的收益性主要表现在股票的持有人都可按股份公司的章程从公司领取股息和红利，从而获取购买股票的经济利益，这也是股票购买者向股份有限公司投资的目的之一，也是股份有限公司发行股票的必备条件。如我国规定，一家公司在证券交易所挂牌前三年必须是连续盈利，这就为上市股票的收益性提供了一定的保障，因为盈利是股票分红的必要前提条件。但应注意的是，股票挂牌后公司是否能继续盈利且盈利多少是无法预测的。

在上市公司中，虽然亏损的比例很小，但企业间的盈利水平却相差很大。

2. 风险性

任何一项投资都伴随着风险存在，股票投资也不例外。股票的风险主要表现为以下几点：其一，影响股份公司经营的因素繁多且变化不定，其每年的经营业绩都不确定，而股票的股息和红利是根据公司具体盈利水平确定的。

盈利多，股息红利就可多发；经营不佳盈利少，股东的收益就少甚至无利可分；若公司破产，则股票持有者有可能血本无归；其二，当投资者购买的是二级市场上流通的股票时，股票的价格除受公司的经营业绩影响外，还要受众多其他因素的影响。当股票的价格下跌时，股票持有者会因股票的贬值而蒙受损失。但二级市场股价的波动并不影响上市公司的经营和业绩，如股民购买股票的目的是取得上市公司的股息红利，则二级市场上股价的波动对其经济利益并无实质性的影响。

3. 流通性

经国家证券管理部门或证券交易所同意后，股票可以在证券交易所流通或进行柜台交易，股票的持有者就可将股票按照相应的市场价格转让给第三者，将股票所代表着的股东身份及各种权益出让给受让者。当持有的股票是可流通股时，其持有人可在任何一个交易日到市场上将其兑现，这就是股票的流通性。但不论在那一国家或地区，能上市流通的股票所占的比例都很小，一般来说，在证交所挂牌的上市公司占股份制企业的比例大约也就5%到7%左右，并不是所有的股票都能在市场上流通转让。

4. 参与性

根据公司法的规定，股票的持有者就是股份有限公司的股东，他有权出席股东大会、参加公司董事机构的选举及公司的经营决策。也正因为如此，股东的投资意志和经济利益才能通过其行使的股东参与权而得到强化。虽然股东参与股东大会的权利不受所持股份多寡的限制，但参与经营决策的权利大小是要取决于其持有的股票份额的。一般来说，当股东持有的股票数额达到决策所需的相对多数时，他就成为股份有限公司的决策者。如我国上市公司中，虽然有的公司配股并不为广大的中小股东所接受，但由于占总股本2/3以上的国家股东或法人股东控制了董事会，他们虽然自己拿不出资金配股，但仍可通过决议而强制中小股东配股以追加对公司的投资。

5. **稳定性**

股票是一种无期限的法律凭证，它反映的是股东与股份公司之间比较稳定的经济关系。在向股份公司参股投资而取得股票后，任何股东都不能退股，股票的有效存在是与股份有限公司的存续相联系的，即股票是与发行公司共存亡的。对于股票持有者来说，只要其持有股票，其股东身份和股东权益就不能改变。如要改变股东身份，要么将股票转售给第三人，要么等待公司的破产清盘。

第三节　股票的分类

由于股票包含的权益不同，股票的形式也就多种多样。一般来说，股票可分为普通股股票和优先股股票。按照不同的分类方法，股票可以分为不同的种类。

1. 按股票持有者可分为国家股、法人股、个人股。三者在权利和义务上基本相同。不同点是国家股投资资金来自国家，不可转让；法人股投资资金来自企事业单位，必须经中国人民银行批准后才可以转让；个人股投资资金来自个人，可以自由上市流通。但是在全流通后，国家股、法人股也可以自由流通了。

2. 按股东的权利可分为普通股、优先股及两者的混合等。普通股的收益完全依赖公司盈利的多少，因此风险较大，但享有优先认股、盈余分配、参与经营表决、股票自由转让等权利。优先股享有优先领取股息和优先得到清偿等优先权利，但股息是事先确定好的，不因公司盈利多少而变化，一般没有投票及表决权，而且公司有权在必要的时间收回。优先股还分为参与优先和非参与优先、积累与非积累、可转换与不可转换、可回收与不可回收等几大类。

3. 股票按票面形式可分为有面额、无面额及有记名、无记名四种。有面额股票在票面上标注出票面价值，一经上市，其面额往往没有多少实际意义；无面额股票仅标明其占资金总额的比例。我国上市的都是有面额股票。记名股将股东姓名记入专门设置的股东名簿，转让时须办理过户手续；无记名股的名字不记入名簿，买卖后无需过户。

4. 按享受投票权益可分为单权、多权及无权三种。每张股票仅有一份表决权的股票称单权股票；每张股票享有多份表决权的股票称多权股票；没有表决权的股票称无权股票。

5. 按发行范围可分为 A 股、B 股、H 股和 F 股四种。A 股是在我国内地发行，供国内居民和单位用人民币购买的普通股票；B 股是专供境外投资者在境内以外币买卖的特种普通股票；H 股是我国境内注册的公司在香港发行并在香港联合交易所上市的普通股票；F 股是我国股份公司在海外发行上市流通的普通股票。

第四节 普通股定义

所谓普通股股票，就是持有这种股票的股东都享有同等的权利，他们都能参加公司的经营决策，其所分取的股息红利是随着股份公司经营利润的多寡而变化。而其他类型的股票，其股东的权益或多或少都要受到一定条件的限制。

普通股股票主要特点如下：普通股股票是股票中最普通、最重要的股票种类。股份公司最初发行的股票一般都是普通股股票，且由于它在权利及义务方面没有特别的限制，其发行范围最广且发行量最大，故股份公司的绝大部分资金一般都是通过发行普通股股票筹集而来的。普通股股票是股份有限公司发行的标准股票，其有效期限是与股份有限公司相始终的，此类股票的持有者是股份有公司的基本股东。

普通股股票是风险最大的股票。持有此类股票的股东获取的经济利益是不稳定的，它不但要随公司的经营水平而波动，且其收益顺序比较靠后，这就是股份公司必须在偿付完公司的债务和所发行的债券利息以及优先股股东的股息以后才能给普通股股东分红。所以持有普通股股票的股东其收益最不稳定，其投资风险最大。

对股份公司而言，持普通股股票的股东所处的地位是绝对平等的，在股份有限公司存续期间，它们都毫无例外地享有下述权利，法律和公司章程对此没有任何特别的限制。

通过参加股东大会来参与股份公司的重大经营决策。一般来说，股份公司每一年度都至少要召开一次股东大会，在遇到重大事件时还要召开临时股东大会。在股东大会上，股东除了听取公司董事会的业务和财务报告外，还可对公司的经营管理发表意见，参加公司董事会和监事会的选举。如果认为公司的账目不清，股东还有权查阅公司的有关账册。如果发现董事违法失职或违反公司章程而损害公司利益，普通股股东有权将之诉诸于法庭。

具有分配公司盈余和剩余资产的权利。在经董事会决定之后，普通股股东有权按顺序从公司经营的净利润中分取股息和红利。在股份有限公司解散清算时，有权按顺序和比例分配公司的剩余资产。

第五节　优先股定义

在了解优先股之前要先了解什么是优先认股权。当股份公司为增加公司资本而决定增资扩股时，普通股股东都有权按持股比例优先认购新股，以保证普通股股东在股份有限公司中的控股比例不变。如我国的上市公司在配股时，都是按比例先配给现有的普通股股东。当普通股股东不愿或无力参加配股时，它可放弃配股或按相应的规定将配股权利转让与他人。

所谓优先股股票是指持有该种股票股东的权益要受一定的限制。优先股股票的发行一般是股份公司出于某种特定的目的和需要。优先股股东的特别权利就是可优先于普通股股东以固定的股息分取公司收益并在公司破产清算时优先分取剩余资产，但一般不能参与公司的经营活动，其具体的优先条件必须由公司章程加以明确。

一般来说，优先股的优先权有以下四点：在分配公司利润时可先于普通股且以约定的比率进行分配。当股份有限公司因解散、破产等原因进行清算时，优先股股东可先于普通股股东分取公司的剩余资产。优先股股东一般不享有公司经营参与权，即优先股股票不包含表决权，优先股股东无权过问公司的经营管理，但在涉及到优先股股票所保障的股东权益时，优先股股东可发表意见并享有相应的表决权。优先股股票可由公司赎回。由于股份有限公司需向优先股股东支付固定的股息，优先股股票实际上是股份有限公司的一种举债集资的形式，但优先股股票又不同于公司债券和银行贷款，这是因为优先股股东分取收益和公司资产的权利只能在公司满足了债权人的要求之后才能行使。优先股股东不能要求退股，却可以依照优先股股票上所附的赎回条款，由股份有限公司予以赎回。大多数优先股股票都附有赎回条款。

如果再将优先股股票细分，它还有：

1. 累积优先股股票和非累积优先股股票。累积优先股股票是指在上一营业年度内未支付的股息可以累积起来，由以后财会年度的盈利一起付清。非累积优先股股票是指只能按当年盈利分取股息的优先股股票，如果当年公司经营不善而不能分取股息，未分的股息不能予以累积，以后也不能补付。

2. 参加分配优先股股票和不参加分配优先股股票。参加分配优先股股票是指其股票持有人不仅可按规定分取当年的定额股息，还有权与普通股股东一同参加利润分配的优先股股票。不参加分配优先股股票，就是只能按规定分取定额股息而不再参加其他形式分红的优先股股票。

3. 可转换优先股股票和不可转换优先股股票。可转换优先股股票是指股票持有人可以在特定条件下按公司条款把优先股股票转换成普通股股票或公司债券的股票，而不可转换优先股股票是指不具有转换为其他金融工具功能的优先股股票。

4. 可赎回优先股股票和不可赎回优先股股票。可赎回优先股股票是指股份有限公司可以一定价格收回的优先股股票，又称可收回优先股股票，而不附加有赎回条件的优先股股票就是不可赎回优先股股票。

5. 股息可调整优先股股票。它是指股息率可以调整变化的优先股股票，其特点是优先股股票的股息率可随相应的条件进行变更而不再事先予以固定。

第六节　股票的作用

对于股份公司，股票有以下四个基本作用

股票是筹集资金的有效手段。股票的最原始作用就是筹集资金。通过发行股票，股份公司可广泛地吸引社会暂时闲置的资金，短时间内把社会上分散的资金集中为巨大的生产资本，组成一个“社会企业”——股份有限公司。而通过二级市场的流通，又能将短期资金通过股票转让的形式衔接为长期资金。正是基于这个特点，世界上许多国家特别是西方发达国家，都是通过发行股票的形式来组织股份有限公司，以经营工业、农业、运输业、金融保险业中的一些大企业。我国一些股份公司发行股票的主要目的也是筹集企业进一步发展所需的资金。

通过发行股票来分散投资风险。发行股票的第二个作用就是分散投资风险。无论是哪一类企业，总会有经营风险存在，特别是一些高新技术产业，由于产品的市场前景不明朗，技术工艺尚待成熟和稳定，在经营过程中，其风险就更大。对这一些前景难以预测的企业，当发起人难以或不愿承担所面临的风险时，他们总会想方设法地将风险转嫁或分摊与他人，而通过发行股票来组成股份公司就是分散投资风险的一个好方法。即使投资失败，各个股东所承受的损失也都非常有限。

通过发行股票来实现创业资本的增值。在股票发行市场上，股票的发行价总是和企业的经营业绩相联系的。当一家业绩优良的企业发行股票时，其发行价都要高出其每股净资产许多，而股票的溢价发行又使股份公司发起人的创业资本得到增值。如我国上市公司中国家股都是由等量的净资产折价入股的，其一元面值的股票对应的就是其原来一元的净资产。而通过高溢价发行股票后，股份公司每股净资产含量就能提高很多。

通过股票的发行上市起到广告宣传作用。由于有众多的社会公众参与股票投资，股市就成为舆论宣传的一个热点，各种媒介每天都在反复传播股市信息，无形之中就提高了上市公司的知名度，起到了宣传广告作用。

而对于股票的购买者来说，股票的基本作用有如下三点：

由于股票具有收益性，股票投资就成为大众投资的一种工具。人们总是希望钱能生钱，而除了银行存款、购买债券及亲自创办经济实体以外，购买股票也可取得收益，实现资本的增值。

通过购买股票来实现生产要素的组合。通过购买股票，投资者可非常方便地实现参股投资或控股及购买、兼并股份公司的目的，从而实现生产要素的组合，以提高企业的经营效益。

通过购买股票进行赌博或投机。由于受众多因素的影响，股票价格具有较强的波动性，因而人们可通过股票来进行投机活动，从买进卖出中赚取股票的价差，这也是股票市场吸引众多投资者的原因之一。而又由于股票价格特别是其短期趋势较难预测，股民投资股市时并不作基本的分析研究，就是进行详细的分析也不一定能把握胜机，所以许多股民往往都抱着一赌而决胜负的心理进行股票投资，故股票有时也成为某些股民变相赌博的一种工具。

第七节 股票的历史

股票是商品经济及生产力发展的产物，它的历史和发展过程大概可分为三个部分。

第一阶段

在16世纪，作为筹集资金、分散风险的一种手段而进入远洋贸易领域。在15世纪，意大利的航海家哥伦布发现了南美洲新大陆，随后葡萄牙的航海家麦哲伦又完成了第一次环球航行。这些地理上的大发现开通了东西方之间的航线，使海外贸易和殖民地掠夺成为暴富的捷径。而要组织远航贸易就必须具备两大条件，其一是组建船队需要巨额的资金；其二是因为远航经常会遭到海洋飓风和土著居民的袭击，要冒很大的风险。而在当时，没有一个投资者能拥有如此庞大的资金，且也没有谁甘愿冒这么大的风险。为了筹集远航的资本和分摊经营风险，就出现了股份集资的方法，即在每次出航之前，招募股金，航行结束后将资本退给出资人并将所获利润按股金的比例进行分配。为保护这种股份制经济组织，英国、荷兰等国的政府不但给予它们各种特许权和免税优惠政策，且还制订了相关的法律，从而为股票的产生创造了法律条件和社会环境。

在1553年，英国以股份集资的方式成立了莫斯科尔公司，在1581年又成立了凡特利公司，其采取的方式就是公开招买股票，购买了股票就获得了公司成员的资格。这些公司开始运作时是在每次航行回来就返还股东的投资和分取利润，其后又改为将资本留在公司内长期使用，从而产生了普通股份制度，相应地形成了普通股股票。

因为在贸易航行中获取的利润十分丰厚，这类公司就迅速膨胀，相应地股票也得到发展。在1660年之前，股东若要转让其所持股票，就要在本公司内找到相应的人员来接受，或设法依公司章程规定将本公司以外的承购者变为公司的成员，股票的转让相当不便。但从1661年开始，股票开始可以任意转让，购买了公司股票的人就具有了公司的股东资格，享有股东权。到1680年，此类公司在英国已达49家，这就要求用法律形式确认其独立的、固定的组织形式。在17世纪上半叶，英国就确认了公司作为独立法人的观点，从而使股份有限公司成为稳定的组织形式，股金成为长期投资。股东凭借公司制作的股票就享有股东权，领取股息。与此相适应，证券交易也在欧洲的原始资本积累过程中出现。17世纪初，为了促进包括股票流通在内的筹集资本活动的顺利开展，在里昂、安特卫普等地出现了证券交易场所。1608年，荷兰建立了世界上最早的一个证券交易所，即阿姆斯特丹证券交易所。

第二阶段

17世纪后，随着资产阶级革命的爆发，股票逐渐进入金融和工业领域。

从17世纪末到19世纪中叶，英国、法国先后爆发了资产阶级革命，大机器工业生产代替手工生产的产业革命迅猛崛起，导致了商品经济的极大发展。股份有限公司因适应了大工业的要求而迅速发展起来，股票也相应地得到发展。出于生产对于扩大资金来源和进行远距离运输以扩大市场的需要，银行、运输业急需大量筹集资金，而通过发行股票来筹集资金、建立股份有限公司就成为当时的一种普遍方式。1694年成立的第一家资本主义国家银行——英格兰银行及美国在1790年成立的第一家银行——合众国银行都是以发行股票为基础成立的股份有限公司。由于股份制银行既可发行银行券，又能吸收社会资金来发放贷款，其盈利非常可观。而相对于远洋贸易来说，银行股票是金融业股票，不但股息多，且风险小，所以股票和股份制在金融业得到了迅速的发展。

在18世纪，蒸汽机的发明和推广应用导致了工业革命。此时，资本主义的主要工业部门从手工业逐渐地过渡到机器大工业生产。不但纺织业使用了大机器，且推广到轮船和机车，改变了整个工业的交通状况，大大地促进了生产力的发展。这时的生产规模已经远远不是单个资本家的小规模投资所能适应，它不但需要专业化生产和分工协作，还要求在交通能源、原材料、基础设施等方面进行巨大的投资，而这些投资却不是少数资本家或当时政府的财力所能承担的。而股份有限公司和股票正好提供了一条用资本社会化来集中资金的出路。

在18世纪70年代到19世纪中期，英国利用股票集资这种形式共修建了长达2200英里的运河系统和5000英里的铁路。美国在18世纪初的50年里建成了约3000英里的运河及2800英里的铁路。到了19世纪60年代以后，由于资本主义大工业生产要求扩大企业规模、改进生产技术和提高资本的有机构成，独资或合伙办企业就难以适应。这时资本主义国家政府就采取各种优惠措施来鼓励私人集资兴建企业。股份有限公司开始在工业系统确立统治地位。于是，股票的自由转让，特别是利用股票价格进行投机，刺激了人们向工业企业进行股票投资的兴趣。股份有限公司在各个工业领域都迅猛发展，成为主要的企业组织形式，且通过股票筹措的资本额越来越大。如1799年杜邦创立的杜邦火药公司就是用每股2000美元的股票筹措了15股资本创办的，而1902年成立的美国钢铁公司则用股票筹措了多达14亿美元的股金资本，成为第一个10亿美元以上的股份有限公司。

第三阶段

随着股份有限公司的发展和股票发行数量的日益增多，证券交易所也在逐步发展。1773年，股票商在伦敦的新乔纳咖啡馆正式成立了英国第一家证券交易所（现伦敦证券交易所的前身），并在1802年获得英国政府的正式批准和承认。它最初经营政府债券，其后是公司债券和矿山、运河股票。到19世纪中叶，一些非正式的地方性证券市场也在英国兴起。

美国的证券市场在费城、纽约、芝加哥、波士顿等大城市开始出现，逐步形成全国范围的证券交易。这些证券市场开始经营政府债券，继而是各种公司股票。1790年美国的第一个证券交易所——费城证券交易所诞生，

1792 年纽约的 24 名经纪人在华尔街 11 号共同组织了“纽约证券交易会”，这就是后来闻名于世的“纽约证券交易所”。随着股票交易的发展，在 1884 年，美国的道和琼斯发明了反映股票行情变化的股票价格指数雏形——道·琼斯股票价格平均数。

股票在近代和现代的高速发展，要求法律制度不断完备。各个西方国家均通过制定公司法、证券法、破产法等来维护股份有限公司和股票的发展，以保护股东的权益。美国根据 1929 年经济危机的经验，于 1933 年颁布了《证券法》，主要规定了股票发行制度。1934 年又颁布了《证券交易法》，用于解决股票交易问题，并依该法成立了证券委员会作为股票市场的主管机关。1970 年，为了保护投资者的利益、减少投资风险，颁布了《证券投资者保护法》。另外，在各国的股票交易市场上形成了反映股票行情变化的股票价格指数。比如，美国的道·琼斯公司编制的道·琼斯股票价格平均指数，是美国目前最有代表性的大工业垄断公司股票的价格指数。有关证券（股票）法律的公布和股票价格指数的产生，促进了股份有限公司和股票制度的发展。

股票在我国的发展

改革开放后，我国最早发行股票是在 80 年代中期，1984 年北京的天桥百货股份有限公司正式成为中国的第一家股份制企业。随后，上海的飞乐公司、深圳的宝安公司相继发行了股票。1988 年前后在上海和深圳出现了地区性的股票交易，1990 年 12 月后上海证券交易所、深圳证券交易所相继宣布开业，拉开了中国股票交易的序幕。1992 年，中国证券监督管理委员会正式成立，从而使中国的股票交易逐渐走上了正规化和法制化的轨道。

第八节　证券交易市场

证券市场是股份制企业发行证券、筹集资金及证券流通交易的场所。证券市场分为发行市场和流通市场。

发行市场：发行市场又称为初级市场，它是股份有限公司发行股票、筹集资金、将社会闲散资金转化为生产资金的场所。发行市场主要通过发行证券为上市公司筹集资金。发行市场由证券发行者、证券承销商（中介机构）和认购投资者三个元素构成。

流通市场：流通市场又叫二级市场，是供投资者买卖已发行证券的场所，主要通过证券的流通转让来保证证券的流动性，进而保证投资者资产的流动性。

发行市场是流通市场的基础，决定着流通市场上流通证券的种类、数量和规模；流通市场则是发行市场存在发展的保证，维持着投资者资金周转的积极性和流动的灵活性，两者互为条件又相互制约，有着密不可分的关系。

证券交易所是进行上市股票、债券公开集中交易的场所。我国建有上海和深圳两个证券交易所。上海证券交易所正式成立于1990年12月19日。上海证券交易所实行会员制，为不盈利的事业法人。交易所不吸收个人会员。会员须缴纳交易费，其中包括年费和经手费。兼营经纪和自营业务的证券商以及专营自营业务的证券商每年缴纳年费五万元，专营经纪业务的证券商每年要缴纳交易年费一万元。此外，证券商还要按照成交额的千分之零点三缴纳交易经手费。

交易所的组织机构分为：

（1）会员大会，它是交易所的最高权利机构；

（2）理事会，它是日常事务的决策机构；

（3）监事会，为交易所财务、业务工作的监督机构。

上海证券交易所的主要业务是：提供证券交易的集中场所，管理上市证券的买卖，办理上市证券交易的清算交割，提供上市证券的过户或集中保管服务，提供证券市场的信息服务。在上海证券交易所上市的证券，除要满足上市条件外，还要向交易所缴纳上市费。

深圳证券交易所于1989年11月15日筹建，1990年12月1日开始集中交易，1991年4月11日由中国人民银行总行正式批准成立。深圳证券交易所为会员制、非盈利性的事业法人，注册资金1000万元人民币。

它的业务范围是：提供证券集中交易的场所和设施，管理在该所上市的证券买卖，办理在该所上市证券交易的清算交割，提供证券市场的信息服务以及承办主管机关许可或委托的其他业务。深圳交易所的会员可以派2~3名出席代表，到交易所集中交易市场进行有价证券的代理买卖或自营买卖。

会员条件为：深圳经济特区内同时具有下列条件的法人，向该所提出申请，经该所审批核准，可成为该会会员。

（1）经中国人民银行一级分行批准设立，可经营证券业务的金融机构；

（2）本金或证券业务营运资金在500万元人民币以上；

（3）组织机构和业务人员符合主管机关规定的条件；

（4）承认该所章程、缴纳不低于100万元的会员席位费。

深圳证券交易所的最高权利机构为会员大会，设立理事会为会员大会日常事务决策机构，向会员大会负责。理事会不少于9人，任期4年，可连选连任。理事会成员中会员理事不超过三分之二，由会员大会从会员的法定代表人或出席会员大会的代表中选举产生；非会员理事由登记公司、主管机关和市政委派的人士共同组成。

上海和深圳证券交易所的开市时间均为上午9:30～11:30，下午13:00～15:00，每周开市五天，周六、周日及固定节假日休市。另外，在遇有股价暴涨暴跌或其他意外事件等特殊情况时，交易所有权停市或变更开市时间。

第九节　股票交易基本过程

证券在证券交易所的交易程序一般包括以下几个环节：开户、委托、竞价成交、清算交割、过户等步骤。

一、开户

开户时要同时开设证券账户和资金账户。首先，投资者在做交易之前，要选择一家当地的证券营业部开户，凭身份证办理一个沪深交易所的股东账户卡（开户费共需90元），签订指定交易委托书，领取资金账户卡，存入一定资金，如果需要还可以开通网上交易业务，做好这一切的准备就可以交易了。当甲投资者买入证券，乙投资者卖出证券，成交后证券从乙投资者的证券账户转入甲投资者的账户，相应的资金在扣除费用后从甲投资者的资金账户转入乙投资者的资金账户。

（一）证券账户

证券账户是证券登记机关为投资者设立的，用于准确登记投资者所持的证券种类、名称、数量及相应权益变动情况的一种账册。我国证券账户分为个人账户和法人账户两种。

个人开户必需持有效证件。

法人开户提供的证件有：有效法人证明文件（营业执照）及其复印件、法定代表人证明书及其身份证、法人委托书及代办人身份证。

一般的证券账户只能进行 A 股、基金和证券现货交易；进行 B 股交易和债券回购交易需另行开户和办理相关手等。

投资者投资于上海和深圳股市，需分别在上海证券交易所和深圳证券交易所开设证券账户。

上海证券账户是在上海证券中央登记结算公司或其委托的证券登记机构或证券经营机构办理开户手续；

深圳账户由深圳证券结算公司或其授权的证券登记公司或证券经营机构办理开户。证券账户全国通用，投资者可以在开通上海或深圳证券交易业务的任何一家证券营业部委托交易。

（二）资金账户

资金账户是投资者在证券商处开设的资金专用账户，用于存放投资者买入证券所需资金或卖出证券取得的资金，记录证券交易资金的币种、余额和变动情况。资金账户类似于银行的活期存折，投资者可以随时提取存款，也可以获得活期存款的利息。

二、委托

接下来是委托，委托的方式分柜台委托、电话委托、自助委托和网上委托，一般投资者都可以到开户的证券营业部通过电脑自助委托，只需利用股东账户卡，在自助委托终端机上输入交易密码即可进行委托，投资者在电脑上输入要买进或卖出股票的简称，如浦发银行，或股票代码，如600000，输入买卖的数量和价格，电脑会自动执行你的委托指令。在这个过程中，投资者应该注意，买入股票时，申报的数量必须 100 股及其整数倍，而卖出时没有此限制。另外，投资者需要通过交易密码来确认身份，所以密码一定要保管好，如果泄露可能会带来不必要的损失。

另外，投资者还可以通过电话自动委托，投资者用电话拨号的方式通过证券商柜台的电话自动委托系统，用电话机上的数字和符号键输入委托指令。或者使用远程终端委托，投资者通过与证券商柜台电脑系统联网的远程终端或互联网下达买进或卖出指令。

三、竞价与成交

经纪人在接受投资者委托后，即按投资者指令进行申报竞价，然后拍板成交。从证券交易发展的过程来看，申报竞价的方式一般有口头竞价、牌板竞价、书面竞价和电脑竞价等几种。

口头竞价是指场内交易员在交易柜台或指定区域内大声喊出自己买入卖出的证券价格、数量直至成交。同时辅以手势，以手指变动表示不同的数字，掌心向内表示买进，掌心向外表示卖出。

牌板竞价指买方的出价和卖方的要价都书写在交易牌板上来表示，经纪通过牌板竞价直至成交。

书面竞价是场内交易员将买卖要求填写在买卖登记单上交给交易所的中介人，通过中介人撮合成交。

电脑终端申报竞价是指证券公司交易员在电脑终端机上将买卖报价输入到交易所的电脑主机，然后由电脑主机配对成交。目前，这是世界各国证券交易所采用的主要竞价方式。那么成交价是如何决定的？决定成交价的原则什么？

目前在世界所有证券或证券衍生产品市场，成交价的决定基本上按价格的形成是否连续分为连续竞价和集合竞价，相应的交易市场分为连续市场和集合市场。

连续市场是指当买卖双方投资人连续委托买进或卖出证券时，只要彼此符合成交条件，交易均可在交易时段中任何时点发生，成交价格也不断依买卖供需而出现涨跌变化。

集合市场是指买卖双方投资人间隔一段较长的时间，市场积累买卖申报后一次竞价成交。世界大多数证券市场在大部分交易时间均采用连续竞价方式交易。

连续市场依形成价格的市场主导力量，分为委托单驱动市场和报价驱动市场。

委托单驱动市场的主要特点是市场价格直接反映市场投资者的供需，如日本、韩国、新加坡等国家和我国香港的证券市场均是委托单驱动市场，我国的上海、深圳证券交易所也属于委托单驱动市场。

报价驱动市场的主要特点是市场价格直接反映市场中介人的多寡，如美国的纳斯达克、英国伦敦等证券市场均是报价驱动市场。

目前，上海、深圳证券交易所同时采用集合竞价和连续竞价两种方式。在每个交易日上午9：15 至9：25 电脑撮合系统对接收的全部有效委托进行集合竞价处理，对其余交易时间的有效委托进行连续竞价处理。

集合竞价的价格决定：

首先，在有效价格范围内，选取所有有效委托产生最大成交量的价位。如果有两个以上这样的价位，则依以下规则选取成交价：高于选取价格的所有买方有效委托和低于选取价格的所有卖方有效委托价格能够全部成交，与选取价格相同的委托的一方必须全部成交。如满足以上的价位仍有多个，则选取离上日收市价最近的价位。

其次，进行集中撮合处理。所有买方有效委托按照委托限价由高到低的顺序排列，限价相同者按照进入撮合主机的时间先后排列。所有委托卖方有效委托按照委托限价由低到高的顺序排列，限价相同者按照进入撮合的时间先后排列，即按照“价格优先，同等价格下时间优先”的成交顺序一次成交，直到成交条件不满足为止。所有成交都以同一成交价成交。

连续竞价的价格决定：

集合竞价结束后，集合竞价中未能成交的委托，自动进入连续竞价。当进入一笔委托时，若能成交，即根据下述成交价格确定规则进行竞价撮合；如不能成交，则以“价格优先，时间优先”的顺序派对等待。对于已进入撮合系统的有效委托，根据下述成交价格确定规则逐笔撮合，直至系统内已有的所有买卖不能成交，即已有买卖盘达到平衡状态。然后再逐笔处理新进入系统的委托。这样循环往复，直至收市。

依下述成交价格确定规则选取两笔有效委托进行竞价和撮合，对新进来的一笔买单委托，则选取排在队列最前面的最低委托叫卖单有效委托；对于新进来的一笔卖单委托，则选取排在队伍最前面的最高叫买单有效委托。

若参与该次竞价的买进委托限价大于或等于卖出委托限价，则可竞出一个新的最新成交价，产生一笔成交。这时的成交价格确定规则为：对新进入的一个买进有效委托，若能成交，其成交价格取卖方叫价；对新进来的一个卖出有效委托，若能成交，其成交价格取买方叫价。参与该次竞价的能够成交的买卖双方以选取的成交价成交。

四、清算与交割

证券的清算与交割是一笔证券交易达成后的后续处理，是价款结算和证券交收的过程。清算和交割统称证券的结算，是证券交易中的关键一环，它关系到买卖达成后交易双方责权利的了结，直接影响到交易是否顺利进行，是市场交易持续进行的基础和保证。

证券的结算方式有逐笔结算和净额结算两种。

逐笔结算是指买卖双方在每一笔交易达成后对应收应付的证券和资金进行一次交收，可以通过结算机构进行，也可以由买卖双方直接进行，比较适合以大宗交易为主、成交笔数少的证券市场和交易方式。例如 CEDEL 国际清算中心就采用此方式。

净额结算是指买卖双方在约定的期限内将已达成的交易进行清算，按资金和证券的净额进行交收。该方式比较适合于投资者较为分散、交易次数频繁、每笔成交量较小的证券市场和交易方式。净额结算通常需要经过两次结算，即首先由证券交易所的清算中心与证券商之间结算，称为一级结算；然后由证券商与投资者之间结算，称为二级结算。

证券结算的时间安排，在不同的证券交易所因其传统和交易方式的不同而不同。目前在交收日的安排上可分为两种。

一是会计日交收，是指在一个时期内发生的所有交易在交易所规定的日期交收。如比利时根据交易所排定日期安排交收，奥地利证券市场交易安排在次周一交收，印度证券市场交易每周安排一次交收。

二是滚动交收，是指所有的交易安排在交易日后固定天数内完成，大多数国家的证券市场都采用此方式。有的规定在成交日后的第一个营业日，称其为 T+1 规则，有的规定在成交日后的第四个营业日，称其为 T+4 规则，等等。

由于尽早完成交收对提高市场效率、防止发生结算风险有重要意义，采用滚动交收方式并缩短交收期，最终实现 T+0 交收，是国际证券界倡导的方向。

我国目前证券结算对A股实行T+1交收，对B股实行T+3交收。

五、过户

我国证券交易所的股票已实行所谓的“无纸化交易”，对于交易过户而言，结算的完成即实现了过户，所有的过户手续都由交易所的电脑自动过户系统一次完成，无须投资者另外办理过户手续。

第十节 股市行情表

股票行情表反映了股票价格变动的基本信息，它是股民买卖股票的根据。

一般认为，股票指数是股市中一组股票的平均价格，但股票指数的实质是一组股票的市值，当股票价格的变化导致这组股票市值上升时，股票指数就上涨，反之就下跌，其涨跌幅度就为这一组股票的投资收益率。

股市行情表反映了每天的证券交易和证券价格变动情况，是投资者必须认真研究的信息。

1. 收市

收市是指收盘价格。收市价并非指证券交易所闭市收盘时的价格，而是指当天交易中最后成交的一笔价格。目前沪深证券交易所集市时间为星期一至星期五上午9:30至11:30，下午13:00至15:00，法定节假日不开市。在开市时间里，成交的最后一笔价，即为收市价。收市价又分为上午（又称为前市）收市价与下午（又称为后市）收市价。

2. 开盘

开盘是开盘价格的简称，每天每种股票第一笔成交的价格，为开盘价格。如30分钟后仍未产生开盘价，一般取前一日收盘价为当日开盘价。如前一日无成交价格，则由交易所提出指导价格，促使成交后作为开盘价。若首日上市买卖的证券，其开盘价取上市前一日的柜台转让平均价格；如无柜台转让价格，则取该证券的发行平均价格。

3. 最高

每天的证券交易，成交的笔数很多，价格也不相同，行情表中的“最高”系指当天不同成交价格中的最高价格。有时成交的最高价格只有一笔，有时有几笔。

4. 最低

最低是指当天成交的不同价格中的最低价位。有时只有一笔，有时不止一笔。

5. 升、跌

是指以当天的收盘价格与前一天的收盘价格比较而得到的结果，正为涨，负为跌，涨跌幅度用百分比来表示。

6. 成交量

成交量是指股票当天的交易数量，其计算单位有两种，一种是以股数计算，另一种是以金额计算。在深圳、上海证券行情中，往往将成交量与成交金额分开来，前者以股数来计算，后者以金额来计算。

7. 手

手，计算成交股数的单位，100 股为 1 手。

8. 市盈率

市盈率即市价盈利率，又叫本益比。它是上市公司的股票在最新年度的每股盈利与该公司最新股价的比率。

公式为：公司股票最新市价/公司最新年度每股盈利

市盈率是分析股票市价高与低的重要指标，是衡量股票投资价值的一种方法。

市盈率是一个风险指标。它反映了某种股票在某一时期的收益率，成了市场上影响股价诸多因素的综合指标。市盈率综合了投资的成本与收益两个方面，可以全面地反映股市发展的全貌，因而在分析上具有重要价值。市盈率不仅可以反映股票的投资收益，而且可以显示投资价值。市盈率的急剧上升，可能使炒股有利可图，使多头活跃。

市盈率的作用还体现在可以作为确定新发行股票初始价格的参照标准。如果股票按照溢价发行的方法发行的话，要考虑按市场平均投资潜力状况来定溢价幅度，这时股市各种类似股票的平均市盈率便可作为参照标准。现在上海等股票溢价发行即是采取此种方式。

9. 停板

停板，因股票价格波动超过一定限度而停做交易。其中因股票价格上涨超过一定幅度而停做交易叫涨停板，因为股票价格下跌超过一定幅度而停做交易叫做跌停板。目前，我国规定 A 股日内涨跌幅度为 10%，ST 股为 5%。

10. 停牌

指暂时停止股票买卖。当某家上市公司因一些消息或正在进行的某些活动而使该公司股票的股价大幅度上涨或下跌，这家公司就可能需要停牌。深圳证券交易所规定，上市公司如有下列情形，交易所可报请主管机关给上市公司予以停牌：

（1）公司累计亏损达实收资本额二分之一时。

（2）公司资产不足抵偿其所负债务时。

（3）公司因财务原因而发生银行退票或拒绝往来的事项。

（4）全体董事、监事、经理人所持有记名股票的股份总额低于交易所规定。

（5）有关资料发现有不实记载，经交易所要求上市公司解释而逾期不作解释者。

（6）公司董事或执行业务的股东，有违反法令或公司业务章程的行为，并足以影响公司正常经营的。

（7）公司的业务经营，有显著困难或受到重大损害的。

（8）公司发行证券的申请经核准后，发现其申请事项有违反有关法规、交易所规章或虚假情况的。

（9）公司因财务困难，暂停营业或有停业的可能，法院对其证券做出停止转让裁定的。

（10）经法院裁定宣告破产的。

（11）公司组织及营业范围有重大变更，交易所认为不宜继续上市的。

另外，上市公司如有下述情形，则应要求停止上市买卖：

（1）上市公司计划发新票券的。

（2）上市公司计划进行重组的。

（3）上市公司计划供股集资的。

（4）上市公司计划发股息的。

（5）上市公司计划将上市证券拆细或合并的。

（6）上市公司计划停牌的。

若遇到以上情况，证券行情表中会出现“停牌”字样，该股票买卖自然停止，该股票一栏即是空白。

第十一节　股票交易费用

我国的证券投资者在委托买卖证券时应支付各种费用和税收，这些费用按收取机构可分为证券商费用、交易场所费用和国家税收。

目前，投资者在我国交易上交所和深交所挂牌的A股、基金、债券时，需交纳的各项费用主要有：委托费、佣金、印花税、过户费等。

委托费，这笔费用主要用于支付通讯等方面的开支。一般按笔计算，交易上海股票、基金时，上海本地券商按每笔1元收费，异地券商按每笔5元收费；交易深圳股票、基金时，券商按1元收费。

佣金，这是投资者在委托买卖成交后所需支付给券商的费用。上海股票、深圳股票成交佣金起点为5元；债券交易佣金收取最高不超过实际成交金额的千分之二，大宗交易可适当降低。一般情况下，券商对大资金量、交易量的客户会给予降低佣金率的优惠，因此，资金量大、交易频繁的客户可自己去向证券部申请。

印花税，投资者在卖出成交后支付给财税部门的税收。目前，上海股票及深圳股票均按实际成交金额的千分之一单边（卖方）支付，此税收由券商代扣后由交易所统一代缴，政府会不定期地调整该项税收的扣税比例。债券与基金交易均免交此项税收。

过户费，这是指股票成交后，更换户名所需支付的费用。由于我国两家交易所不同的运作方式，上海股票采取的是“中央登记、统一托管”，所以此费用只在投资者进行上海股票、基金交易中才支付此费用，深股交易时无此费用。此费用按成交股票数量（以每股为单位）的千分之一支付，不足 1 元按 1 元收。

转托管费，这是办理深圳股票、基金转托管业务时所支付的费用。此费用按户计算，每户办理转托管时需向转出方券商支付 30 元。

第十二节 股市必懂术语

多头和空头。在股市中，一般将持有股票的投资者称作多头，而将暂不持有股票的投资者叫做空头。这样又通常将买入股票的人称为做多，而将卖出股票的人称为做空。

仓位。它是指投资者买入股票所耗资金占资金总量的比例。当一个投资者的所有资金都已买入股票时就称为满仓，若不持有任何股票就称为空仓。

多翻空与空翻多。多头觉得股价已涨到顶峰，于是尽快卖出所买进的股票而成为空头，称为“多翻空”；反之，当空头觉得股市下跌趋势已尽，于是赶紧买进股票而成为多头，叫“空翻多”。

利多与利空。对多头有利且能刺激股价上涨的消息和因素称为“利多”。如上市公司超额完成利润计划、宏观经济运行态势良好等等。对空头有利且能促使股价下跌的因素和消息叫“利空”。如股份公司经营不善、银行利率上调、出现影响上市公司经营的天灾人祸等等。

牛市、熊市、猴市和鹿市。牛的头通常总是高高昂起的，人们用它象征着股市的上扬行情。而熊的头一般都是低垂着的，人们用它来比喻股市的下跌行情。猴子总是蹦蹦跳跳的，就用它来比喻股市的大幅振荡；而鹿比较温顺，人们用它来比喻股市的平缓行情。

含权、除权、填权与贴权。含权是指某只股票具有分红派息的权利，若在股权登记日仍持有这种股票，股东就能分享上市公司的经营利润，能分红派息；而除权是指股票已不再含有分红派息的权利。由于股票在除权前后存在着一个价格差，填权是指股票的价格从除权价的基础上往上涨来填补这个价差的现象；而贴权是指股票除权后其价格从除权价基础上再往下跌的现象。

坐轿与抬轿。当投资者预计股价将随利多消息的出现而大幅上升时，就预先买进股票。而当消息证实后，在其他人蜂涌买入股票而促使股价大幅上涨时，就卖出股票以牟取厚利，称之“坐多头轿子”；反之，当预计股价将会因利空消息而大幅下跌时先卖出股票，待消息一证实，大家争相将股票出手而引起股市大跌后再买回股票从而获取巨额利润，这叫“坐空头轿子”。

断头、割肉、吊空。抢多头帽子买进股票，股票当天并未按所预计的那样上涨而下跌，投资者只好低价赔本卖出，称为“断头”。现在股市上也通常将股票以低于买入价卖出的现象称为割肉；抢空头帽子卖出股票，但行情并未像预测的那样下跌却反而上涨，投资者只好高价买回，这种现象称为“吊空”。断头和吊空一般发生在信用交易即买空卖空的时候。

长多、短多、死多。对股市远景看好，买进股票长期持有以获取长期上涨的利益，叫“长多”；认为股市短期内看好而买进股票，短期保持后即卖掉，获取少许利益，等下次再出现利多时再买进，称为“短多”。对股市前景总是看好，买进股票，不论股市如何下跌都不愿抛出的股民叫做“死多”。

套牢与踏空。买入股票的价格高于现在的行情，使股民难以卖出股票称为套牢。股民在股市的低点未及时买进股票而错过赚钱的机会叫做踏空。

多杀多与轧空。交易者普遍认为当天股价会上涨，于是都纷纷抢多头帽子，然而事实上股价并未大幅上涨，使之无法卖出获利，等到快收市时出现多翻空，造成收盘时股价大跌，这种情形称为“多杀多”。交易者普遍认为当天股票会下跌，于是都抢空头帽子，然而股价并未大幅下降以至无法低价补进，等交易快收盘前只好竞相买入，反使股价在收盘时大涨，这种情形称为“轧空”。

实多与实空。在自有资金能力范围内买入股票，即使被套牢，股价下跌也不急于抛出的股民，称为“实多”。将自己持有的股票卖出做空，即使股价下跌过速而有回升趋势，对自己不利，但仍不急于买回，这种股民称为“实空”。

跳空和补空。跳空是指由于受强烈的利多或利空消息的刺激而使股指的开盘与前一日的收盘出现不连续的现象。补空是指股指在其后的运行中将跳空缺口回补的现象。如在开盘时其指数高于或低于前一日的收盘指数就称为跳空开盘。

盘整。指股票指数或股票价格的波动基本围绕在某一点徘徊。如果盘整波动范围较小且上涨或下跌都不容易就称为走势牛皮。

回档与反弹。在股票指数或股价的上涨过程中出现暂时下跌的现象称为回档，而在股价下跌过程中出现暂时回升称为反弹。

第二章 图表分析（上）

第一节 K 线

每一位投资者进入股市后，首先认识的就是 K 线图，K 线分析方法是应用最广泛、最简单，也是最实用的分析方法。不仅在股市中长盛不衰，即使是在股市之外的期市、汇市、债市等各类投资市场都可以应用。

一、什么是 K 线？

K 线又被称为蜡烛图，起源于 18 世纪日本的米市，K 线图最早是日本德川幕府时代大阪的米商用来记录当时一天、一周或一月中米价涨跌行情的图示法，后被引用到证券市场，成为股票技术分析的一种理论。K 线图直观、立体感强、携带信息量大，蕴涵着丰富的东方哲学思想，能充分显示股价趋势的强弱、买卖双方力量平衡的变化，预测后市走向较准确，是各类传播媒介、电脑实时分析系统应用较多的技术分析理论。

二、K 线的优点

K 线目前作为标准的图形工具，在价格走势分析中具有广泛的适用性和优点：

（1）利用线形的颜色、长短及线形组合的变化，可以反映市场的供需情况或者说多空力量的对比。

（2）可以显示市场的趋势。

（3）K线往往可以根据1～3根线形，透露出趋势反转的征兆。这意味着K线可以提供比较及时的交易机会。

（4）K线可以结合任何其他的技术分析方法。

（5）K线与其他图形工具相比，清晰、简明、全面。

三、K线记录方法

K线记录方法如下：（见图2－1）

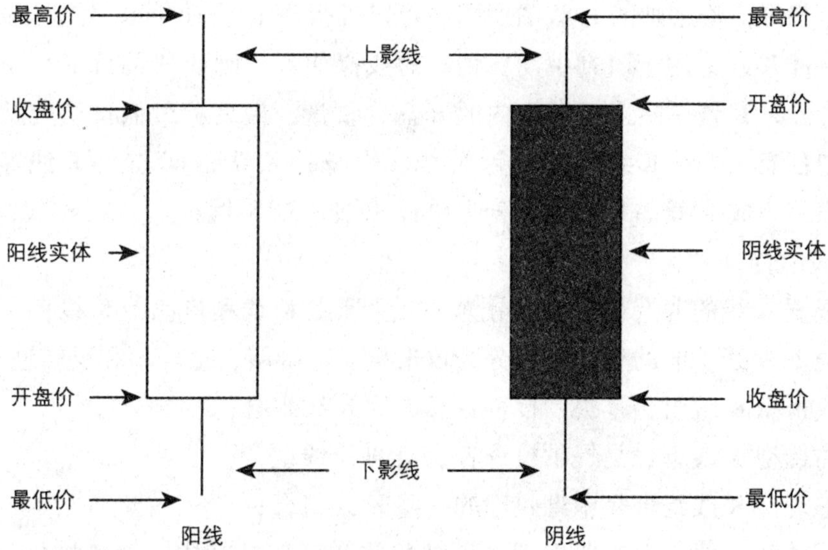

图2－1

K线是一条柱状的线条，由影线和实体组成。影线在实体上方的部分叫上影线，在下方的部分叫下影线。实体分阳线和阴线。

一根K线记录的是股票在一天内价格的变动情况。将每天的K线按时间顺序排列在一起，就组成了股票价格的历史变动情况，叫做K线图。

K线是根据股价（指数）一天的走势中形成的四个价位即开盘价、收盘价、最高价、最低价绘制而成的。

收盘价高于开盘价时，则开盘价在下收盘价在上，二者之间的长方柱用红色或空心绘出，称为阳线；

收盘价低于开盘价时，则开盘价在上收盘价在下，二者之间的长方柱用绿色或实心绘出，称为阴线。

其上影线的最高点为最高价，下影线的最低点为最低价。

四、K线的分类

根据计算周期可将K线分为分时K线、日K线、周K线、月K线、季K线、年K线。

日K线是以一天的四个价位确定的，那么，周K线就是以周一为开盘价，周五为收盘价，全周最高价和全周最低价来画的K线图。月K线则是以一个月的第一个交易日的开盘价，最后一个交易日的收盘价和全月最高价与全月最低价来画的K线图。同理可以推得季K线和年K线等定义。周K线、月K线常用于研判中期行情。短线操作者，则要研判日K线和分时K线。分时K线是指由短时间内的开盘、收盘、最高和最低价组成的K线图，包括有5分钟K线、15分钟K线、30分钟K线和60分钟K线等。

根据组成K线的日期可以分为单日K线、双K线组合、三K线组合和多K线组合；

根据K线的普及程度可以分为一般普通型K线和特色型K线；

根据K线功能的不同可以分为攻击型、防御型、整理型和反转型K线。

攻击型K线组合是提示投资者买进的K线组合；

防御型K线组合是提示投资者卖出的K线组合；

整理型K线组合是中继整理的一些K线组合；

反转型K线组合一般出现在顶部反转和底部反转中，至于构成的是顶还是底，则要根据具体情况进行分析。

第二节　单日K线

单日K线有26种。所有的K线组合都是由这26种单日K线组成，通过这些K线的不同组合、排列和相互间位置关系构成了各种不同含义的K线组合。

单日K线根据K线实体的长短，也就是开盘价与收盘价相差距离，可将K线分为极阴、极阳，小阴、小阳，中阴、中阳，大阴、大阳和十字星等K线形态。十字星又可以分为：普通十字星、长十字星、“⊥”字星、“T”字星、“一”字星等多种；

单日K线形态的波动范围如下：

十字星的开盘价与收盘价是相等的；

小阴线和小阳线的K线实体波动范围为1%～3%；

中阴线和中阳线的K线实体波动范围为3%～5%；

大阴线和大阳线的K线实体波动范围为5%～10%；

极度大阴线和极度大阳线的K线实体波动范围在10%以上；

根据是否有影线，或者影线的不同长度又可以分为长影K线和光秃K线。长影K线包括：长下影线、长上影线、射击之星、吊颈、倒锤头线、锤头线和螺旋桨；光秃K线包括：光脚阳线、光脚阴线、光头阳线、光头阴线、光头光脚阳线、光头光脚阴线。

阳线的基本图形		阴线的基本图形	
图形	应用技巧	图形	应用技巧
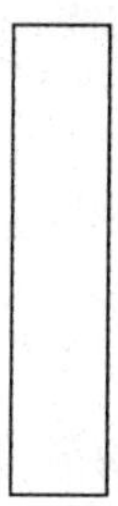	极度大阳线 股价将反转向上		极度大阴线 股价将反转向下
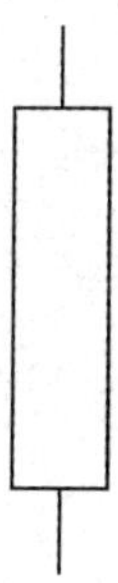	大阳线 股价将持续上升或反弹		大阴线 股价将深幅回调或加速下跌

阳线的基本图形		阴线的基本图形	
图形	应用技巧	图形	应用技巧
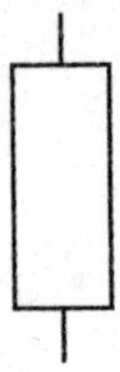	中阳线 行情向上攀升		中阴线 行情有继续下跌趋势
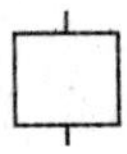	小阳线 多头稍占上风，但上攻乏力		小阴线 空方呈打压态势，但力度不大
影线的基本图形		锤线的基本图形	
图形	应用技巧	图形	应用技巧
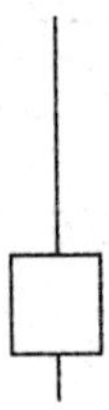	长上影线 高位抛压沉重，股价向上攀升艰难，行情很可能出现回调		射击之星 射击之星在上升趋势的顶部出现
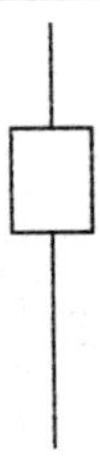	长下影线 若成交量放大，意味着有恐慌性筹码抛出，但低位接盘踊跃		吊颈 这种K线形态出现在上升趋势的阶段性顶部
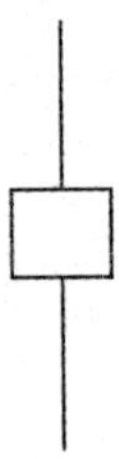	螺旋桨 多空双方争夺十分激烈，趋势的不确定性增大，市场格局将发生新的变化，市场趋势将发生改变，特别是在高价位或低价位时出现螺旋桨K线，则意味着反转随时有可能出现。		倒锤头线 倒转锤头则在下跌趋势的底部出现
			锤头线 这种K线形态出现在下跌趋势的阶段性底部

星线的基本图形		秃线的基本图形	
图形	应用技巧	图形	应用技巧
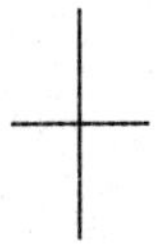	普通十字星 表示在市场交易中,多空力量达到暂时均衡	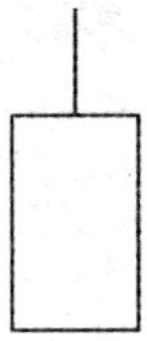	光脚阳线 表明上攻受阻,上影线越长,表明上档压力越大,阳线实体越长,表明多方力量越强
	长十字星 表示市场格局将发生新的变化,市场趋势将发生改变	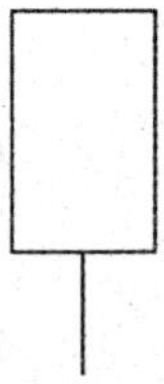	光头阳线 表明股价受到买方支撑,后市行情将进一步趋好。
	“⊥”字星 出现在底部是良好的买点,而出现在顶部则是良好的卖点		光头光脚阳线 强烈的上涨信号,表明股价仍有进一步向上扩展空间的能力,K线实体越长,说明上涨动力越强
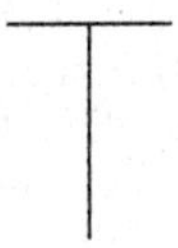	“T”字星 属于底部看涨,顶部看跌的变盘线		光脚阴线 股价虽有反弹,但上档抛压沉重。
—	“一”字星 股价将继续原有趋势的强烈信号		光头阴线 卖方力量强大,但在下跌途中遇到买方支撑
			光头光脚阴线 强烈的卖出信号,表明股价仍有进一步下跌的可能。

第三节　K 线组合一览表

K 线组合一览表

K 线组合名称	K 线组合图形	K 线组合应用
早晨之星	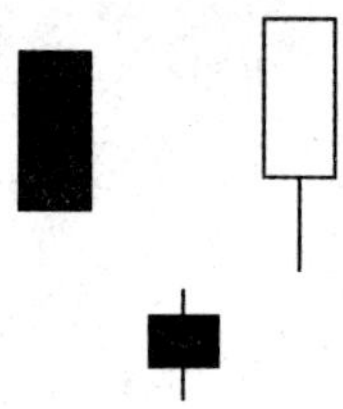	早晨之星是一种成功率非常高的选股模式。如果早晨之星出现在下降趋势末端,是较强烈的趋势反转信号
早晨十字星	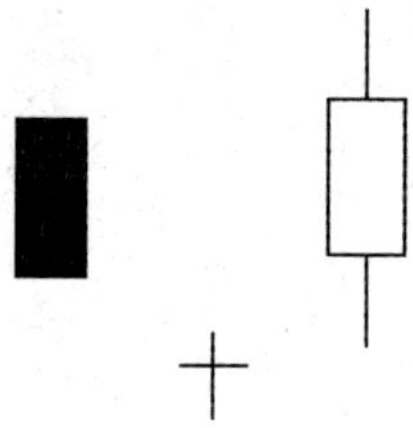	该形态是比较强烈的趋势转强信号,属于明确的反转走势,行情将很快进入震荡上行趋势中,投资者需要及时介入。
黄昏之星	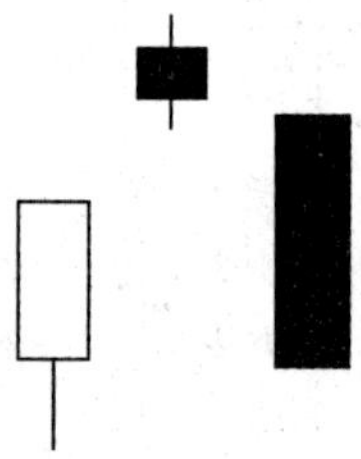	黄昏之星 K 线组合是一种见顶回落的反转信号,其可靠性非常强。

K 线组合名称	K 线组合图形	K 线组合应用
黄昏十字星	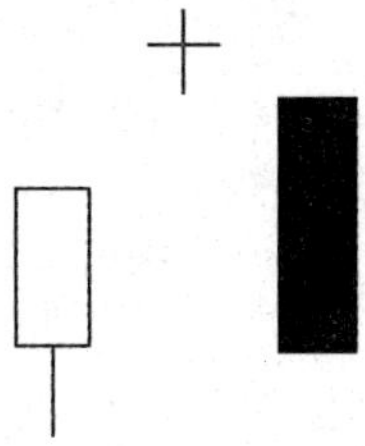	黄昏十字星 K 线组合是比较强烈的趋势转弱信号,行情将随之进入震荡下行趋势中,投资者需要把握时机获利了结或止损出局。
出水芙蓉	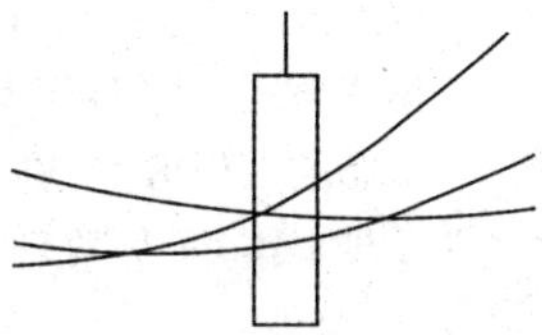	出水芙蓉 K 线形态表明股价运行趋势由弱转强,K 线上的成功突破是一种买进信号。
断头铡刀	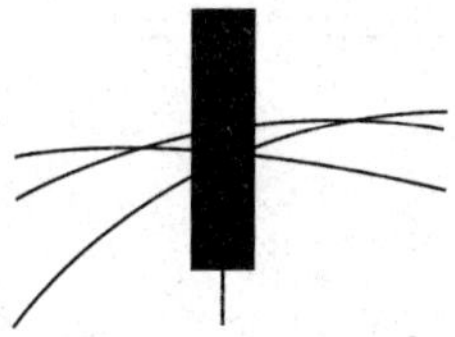	断头铡刀 K 线形态表明股价运行趋势由强转弱,K 线上的有效破位预示股价将来会有继续下跌的空间,是一种卖出信号。
旭日东升	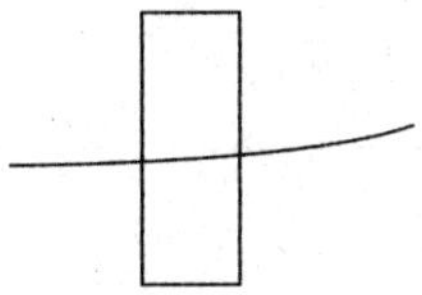	旭日东升 K 线形态是指股价由弱转强,如同早晨的太阳从东方徐徐升起,此后个股的行情将出现向好的走势。
夕阳西下	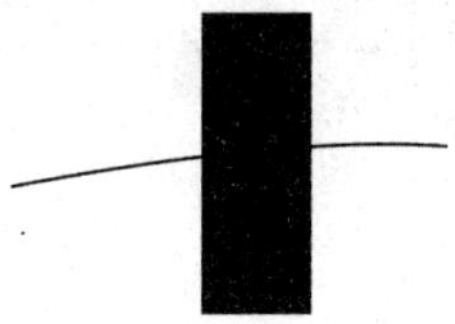	夕阳西下 K 线形态是指股价由强转弱,如同太阳即将从西方落下,此后个股的行情将逐渐冷却的走势。
曙光初现	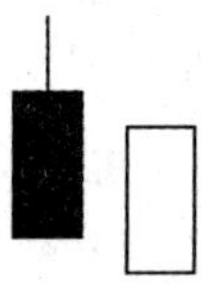	显示下跌遇到强力支撑,多头重新积聚力量。说明股价见底回升,可积极关注。

K 线组合名称	K 线组合图形	K 线组合应用
乌云盖顶	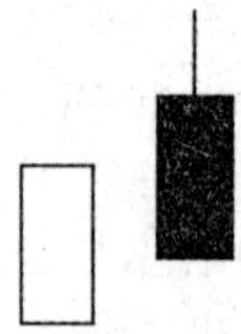	乌云盖顶 K 线显示上涨遇到顽强抵抗，空头重新积聚力量。说明股价见顶回落，适宜卖出。
好友反攻	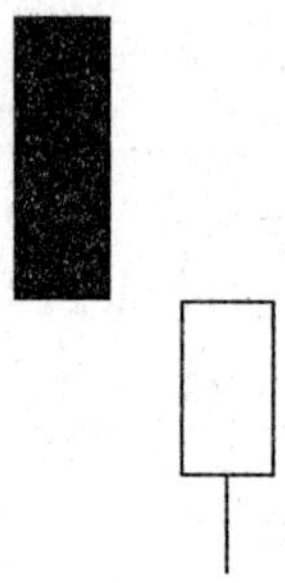	好友反攻亦是转向形态，与曙光初现的见底方式大同小异，区别在于：好友反攻形态第二根 K 线的收盘价未深入上一根 K 线实体，而是两日的收盘价相同或十分接近。
淡友反攻	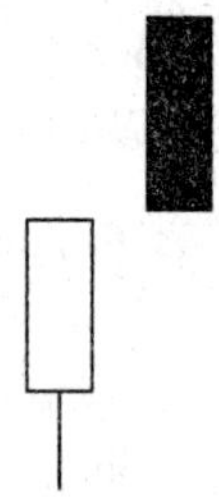	淡友反攻类似于乌云盖顶，是股价上升乏力、见顶回落的信号。就可靠性而言，淡友反攻弱于乌云盖顶。
孕育 K 线	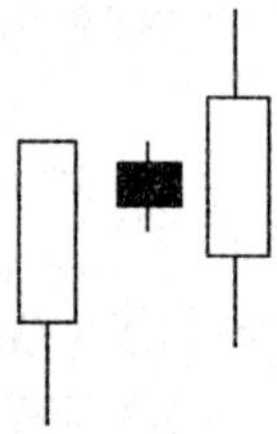	孕育线表示一轮行情正在酝酿发展状态中，这种 K 线形成后股价往往会形成突破性走势。
两阴一阳	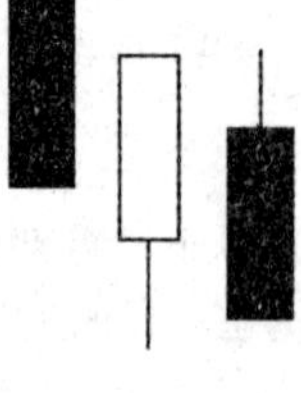	两阴一阳是一种短线的见顶信号，通常发生在某只个股见顶之时。一般是空方力量的爆发式出现，短期下跌的可能性极大。

K 线组合名称	K 线组合图形	K 线组合应用
三个白武士	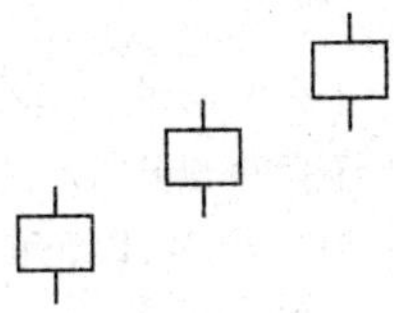	三个白武士 K 线组合表明多方开始反击,一般在股价或指数处于低位时效果比较明显,如果这时出现此信号,股价见底回升可能性大。
三只乌鸦	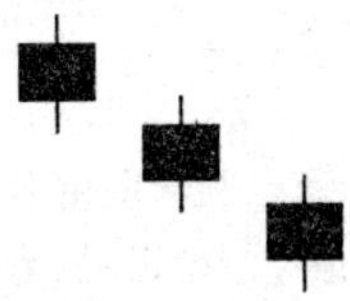	三只乌鸦组合预示股市即将构筑短期的阶段性顶部,并且后市将面临着下降趋势。
三阳开泰	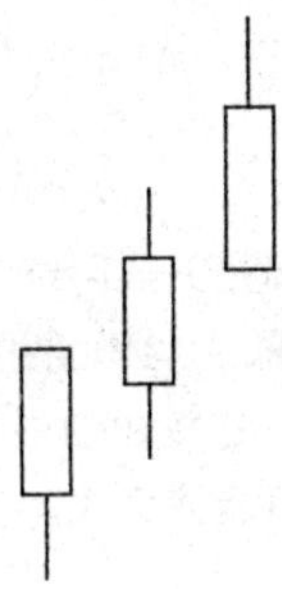	三阳开泰是较为强烈的反转信号,如果是在低位或盘整市道中出现三阳开泰,反映出继续上升的可能性居大。
突变性阳线	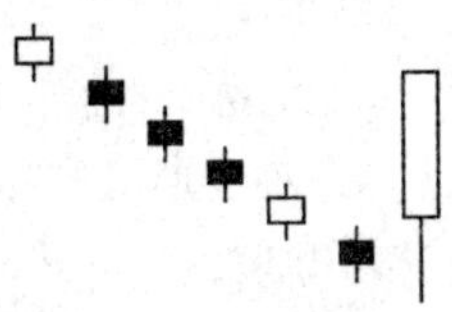	突变性阳线组合形态意味着股价阶段性探底成功,通常将会出现一波有力的反弹行情或中级行情。
上升三步曲	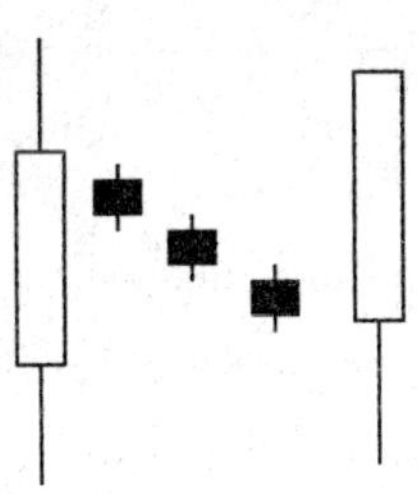	上升三步曲一般出现在上涨过程中,属于上升中继形态,表明多方上攻虽遇阻,但连续多日回调幅度不大,后市将继续上行。

K 线组合名称	K 线组合图形	K 线组合应用
下降三步曲	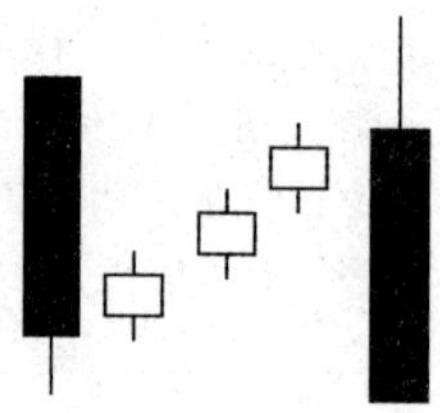	下降三步曲一般出现在下降途中，属于下降中继形态，表明股价下跌虽遇支撑，但连续多日回升幅度不大，后市将继续下跌。
低位五连阳	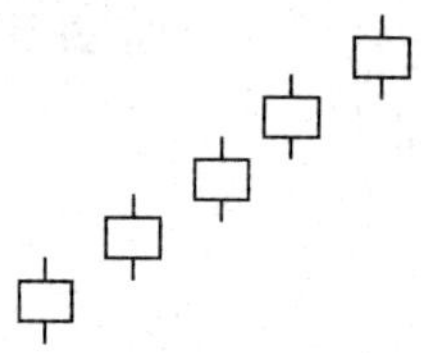	低位五连阳组合形态说明逢低吸纳者众多，买盘强劲，底部已经形成，多方蓄积的能量即将爆发，后市上涨的可能性极大。
高位五连阴	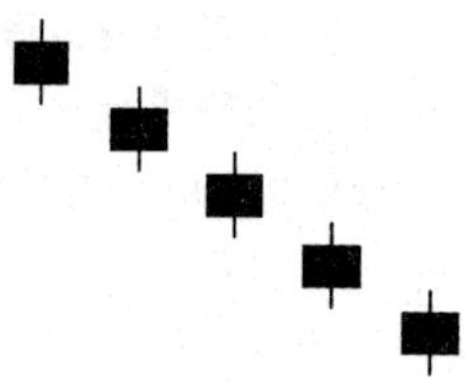	高位五连阴组合形态说明该股的抛压严重，卖盘做空力量强劲，顶部即将形成，空方蓄积的能量即将爆发，后市下跌的可能性极大。
一阳强势	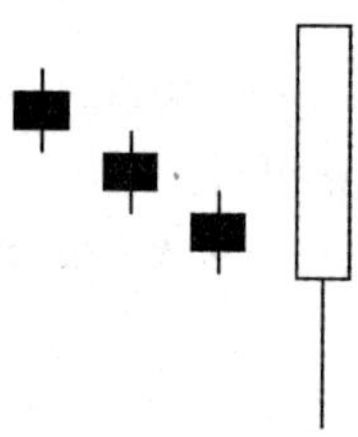	一阳强势组合形态是穿头破脚 K 线形态的一种变形，只不过一阳强势的技术要求更加严格，其转向的提示作用更加明显。
一阴弱势	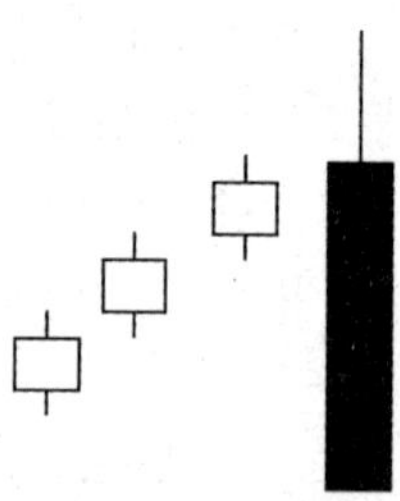	一阴弱势说明股价见顶回落，其转向的提示作用较为明显，投资者可以看空该股后市行情。

K 线组合名称	K 线组合图形	K 线组合应用
一阴九阳	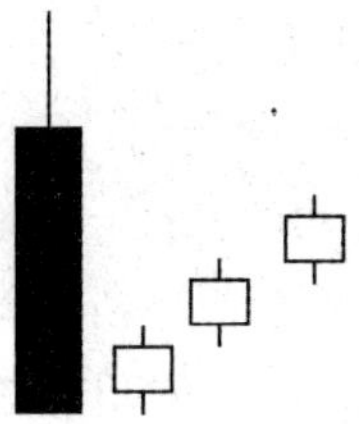	一阴九阳如果在上升趋势中出现，表明暂时性的调整走势没有影响到股价的根本运行趋势，行情在经过短暂的蓄势整理后仍然将继续上升。
一阳九阴	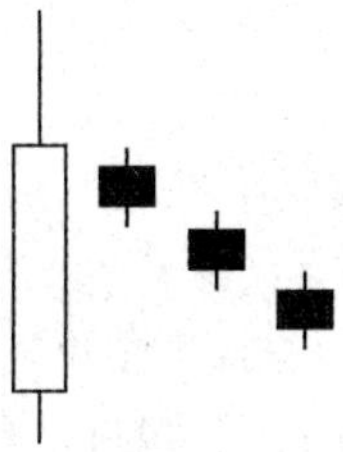	一阳九阴 K 线组合形态如果在下降趋势中出现，表明暂时性的反弹对股价的企稳没有实质性帮助，行情在经过短暂的整理后仍然将继续下跌。
双飞乌鸦	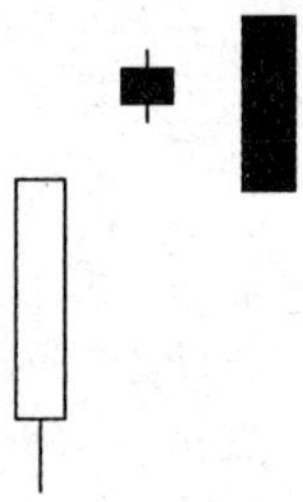	双飞乌鸦表示在上升趋势中连续两日高开，但未能贯彻始终，全部以低价收市，构成两只阴线，使多头对后市产生疑虑，开始获利了结，从而造成向下调整压力。
缺口乌鸦	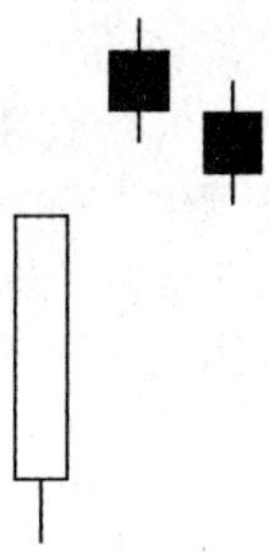	上升缺口两乌鸦预示着股价将发生向下反转。但如果这种 K 线组合形态出现在长期下跌行情之后，则表明股价即将见底反弹，但是还需要经过短暂的蓄势整理过程。

K线组合名称	K线组合图形	K线组合应用
二连星	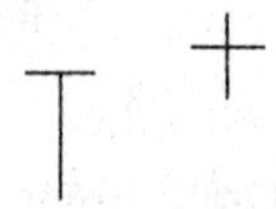	连续十字星是指大盘或个股出现连续两次以上的十字星走势，随着连星的次数多少和排列状况的不同可以分为很多种，但通常较有实际意义的是二连星和三连星。
三连星	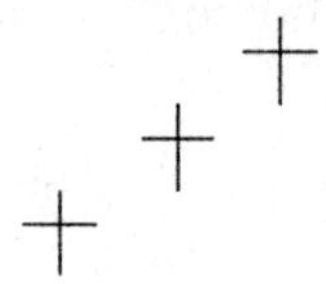	
连续锤头	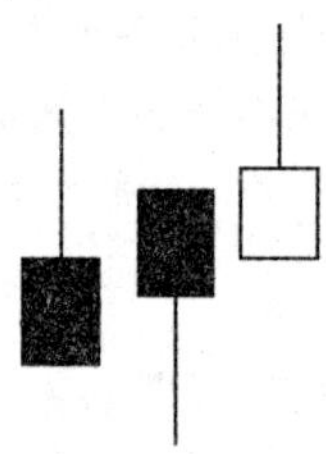	连续锤头是指出现连续射击之星与吊颈（倒锤头线和锤头线）的情况。往往预示着该股后市有较大上升空间，即将演变成黑马。
平底组合	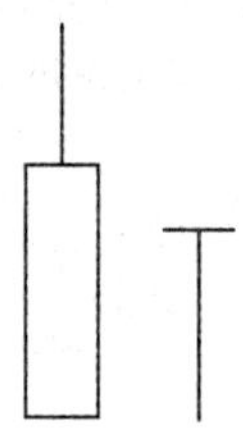	平底组合形态意味行情探低见底，股价行将反转上升。但平底形态反转上升的力度较小。
平顶组合	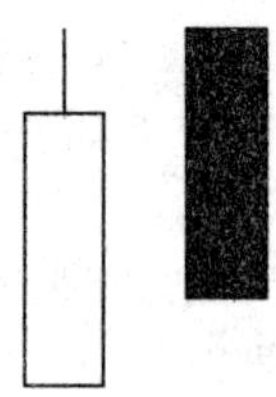	平顶组合形态意味行情摸高见顶，股价行将反转。但平顶形态反转下跌的力度较小。

K 线组合名称	K 线组合图形	K 线组合应用
并列阳线	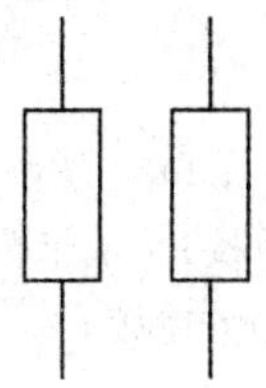	并列阳线属于暂时整理的形态，在上升趋势中，如果出现了一组并列阳线，则构成了一个看涨的持续形态。
并列阴线	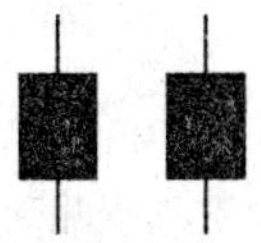	并列阴线属于暂时整理的形态，只起到中继的作用，对趋势没有扭转的能力。
连续并列	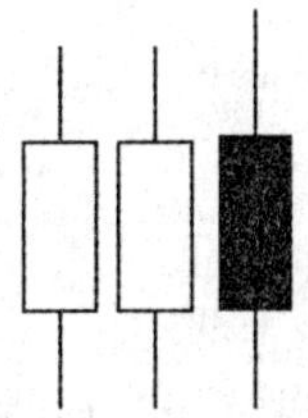	连续并列线和其他并列线相似，只不过整理的持续时间更长，表明多空双方达到一种暂时的平衡状况。
向上跳空并列阳线	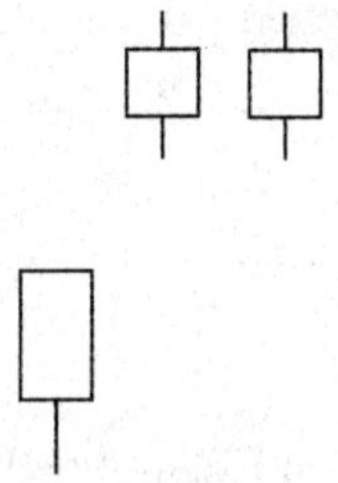	向上跳空并列阳线形态一般出现在较为清晰的上升趋势之中，股价快速上升后产生向上跳空的并列阳线，意味着股价暂时整理，下一波上涨行情即将展开。
向上跳空并列阴线	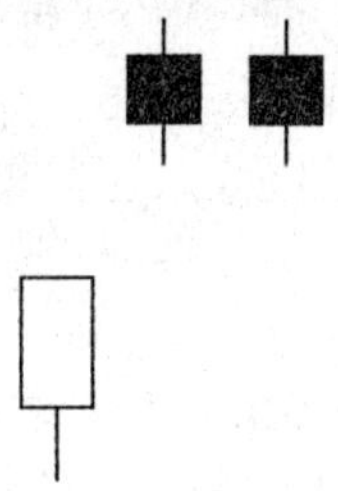	向上跳空并列阴线形态表示股价虽然仍有可能继续上升，但是已经到强弩之末，后市要注意风险。

K 线组合名称	K 线组合图形	K 线组合应用
向上跳空 并列阴阳线	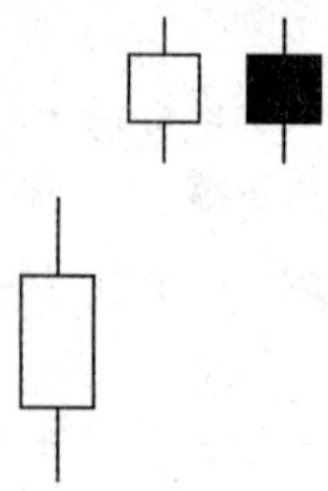	向上跳空并列阴阳线说明了多头在低位承接；空头惜售未发生后续抛售，原上升趋势持续。
向下跳空 并列阳线	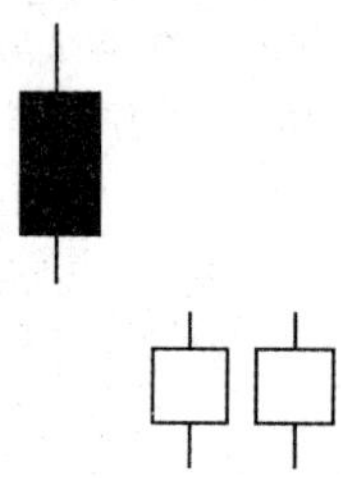	向下跳空并列阳线表示虽然股价仍有可能继续下跌，但是离底部已经不远，不宜盲目做空。
跳空下跌 并列阴阳线	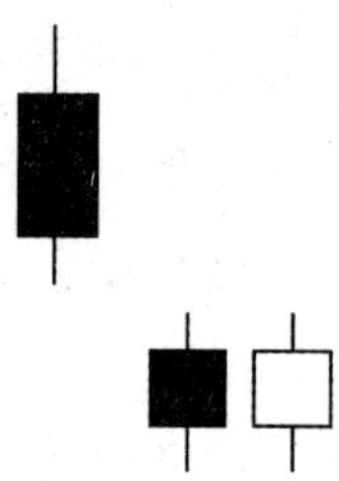	跳空下跌并列阴阳线说明多头在低位承接有力，回补缺口后，股价将会出现见底回升。
跳空下跌 并列阴线	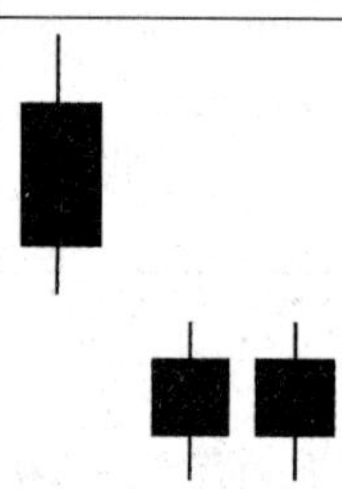	向下跳空并列阴线表示行情依然处于疲弱状态中，下跌趋势即将再次展开。
上升分离线	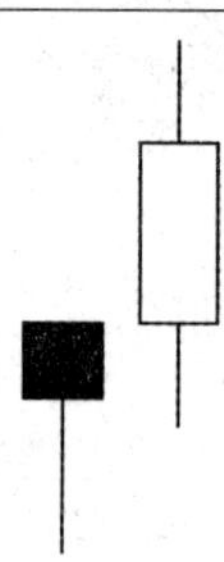	如果上升分离线出现在下降趋势中，说明这是变盘的一种征兆，股价在进行最后彻底的整理。

<table>
<tr><th>K 线组合名称</th><th>K 线组合图形</th><th>K 线组合应用</th></tr>
<tr><td>下降分离线</td><td>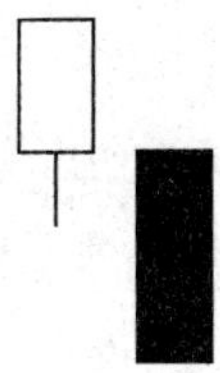</td><td>如果下降分离线出现在上升趋势中，说明这是股价见顶的一种征兆，个股行情有可能演绎最后的疯狂。</td></tr>
<tr><td>顶部穿头破脚</td><td>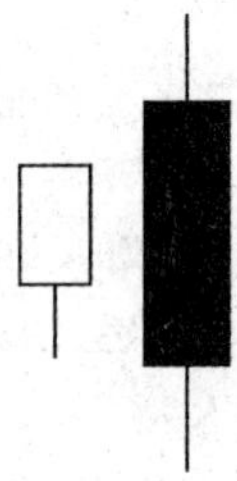</td><td rowspan="2">穿头破脚分为顶部穿头破脚和底部穿头破脚两种情况：
顶部穿头破脚俗称阴包阳，是见顶信号；而底部穿头破脚俗称阳包阴，属于见底信号。</td></tr>
<tr><td>底部穿头破脚</td><td>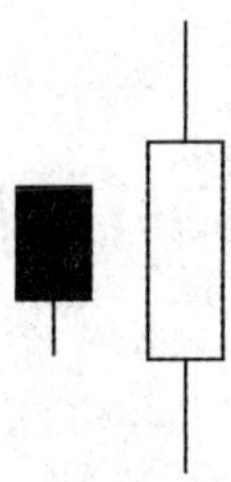</td></tr>
<tr><td>卷轴线</td><td>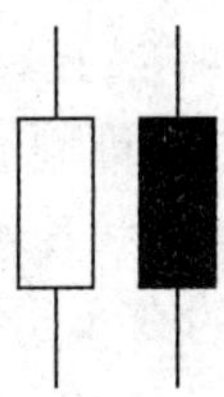</td><td>卷轴线也是并列线的一种，但是，其 K 线是由一阴一阳组成的，因此，卷轴线 K 线组合相对容易形成反转。</td></tr>
<tr><td>身怀六甲</td><td>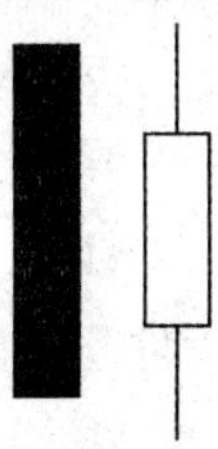</td><td>身怀六甲形态的出现，一般预示着市场上升或下跌的力量已趋衰竭，随之而来的很可能就是大盘或股价的转势。</td></tr>
</table>

K 线组合名称	K 线组合图形	K 线组合应用
十字胎	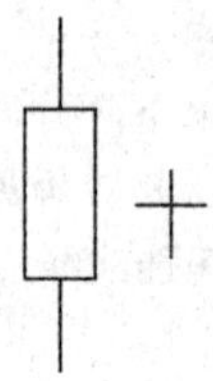	十字胎的出现显示原运动趋势出现主动性整理,后市酝酿变盘。
双胞胎	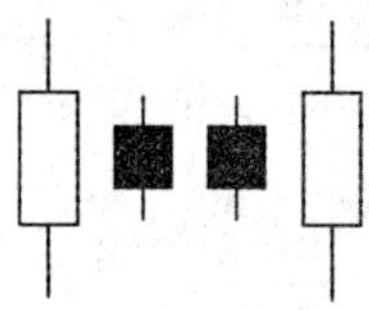	双胞胎 K 线组合形态表示股价在经过充分的蓄势整理后,即将爆发出强劲上升行情。如果该 K 线组合形态出现在历史低位附近,则意味股价即将见底回升。

第四节　K 线的不同周期

K 线不仅仅有日 K 线,还包括分时 K 线、周 K 线、月 K 线、季 K 线和年 K 线,每种 K 线的适用范围和分析技巧是不同的。

日 K 线的计算周期是选取一个交易日,同样的道理,周 K 线选取的是从周一开盘到周五收盘的 5 个交易日,月 K 线的计算周期选取的是从月初到月末的约 20 个交易日的交易区间,其他季 K 线和年 K 线可以依此类推。分时 K 线选取的则是某一段时间的 K 线,最常用的有 1 分钟、5 分钟、15 分钟、30 分钟和 60 分钟 K 线。

此外,在部分分析软件中还使用一些比较特别的 K 线:分笔 K 线和多日 K 线,分笔 K 线是以每一笔成交记录来标示的,只有一个价位,没有上下影线和开盘价、收盘价,但有成交量;多日 K 线是指自定义不同的日期做为 K 线的计算周期,一般软件中最常使用的是 10 日和 45 日 K 线,投资者也可以设置其他计算周期的 K 线,多日 K 线的理论基础是时间周期理论。

每一种 K 线都有各自的优劣,一般来说,短期 K 线反应灵敏,但误差率高,长期 K 线则适宜研判大的趋势,但有一定的滞后效应。不同的 K 线适用于不同的市场环境和投资风格。

利用分时K线虽然无法研判趋势的发展变化,但却可以把握盘中的买卖时机,如果投资者已经决定当日进行买卖操作时,可以使用运用分时K线进行实际操作。

日K线是运用最多的一种K线,对行情的分析研判的作用最大。

周K线和月K线有利于研判中期走势,可以防止庄家在日K线上"骗线"。

任何一套被股民所了解并广泛使用的投资法则,很容易被庄家利用。例如,每日的开盘价与收盘价都很容易被庄家操纵。常见的是开盘时股价或者很高或者很低,成交量也很小,过5分钟后,股价的变动区间与开盘价相距较远。在尾盘时,庄家大笔买单或抛盘涌出,瞬间将股价拉抬或打压到一定的目标价位,中小投资者无法反应,这样,庄家控制日K线图的形态,可以让投资者从形态上得出的结论与庄家的真实意图相反,引诱股民上当。例如,庄家要出货时,用少量资金抬高收盘指数,使其呈现多头排列,这样就可以让庄家顺利抛出股票。但是庄家想操纵周K线、月K线,就很困难。因此投资者在研判中长期走势时,要认真观察分析周K线和月K线的变化才能识破庄家的真实意图。

季K线适宜研判长期的趋势变化。在各种周期的K线中,年K线的数量最少,只有十几根K线,因此,作用相对较小。

第五节 分时K线的投资技巧

在K线分析中投资者使用最多的K线是日K线,其次是周K线和月K线,而对于5分钟、15分钟、30分钟、60分钟等分时K线图则使用较少。很多人以为分时K线变化过快,是短线高手最适宜使用的,其实,投资者即使参与中长线也离不开对分时K线的研判,因为任何投资都需要进行买卖操作。而分时K线可以使投资者很好地把握买卖时机。

一、分时K线的种类

分时K线大致上可以分为1分钟、5分钟、15分钟、30分钟、60分钟、90分钟等几种,个别的软件中还包括20分钟或可以自定义时间的K线。但是,事实证明:从国外引进软件中的90分钟K线并不适用中国股市,因为我国股市每天交易时间是4小时，不是90分钟的整数倍。而1分钟K线的变化极快，其实用价值也不高。最常使用的是5分钟、15分钟、30分钟、60分钟这4种分时K线。

二、分时K线的功能

分时K线的功能主要有三点：

1. 分时K线有助于从微观的角度分析个股走势，是日K线分析的一种补充。

例如：通过对30分钟K线分析，可以清楚了解宏盛科技在经历过急跌行情后，于2005年的3月22日至4月7日之间构筑了坚实的底部，从而为以后的反弹打下基础（见图2－2）。

2. 可以帮助投资者准确判断买卖时机。

例如：物贸中心在2005年4月份的30分钟K线上曾经出现过多次的低开长阳线，预示股价即将反弹，并给投资者提供了很好的买进信号（见图2－3）。

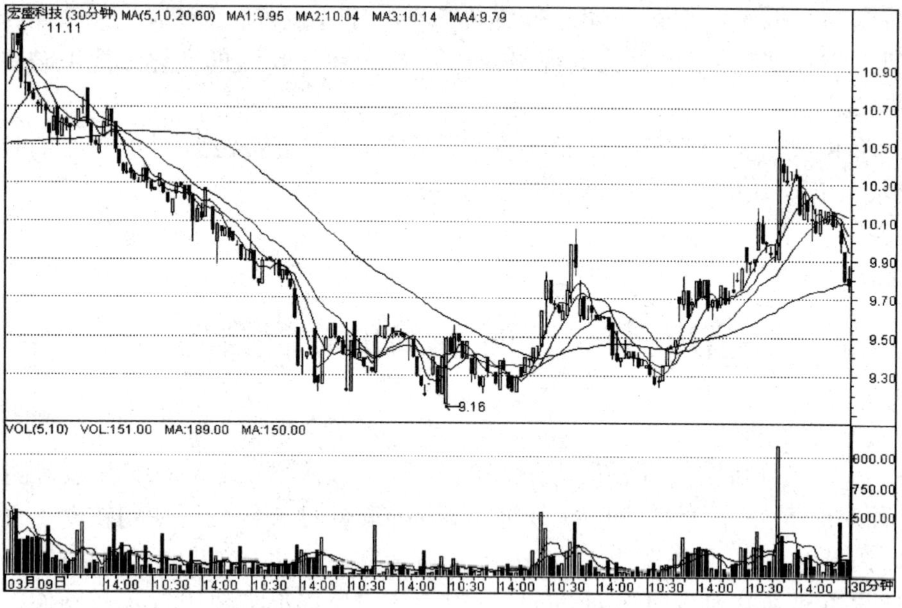

图2－2

3. 可以在投资新股中提供有效帮助。大多数技术分析方法是不能使用在新股中的，通常情况下，技术指标的形成需要一定的时间周期，如6天、12天等。即使形成了指标也不能立即使用，技术分析需要观察指标一段时间的走向、分叉、背离和位置才可以决策。而新股上市时间较短，很多技术分析都没有较多的数据加以运算，所以，这时投资者需要运用分时K线加以分析。

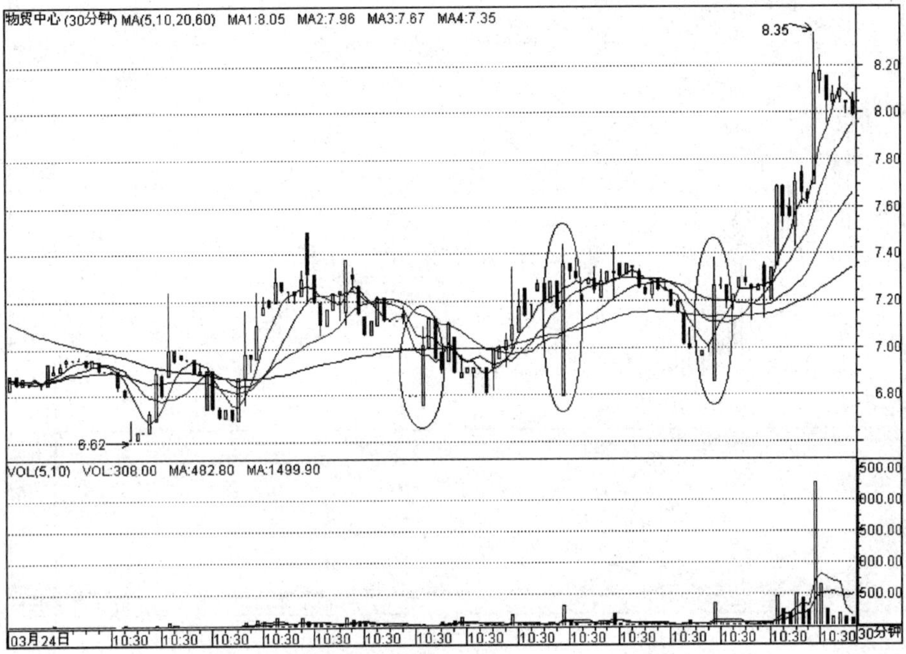

图 2－3

例如:南京港上市以后,投资者通过分时 K 线分析,就可以了解其短期的发展趋势(见图 2－4)。

三、分时 K 线与其他技术分析方法的综合运用

分时 K 线所反映的时间过短是影响其分析效果的一个重要因素,因此分时 K 线分析必须与其他分析方法紧密结合,才可以起到很好的投资效果。

在实际操作中,投资者可以运用以下技术分析方法:

1. 分时技术指标分析:如 5 分钟、15 分钟、30 分钟等进行综合分析;

2. 分笔成交分析:根据每一笔成交情况形成的走势图进行综合分析;

3. 盘中技术分析:根据买卖力道(涨跌率)和量比(多空)指标相互配合应用,往往可以准确及时捕捉短线机会;

4. 结合日 K 线分析:通过长短搭配,了解股价的实际变化情况;

5. 成交量的分析:准确把握成交量变化是用好分时 K 线的关键。比如,成交集中在什么时间(放量),放量以后的走势是否开始逐渐下行并跌破各均线系统。如果某个股在开盘后一小时出现放量,但缩量时股价并没有逐渐下行,就应该注意该股有可能完成部分换手,有继续上行的可能。

6. 均线系统分析:因为均线系统分析时要适当改变均线的设置参数,均

图 2－4

线系统一般自动设定为:5M、10M、20M、30M 等,但这种设定应用于日 K 线比较适合,应用在分时 K 线时则要有所改变。

其中 5 分钟 K 线要设置为 6M、12M、24M 和 48M;

15 分钟 K 线的均线要设置为 4M、8M、16M 和 32M;

30 分钟 K 线的均线要设置为 4M、8M、16M 和 40M;

60 分钟 K 线的均线要设置为 4M、10M、20M 和 40M;

上述参数设定是根据交易时间推算出来的。比如 5 分钟图的 6M 表示半小时成交均线;48M 表示全天的成交均线;30 分钟图的 4M 表示 2 个小时成交均线;40M 表示一周的成交均线。

第六节　周 K 线的投资技巧

多数投资者都较为重视日 K 线的分析,但对周 K 线(尤其是在短线的操作中)却并不十分留意。实际上,日 K 线是对一个交易日的记录,由于变化太快,有时会出现技术性陷阱,而周 K 线反映的是一周的交易状况,短期 K 线上出现的较大波动在周 K 线上一般都会被过滤或烫平。因此,如果能够将日 K

线的分析和周K线的分析相结合,则对操作指导的效果会更好。

实际操作中,对于买卖时机的把握,首先要分析周K线是否安全,然后再分析日K线的组合和量价关系配合是否合理,最后才能在适当的时机选择操作方向。一般而言,将二者结合起来指导实际操作可以避免很多失误。如果仅仅依靠日K线的组合来判断短线的操作方向,难免会面临较多的不确定性风险,同时也容易形成追涨杀跌的习惯。在强势的行情中过早地抛掉手中的获利筹码,而在弱市行情中又由于反弹力度时强时弱难以掌握,十分容易被套。

从表面看,周K线与日K线的形态是相同的,但由于二者所覆盖的交易周期有差异,所透露出的操作方向有时会完全不同,甚至会给出相反的买卖信号。

周K线的分析在应用一般K线分析的基础上,还应该注意以下几点:

1. 周K线在连续出现阴线而超跌时,如果出现两根以上的周K线组合表明有止跌迹象,一般表示其后可能会有力度较大的反弹或反转行情出现,这时买入后可不必依照日K线的分析过早卖出,可以适当增加持股的时间。

2. 在连续的下跌行情中,对周K线而言,要等到较长的下影线和成交量极度萎缩同时出现时才可以考虑是否介入,而不应仅靠日K线的分析来判断操作时机。

3. 在上涨行情中,如果周K线呈现出量价齐增的态势,则下一周应该还有新的高点出现。应当在下周初及时买入,而不一定等到日K线发出买入信号时再作决定。

4. 如果周K线在连续上涨后出现了较长的上影线,同时成交量也出现明显放大,表明行情即将调整,此时通常可以看作是卖出的信号,应当在下周初及时出局,而不一定等到日K线发出卖出信号时再作决定。

5. 如果行情在下跌后出现转暖迹象,且有理由认为反弹不会演变成为反转,那么周K线若出现了实体较大的“光头光脚”大阳线,一般应该是见顶回落的信号,其后多数情况周K线会出现一两根的阴线,这种情形下周K线出现的大阳线,也应当作为卖出信号来对待。

由于周K线的时间跨度要远远大于日K线,在同样的K线组合出现的情况下,周K线所预示的买卖信号,可信度要远远高于日K线。

此外,如果能把对周K线的分析和期间的股价形态分析结合起来,分析的效果会更佳。

第七节　月K线的投资技巧

相对于日K线和周K线而言,月K线的形成时间更长,月K线的组合更可信。

一、分析月K线必须重视的因素

K线是价格运行轨迹的综合体现,开盘价、收盘价甚至是上下影线都代表着深刻的含义,但是绝对不能机械地运用K线,趋势运行到不同阶段出现的K线或者K线组合代表的含义不尽相同。研究月K线首先要明白如下几个要素。

1. 同样的K线组合,月K线的可信度较大,周K线次之,然后才是日K线。月K线出现看涨的组合后,上涨的概率最大,周K线上涨组合的可信度也很高,而日K线虽然是最常用的K线,但存在一定的庄家骗线可能。因此,在运用K线组合预测后市行情时,日K线必须配合周K线和月K线使用效果才能更佳。

2. 股价运行的不同阶段出现的同样K线组合代表含义不相同。比如,同样是"孕线",在下跌段尾声出现就比震荡阶段出现的见底信号更可信。所以,我们不能一见到"孕线"或"早晨之星"K线就认为是底部到来,必须结合整个趋势综合来看。

3. K线组合必须配合成交量来看。成交量代表的是力量的消耗,是多空双方博弈的激烈程度,而K线是博弈的结果。只看K线组合,不看成交量,其效果会大减。成交量是量能动因,K线形态是价格结果,量价结合分析才能见到效果。

以上这3个要素是研究K线的前提,必须予以重视。

二、月K线在大势研判方面的应用

月K线中的连续下跌具有强烈的反转预示作用,以连阴线为例。中国股市的历史中,月K线连续5个月下跌的月线"五连阴"行情是极为罕见,仅仅出现过4次,其中有3次都引发了强烈的反转行情。只有一次引发了小幅反弹行情(见图2-5)。

第一次月K线"五连阴"在1993年的3月至7月间,五连阴后诞生了325

图 2-5

点的历史大底。

第二次月 K 线"五连阴"在 1995 年 9 月至 1996 年的 1 月间,五连阴产生了 512 点的历史性底部,此后股指再也没有回到这样的低位。

第三次月 K 线"五连阴"在 2003 年的 6 月至 10 月期间,这次五连阴后,股指创下了长达两年半的熊市最低点 1307 点,随后股市爆发了持续 5 个月的强势行情。

之所以出现这样的现象,不能简单地将其视为一种巧合,其中也存在必然的因素。

月 K 线之"五连阴"走势意味着股市的调整时间过长,持续性的下跌将使得股价严重超跌,市场做空动能也已经彻底衰竭,这时恢复性行情随时会爆发。如果,恰逢政策面转暖导致大势向好或出现核心热点领先上涨,那么,强势行情将一触即发。

另一方面,月 K 线中的连续上涨却不具有反转的功能。特别是在强劲的牛市行情中,月 K 线可以连续上涨很长时间。例如,2006 年 8 月至 2007 年 4 月,股市出现月 K 线的九连阳。

通过对数百个月的 K 线进行分析发现,3 个月及以下的月 K 线连续涨跌的参考意义不大,而 4 个月及以上的月 K 线连续下跌预测底部的准确性较高,往往能判断出股市的阶段性底部。

而月K线的三连阴或三连阳出现的数量少，三连阴为4次，三连阳为5次，皆为中继性走势，并没有指示顶或底。

三、月K线与均线系统的综合应用

分析月K线要注意均线系统的作用，其中要重点关注5个月均线、10月均线和20月均线，当这3条线纠缠到一起后，如果月K线能够有效突破则表明后市将展开可观的上升行情。例如：1996年4月、1999年5月和2004年1月（见图2-6）。

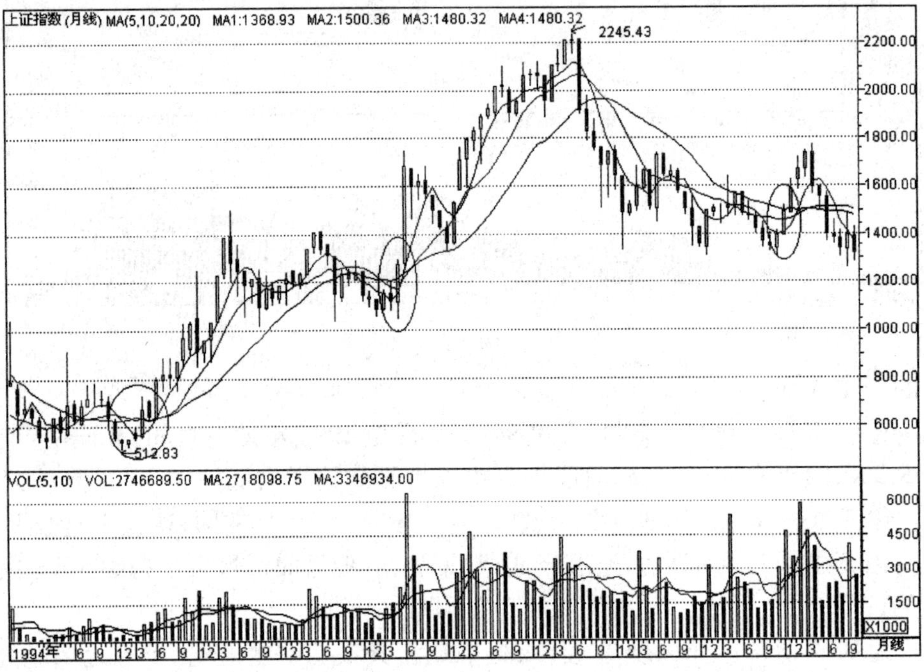

图2-6

当月K线在5月均线或10月均线下方运行时，皆为下降通道或整理阶段，方向不明，投资者不宜盲目操作。只有当月K线放量再次上穿5月均线才可以重新介入（见图2-7）。

四、应用月K线选择中长线牛股

月K线有助于投资者寻找调整到位的牛股，而不被短线的波动所迷惑，具体方法如下：

1. 股价横盘调整3个月。
2. 5月均线上行，股价破掉5月均线，向10月均线靠拢，但不会有效跌穿

10 月均线。

3. 月 K 线出现中长阳走势,一举突破 5 月均线。

符合以上三个条件的股票,投资者即可选择介入,获取波段利润。

例一:五粮液(000858)2006 年 4 月启动,连续 3 个月,从 6 元涨到 15 元多,走完第一波。7 月、8 月、9 月连续小幅度调整 3 个月,第四个月见底,股价跌破 5 月均线,向 10 月均线靠拢以后,开始第二波拉升,并一举突破 5 月均线,之后该股从突破时的 14 元上涨到 38 元以上。

图 2-7

例二:中信证券(600030)2006 年 3 月至 6 月连涨 3 个月,股价从 5 元一路拉升到 18 元,走完第一波;经过 6 月、7 月、8 月三个月的调整,开始第二波拉升,股价从突破 5 月均线的 15 元拉升到 59 元以上。

第八节 年 K 线的分析技巧

从 1992 年算起,我国证券市场已经走过了 20 个年头,因而也只有 20 根年 K 线,通过分析这 20 根年 K 线的技术图形,可以得出非常有价值的结论。

一、年底有投资机会

每年的12月均是一个较为特殊的月份，不管大市处于上升或下跌趋势中，12月份的走势往往是一个令人伤心的月份，但同时12月份也是最佳的建仓时机。

二、根据震荡幅度测算涨跌空间

每年K线震荡幅度都维持在26%以上，从年K线的震荡幅度分析，1997年、1998年、1999年、2000年、2001年、2002年、2003年、2004年、2005年、2006年、2007年、2008年、2009年2010年的震荡幅度分别为73.56%、36.43%、67.72%、55.47%、48.28%、30.55%、26.17%、39.8%、16.19%、132%、131.3%、73.3%、88.36%、30%。1996年以前的年K线震荡幅度更大。我们根据全年指数的高低位置，以及30%的震荡幅度就可以大致推算当年股市的最少上涨和下跌空间。

四、年K线形态的规律分析

通过对年K线形态分析，可以发现股指运行呈现出一定的特征，那就是：连续两根年阳线之后必然会出现年阴线来调整过快的行情，同样连续两根年阴线之后也会出现年阳线来缓解跌势。

例如：

1. 1992年和1993年连涨两年之后出现了1994年和1995两年的调整；
2. 1996年和1997两年的年阳线，再度出现1998年的调整；
3. 1999年和2000年两根年阳线，由此完成了一轮完整的5年牛市，然后大盘出现明显的大调整；
4. 2001年和2002两年出现下跌，2003年以年阳线来缓解过快的跌势；
5. 2004年和2005年大盘连续两年阴线，随后的2006年出现阳线（见图2-8）。
6. 2006年和2007年大盘两年阳线，之后2008年阴线调整。

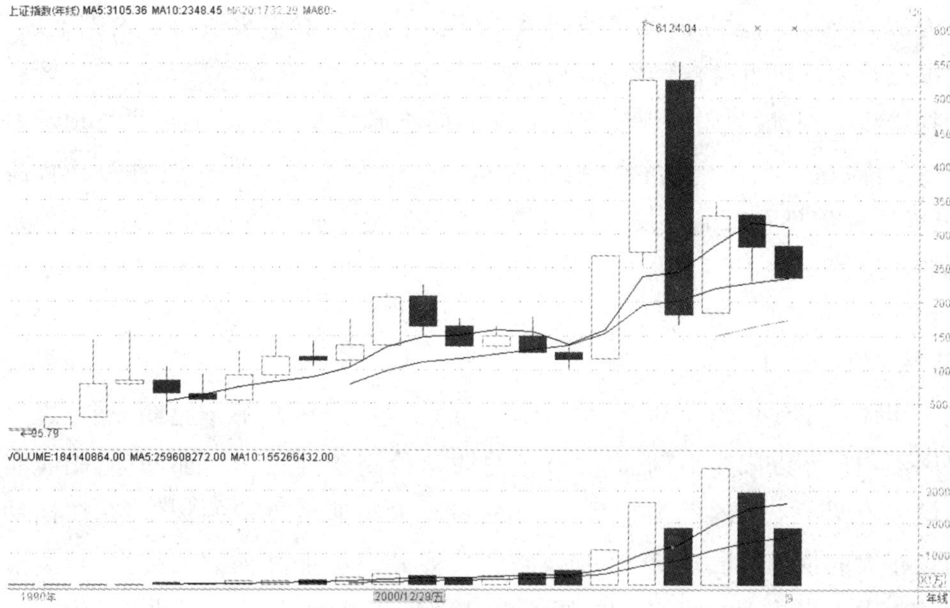

图2-8 沪指历年K线走势图

第九节 单日K线应用中的五大要点

投资者在K线分析中往往重视结果而不重视过程。投资者的感觉常常容易被事物的表面现象蒙蔽而产生错觉,尤其是在证券市场中,这种错觉极易因投资者的恐惧、贪婪和希望心理而得到强化,从而导致作出错误的判断。另一方面,投资者并不擅长处理复杂的数据,如果拘泥于价格的每个瞬间变化过程,那么很可能被纷繁复杂的数据搞糊涂。而K线只有简单的4个价位,剔除了纷扰因素的影响,既反映了股价变化的趋势又不拘泥于每个具体细节,因而有利于投资者作出相对客观公正的评价和判断。

单K线应用技巧中的五大要点是指:一看K线阴阳、二看实体大小、三看影线长短、四看分时走势、五看K线位置。

一看K线阴阳

阴阳代表趋势方向,阳线表示将继续上涨,阴线表示将继续下跌。以阳线为例,在经过一段时间的多空搏杀,收盘价高于开盘价表明多头占据上风。在没有外力作用下价格仍将按原有方向与速度运行,因此阳线预示下一阶段仍将继续上涨,最起码能保证下一阶段初期能惯性上冲。故阳线往往预示着继续上涨,这一点也极为符合技术分析中三大假设之一——股价沿趋势波动,而这种顺势而为也是技术分析最核心的思想。同理可得,阴线往往预示着股市继续下跌。

二看实体大小

实体大小代表内在动力,实体越大,上涨或下跌的趋势越是明显,反之趋势则不明显。以阳线为例,其实体就是收盘价高于开盘价的那部分,阳线实体越大说明了上涨的动力越足,就如质量越大与速度越快的物体,其惯性冲力也越大的物理学原理,阳线实体越大代表其内在上涨动力也越大,其上涨的动力大于实体小的阳线。同理可得,阴线实体越大,下跌动力也越足。

三看影线长短

影线代表转折信号,向一个方向的影线越长,越不利于股价向这个方向变动,即上影线越长,越不利于股价上涨;下影线越长,越不利于股价下跌。以上影线为例,在经过一段时间多空斗争之后,多头收盘时终于败退下来,预示明日的行情将面临压力。因此,上影线部分往往构成下一阶段的上档阻力,股价向下调整的概率居大。同理,下影线预示着股价向上攻击的概率居大。

四看分时走势

对于单日K线的分析一定要注意一个基本原则,那就是不能看K线的表象,而必须结合盘中的分时走势图来分析,不同分时走势形成的日K线具有不同的含义,投资者需要注意加以鉴别。

五看K线位置

同样一根K线,出现的位置不同,后市走势常常大相径庭,大阴线或大阳线尤其如此。

大阳线本来是一种上升趋势明显的表现,可是在股价处于高位时,投资者要特别重视对风险的控制。

例如：东方航空在 2004 年的 2 月、3 月和 4 月曾经出现了 3 次大阳线，由于出现的位置不同，代表的投资机会与风险也不同，当高位再出现大阳线时，这就是风险积聚最大的时候（见图 2－13）。

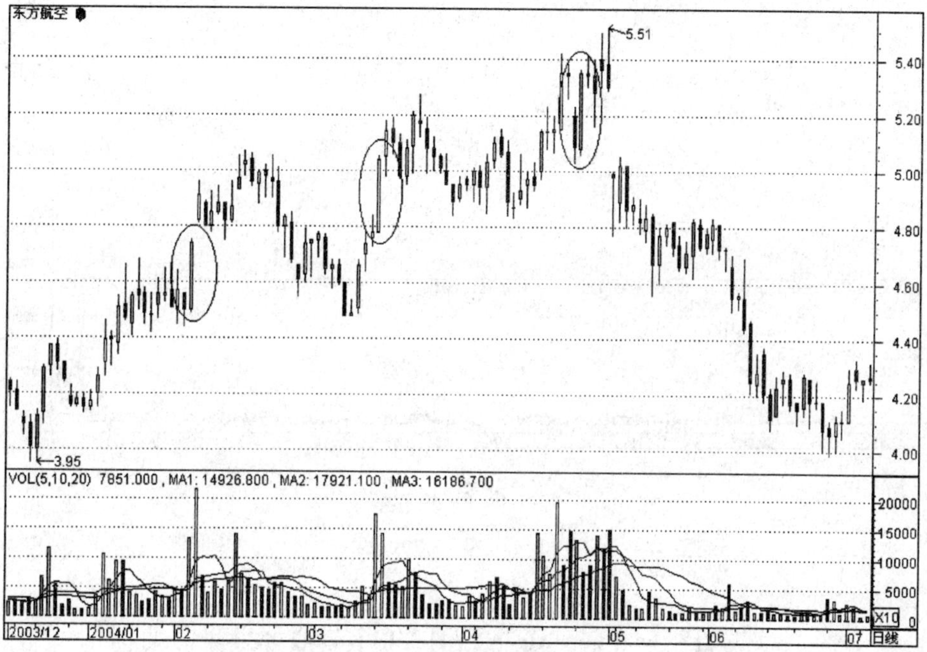

图 2－13

大阴线本来是一种下降趋势明显的表现，可是当股价处于低位时，投资者要特别重视其隐含的投资机会。

例如：中体产业在 2002 年 11 月、2003 年 5 月和 2003 年出现过 3 次大阴线，最后一次在底部的阴线不但不是风险，而是一种抄底的机会（见图 2－14）。

图 2－14

第十节　深度研判 K 线本质

为了更加准确地研判行情，投资者分析单根 K 线的时候不仅要重视 K 线的 4 个价位，还要观察其形成的过程。例如：同样一根中阳线，盘中呈现稳步推高的中阳线和尾盘瞬间拉高的中阳线虽然外表一样，但是其技术含义是不同的。

另外，K 线理论的影线分上影线和下影线两种，一般情况上影线长，表示阻力大；下影线长表示支撑力度大。不过由于市场内的大资金可以调控个股价位，影线偶尔也会被大资金用作骗线，上影线长的个股，并不一定有多大抛压，而下影线长的个股，并不一定有多大支撑，也就是说见到个股拉出长上影线或长下影线，就立即抛股或买入并不一定正确。

以下影线为例，如果下影线是由于盘中快跌吸引了大量资金的介入，从而推动股价恢复上涨的，则表示下档支撑强；如果盘中出现全天慢跌，直至尾盘才被突然拉高,这说明主力资金仅仅是为了维持强支撑的假象,后市该股仍然有进一步下跌的趋势。

再以上影线为例,有些主力拉升股票时,操作谨慎,在欲创新高或股价行进到前期高点时,均要试盘,用上影线试探上方抛压。如果上影线长,但成交量未放大,股价始终在一个区域内收带上影线的K线,这多是主力试盘;如果在试盘后该股放量上扬,则可安心持股;如果转入下跌,则证明庄家试出上方确有抛压,此时可跟庄抛股,一般在更低位可以接回。还有些刚刚启动不久的个股,主力为了洗盘、震仓,往往用上影线吓走不坚定持仓者,吓退欲跟庄者。因此并非所有的上影线都是抛出的信号。

因此,投资者要注意K线的形成过程。由于市场运行中有各种不确定因素,K线的形成过程就不得不重视,而观察的要点大致有以下几方面:

1. 股价是先涨后跌,还是先跌后涨,这对次日开盘乃至全日都可能产生较大影响;

2. 应排除早盘和尾盘的人为因素,如大幅高(低)开或收;

3. 比较K线涨跌的时间、力度或角度;

4. 观察与K线配合的成交量,过强的走势不但不能延续,而且通常预示着中短期的重要转折即将出现。

综上所述,投资者在运用K线理论时,不仅要看K线形成的结果,还要看盘中股价的形成过程;不仅要看K线的4个价格,还要看成交量的配合情况以及均线系统的变化;不仅要看单日K线,还要看K线组合。这样才能得到更加全面准确的分析结果。

第十一节 从K线图上把握短线买卖点

一、不破最低价的买点

股市操作中,在合适的时机买进是赢利的第一手段。如何从K线确定买点,有相当的讲究。

1. 在大盘或个股下跌一段后,股价运行在前一交易日的最低价之上,有止跌趋稳迹象。空仓者可考虑适量建仓,持仓套牢者可注意第二天的走势。若连续两天盘中探至前一日最低价处即止跌,下影线上移,就可适量补仓,摊低成本。

2. 在大盘或个股的上升途中,若股价维系在前一天的最低价之上,可买进或继续持股。即使震荡洗盘或盘整,也可逢低买入;持股者不必急于抛出,以免错失行情。

3. 若股指或股价跌至支撑位,仍在前一天最低价之上,则属强势,可逢低买进。

4. 指数下跌了25%~30%,个股长时间下跌后突然翻转回升,3~6天内不创新低,即是买进时机。这比第一根放量阳线时买进更安全。

5. 从K线上看到高空跳水30%~50%的套牢庄股,在底部横走,或N型,或M头,或W底,只要收盘不创新低,可以买进。

6. 若成交量极度萎缩,KD和RSI指标在20以下,指数或股价在各条均线的下方甚远,此时日K线不管是阴是阳,都可考虑买进。

7. 大盘或个股的利空出台,但前日的最低价不破,此乃诱空陷阱,或利空出尽,应即刻买进。尤其是股价再超过前一天最高价,更应加码买进。

二、突破最高价的买点

1. 下跌趋势中,若股指或股价不仅不创前一日新低,反而连续突破前期最高价,且有量支持,这是主力在拉高建仓,或想快速脱离成本区,可买进。

2. 在上升趋势中,若股指或股价收在前一天最高价之上,呈持续强势,若属初涨期,可以买进,若属中期,持股可不必急于了结。

3. 股指或个股长时间在底部盘整后,往上突破了颈线位,只要不放巨量,KD和RSI指标在50左右,仍可买进,后市还能创新高。若放巨量,突破颈线并且走出长阳线,KD和RSI指标在70以上,可持股至次日开盘后半小时,再作处理。

4. 个股在低位经长时间盘整,若冲破上一周、上一月、60天内的最高价,甚至上一波的顶部,仍可适量买进。

5. 遭利空袭击,大盘指数创新低,各股均应声而落,唯有少数个股仍坚守前一天最高价之上,且成交量异常放大,则为强庄股,或有利多支撑,可适量买进。

三、无法突破高价的卖点

股市中，卖出比买进难。因为这常涉及每个人的利益。卖得早了，就失去了股价再涨一段的利润；卖得晚了，则被套，不仅账面赢利减少，甚至被套牢。因此，股市中把握卖点尤其重要。

1. 在大盘或个股K线上涨过程中，若无法超过上一个交易日的最高价，便有滞涨转弱之迹象。若连续多日无法超过前一天最高价，则需要考虑卖出。

2. 在大盘或个股下跌过程中，若反弹无法超过前一天最高价，且量急速放大，表明主力在压价出货，反弹已结束，应坚决抛空。

3. 连续上扬后，若指数和个股几次试图突破某一高点，均无功而返，高位出现M头或三重顶等顶部形态，量增价滞，或价滞量减，应卖出。

4. 在中高位，成交量急剧放大，但股指或股价收平，或K线上留下很长的上影线，表明上方抛压甚重，即应择机卖出。

5. 在高位若成交量急剧放大，甚至创天量，KD和RSI指标均已达80以上，指数和股价在各条均线上方甚远，是卖出的极佳时机。持仓量大的投资者需要果断分批了结。

6. 大盘或个股的利多出现，但无法突破前期高价，此乃诱多陷阱，或利多出尽，应卖出。

7. 大盘创新高，但个股无法超过昨日的最高价，此乃弱势征兆，可卖出。

四、跌破此前低价的卖点

1. 大盘和个股K线在上升过程中，若盘中跌破上一交易日的最低价，甚至收盘价亦在前一日之下，表明走势较弱，应卖出。

2. 在下跌过程中，若指数或股价无法回升到前一天的最低价之上，将继续下跌，可卖出。

3. 调整时若下午指数或股价无法回升到上午的最低点之上，亦应了结。

4. 在中高位，若日K线的上下影线都很长，表明主力在震荡中伺机出货，只是出不尽才于尾市拉高，应注意减磅。

5. 日K线连续大幅上涨后，在高位出现巨量长阴，且无下影线，以最低点收盘，预示还将下跌，甚至暴跌，收盘前应卖出。

6. 股指或个股若跌破上一周、上一月、60天内的最低点，甚至跌破前一波行情的低点。预示仍将下跌,应卖出股票。

7. 大盘或个股长时间横向盘整,却跌破前一日最低价且放量以长阴线收市,表明盘整失败,大跌在即,应卖出。

值得投资者重视的是:上述从K线视察买卖点,主要是从技术意义上理解,在实际投资过程中还须结合基本面、政策面、消息面、市场面和主力动向等方面的变化,灵活加以运用。

第十二节　运用K线组合的投资要领

K线形态主要是由个股的日、周、月走势中的四个价位形成的形态,种类繁多,其中单日K线有数十种,两根K线组合的K线形态就已经达到数千种之多。因为两根K线不是简单的排列组合,它们之间还存在价格的高低、平行、包容,实体或影线长短的搭配,以及是否有缺口等关系,所以由两根K线组合的形态就可以达到数千种。至于3根K线排列组合成的形态,其种类数量更加难以计算。这里我们只能根据实际操作的需要,选取其中最有实际操作意义和成功概率最高的典型K线形态进行分析。

有的投资者将K线组合称之为“K线密码”,这是有一定根据的,K线组合就是由各种单日K线组成的一串串密码,其中有很多K线组合在选股和研判行情中具有较高的成功概率。

成功的K线组合形态是历史经验的产物,由于K线形态通过多根K线的组合,加上成交量、均线系统等参考因素,可以演变成无穷无尽的形态种类。随着科学技术的日益进步、计算速度的提高,以及市场行情日新月异的变化,股市中一定会诞生出更新的和成功概率更高的K线组合。投资者应该具有创新精神,根据市场的实际情况,不断修改、创造和调整组合形态。

第十三节　多日K线组合的六字形态

K线产生于日本,18世纪的日本商人本间宗久对K线的运用法则进行了填充和整理,其中许多法则一直沿用到现在。这些法则的重要特点就是以数字三为中心,如三缺口、三兵、三川、三山、三法等。由此可见,由3根K线构成的形态是K线理论中的重要组成部分。

根据K线理论进行投资操作时,我们不仅要看一至二根K线,还要看3根至多根的K线组合。买卖双方决战时对抗力量的强弱变化,便可清晰洞察,双方的胜负一目了然。

3根K线及多根K线的组合形态有很多,主要有以下6种模式,为了便于记忆概括为:"三、川、小、旗、包、V"6字形态。

一、连续型K线组合形态

这种形态的典型组合一般为"三连阳"和"三连阴",具体包括:"三个白武士"K线组合、"三只乌鸦"K线组合、"三连阴"K线组合、"红三兵"K线组合、"绿三兵"K线组合和"三阳开泰"K线组合、"循序渐进"K线组合、"节节败退"K线组合、"低位五连阳"K线组合、"高位五连阴"K线组合等等。

连续型K线组合形态一般情况下表示原有的趋势继续。但在实战中也要作具体的分析:如果是在波段的循环低点转折和趋势中途出现"红三兵",表示股价会加速上涨;如果是在波段循环高位和趋势上轨或形态的头部出现"红三兵",代表多头力量已得到充分发泄,后市将会遇阻回落;如果是在波段的循环高点转折和趋势中途出现"绿三兵",表示股价会加速下跌;如果是在波段循环低位和趋势下轨或形态的底部出现"绿三兵",代表空头力量已得到充分发泄,后市将会遇阻反弹回升。

二、"川"字形K线组合形态

这种形态的中间是一根或多根较短的K线,被前后两根方向相反或相同的长K线完全包覆,其典型形态是"两阳夹一阴"和"两阴夹一阳",而中间有两根K线的有"双胞胎"K线组合形态,中间有3根K线的有"上升三步曲"K线组合形态、"下降三步曲"K线组合形态等。

这些K线组合形态与后面介绍的"小"型K线组合形态的区别在于:其头尾两根K线的实体较长。一般这种K线组合形态的发展与最后一根K线的趋势相同。

三、"小"字形K线组合形态

这种形态为中间的K线实体明显长于包覆左右两根K方向相反的K线实体的组合,"小"字型同样可以分为"两阳夹一阴"和"两阴夹一阳",但要注意与通常所说"川"字型的"两阳夹一阴"和"两阴夹一阳"相区别。"小"字型无论出现在上涨趋势还是下跌趋势中,都是短期趋势逆转的信号。

四、"旗"形K线组合形态

这种形态的第一根K线是实体较大的阴阳K线,与其后2~3根的小K线实体的组合,有时出现方向平移,甚至是与第一根趋势相同的逐步递进情况。这些小K线与第一根K线之间能形成多种组合,有的被第一根K线包容,也有的创出新高或新低,如"上升缺口两乌鸦"K线组合等。

五、包容型的K线组合形态

这种K线组合形态是指前面出现数个小实体K线,最后出现一根长实体的反方向K线,一举将前面的小K线全部包容,最典型的K线组合形态有:"一阳强势"K线和"一阴弱势"K线组合形态。其意义在于表明股价原有的趋势将发生重大改变。

六、"V"字型和"U"字型K线组合形态

"V"字型K线包括"V"字型与倒"V"字型,最典型的有"早晨之星"和"黄昏之星"的K线组合形态。这种K线组合与"川"字型K线组合形态具有明显的不同,其中间的K线是脱离头尾两根K线包覆的,因此,这种K线组合形态与"川"字型K线组合形态在研判时有着本质的不同。

总之,连续型是趋势延续型的组合,其他大多数K线组合形态是趋势逆转型的组合。我们通过多根K线的组合,可以推演出多根K线的各种变化分析,这些K线组合形态的具体含义各有不同,投资者在实际操作中要细微体察,方能真正掌握K线分析的本质。

第三章 图表分析(中)

第一节 圆弧底投资技巧

一、圆弧底的技术原理

圆弧底属于圆形反转的一种,这种反转形态在股价的顶部和底部均会出现,其形态相似,意义相反。

在底部时表现为股价呈弧形下跌,初时卖方的压力不断减轻,于是成交量持续下降,但买入的力量仍畏缩不前,这时候股价虽下跌,然而幅度缓慢和细小,其趋势曲线渐渐接近水平。在底部时买卖力量达致均衡状态,因此仅有极小的成交量。然后需求开始增加,价格随之上升,最后买方完全控制市场,价格大幅上扬,出现突破性的上升局面。成交量方面,初时缓慢地减少到一个水平,然后又增加,形成一个圆底形。这种形态显示一次巨大的升市即将来临。投资者可以在圆弧底升势转急之初追入。

这种形态的形成原因,是有部分做多资金正在少量逐级温和建仓,其内涵是股价已经探明阶段性底部的支撑位。它理论上的涨幅通常是最低价到颈线位间涨幅的一倍(见图3-1)。

二、圆弧底的形态特征

1. 股价处于低价区。

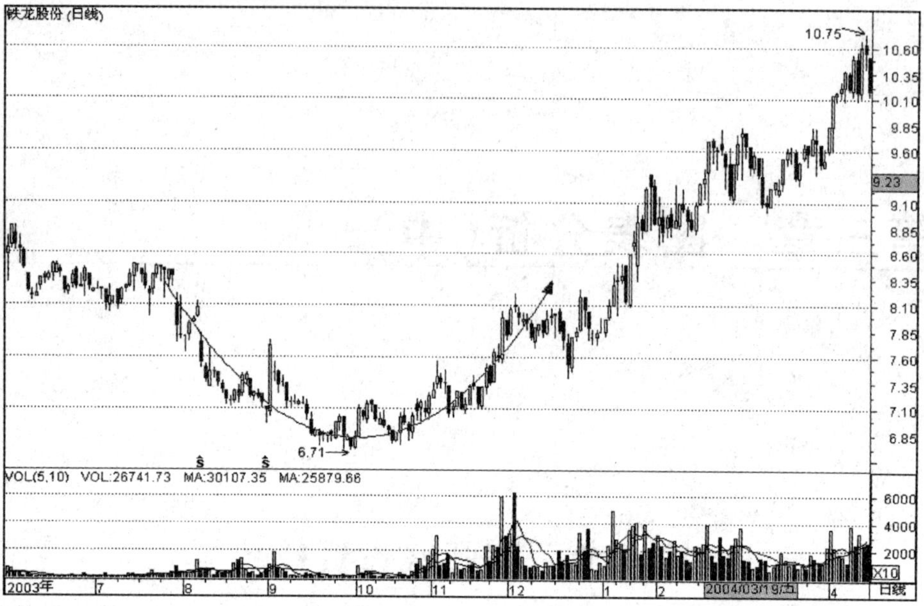

图 3－1

2. 股价变动简单且连续，首先缓缓下滑，而后缓缓上升，K 线连线呈圆弧形。

3. 成交量变化与股价变化相同，先是逐步减少，伴随股价回升，成交量也逐步增加，同样呈圆弧形。

4. 耗时较长。

5. “圆弧底”形成末期，股价迅速上扬形成突破，成交量也显著放大，股价涨升迅猛，往往很少回调整理。

三、圆弧底的形成机理

一般来说，圆弧底形态形成之前，一些主力资金发现了市场未来将有可能具备某种投资价值，此时股价处于一个相对稳定的价格区域内。而为了能吸纳到更多更便宜的筹码，这些主力资金便有计划地利用前期控制的筹码进行刻意打压，并跌穿市场中的重要支撑位置，使市场形成一种空头的气氛。而正是由于重要支撑位的跌破，市场受到止损行为的影响，成交量在形态形成之初出现了剧烈的放大，此时主力并不会有意进行护盘，因此股价也不会出现较大的反弹，反而只是在震荡中行情的重心逐步下移，使投资者越补仓越被套，个股中几乎没有赚钱的机会。在经过相当长的时间来磨灭投资者的信心后，投资者参与该股的兴趣逐渐减小,成交量也从开始的放大逐步萎缩。而参与的人越少,股价越是向下寻找底部的位置,正是这种循环导致股价不断下跌,离场的人越来越多。此时主力也已完成了初步的吸纳过程。而当股价调整到一个相对低的位置时,市场中的惜售心理已非常浓厚,股价下跌的动力越来越弱,当成交量开始保持在一个相对稳定的萎缩状态,主力无法再吸纳到更多的筹码,这时一般意味着一个巨大的升势即将开始,投资者可在成交量放大时买进(见图 3-2)。

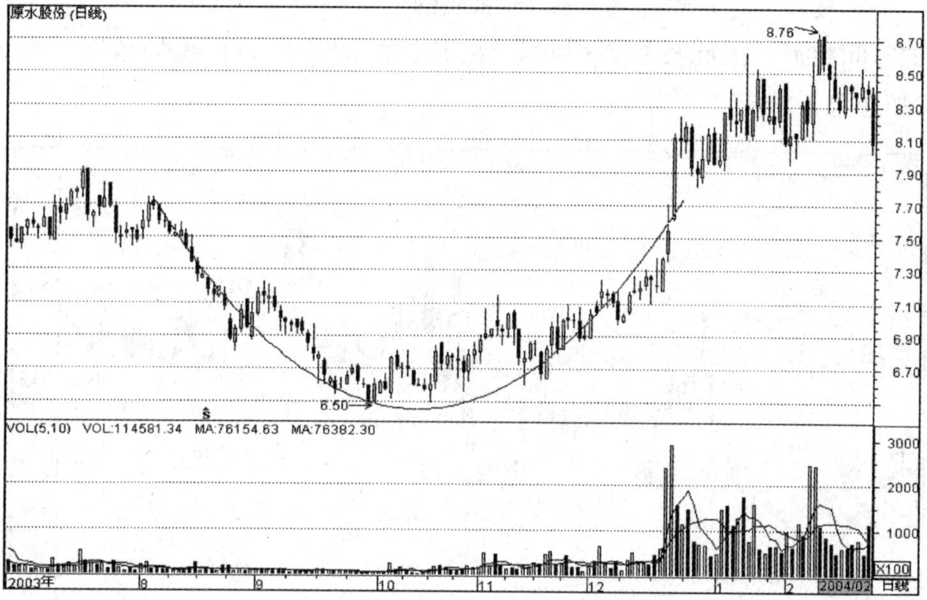

图 3-2

四、圆弧底的种类

按照圆弧底形成时间的长短,圆弧底可以分为用几个月时间形成的长期大型圆弧底、用几周时间形成的中期圆弧底、用几天时间形成的短期圆弧底和在当天的分时线上形成的盘中圆弧底。因为主力资金时间成本的限制,所以,越是形成时间长的圆弧底,可信度越高。因为在大多数情况下,主力资金也不愿用过长的时间去构筑一个完整的形态陷阱的。

因此,在根据圆弧底实施投资操作时,一般只选择大型的长期圆弧底或中期圆弧底,而对于短期圆弧底,由于变化较快,形态缺乏稳定性,所以,需要少参与或尽量不参与。

五、大型圆弧底

K线的技术形态构筑的时间越长，形态的有效性也就相对越高，大型的圆弧底形态，由于形成所需时间较长，往往具有稳定的投资机会。

例如ST兴业（600603），该股曾经用9个月时间构筑了大型的圆弧底形态，从而形成坚实的底部区域（见3－3）。

由于技术上存在着左右对称，圆弧底的右半部分形成的时间将与左半部分的时间相近。因此投资者面对这种形态时，应该从中长线的角度进行操作，切忌急于求成。

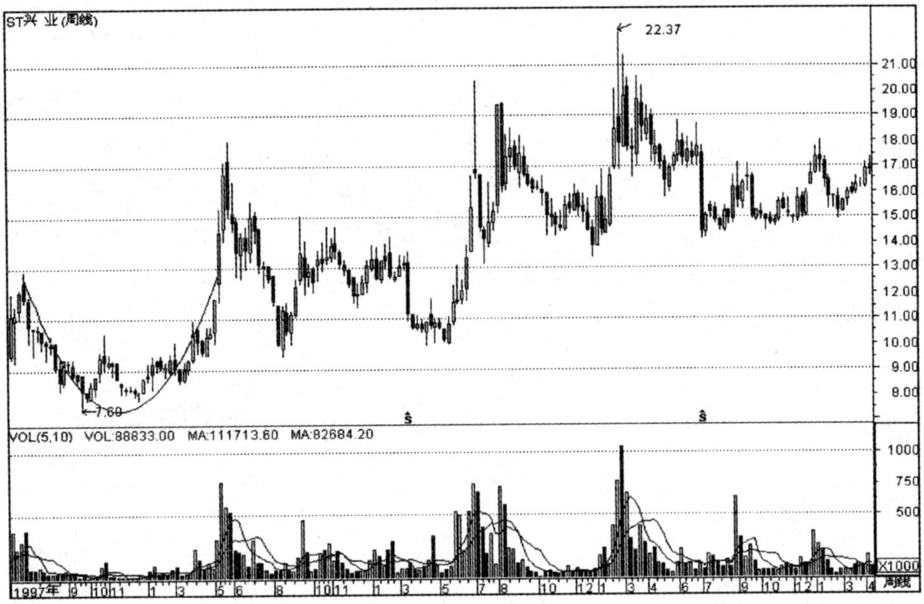

图3－3

六、中型圆弧底

中型圆弧底一般需要用几周的时间形成。例如云维股份（600725）形成中期圆弧底，此后股价出现大幅上涨（见图3－4）。

七、小型圆弧底

小型圆弧底一般用几天时间形成，例如宝钢上升初期形成的小型圆弧底，这种形态只适宜快进快出，短线操作，一般在获取量度涨幅的利润之后，

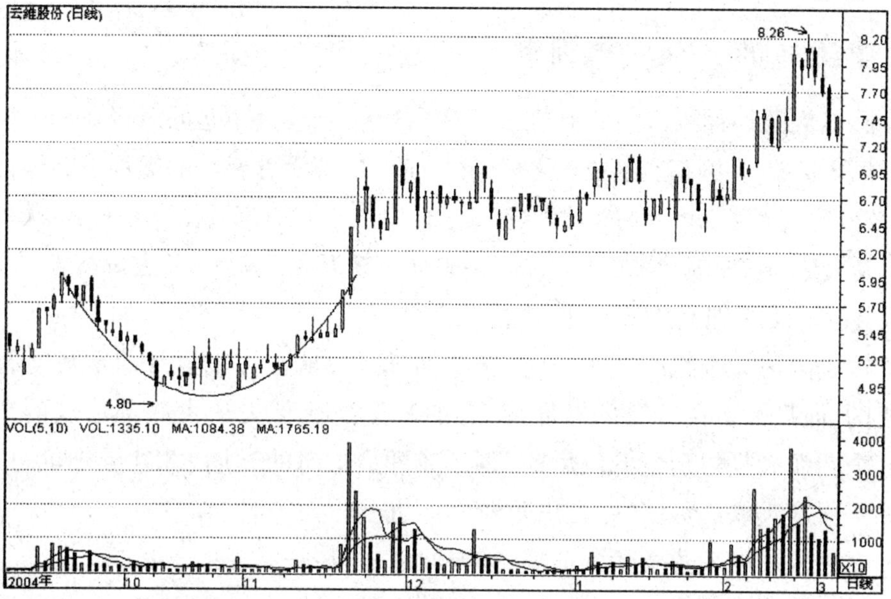

图 3－4

即可卖出(见图 3－5)。

图 3－5

八、圆弧底的最佳买入时机

圆弧底的最佳买入时机是在圆弧底右边往上微微翘起的时候。

历史证明,在圆弧底筑成功之后,其股价一般都沿着翘涨的惯性不断地往上冲,直至出现快涨。在其右边往上翘涨的过程中,一般有好几个交易日,每天的K线不是大涨的长阳线,涨跌幅也都很小,整体呈现温和上涨、温和放量态势。在此期间,任何价位和任何时刻买进,都是正确的。

这是因为大中型圆弧底的构筑时间都很长,是在长年累月的走势运行中形成的,而且大多在行情的最底部,有的甚至是在历史的大底部形成的。并且这个圆弧底是告别最低位后期(即形成翘边形态的时期)才往上走的,这就排除了再次大跌的可能性,是风险较小而机会较大的时期。

在圆弧底的翘边上买入股票,需要注意三点:

1. 要寻找构筑圆弧底时间相对较长的个股,因为时间越长,底部基础越扎实,日后下跌的可能性越少。

K线技术形态构筑的时间越长,其形态的有效性也就越高,因为没有一个主力会用非常长的时间去做一个完整的形态陷阱。

2. 寻找的圆弧底的右翘边还在低价区,回避在股价已经大幅涨高以后出现调整走势。

3. 要在低价区,股价刚刚在右翘边时买入,还要在靠近30日均线时下单买入,尽可能买到相对低价(见图3-6)。

九、圆弧底的中线买入信号

中型圆弧底耗时较长,往往具有相当大的能量,这种底部通常是中长期底部。

中型圆弧底清晰地显示了多空双方力量的消长和主力吸纳的全过程:

1. 股价从高位跌下来,卖方的势力逐步减弱,主动性抛盘减少,买方力量畏缩不前,于是成交量随着股价下跌持续下降;

2. 股价虽然继续下跌,但买卖双方都已接近精疲力竭,所以股价跌幅越来越小,直至水平发展,同时成交量也极度萎缩;

3. 当股价跌至极低位时,开始有主力机构或先知先觉者入场悄悄收集筹码,多方力量渐渐增强,股价及成交量缓缓上扬;

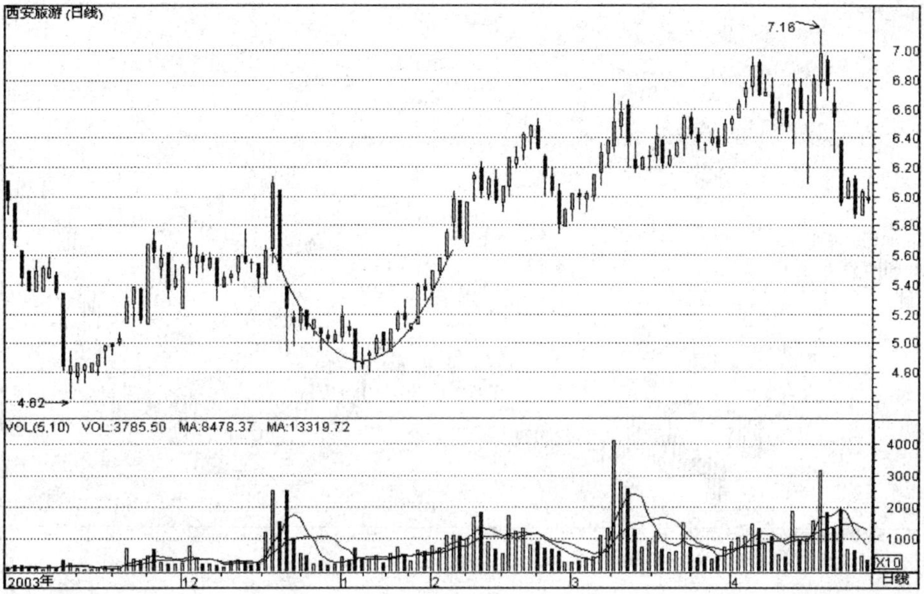

图3-6

4. 最后,筹码收集完成,买方势力完全控制市场,股价迅速攀升,因为底部耗时长,换手充分,所以向上突破后,卖方无力抵抗,往往无需回档,中长期升幅往往比较大。

例如:华电国际(见图3-7)。

在投资过程中要注意以下投资要点:

1. 投资者先要根据技术特征选取有圆弧底形态的个股进行关注。

2. 对于已形成圆弧底的个股需要分析其基本面状况,选择质优价廉的个股。

3. 投资者在运用圆弧底这一投资技巧的时候,必须注意个股与大盘的技术“共振”。即只有在大盘和个股同步见底的时候,才能进行投资操作,单纯大盘见底和个股见底,都不能作为稳健投资的信号。这是大中型圆弧底形态最为关键的要点所在。

4. 投资者在跟踪圆弧底个股时,应该选择大盘低价股,或者低位刚刚形成圆弧雏形的个股。

十、圆弧底可信度的研判

圆弧底是指股价位于低价区时,K线的均价连线呈圆弧形的底部形态。

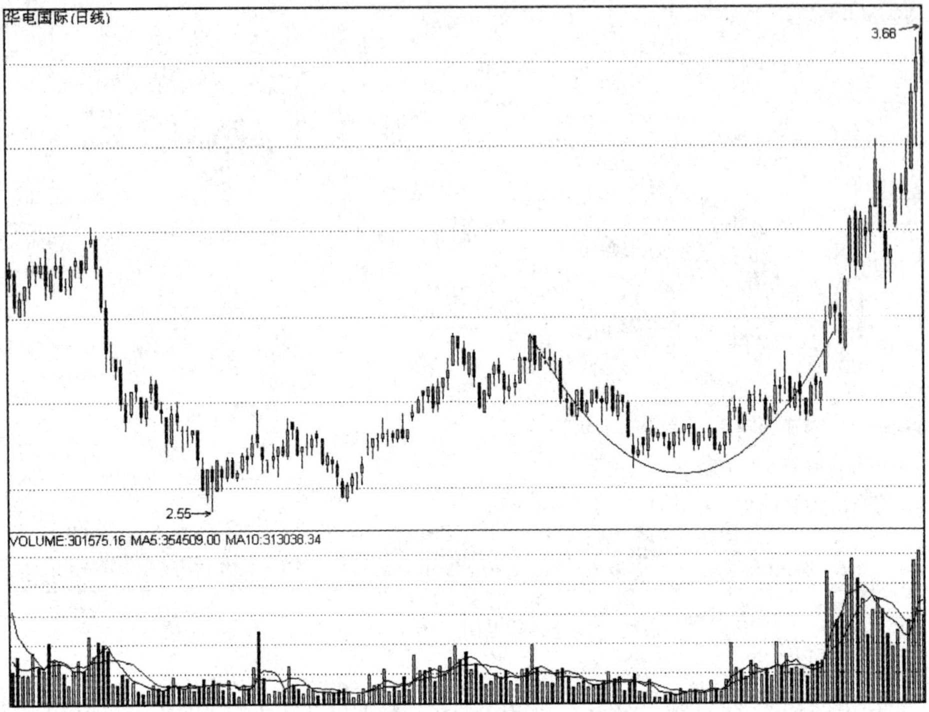

图3－7

其形成原因,是由于有部分做多资金正在少量地逐级温和建仓造成,显示股价已经探明阶段性底部的支撑。它的理论上涨幅度通常是最低价到颈线位的涨幅的一倍。投资者如果把握得当,往往能取得可观收益。

在运用圆弧底的操作过程中,决定成败最关键的因素是辨别圆弧底的可信程度,这主要通过以下几个方面进行研判:

1. 越是形成时间长的圆弧底,可信度越高。

2. 因为小盘股容易被主力资金控盘,所以,大盘股的圆弧底往往比小盘股的圆弧底可靠,指数的圆弧底比个股的圆弧底可信。

3. 圆弧底筑底成功后,在右侧的上涨过程中,如果伴随成交量的温和放大,较为可信。而无量上涨的个股,往往预示着主力资金已经控盘,是否可信,还要结合其他分析手段进行确认。

例如:＊ST 珠江(见图3－8)。

图 3-8

4. 圆弧底的构筑过程中如果有些不规则形态，往往是一种自然形成状态，比较可信。相反，圆弧底的形态过于完美，反而有可能是主力资金刻意所为，投资者必须提高警惕。

例如：中通客车(见图 3-9)。

十一、圆弧底的选股技巧

圆弧底是指股价位于低价区时，K 线的均价连线呈圆弧形的底部形态(见图 3-10)。这种形态的形成原因，是由于部分做多资金正在少量地逐级温和建仓造成，显示股价已经探明阶段性底部的支撑。圆弧底在突破颈线后的上涨幅度通常大于最低价到颈线位的理论涨幅。这是因为圆弧底是一种构筑时间较长、底部相对较为扎实的形态，有效突破后往往能产生一轮强势上涨行情。

运用圆弧底选股，要重点观察圆弧底形态的大小和构筑时间的长短。圆弧底的投资属于一种中线投资，过小的筑底形态缺乏实际的可操作性。

圆弧底适合于稳健的中长线投资者使用，它不强调操作时的敏感反应，

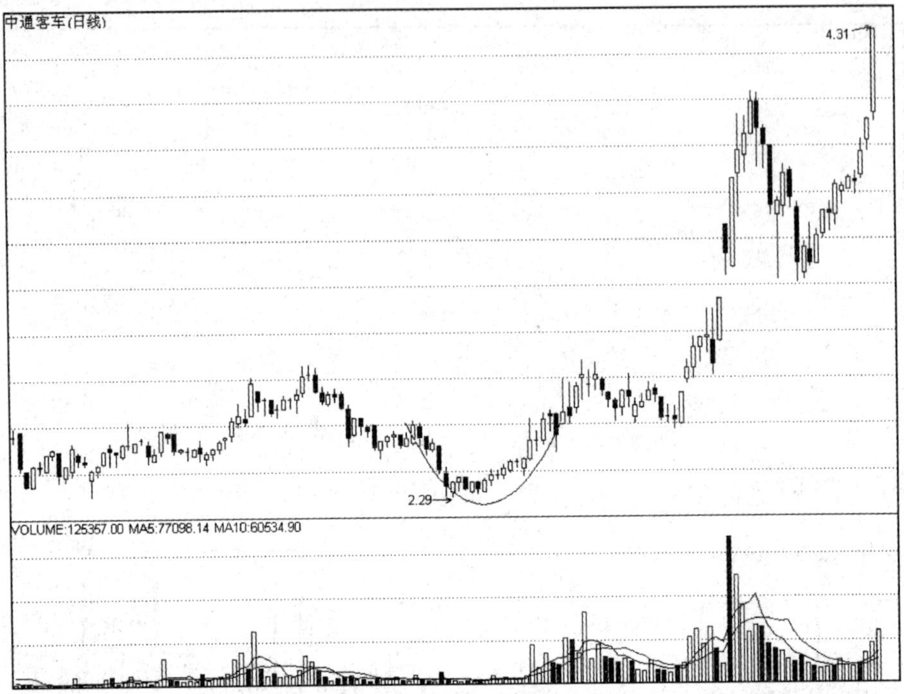

图 3－9

图 3－10

而是更多地强调缓慢操作,耐心等待最佳的买入时机。圆弧底的买入时机是选择在股价从右边翘起,并突破圆弧底的颈线位时。

圆弧底形成过程中,K线实体较小,成交量会大幅萎缩。当股价运行到圆弧底右侧时,成交量会明显放大,这是研判圆弧底是否值得买进的重要因素。如果圆弧底的右侧没有出现放量,或者量能放大不够,累计成交量小于左侧的成交量,投资者应该放弃对该股的买入操作。

例如:铁龙股份(600125)形成时间跨度为四个月大圆弧底形态(见图3-11)。当圆弧底形态构筑完成以后,该股并没有立即展开突破性行情,而是进入了一个月时间的酝酿突破阶段。这一时期,投资者不宜立即买进,而是应该密切观察。不能贪图最低价格,要防止形态发生蜕变的风险。股市中的行情是瞬息万变的,技术形态也不例外。而且圆弧底突破后的实际涨幅一般大于其理论涨幅,所以,投资者没有必要冒险操作。

当铁龙股份向上突破圆弧底的颈线位时,投资者适宜买进。

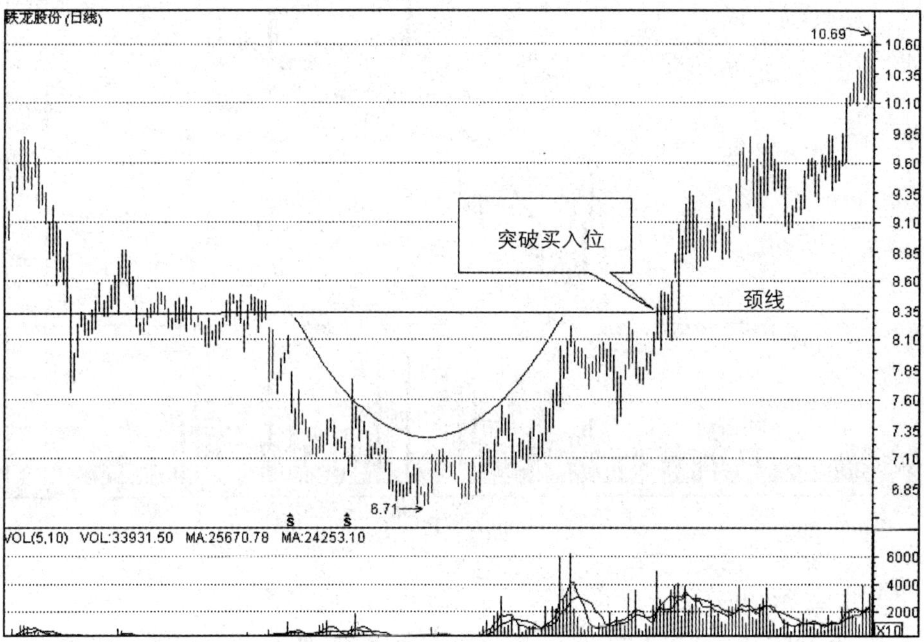

图3-11

第二节 V形投资技巧

一、V形的技术原理

V形反转形态指股价趋势逆转所形成的图形，是股价由涨势转为跌势，或由跌势转为涨势的信号（见图3-12）。

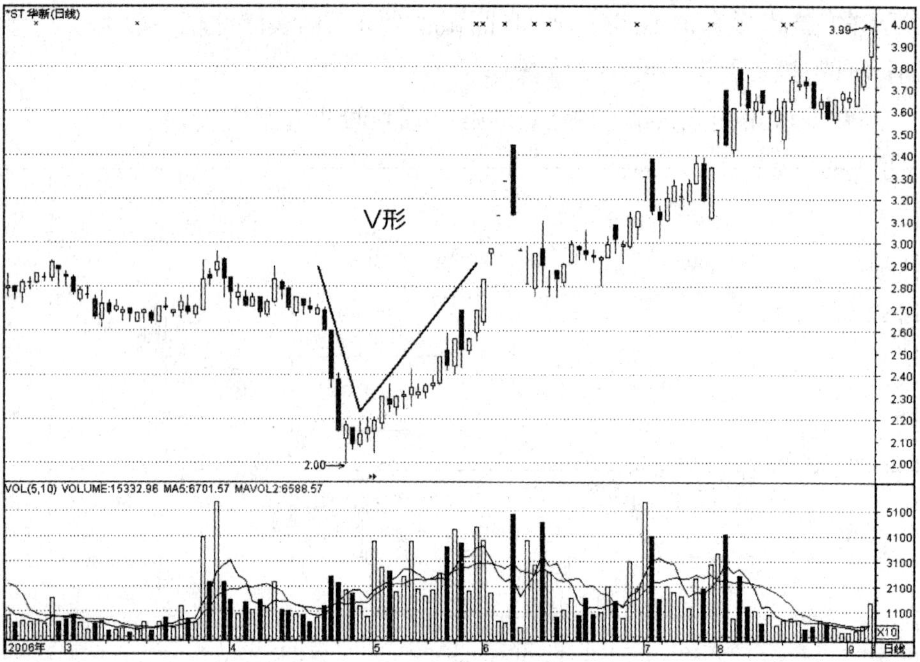

图3-12

V形走势，可分为三个部分：

1. 下跌阶段：通常V形的左方跌势十分陡峭，而且持续时间一般不长。

2. 转势点：V形的底部十分尖锐，一般形成转势点的时间仅三两个交易日，而且成交在此低点明显增多。有时候转势点就在恐慌交易日中出现。

3. 回升阶段：接着股价从低点回升，成交量亦随之而增加（见图3-13）。

"伸延V形走势"是"V形走势"的变形。

在形成V形走势期间，其中上升（或是下跌）阶段呈现变异，股价有一部

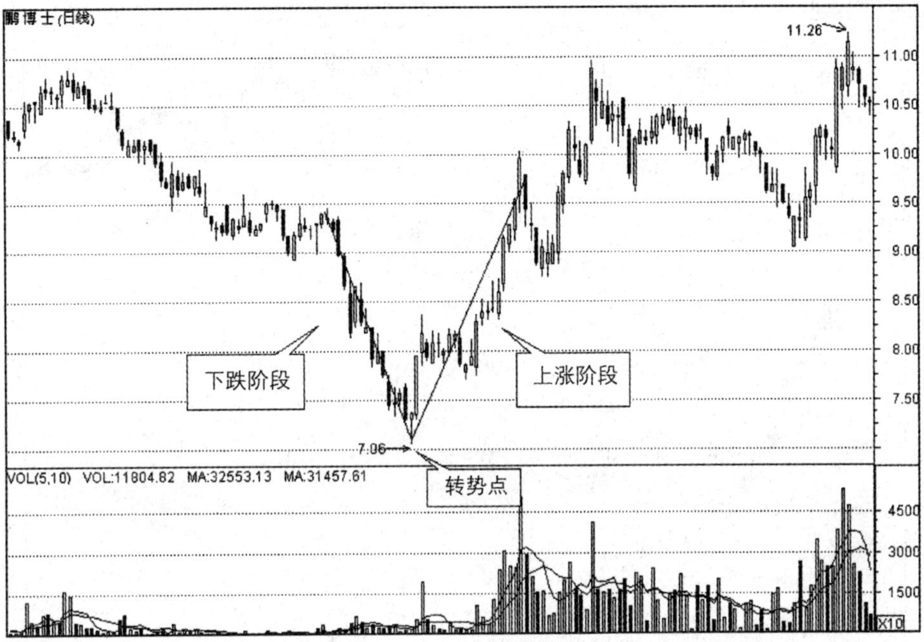

图 3－13

分出现横向发展的成交区域，其后打破此徘徊区，继续完成整个形态（见图 3－14）。

股价在下跌趋势中，由于市场看空的气氛使得股价下挫的速度越来越快，最后出现恐慌性杀跌，空头得到极度宣泄之后，股价走势出现了戏剧性的变化，股价触底后便一路上扬，这样就产生了 V 形走势；股价在上涨趋势中，由于市场看多的气氛使得买盘强劲增多，股价上涨的速度越来越快，最后出现宣泄式暴涨，多头得到极度宣泄之后，便出现了危机，短线客见股价上涨乏力便会反手做空，这种现象越演越烈，股价走势也出现了戏剧性的变化，股价触顶后便一路下跌，这样就形成了倒 V 形走势（见图 3－15）。

二、V 形反转的投资要点

V 形走势是个转向形态，显示过去的趋势已逆转过来。

V 形反转形态形成时间较短，是研判最困难、参与风险最大的一种形态。但是这种形态爆发力大，可在短期内赢取暴利。它是市场受利空打击或其他意外情况影响造成恐慌性抛售，引起股价超跌，从而产生的报复性反弹或反转行情（见图 3－16）。

伸延 V 形走势在上升或下跌阶段，其中一部分出现横行的区域，这是因为形成此走势期间，部分投资者对形态是否能成立没有信心，当这股力量被

图 3－14

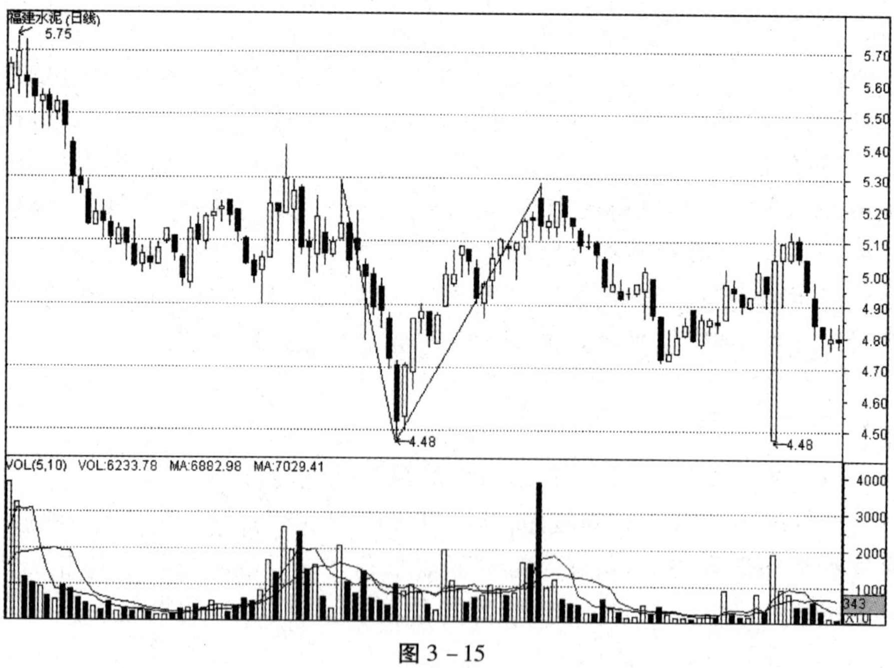

图 3－15

消化之后,股价再继续完成整个形态。

图 3-16

在出现伸延 V 形走势的徘徊区时,投资者可以在这一徘徊区的低点买进,等待整个形态完成。

伸延 V 形与 V 形走势具有同样的预测威力。

V 形走势的投资要点如下:

1. V 形走势在转势点必须有明显成交量配合;

2. 股价在突破伸延 V 形的徘徊区顶部时,必须有成交量增加的配合;

3. V 形底形态没有明确的量度升幅,关键是要分析是否有增量资金的介入,在成交量放大前提下,行情会回到原来的起点区域,并且能够创出新高(见图 3-17)。

大盘指数和个股股价的 V 形走势具有同样效果(见图 3-18)。

从历史的角度看,中期底部绝大多数是以尖底形态出现。特别是在极度疲弱的熊市中,每次的反转上升行情都是出其不意,在图形上表现为尖底。股市中甚至有"尖底圆顶"的说法,虽然不能一概而论,但这说明了当大盘快速下跌时,往往会形成尖底(见图 3-19)。

三、V 形反转的最佳买点

V 形是实战中比较常见的且力度极强的反转形态,往往出现在市场剧烈

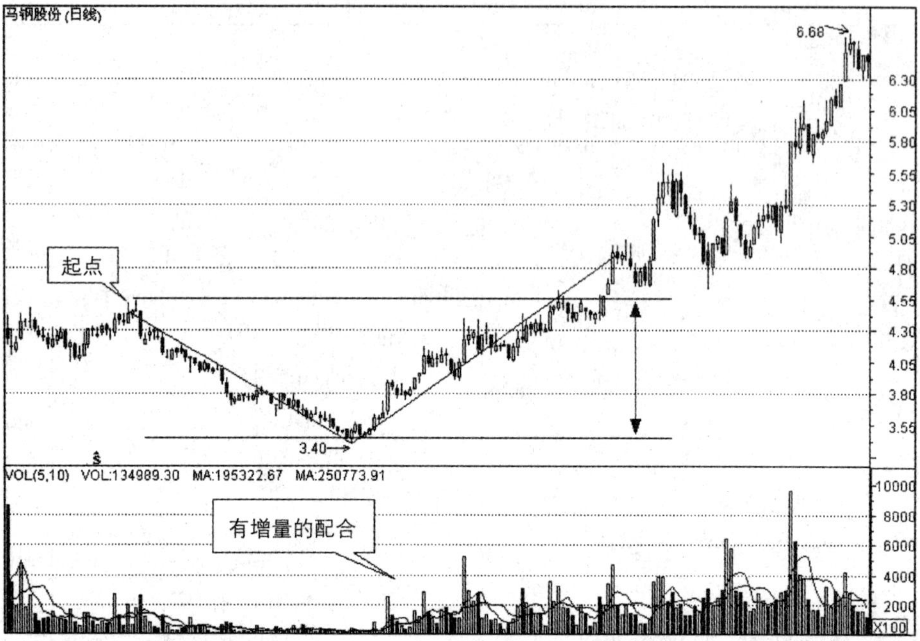
马钢股份(日线)
6.68
起点
3.40
VOL(5,10) VOL:134989.30 MA:195322.67 MA:250773.91
有增量的配合

图 3－17

上证指数(日线)
1616.65
1311.67
VOLUME:467697.53 MA5:354631.97 MA10:236896.39

图 3－18

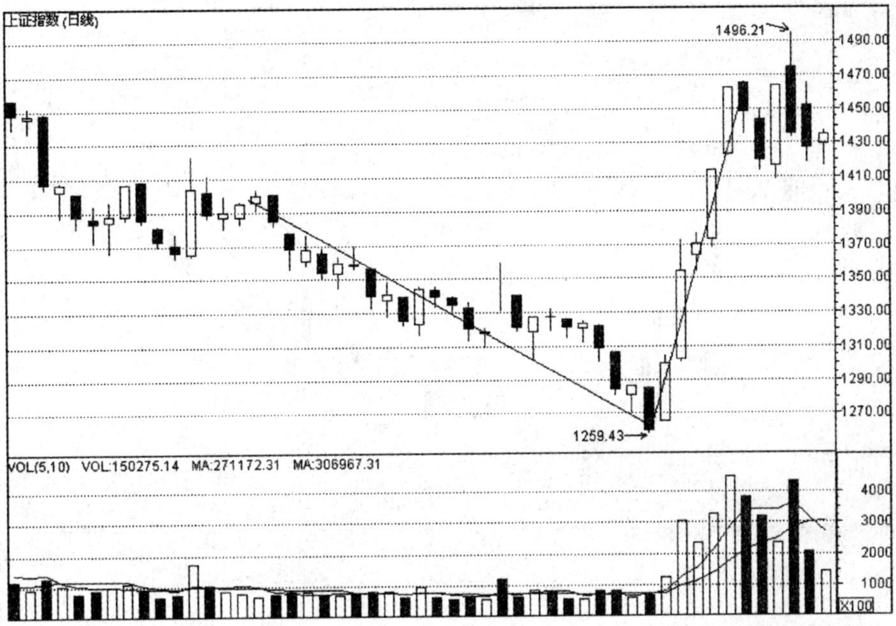

图3－19

波动之时,在价格底部或者顶部区域只出现一次低点或高点,随后就改变原来的运行趋势,股价呈现出相反方向的剧烈变动。

V形反转的出现一般没有事先的征兆,并且是一种失控的形态,在应用时要特别小心。不过形态完成后涨升动力相当惊人,所达到的上升或下跌幅度较大,转势一旦形成,可确认性较高,具有十分重要的实战意义。

V形底形态最佳买点是低位放量跌不下去的回升初期,或是放量大阳的转势时。在操作中需要把握以下投资要点:

1. 下跌速度。一般来讲短期内下跌幅度越大,动力越强,下跌速度越快,出现V形反转的可能性也越强(见图3－20)。

2. 在转势点附近,有超过7%以上的巨阳或巨阴往往成为很好的配合证据(见图3－21)。

3. 价量配合。底部V形反转在转势时成交量要明显放大,价量配合好,尤其转势前后交投的放大,实际上是最后一批杀跌盘的涌出和主力资金接货造成的(见图3－22)。

而伸延V形的价量要求则与伸延前的V形性质相同。

4. 结合中长期均线进行研判。均线具有显著的判断趋势运行的功能,借助10日、30日和60日均线,可较准确把握V形反转的两次大机会,一般采用10日均线。当股价第一次突破10日均线时,虽不能明确V形反转能否确立,

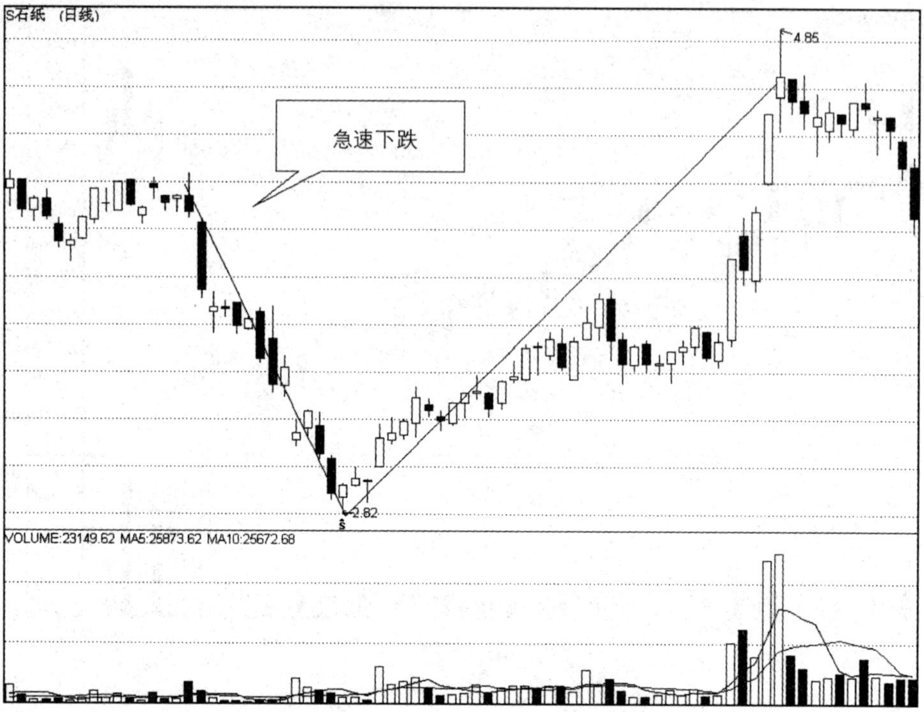
S石纸 (日线)
4.85
急速下跌
2.82
VOLUME:23149.62 MA5:25873.62 MA10:25672.68

图 3－20

耀皮玻璃 (日线)
14.65
14.20
13.70
13.20
12.70
12.20
11.70
11.20
10.70
10.20
9.70
9.30
VOL(5,10) VOL:6652.09 MA:2614.12 MA:2700.51
放量大阳的买入位
2000
1500
1000
387
X10

图 3－21

图 3－22

但这却是激进的做多或做空信号，一旦出现第二次突破 30 日均线，基本上可以确认反转趋势的确立，这是稳健的做多或做空信号(见图 3－23)。

此外，投资者还需要结合短中长期的均线的方向进行研判。如果股价突破均线系统后，中短期均线能够迅速转向，将有利于股价的进一步上升。

5. 伸延 V 形的横向波动为较好的介入时机，既安全又有效，这时股价横向波动的相对位置也十分重要，如在前期高点之上横盘，预示主力有极强的控盘能力，向上动力强；如在前期高点附近上下波动，则向上动力相对较弱。此外横盘持续时间也十分重要，一般而言，横盘越久向上力度也越小。实战中要加以辨别(见图 3－24)。

四、V 形底的选股技巧

V 形底俗称"尖底"，形态走势像"V"形(见图 3－25)。其形成时间最短，是研判最困难、参与风险最大的一种形态。但是这种形态的爆发力最强，把握得好，可以在短期内赢取暴利。它的形成原因是由于市场受利空打击或其他意外情况影响，造成恐慌性抛售，引起股价超跌，从而产生报复性反转行情。

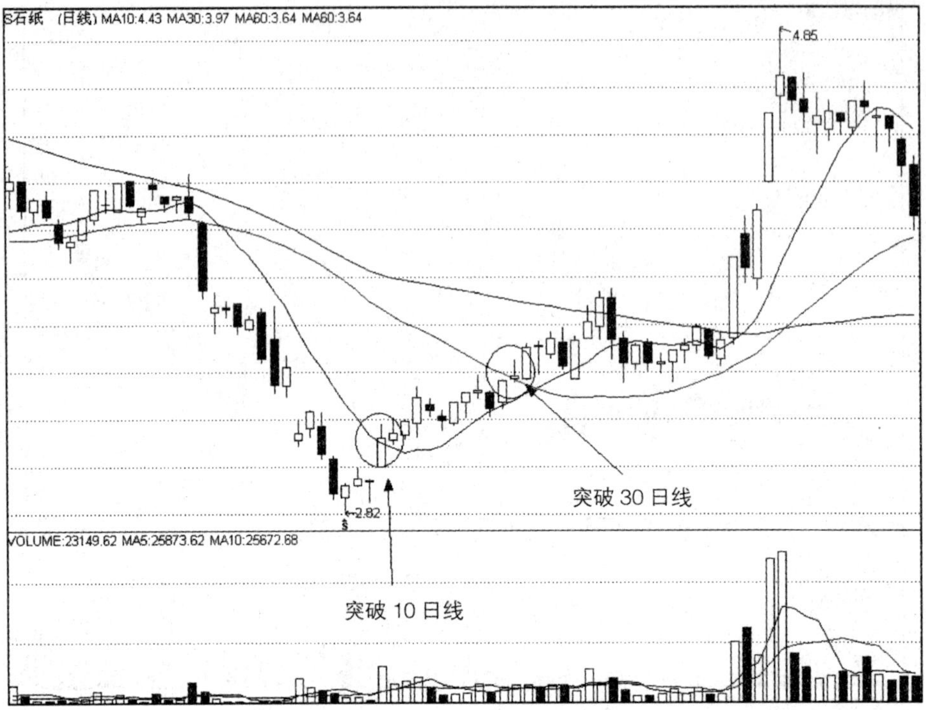

图 3－23

V 形底的整个形态过程分为三个阶段:下跌阶段、转折点和上涨阶段。

V 形底的应用技巧与圆弧底的应用技巧明显不同,运用 V 形底选股时,不必过于重视形态的大小和构筑时间的长短。V 形底的投资属于一种短线投资,形态即使较小也不会影响实际的可操作性,相反,过大的 V 形底反而难以形成强劲的反弹行情。

V 形底适合有经验的短线投资者使用,它非常强调操作时的快速应变能力和平常的细致周密的准备,实际操作中会更多地强调快速操作,以快进快出的方式回避 V 形底投资风险。V 形底的买入时机也是选择在股价从右边快速上涨,并且迅速突破 V 形底颈线位的时机。

V 形底的形成过程中,K 线实体较大,往往会表现出大起大跌的市场特征。V 形底的成交量有两点要注意:一点是 V 形底形成转折点时是否会放量;另一点是观察股价运行到 V 形底右侧上升阶段时,成交量是否会明显放大。通常需要这两处均出现放量时,形态的突破才更加可靠。

V 形底的理论涨幅是底部到颈线位的距离,但是实际,股价常常会尚未到达理论涨幅位置,就已经见顶回落,这是因为 V 形底属于短线快速反转,市场主力在股价处于低位时来不及充分建仓,因此,其拉高的积极性和时间都

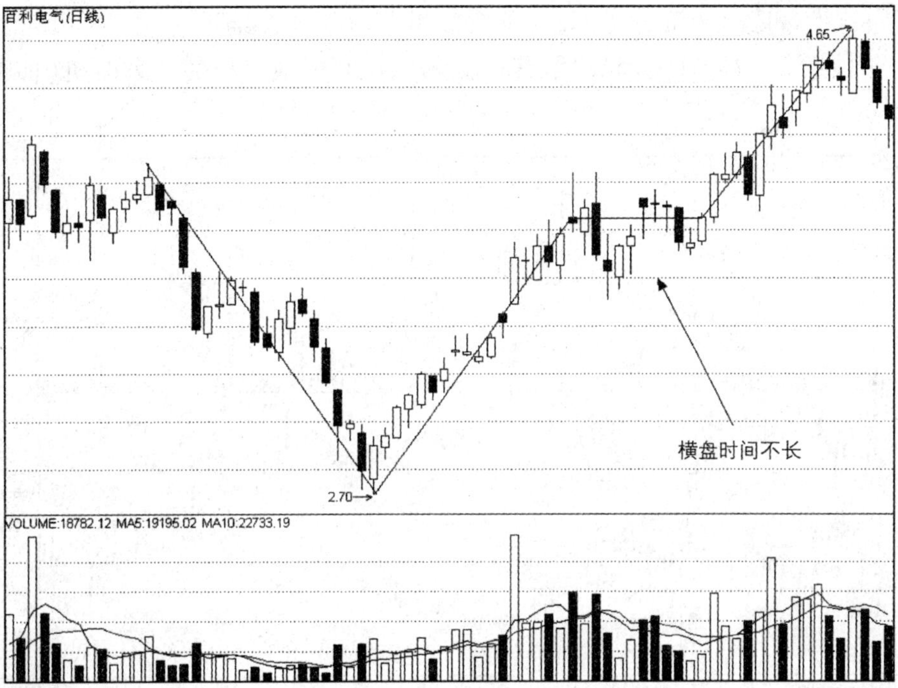

图 3－24

图 3－25

不会持久。投资者在参与 V 形底的投资时,不要拘泥于理论涨幅的思维束缚,一旦发现股价上涨乏力,就应该立即果断地获利了结。

例如:渝三峡A(000565)放量突破颈线位时形成最佳的买入时机(如图3-26)。

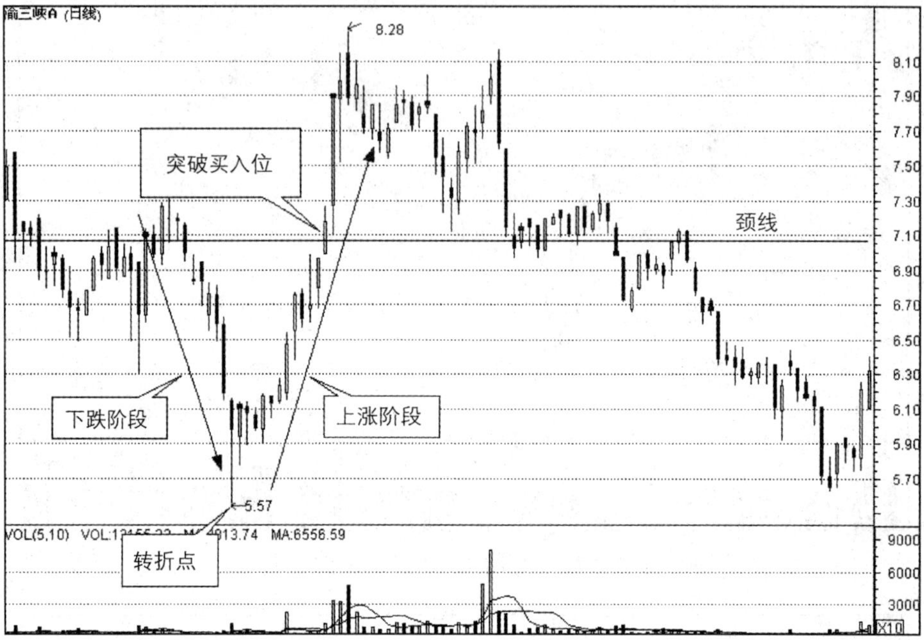

图3-26

第三节　头肩底投资技巧

一、头肩底的技术原理

头肩底和头肩顶的形状一样,只是整个形态倒转过来了,又称“倒转头肩式”。形成左肩时,股价下跌,成交量相对增加,接着为一次成交量较小的次级上升。接着股价又再下跌且跌破上次的最低点,成交量再次随着下跌而增加,较左肩反弹阶段时的交投为多——形成头部;从头部最低点回升时,成交量有可能增加。从整个头部的成交量来说,较左肩为多。

当股价回升到上次的反弹高点时,出现第三次的回落,这时的成交量很明显少于左肩和头部,股价在跌至左肩的水平时,跌势稳定下来,形成右肩。

最后,股价正式策动一次升势,且伴随成交大量增加,当其颈线阻力冲破时,成交更显著上升,整个形态便告成立(见图3-27)。

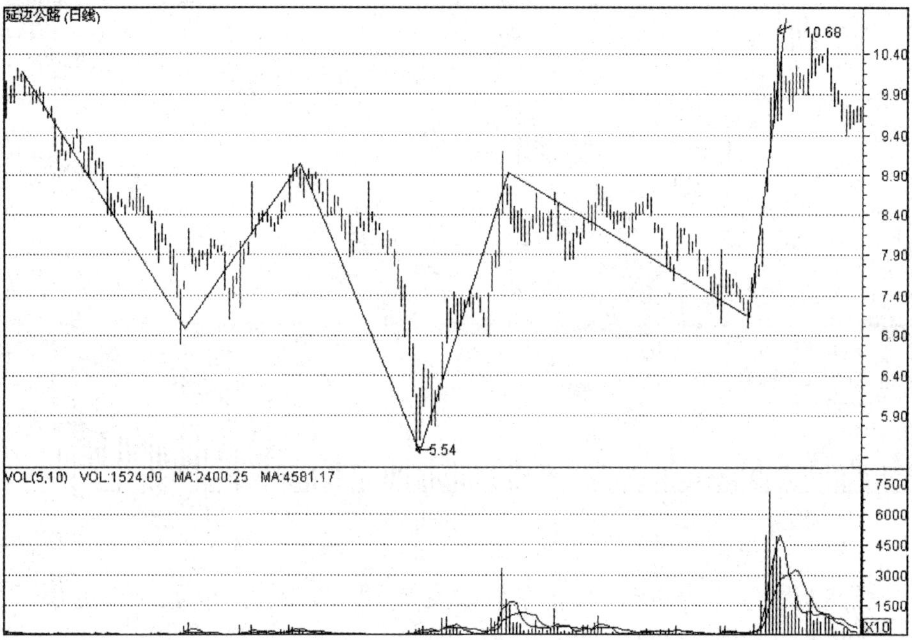

图3-27

头肩底的分析意义和头肩顶没有两样,它告诉我们过去的长期性趋势已扭转过来。

头肩底形成的原理是,股价经过长期下跌之后,终于在低位出现一次反弹,说明买方已初具抵抗能力。由于下跌趋势并未改变,所以股价二次下跌,第二次下跌创出新低并出现恐慌性抛售,同时很快回升,反映出下跌能量已充分释放。第三次下跌未能达到头部低点即获支撑并回升,说明买方力量已占上风,趋势已有发生逆转的倾向。当两次反弹形成的高点连线(即颈线)被放量突破后,显示多方已逐渐控制大局,向上趋势确立。

二、头肩底的投资要点

1. 头肩顶和头肩底的形状差不多,主要的区别在于成交量因素。头肩顶即使不放量也能发挥出影响作用,而头肩底形态突破颈线,需要大成交量的配合,以确认其有效性(见图3-28)。

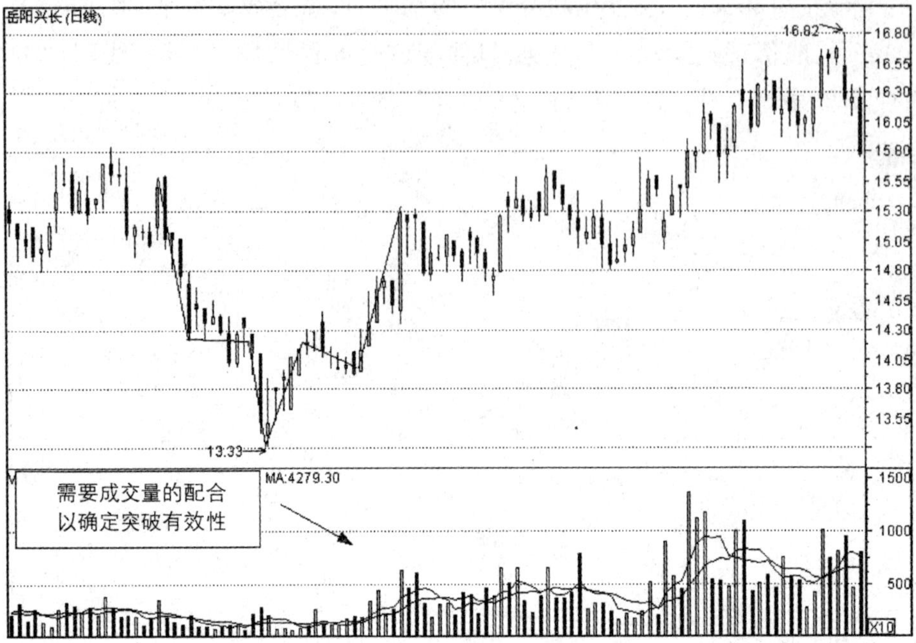

图3-28

虽然当颈线阻力突破时,要求有成交量放大的配合,但如果在突破后成交逐渐增加,形态也可确认。

2. 头肩底颈线突破时,就是一个真正的买入讯号,虽然股价和最低点比较,已上升一定幅度,但升势只是刚刚开始,初始买入的投资者应该继续追入。

3. 头肩底形态理论升幅是该股票的低点到颈线的垂直距离。头肩底是极具威力的形态之一,一旦获得确认,升幅大多会超过其理论升幅(见图3-29)。

4. 一般来说,头肩底形态较为平坦,因此需要较长的时间来完成。

5. 头肩底形态突破幅度要求达到3%以上,时间必须要保持两天以上。

6. 在升破颈线后可能会出现暂时性的回抽,也就是回踩确认颈线支撑。但回抽不应低于颈线。如果回抽低于颈线,又或是股价在颈线水平回落,无法突破颈线阻力,则可能是一个失败的头肩底形态。

7. 行情走势中,有大形态的头肩底,也有小形态的头肩底,投资者要根据不同的周期形态决定是否短期介入与中长期介入。

8. 头肩底形态有时候会出现复合形的形态(如:双肩形态,多肩形态,双

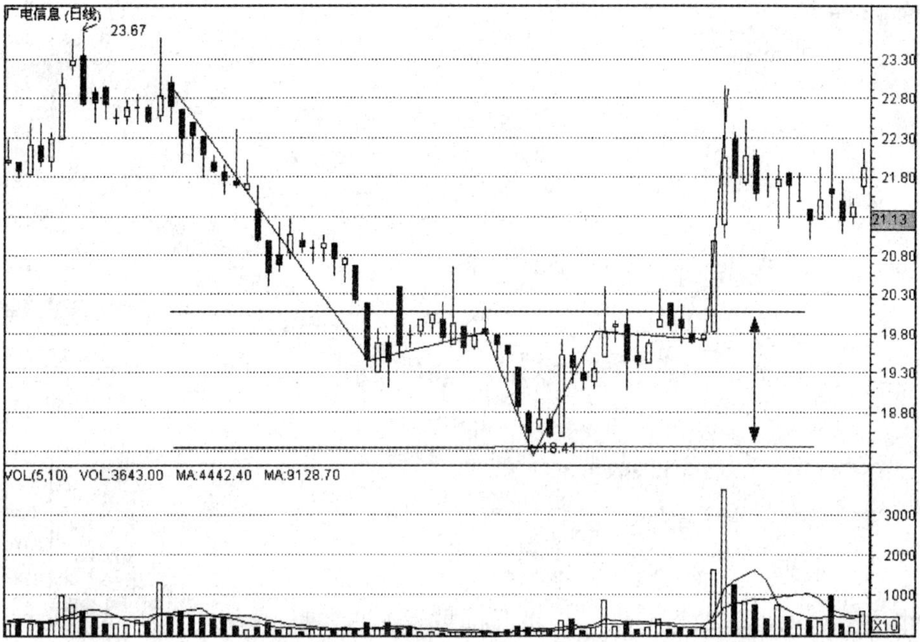

图 3-29

肩、双底形态等),投资者需要另行研判。

三、头肩底的颈线位分析

运用头肩底反转突破形态,可以依据颈线和均线确定买点。当股价向上突破颈线的时候,是最佳的介入时机。另一种投资时机在于股价突破颈线位之后,如果股价调整接近颈线位和30日均线位时,能够受到这两个技术位的较强支撑,这时可以果断买进(见图3-30)。

头肩底如果成立的话,代表下跌趋势已经过去,最低的价位已经出现,即使再跌也有一条底线。市场正凝聚涨升动力,一旦价位穿破颈线,这时应该是一个极佳的买入信号。因此,对于颈线的研判显得十分重要。

头肩底的颈线的取法分三类:一为左肩顶较右肩顶高,颈线由左向右下斜;二为左肩顶较右肩顶低,颈线由左向右上倾;三为右肩顶与左肩顶等高,则颈线平直穿越左肩顶与右肩顶。

使用头肩底捕捉个股时应注意,需要在突破颈线后再行介入,并且要观察是否有成交量配合。而头肩底形态中上涨突破颈线,若没有较大的成交量,则可信度不高,或许还会跌回底部多停留一段时间整理,以图蓄势再来。

图 3－30

若收盘价突破颈线幅度超过该股市价 3% 以上，是有效突破，可积极跟进，突破头肩底颈线后，股价上升的最小幅度至少为底至颈线的垂直距离，有时甚至达到 1.618 倍或 2 倍。

四、头肩底的成交量分析

头肩底的形状呈现三个明显的低谷，其中间的低谷比其他两个低谷的低位更低。对头肩底的研判重点是成交量和颈线，成交量要处于温和放大状态，右肩的量要明显大于左肩的量。在有量配合的基础上，股价成功突破颈线时，是该形态的最佳买点(见图 3－31)。

为什么研判头肩底时必须强调右肩处的成交量呢?

这一问题实际上涉及了一个重要的基本技术原则：抬升股价需要买入，但股票的自身重量却会使其下落。也就是说股价的上涨需要成交量的配合，但股价的下跌往往以缩量形式完成。

因而，头肩顶形态中任何穿越了颈线的价格突破，就算是只有很少的交易量，也是有影响作用的；但在头肩底形态中则并非如此，只有出现了明显较高的交易量，我们才能将其视为有效突破。在底部形态中，较低交易量产生

图3－31

的突破可能只是暂时的,它需要在底部水平附近做更多的酝酿,然后才能产生真正的上涨,或者完全有可能是一轮虚假的突破运动。这就需要投资者耐心观察和辨别。

在头肩底形态中,右肩出现时,价格已基本停止了下跌的趋势,如果成交量能够有效放大,呈现出量增价升的上涨态势,那么在突破颈线位之后将有至少一个形态高度的升幅,但如果成交量不能放大,投资者就不能认定这一形态的可靠性。事实上,头肩顶和头肩底两个形态之间最大的区别就在于形态形成时对成交量的要求上。

五、头肩底的最佳买入时机

头肩底形态在形态分析中占有相当重要的地位,一个真正完善有效的形态形成之后,能量相当巨大。因此,能够正确辨认头肩底形态并及时介入的投资者,往往能够获得较丰厚的利润。

在股市行情中,头肩底是一种出现频率较高,且可靠性较高的一种反转形态。在头肩底形态中,至少会有5次局部反向运动,头肩底的3个局部底点依次称为左肩、底和右肩,两次反弹高点连线称颈线,该线的突破即为新趋势的正式开始。头肩顶与此相似，只是方向相反。

从成交量上分析，一般来说，在头肩底形态中，两个肩部的成交量是逐渐递增的，这说明在股价下跌过程中，来自于买方的力量逐渐增强。反之，对于头肩顶形态而言，成交量逐渐递减时则认为它的有效性较高。

头肩底的最佳买入点有三个位置：

1. 当头肩底还没有完全构筑完成，形成两次低点之后，股价向上突破下降趋势线时买进，这种方法适合激进型投资者（见图3－32）。

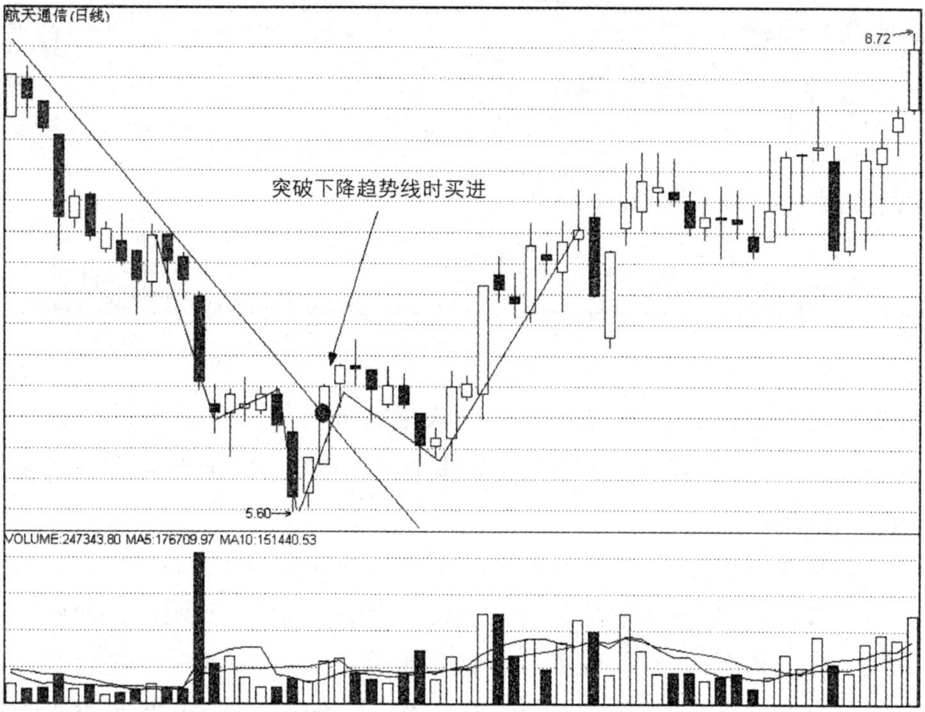

图3－32

2. 当股价向上突破颈线位并回抽确认后，可以认为该形态是有效的，此时可以买进，这种方法适合稳健的投资者。

3. 在实际操作中，走势较强的股票并不会出现回抽确认，所以在操作强势股的时候，只要股价收在颈线以外3%或以上时，就可以认为形态已经完成，进而买进。这种方法适合跟随趋势的进取型投资者。

例如航天通信，该股从形态上来看，它用一个月的时间形成一个标准的头肩底形态，并且成交量逐步放大，完全符合头肩底的技术要求，此后该股出现连续升势（见图3－33）。

图3－33

六、头肩底的选股技巧

头肩底形状呈现三个明显的低谷,其中位于中间的一个低谷比其他两个低谷的低位更低(见图3－34)。对头肩底的研判重点是成交量和颈线,成交量要处于温和放大状态,右肩的量要明显大于左肩的量。在有量配合的基础上,股价成功突破颈线时,则是该形态的最佳买点。

头肩底与其他形态的不同之处在于:头肩底由于本身的复杂性,所以没有小型的形态,大多数头肩底是构筑数周的中期底部形态。另外,在指数和大盘股中形成的一些大型头肩底形态往往能形成重要的历史性底部。

大多数行情中形成的头肩底都比较可靠,并且在形态完成后形成一轮有力的上涨行情。头肩底形成后的上涨行情较为稳定,研判和操作都相对较容易。但是少数情况下,也有例外的时候,但股价上涨到一定高位后形成的头肩底常常以失败告终。

头肩底的成交量研判要从整个形态形成过程中的变化来分析。构筑头肩底时,如果股价下跌,成交要萎缩;如果股价上升,成交量又恢复放大,则是

图 3－34

一种有利于头肩底最终构筑成功的量能变化现象。特别是头肩底的右肩形成突破时需要有成交量迅速放大的配合，才能支持股价的突破有效性。

由于头肩底构筑时间较长，形态也较复杂，所以不能仅仅依据股价突破颈线位就立即买入，还要等待回抽确认，才能最终确定买入时机。头肩底的理论升幅高度等于最低位置到颈线位的垂直距离。

投资者在运用头肩底形态选股时不必强求形似，关键是要强调神似，因为头肩底的形成过程和形态本身比较复杂，有时候会发生变异现象，如变成复合头肩底形态等等，这类底部形态的研判技巧与正常头肩底没有多少不同，而且，这种复杂的头肩底往往更加安全可靠。

例如：福星科技（000926）形成头肩底形态后，右肩放量。股价在冲击颈线位时通过短线震荡化解压力，逐渐消化上档阻力，一举成功突破颈线位。此后，股价上涨了 50%，远远超出其理论上涨空间（见图 3－35）。

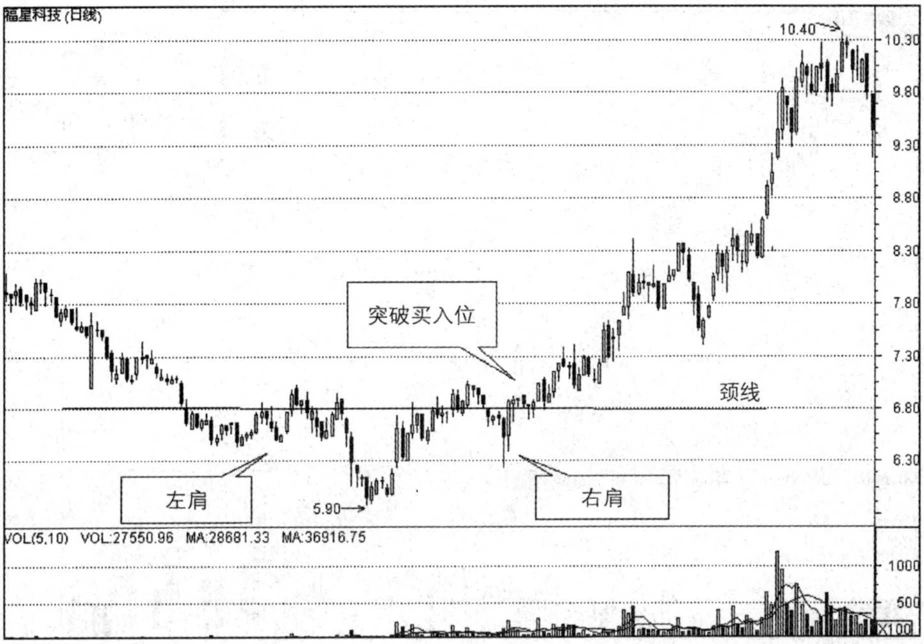

图3-35

第四节 双重底投资技巧

一、双底形态的技术原理

股价持续下跌一段时间后出现了技术性反弹，但回升幅度不太大，时间亦不长，然后又出现下跌，当跌到前次低点附近时获得了支撑，令股价再一次回升反转向上，其股价运行的轨迹就像英文字母W一样，此形态又称W形底，或称为双底，是一种较为可靠的反转形态（见图3-36）。

双重底和双重顶是完全相反的形态，但无论是双重顶还是双重底，都必须突破颈线，才能说明形态完成。双顶之颈线是第一次从高峰回落到的最低点位置；双底之颈线就是第一次从低点反弹到的最高点位置。

股价持续下跌令持股的投资者觉得价太低而惜售，而另一些投资者则因为新低价的吸引尝试买入，加之前期做空者也在低位回补，于是股价开始呈

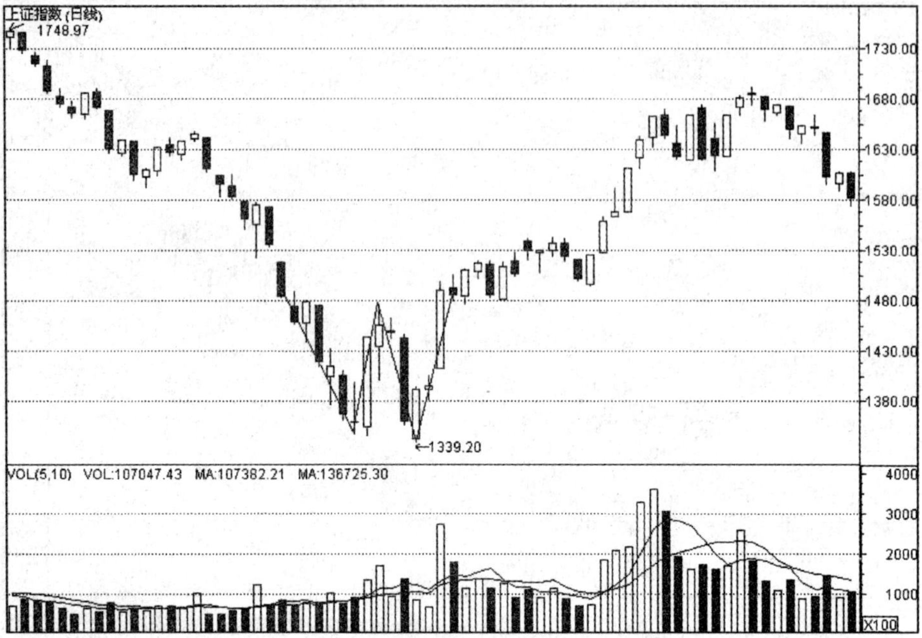

图3－36

现回升，当上升至某水平时，短线投机买入者出现获利回吐，那些在跌市中持仓的亦趁回升时卖出，因此股价出现再一次下挫，但对后市充满信心的投资者，觉得他们错过了上次低点买入的良机，所以这次股价回落到上次低点时便立即跟进，当愈来愈多的投资者买入时，求多供少的局面促使股价扬升，而且还突破上次回升的高点(即颈线)，扭转了过去下跌的趋势，新的上升行情开始(见图3－37)。

1. 股价两次探底，两个底部低点大致相等，多数情况下右底不低于左底，伴随着KD、RSI等技术指标背离现象；

2. 双底的成交量都大幅萎缩，前后两底的成交量大体相等或右底放量是正常的现象，当左底量明显大于右底时，则双底形态不会真正成立(见图3－38)；

3. 双底不一定都是反转信号，如果两个底出现的时间非常近，有时也会形成整理形态，一般来说，双底的实际升幅都较目标的最小升幅大。

二、双底形态的操作要点

双底形态是一个转向形态，当出现双底时，即表示跌势告一段落。通常

图 3-37

图 3-38

双底形态出现在长期性趋势的底部，所以当双底形成时，投资者可以积极把握买进机会。

当股价突破双底的颈线位时,是一个明显的买入信号。

需要注意,上破颈线时成交量必须及时放大,强势股往往是以长阳线完成突破(见图3-39)。

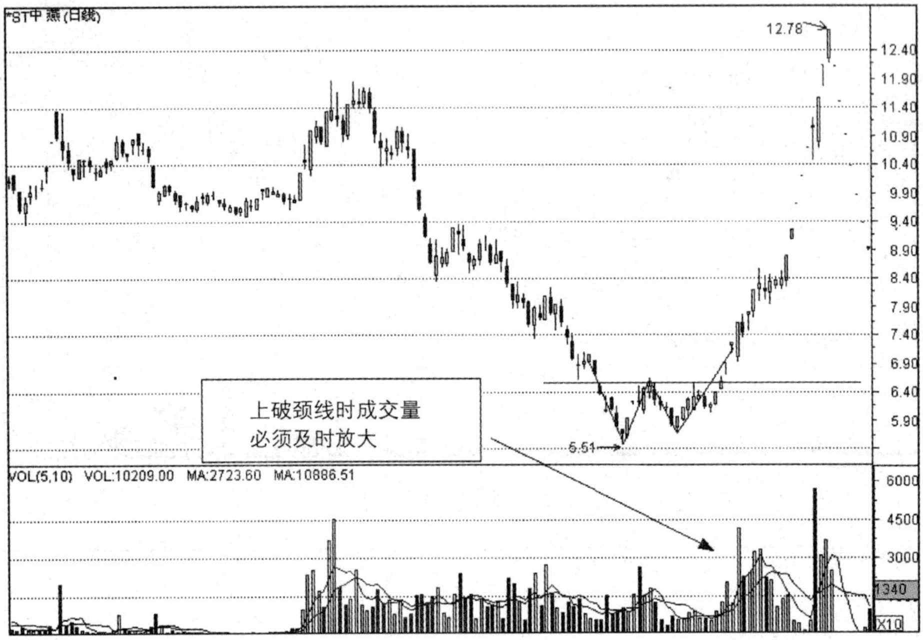

图3-39

双底形态的最佳买点为突破颈线时和突破后回抽颈线或30日均线回升时。其中判别颈线位的有效突破非常重要,投资者可以参考3个因素:

1. 突破颈线以后,在颈线之上能够站稳的时间,通常为2~3天就可以认为颈线位是被有效突破了。

2. 突破颈线以后,设定某个比例值如1%或者3%,一旦在颈线位的基础上超过了这一比例,就可以认为是有效突破。

3. 突破颈线以后,当股价回抽不能跌穿颈线位就可以认为颈线位是被有效突破(见图3-40)。

三、双底形态的研判技巧

股市经历长时间的深幅下跌后,往往不能在一次见底过程中就扭转颓势,只有在第一次反弹中先延缓下跌的速率,然后通过蓄势整理积累做多能

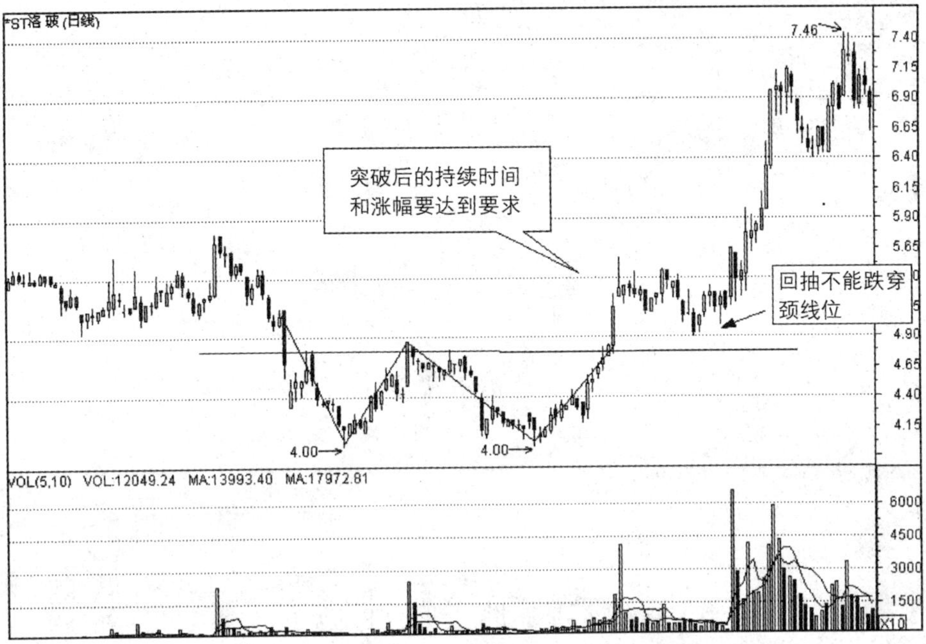

图3-40

量,再重新发动一轮上升行情。表现在盘面中的走势形态类似于“W”。

双底形态能否构筑成功,主要取决于以下因素:

1. 量能因素

众所周知,行情的上涨必须以增量资金的介入为先决条件,在双底形态中量能的因素十分重要,没有成交量支持的形态难以构筑成功。

双底的构成,主要集中在其能否有效放量,其中需要重点观察以下四种情况:

(1)W形底的构筑过程中,右侧V形走势的成交量是否能超过左侧V形走势的成交量;

(2)完成右底后的右侧上涨过程中是否能有效放量;

(3)在突破颈线位的关键时刻,是否能够带量快速突破;

(4)W形底的构筑过程中,均量线是否能向上移动,并处于发散过程中。

这些因素是决定双底形态能否构筑成功的关键因素。

例如,大盘见底1339点,构筑双底时,成交量特征符合上述的要求,能够达到有效放量的程度,此后大盘展开一轮升幅300多点的中级行情(见图3-41)。

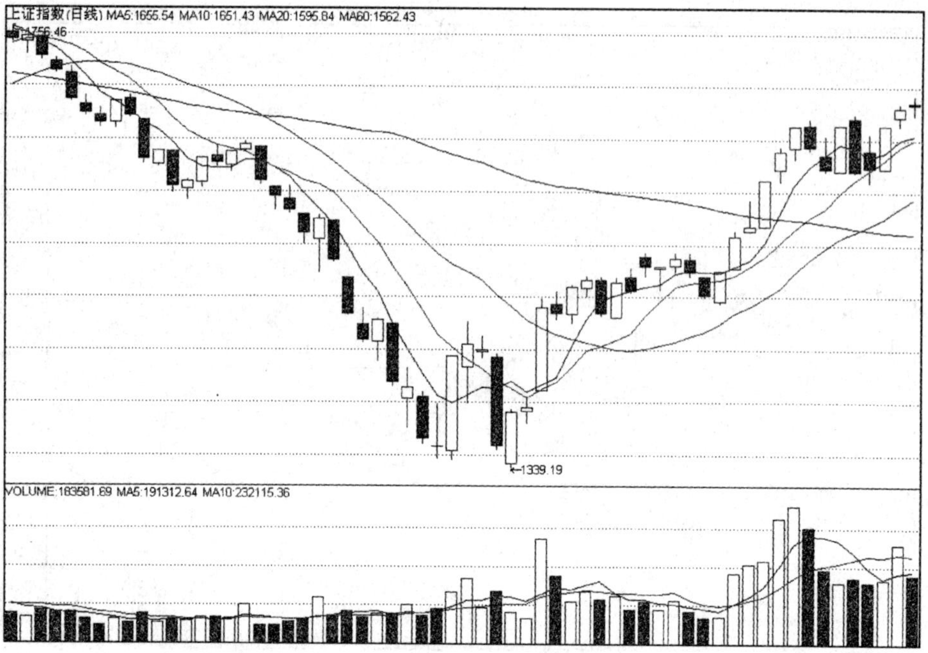

图 3－41

2. 热点因素

热点方面需要市场形成具有一定市场号召力和资金凝聚力,并能有效激发和带动市场人气的热点板块和龙头股,这类个股要有向纵深发展的动能和可持续上涨的潜力,并且具有适合大资金进出的较大流通容量。

3. 消息因素

股市转危为安离不开政策面的支持,只有在消息面有力配合的情况下,才比较容易成功构筑底部形态,例如:千点大底(见图 3－42)。

通常情况下,在双底构筑过程中投资者最容易出现恐慌情绪,而事实上,双底的走势将有利于大盘夯实底部,有利于后市行情的深化发展。双底构筑成功后往往会形成有利的操作时机。

4. 技术因素

对这种形态的研判重点是股价在走右边的底部时,需要观察技术指标是否出现背离特征。如果技术指标不产生背离,W 形底就可能向其他形态转化,如:多重底,即使 W 形底最终成立,其上攻动能也会较弱(见图 3－43)。

四、双底形态的投资技巧

双底形态是一种较为可靠的底部反转形态,在股市的历史中曾经出现过

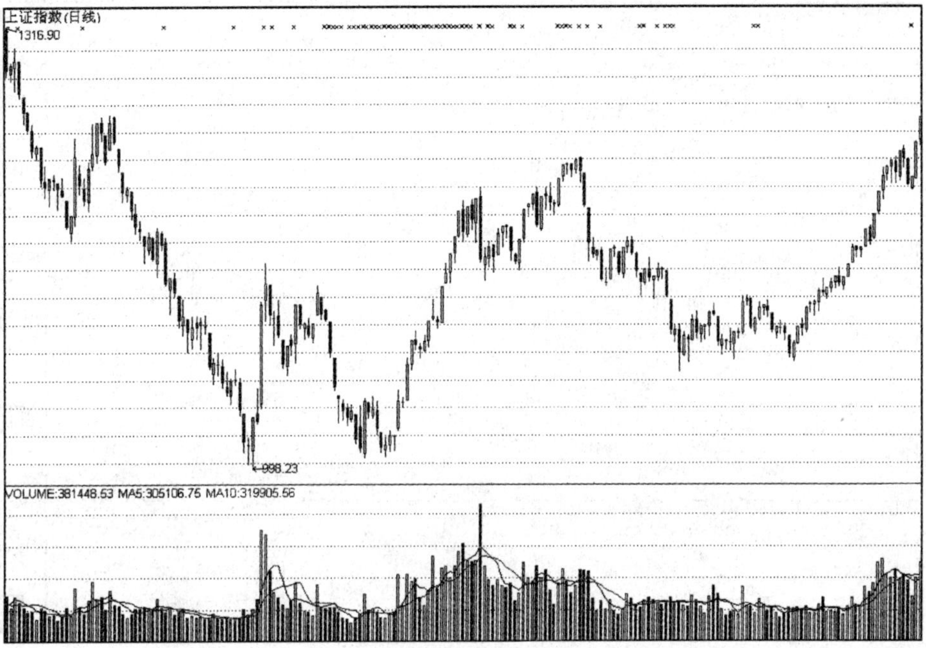

图 3－42

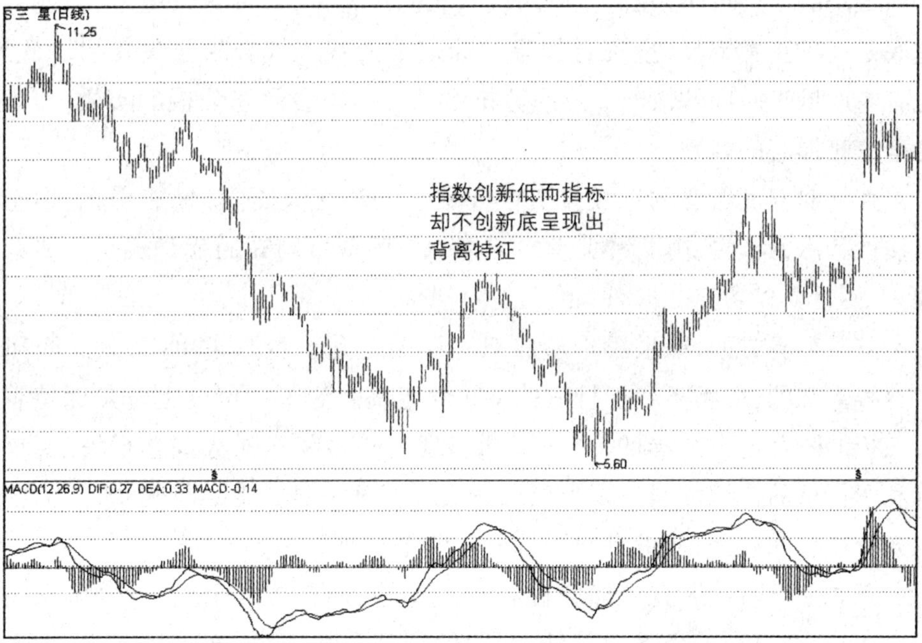

图 3－43

多次双底形态，个股行情中更是屡见不鲜(见图 3－44)。

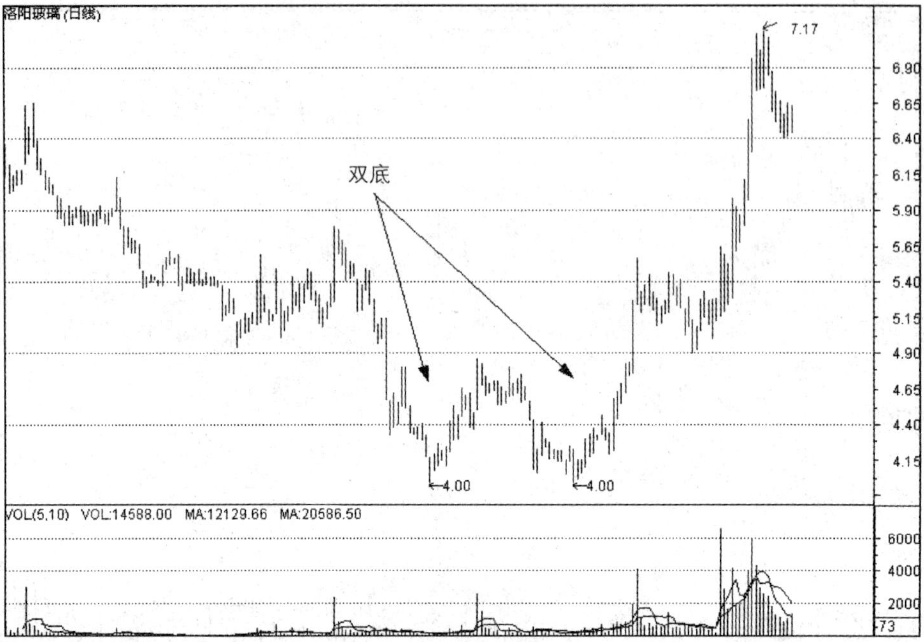

图 3－44

成功的双底形态,并不需要两次低点完全相等,大多数情况下,右底高于左底是一种正常情况,投资者如果一味追求两底相等容易错失良机。此外,也有右底低于左底的情况。形态分析中关键是领会形态分析的实质,而不是完全依赖形态的外表。

在针对双底形态的选股投资中要重点关注三大因素:量能变化、形态的颈线位和涨升节奏,前两种关键性因素中属于众所周知的就是成交量要有效放大,而且要成功突破形态颈线位。

涨升节奏方面,如果股价形成双底后的上升节奏非常单一,是一帆风顺式直线上涨的,反而不利于行情的持续性走高。如果股价的上升是保持着一波三折的强劲上升节奏的,中途不断出现一些振荡式强势调整行情的,反而有利于行情的持续发展。因为只有在反复振荡洗盘的走高行情中,主力才得以充分建仓和炒作,才更有利于行情向纵深发展。

双底形态时选股宜选择股性相对活跃的个股,这类个股弹性好,振荡幅度大,有短线获利的余地。另外,当股价突破颈线位后,通常情况下,大多能到达理论目标位,理论目标位由底部启动位到颈线位的距离加上颈线位得出。但是,当股指到达理论目标位后,行情常常会告一段落,这时候,股价是否还有继续扬升的动力,则必须根据当时的市场情况另行判断。

例如:华立科技(600097)两次成功见底,随后展开突破性行情,在突破双底颈线位并持续上涨的过程中,股价的上涨保持了一定的节奏,没有直线飙升,而是不断震荡式攀升,使得上涨行情更加持久有力(见图3-45)。

图3-45

五、双底形态的投资要点

1. 一般双底的第二个底都较第一个底稍高,原因是先知先觉的投资者在第二次回落时已开始买入,令股价没法再次跌回上次的低点。

2. 双底最小涨幅的量度方法是:双底之最低点和颈线之间的距离,股价于突破颈线后至少会拉相当的长度。

3. 形成第一个底部时,上升涨幅约是最低点的10%~20%。

4. 双重底不一定都是反转信号,有时也会是整理形态,这要视两个波谷的时间差决定,通常两个低点形成的时间相隔超过一个月为常见。

5. 双底第二个底部成交量十分低沉,但在突破颈线时,必须得到成交量放量的配合方可确认。

6. 通常突破颈线后,会出现短暂的反方向移动,称之为反抽,双底只要反抽不低于颈线,形态依然有效。

7. 一般来说,双底的升幅都比量度出来的最小升幅大。

六、双底形态的选股技巧

双底形态,是形态学中一个重要的形态,其走势外观如英文字母“W”。W底形态属于一种中期底部形态,一般发生于股价波段跌势的末期,而较少出现在行情趋势的中途。

其市场特征主要体现在:股价长期下跌后,遇到合理支撑,出现一次反弹,但由于前期跌势过深又没有太多力度反弹产生逢高打压行为,造成第二次回落。随后当股价下跌到前次低点附近时,成交量明显萎缩。之后伴随成交量逐步放大,股价再次上升,并且冲过了前次高点,形成突破。股价突破之后,往往有回抽。股价回落至第一次反弹高点附近止跌,随后上扬。

从理论上说,“W底”能够清晰地显示多空双方力量变化的全过程:股价长期下跌后,持股者惜售,成交量减少。而抄底盘和空头回补者的加入,令股价出现一波较为有力的反弹。当股价反弹到一定高度时,前期套牢盘以及短线获利盘的涌出,令股价再次下跌。但此次下跌成交量明显减少,显示主动性抛盘减少,而错过上次行情的投资者又会趁回调买入,令股价无法跌穿上次低位。伴随股价回升,越来越多的投资者加入买方阵营,最终股价在巨大成交量配合下,突破上次高点,上升趋势已确立。

W底形态内有两个低点和两次回升,从第一个高点可绘制出一条水平颈线,股价再次向上突破时,必须要伴随大反弹突破,W底才算正式成立。如果向上突破不成功,则股价要继续横向整理。股价在突破颈线后,颈线压力变为颈线支撑线,股价在此时会出现回抽,暂时回到颈线附近,回抽结束,股价则开始波段上涨。

一般而言,W底形态的第二个低点比第一个低点低的时候,可制造破位气氛,让一些抄底盘出局,从而形成一个筹码相对集中的底部,有利于主力后市的拉抬。

第五节　三重底投资技巧

一、三重底的技术原理

1. 形态分析

头肩底形态中如果出现头部超过肩部不够多时,可称为三重底形态。三重底形态和双底十分相似,只是多一个底部形态。

三重底既是头肩底的变异形态,也是W形底的复合形态,三重底相对于W形底和头肩底而言比较少见,却又是比后两者更加坚实的底部形态,而且形态形成后的上攻力度也更强。其形态的成立必须等待有效向上突破颈线位时才能最终确认(见图3-46)。

图3-46

2. 市场分析

股价下跌一段时间后,由于股价的调整,使得部分胆大的投资者开始逢低吸纳,而另一些高抛低吸的投资者亦部分回补,于是股价第一次回升,当升至某一水平时,前期的短线投机者及解套盘开始卖出,股价再一次回挫。当股价落至前一低点附近时,一些短线投资者高抛后开始回补,由于市场抛压不重,股价再次回弹,当回弹至前次回升的交点附近时,前次未能获利而出的持仓者纷纷回吐,令股价重新回落,但这次在前两次反弹的起点处买盘活跃。当愈来愈多的投资者跟进买入,股价放量突破两次转折回调的高点(即颈线)时,三重底走势正式成立(见图3-47)。

图 3-47

3. 投资要点

(1)三重底之底谷与底谷的间隔距离与时间不必相等,同时三重底之底部不一定要在相同的价格形成;

(2)三个顶点价格不必相等,相差3%以内就可以了;

(3)三重底在第三个底部上升时,成交量大增,即显示出股价具有突破颈线的趋势;

(4)从理论上讲,三重底的最小涨幅大于低点到颈线位的距离;

(5)三重底的规模越大,底部愈宽,产生的涨升力量愈强。

二、三重底的选股技巧

三重底的最佳买入时机是:

1. 在股价有突破颈线位的确定性趋势并且有成交量伴随时是激进型投资者买入时机。

2. 在股价已经成功突破颈线位时是成熟型投资者买入时机。

3. 在股价已经有效突破颈线位后的回档确认时是稳健型投资者买入时机。

因为三重底突破颈线位后的理论涨幅将大于或等于低点到颈线位的距离。所以投资者即使在形态确立后介入,仍有较大的获利空间。大可不必在仅有三个低点和形态还没有定形时过早介入,虽然有可能获利多些,但从风险收益比率方面计算,反而得不偿失(见图3-48)。

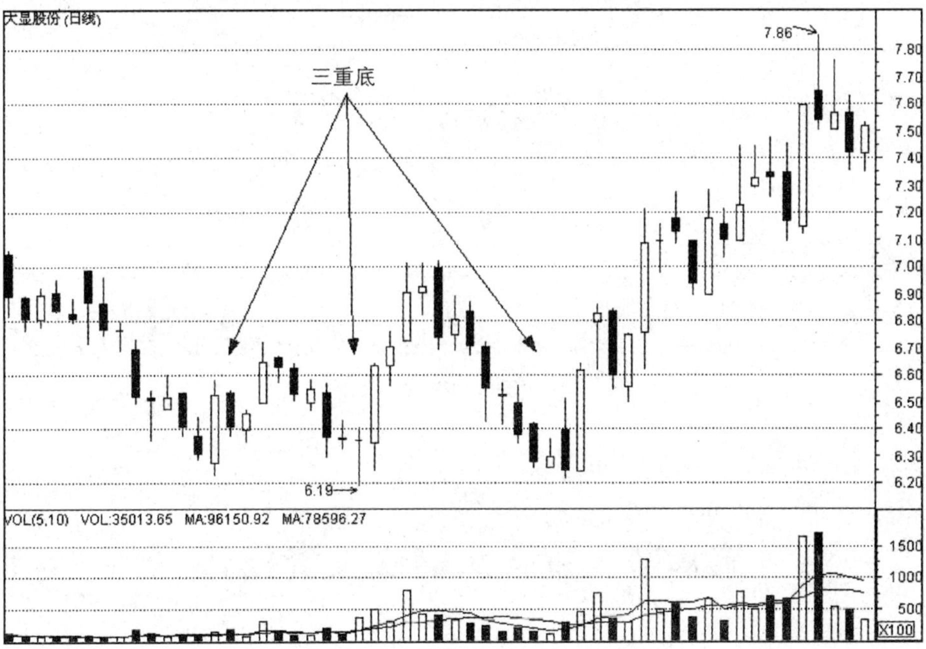

图3-48

投资者在正确把握好三重底的介入时机买入股票后,就需要掌握三重底的最佳卖出价位。这需要研判三重底的上涨力度并推算大致的上涨空间。

三重底的上涨力度,主要取决于以下因素:

1. 股价从三重底的第三个底部上升时,成交量是否能持续温和放大。

2. 股价在向上突破颈线位的瞬间,成交量是否能够迅速放大。

3. 三重底的低点到颈线位的距离越远，形态形成后的上攻力度越强。

4. 股价在底部的盘旋时间，通常股价在底部盘旋得越久，其上涨力度越大。

例如：数码网络（000578）形成了坚实的三重底形态后，对股价构成了有力支撑，此后该股放量突破颈线位，走出一轮强势行情（见图3－49）。

图3－49

第六节　复合头肩底投资技巧

复合头肩底是一种不完美非标准的头肩底形态，常分为一头双肩形、一头多肩形和多头多肩形等形式。复合头肩底在突破后，走势容易出现反复，上升走势也较标准头肩底弱，有不少复合头肩底完成理论涨幅后就不再继续上涨，而标准头肩底一般会超过理论涨幅。复合头肩底的成交量配合不太规则，颈线的画法比较复杂，买卖点需要参照中短期趋势线的分析。

一、复合头肩底的主要类型

一头多肩形复合头肩底(见图3-50)。

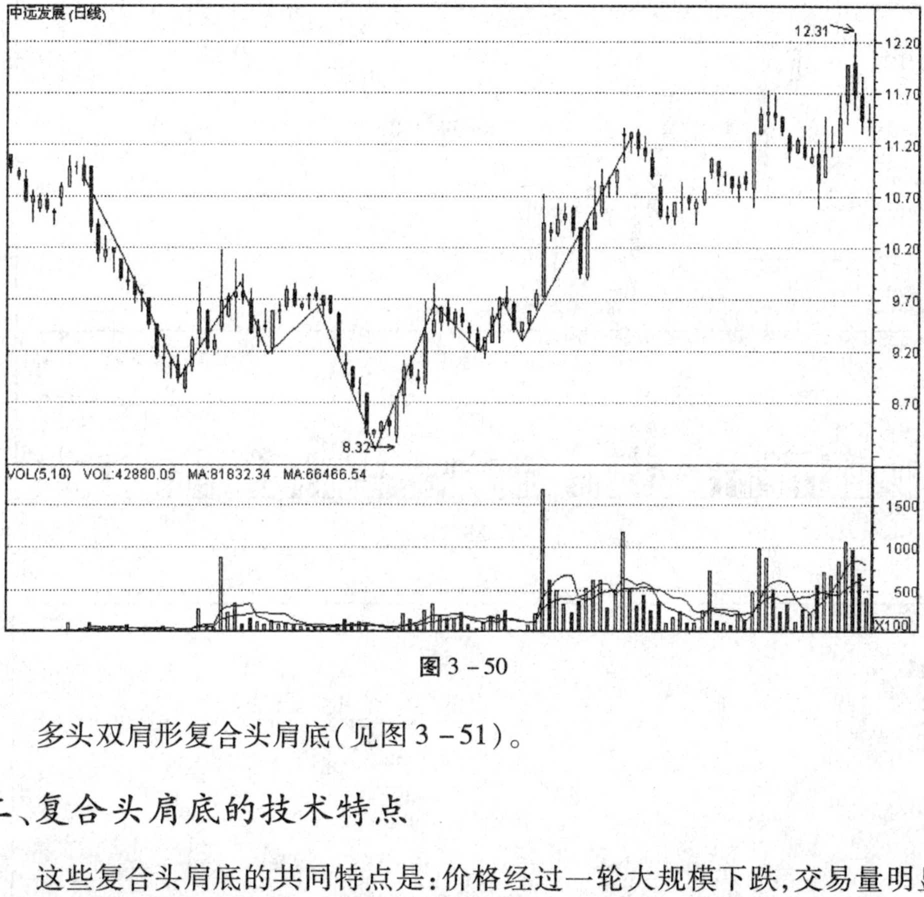

图3-50

多头双肩形复合头肩底(见图3-51)。

二、复合头肩底的技术特点

这些复合头肩底的共同特点是:价格经过一轮大规模下跌,交易量明显增加,随后的小幅反弹成交量较小,从而形成一个或多个左肩。价格下穿左肩底部以及随后的反弹则使价格冲至左肩底部之上,这就是头部。第三次下跌,价格在另一次反弹前未能下探到头部的最低点,于是形成一个或多个右肩。最后,一轮上攻伴随着交易量的显著增长,价格向上推进并穿越颈线,此时交易活动异常活跃。这就是形态的向上突破。突破后的量度升幅计算方法和普通的头肩底形态的量度方法一样。上升目标至少为头部至颈线距离(见图3-52)。

三、复合头肩底的投资要点

复合头肩底虽较为复杂,但万变不离其宗,持续时间越长,规模越大,其

图3-51

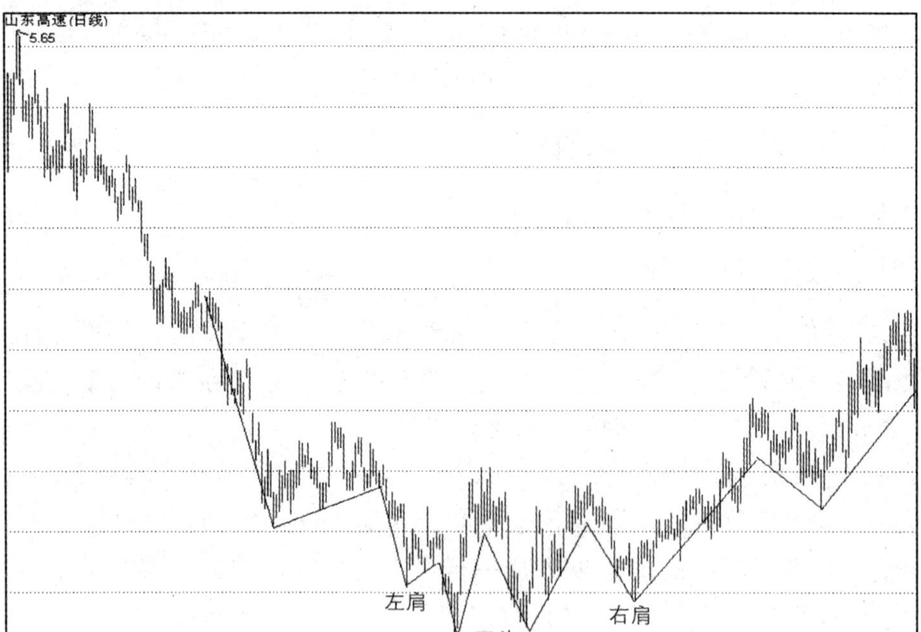

图3-52

理论升幅也越具爆发力，关键是要掌握好突破的买入时机。

例如:中远发展(600641)突破颈线时,正是其最佳买入时机(见图3-53)。

图3-53

第七节 圆弧顶投资技巧

一、形态分析

圆弧形又称为圆形、碗形等,图中的曲线不是数学意义上的圆,也不是抛物线,而仅仅是一条曲线。将股价在一段时间内的顶部高点用曲线连起来,得到类似于圆弧的弧线压制在股价之上,称为圆弧顶。圆弧顶形态的走势是由上而下进行的,是市场逐渐转弱的结果。

股价先是呈弧形上升,即股价虽然不断升高,但每一个高点亦上涨不了多少就回落,先是新高点较前点高,后是回升点略低于前点,这样把短期高点连接起来,就形成一圆形顶。而成交量走势有时也会出现一个圆形状(见图3

-54)。

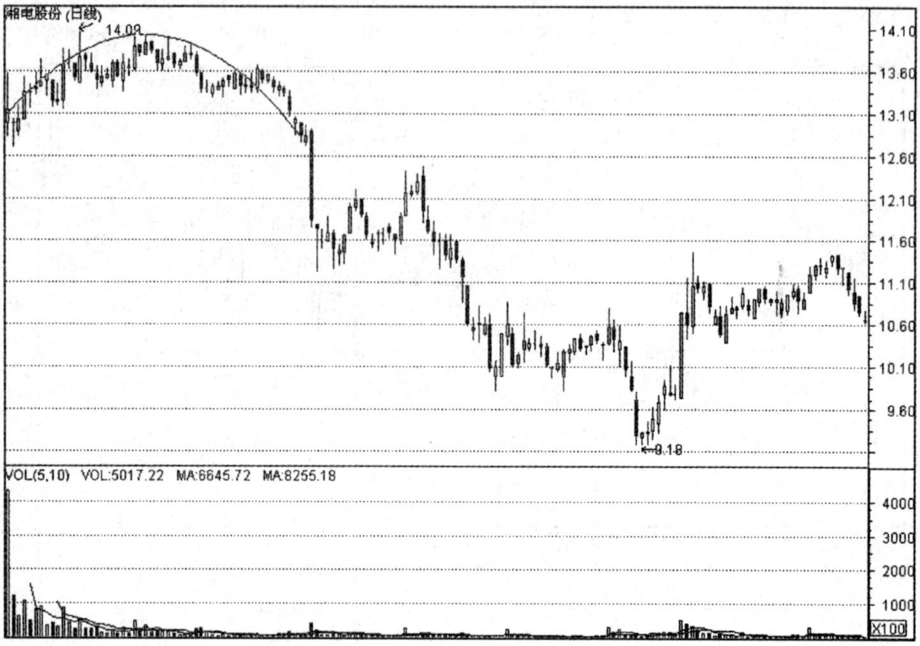

图 3-54

二、圆弧顶形成机理

多方在维持一段股价或指数的升势之后,买方力量逐步趋弱,难以维持原来的购买力,使涨势缓和,而卖方力量却有所加强,导致双方力量均衡,此时股价保持平台整理的静止状态。一旦卖方力量超过买方力量,股价开始回落,起初只是慢慢改变,跌势不明显,但后来完全控制市场,跌势转急,表明一轮跌势已经来临。圆弧顶往往出现在大幅上涨后的高位阶段。

圆弧顶形态形成的初期,市场气氛往往比较乐观,盘面上有时出现巨大而不规则的成交量,圆弧顶的理论目标价格一般只有通过支撑压力、百分比、黄金分割等方法来预测。有时当圆弧顶头部形成后,股价并不会马上快速下跌,只是反复横向发展形成徘徊区域,一旦向下突破这个横向区域,股价会加速下跌。

三、圆弧顶的应用技巧

圆弧顶常出现于大型蓝筹股中,由于持股者心态稳定,多空双方力量很难出现急剧变化,所以主力在高位慢慢派发,K线形成圆弧。一般在对大盘指标股的操作中常常根据圆弧顶研判卖出时机。

圆弧顶没有像其他图形有着明显的卖出点,但其一般形态耗时较长,有足够的时间让投资者依照趋势线、重要均线及均线系统卖出(见图3-55)。

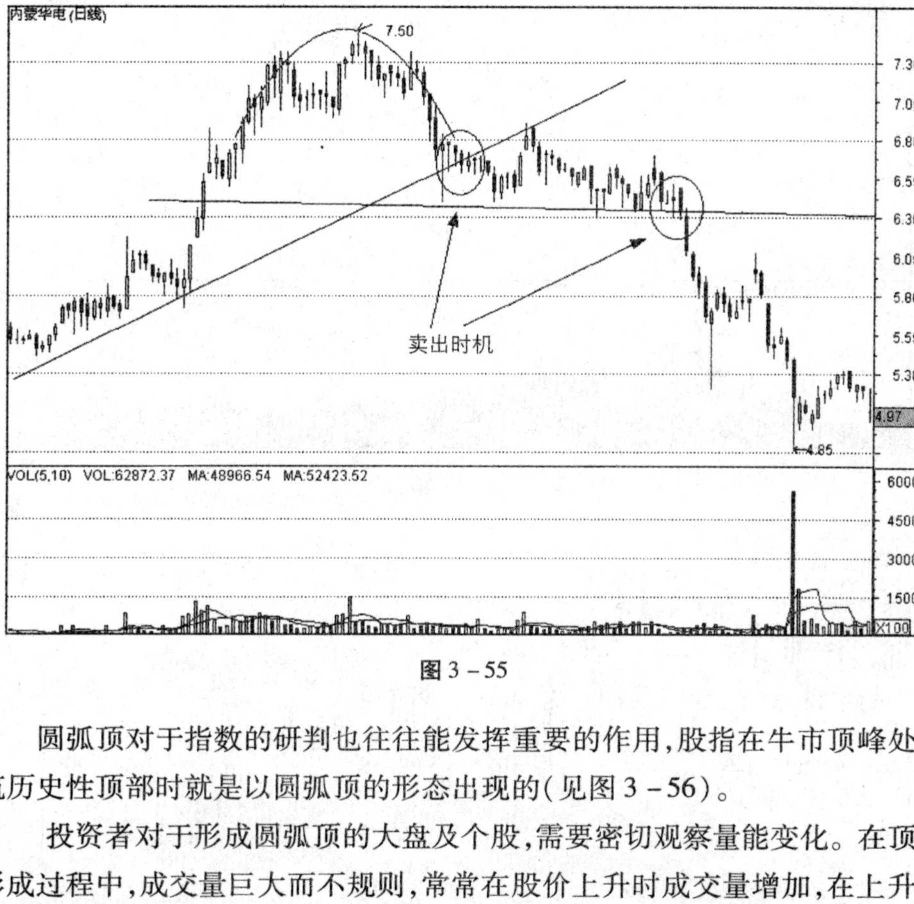

图3-55

圆弧顶对于指数的研判也往往能发挥重要的作用,股指在牛市顶峰处构筑历史性顶部时就是以圆弧顶的形态出现的(见图3-56)。

投资者对于形成圆弧顶的大盘及个股,需要密切观察量能变化。在顶部形成过程中,成交量巨大而不规则,常常在股价上升时成交量增加,在上升至顶部时反而显著减少,在股价下滑时,成交量又开始放大(见图3-57)。

在圆弧顶末期,股价缓慢盘跌到一定程度,引起持股者恐慌,会使跌幅加剧,常出现跳空缺口或大阴线,此时是一个强烈的出货信号。由于圆弧顶反转的跌幅往往是不可测的,因此需要果断卖出,在操作上投资者应在股价破位的当日离场,当股价回抽后再次破位时,为最后的止损机会(见图3-58)。

有时当圆弧头部形成后,股价并不马上下跌,只反复横向发展形成徘徊区域,此徘徊区称做碗柄。一般来说,碗柄很快便会突破,股价继续朝着预期中的下跌趋势发展(见图3-59)。

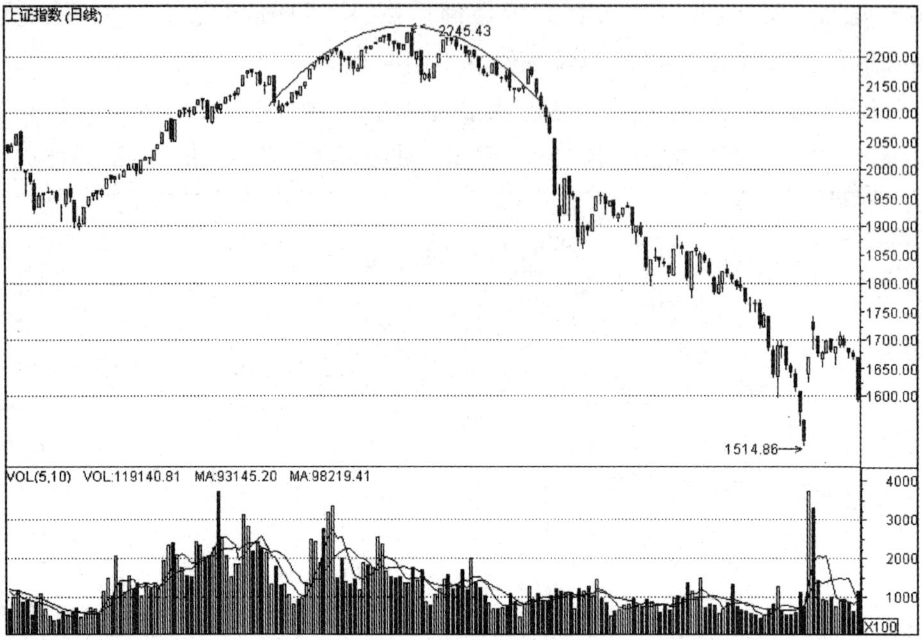
上证指数 (日线)
2245.43
1514.86
VOL(5,10) VOL:119140.81 MA:93145.20 MA:98219.41

图 3－56

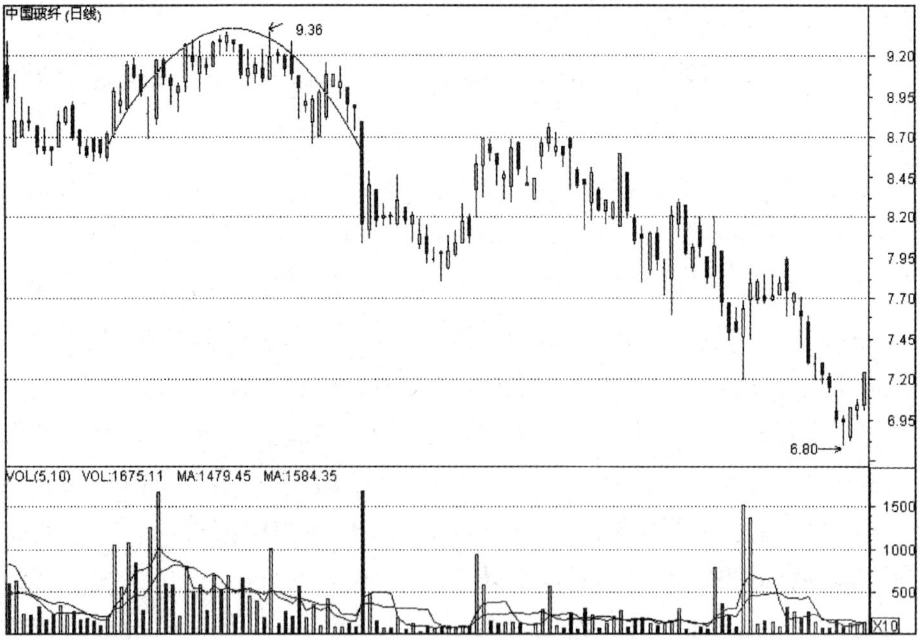
中国玻纤 (日线)
9.36
6.80
VOL(5,10) VOL:1675.11 MA:1479.45 MA:1584.35

图 3－57

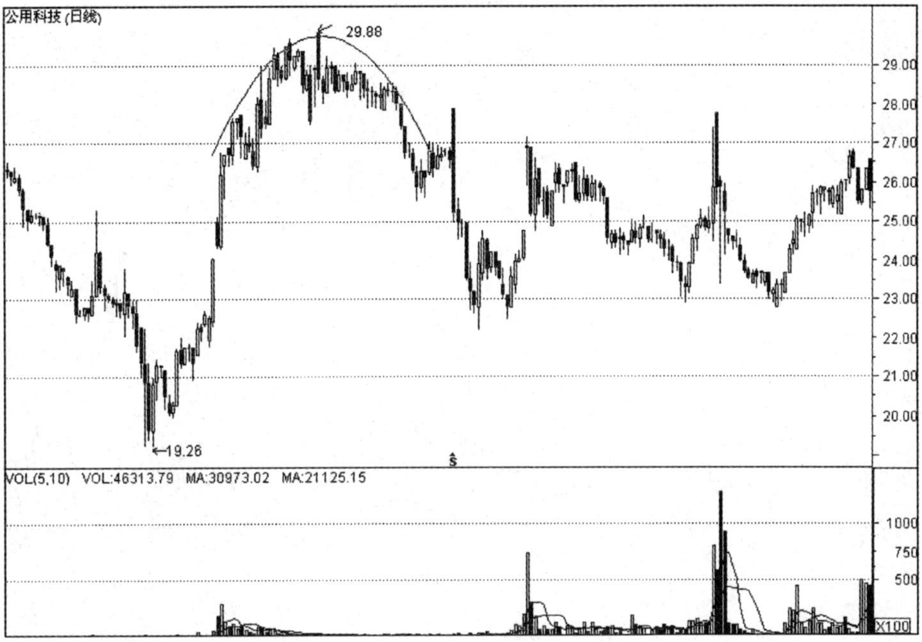

图 3－58

第八节　倒 V 形投资技巧

倒 V 形俗称尖顶，是指股价先一路上涨，突然呈 180 度大转变，掉头急速下跌，头部为尖顶，在图形上就像倒写的英文字母“V”。尖顶形态往往是受到消息传闻的影响，或是市场情绪化操作的反映。

尖顶可分为三个部分：通常尖顶的涨势十分猛烈，而且会持续一段时间。尖顶的顶部十分尖锐，一般来说形成转势点的时间仅三两个交易日，而且成交在此高点明显放大。有时候转势点就在涨势末期中出现，接着股价从高点回落（见图 3－60）。

一、尖顶的形成机理

倒转 V 形和倒转伸延 V 形的形态特征，与 V 形走势刚好相反。从市场分析角度理解，市场看好的情绪使得股价节节攀升，可是突如其来的一个因素

图 3－59

扭转了整个趋势，卖方以与上升时同样的速度下跌，形成一个倒转 V 形的轨迹。通常尖顶形态是由一些突如其来的因素造成。

二、尖顶的量能分析

尖顶反转的涨跌期间，对成交量没有强制要求，不过其转势前成交量往往也会暴增，实际上意味着多头力量已成强弩之末，买盘后继无力了；而尖顶走势在转势点必须有明显成交量配合，在图形上形成倒 V 形，否则容易出现骗线。尖顶一般在连续大幅上涨行情的最后冲刺阶段比较容易出现，有时候，在主力资金的最后出货阶段也会出现这种走势，因此，当市场出现尖顶走势时，投资者应该以果断卖出为主（见图 3－61）。

另外，在跌破倒转伸延 V 形的徘徊区域时，则不需要成交量增加。

三、尖顶操作策略

尖顶的卖点主要有以下几种：

1. 高位放量却难以继续上涨的时期，卖出（见图 3－62）；

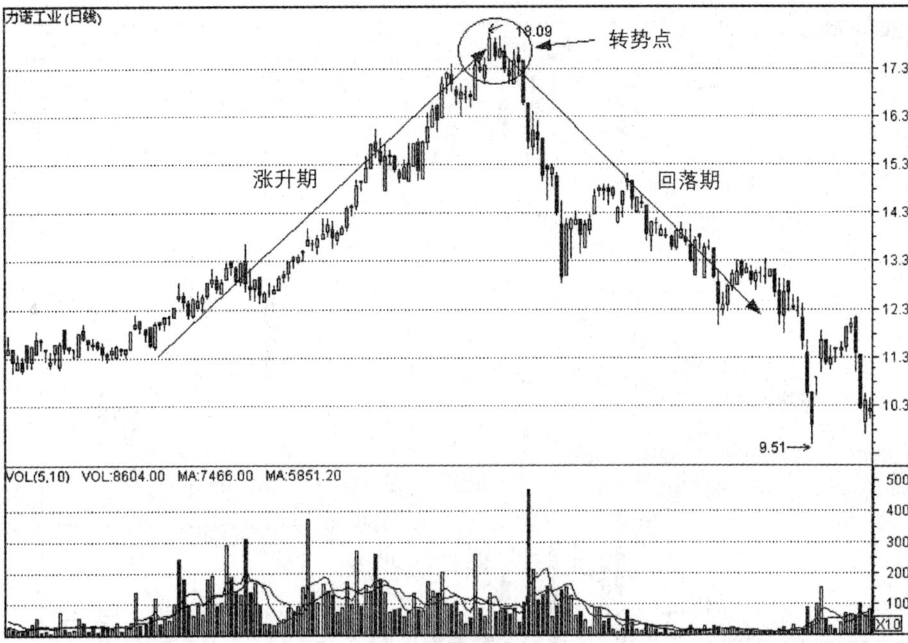

图 3-60

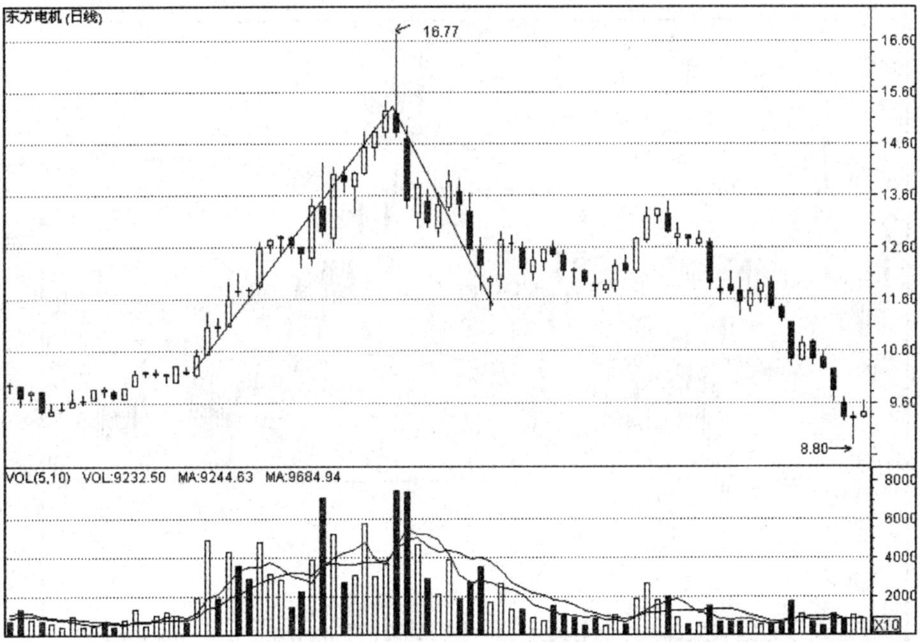

图 3-61

2. 在高位出现放量大阴线的明显转势信号时,卖出(见图 3-63);

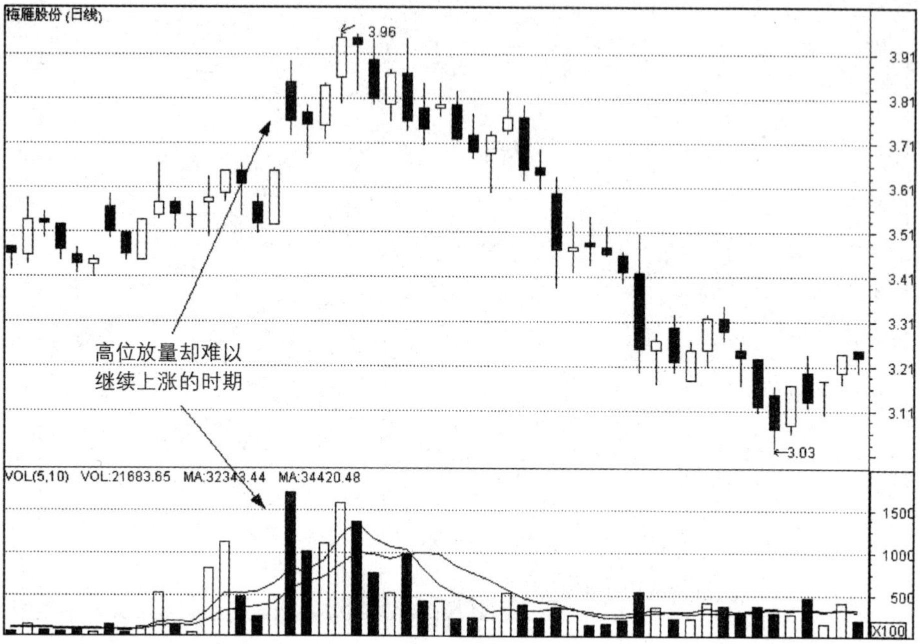

图 3－62

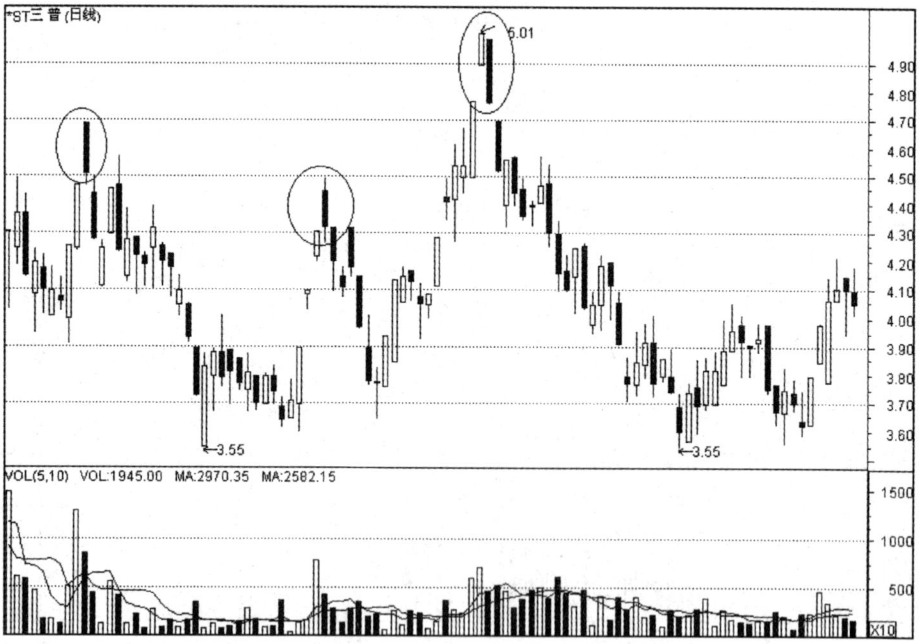

图 3－63

3. 在尖顶刚刚形成的股价回落初期，卖出（见图 3－64）。

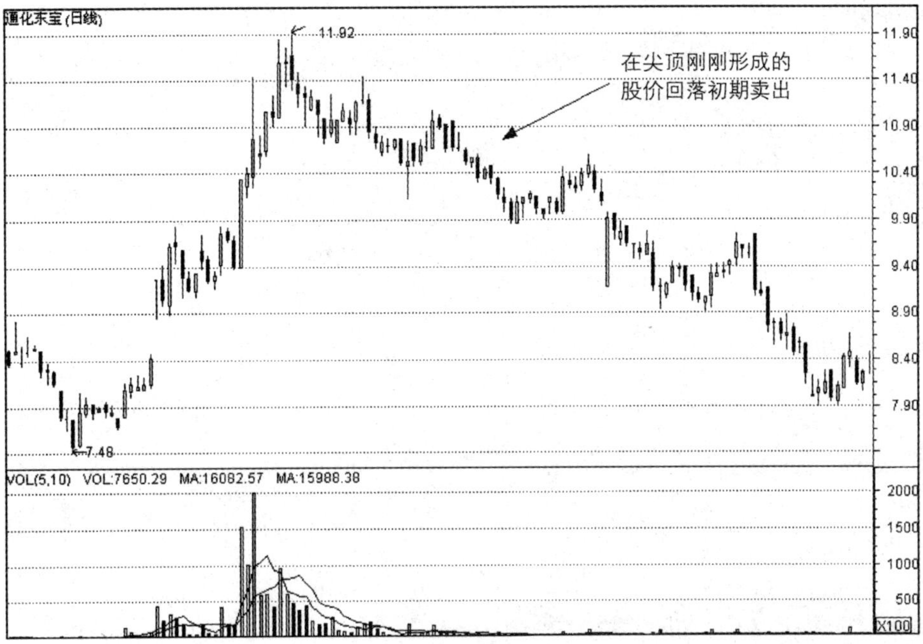

图3－64

第九节 双顶投资技巧

一、形态分析

一只股票上升到某一价格水平时，出现大成交量，股价随之下跌，成交量减少。接着股价又升至与前一个顶点几乎相等之价格，成交量再随之增加却不能达到上一个高峰的成交量，再第二次下跌，股价的移动轨迹类似于英文字母M，这就是双重顶，又称M头走势。

M头的两个高点并不一定在同一水平上，第二个头可能比第一个头要高，相差一些是可以接受的。左边高点位置是成交量较大的区域，而后下跌时的成交量将萎缩，待股价回升时，成交量会增加，但无法超越左边高点的成交量。右边高点成交量无法超越左边高点时，将形成明显的价量背离，股价自然下跌（见图3－65）。

图 3－65

二、双顶的形成机理

起初，股价表现强劲，为投资者带来了相当的利润，当股价迅速上升到某一价格水平时，部分投资者获利卖出，上升的行情转为下跌。但是，股价的调整被看好该股并积极准备买进的投资者视为一种买进时机。股价接着伴随着增量资金的增加又重新上涨到与前面顶部价格同一水平处，但这时成交量的增加没有第一个顶处多，并很快转入第二次回落，并形成一轮较有力度的破位行情，于是整个双顶形态便告形成。

三、双顶的投资要点

1. 双顶是一个转向形态，通常双顶形态出现在阶段性顶部，当出现双顶时，即表示股价的升势已经告一段落，投资者可以考虑暂时卖出该股。

2. 当双顶的颈线跌破时，则是一个明显的卖出信号。

3. 形成第一个头部时，其回落的幅度约是最高点的 10% ~20% 。

4. 双顶不一定都是反转信号，有时也会是整理形态，这要视两个波谷的时间差决定，通常两个高点形成的时间相隔超过一个月为常见。

5. 双顶的两个高峰都有明显的高成交量,这两个高峰的成交量同样尖锐和突出,但第二个头部的成交较第一个头部显著减少,反映出市场的购买力量已在转弱。

双顶跌破颈线时,成交量即使没有放大,也说明形态成立。

6. 通常突破颈线后,会出现短暂的反方向移动,称之为反抽,双顶之反抽不高于颈线。

四、双顶的量度跌幅

M 头表示股价的升势已终结,其量度跌幅由颈线开始计起,理论上的下跌距离等于从 M 头最高点至颈线之间的差价距离,但实际跌幅往往会超过理论跌幅(见图 3-66)。

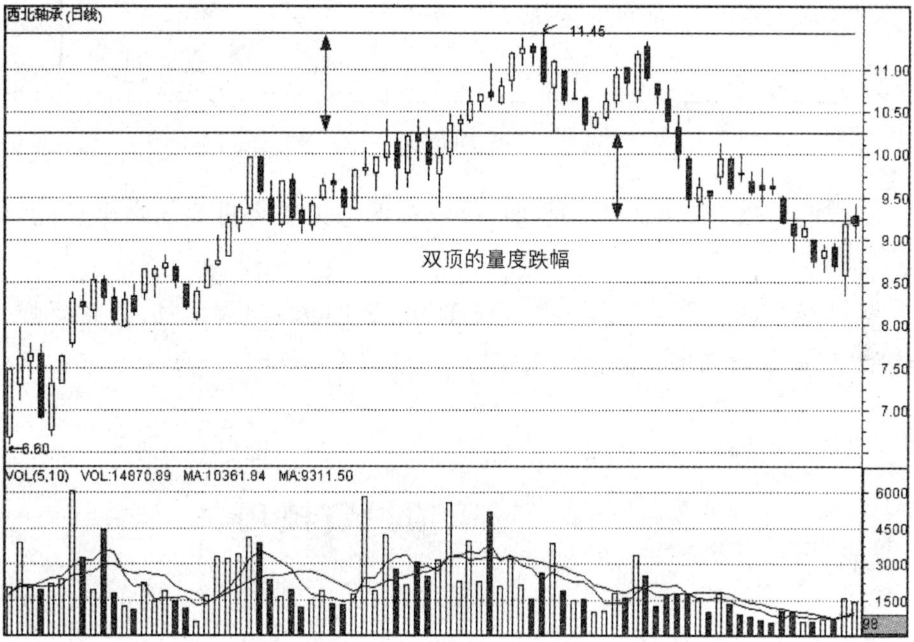

图 3-66

五、双顶的应对策略

股价跌破颈线时,投资者要果断卖出。卖出的方法有以下几种:

1. 当股价在大幅涨高之后,在走向第二个顶部时,如果出现技术指标的明显顶背离,需要果断卖出(见图 3-67);

图 3－67

2. 当股价跌破双顶的颈线位时，是双顶形态第二个重要的卖出时机（见图 3－68）；

3. 颈线在跌破之后将由支撑变成压力，股价随后出现回抽，短暂反弹至颈线附近，这是双顶形态的最后卖出机会（见图 3－69）。

第十节　三重顶投资技巧

三重顶是相对比较少见的一种反转形态，实际上可以认为是头肩顶的变体。两者之间的主要区别在于，三重顶的三个波峰位于大致相同的价位上。任何头肩形，特别是头部超过肩部不够多时，可称为三重顶。三重顶形态也和双重顶十分相似，只是多一个顶，且各顶分得很开、很深。成交量在上升期间一次比一次少。

在三重顶中，三个波峰对应的成交量是相继减少的，说明随着市况的发展，看多的投资者在逐步减少，是市场即将发生逆转的一种迹象（见图 3－

ST博讯
9.68
卖出时机
4.92
VOL(5,10,20) 27363.000 , MA1: 16494.801 , MA2: 12339.500 , MA3: 11386.000

图 3-68

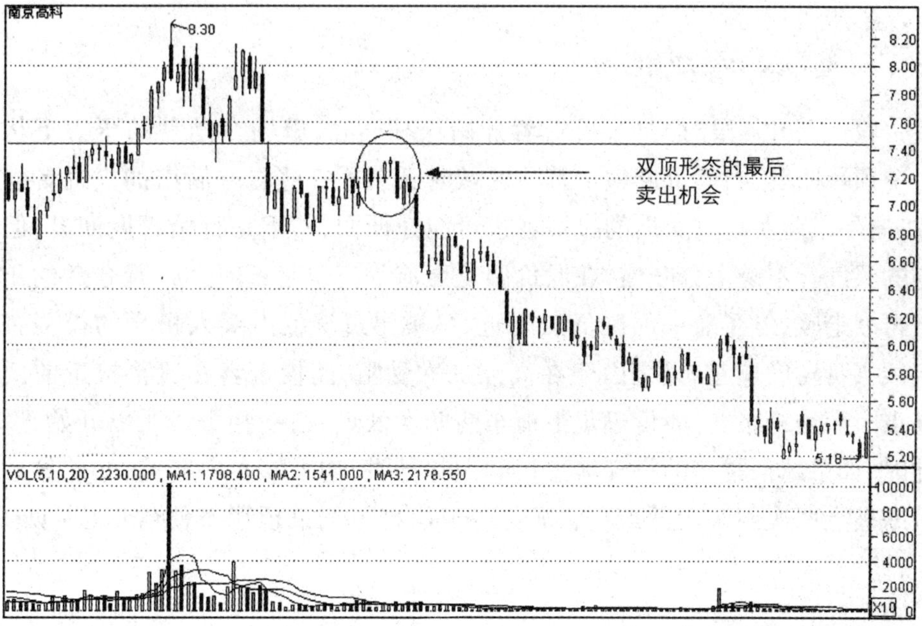
南京高科
8.30
双顶形态的最后
卖出机会
5.18
VOL(5,10,20) 2230.000 , MA1: 1708.400 , MA2: 1541.000 , MA3: 2178.550

图 3-69

70)。

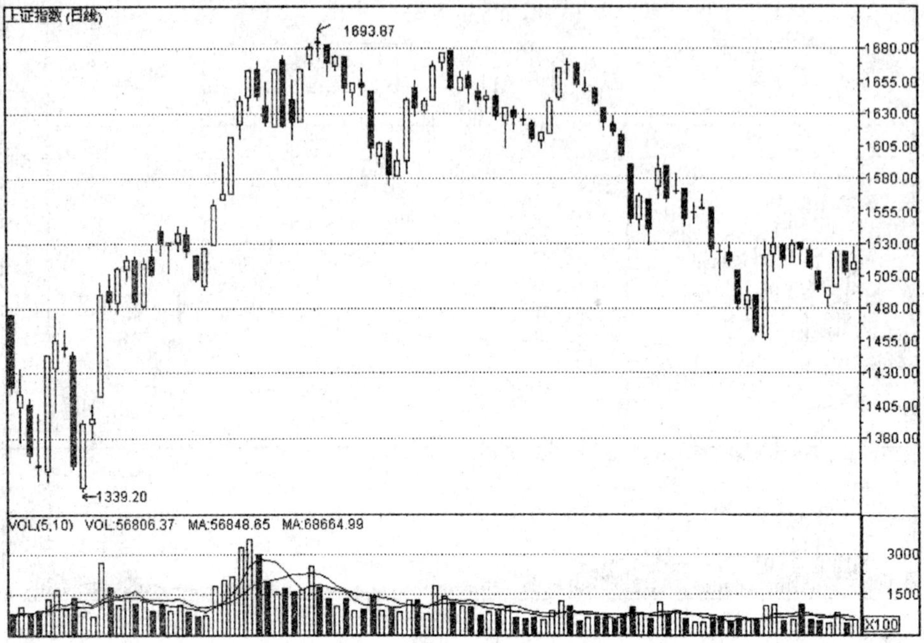

图 3－70

一、三重顶的形成机理

股价上升一段时间后，投资者开始获利回吐，市场在抛盘的压力下从第一个顶峰回落，当股价调整至某一区域时吸引了一些看好后市的投资者的兴趣，另外以前在高点卖出的投资者也可能逢低回补，于是行情再度回升，但市场的买气并不是十分旺盛，在股价回复至前一高位附近时即在减仓盘的压力下再度走软，但在前一回调低点附近，又被错过该低点买入机会的投资者及短线买盘再度拉起，只是由于在高点二次受阻，使投资者在股价接近前两次高点时都纷纷减仓，股价逐步下滑至前两次低点时，一些短线买盘开始止损，此时，如果越来越多的投资者意识到大势已去，均采取卖出行为，必然导致股价跌破上两次回调的低点（即颈线），于是整个三重顶形态便告形成（见图 3－71）。

二、三重顶的分析要点

1. 三重顶的顶峰与顶峰的间隔距离与时间不必相等，一般来说，差距在 3% 的幅度内都可以认定该形态成立，同时颈线也不要求在一个水平。

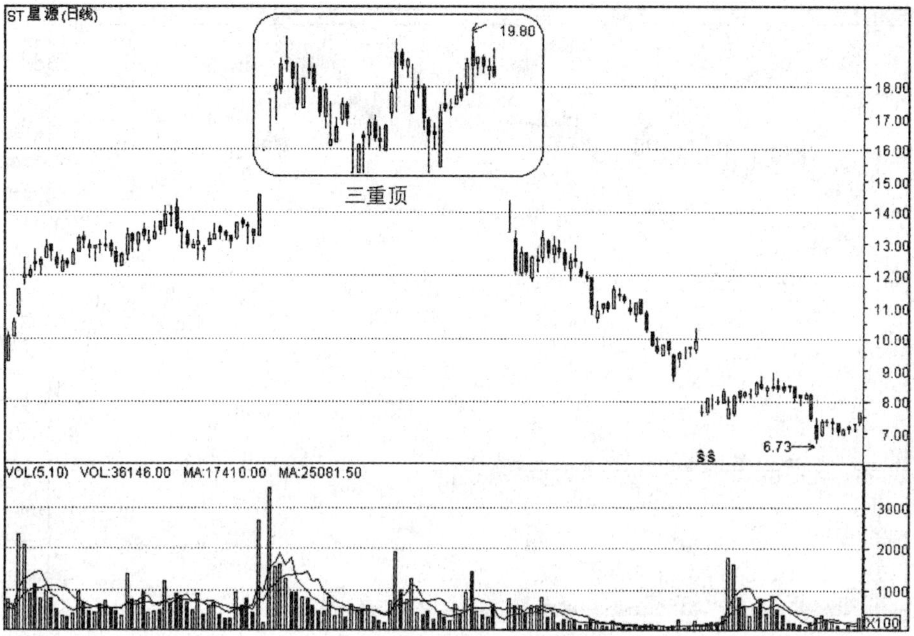

图 3－71

2. 当股价处于三重顶的第三个顶,且成交量非常小时,即显示出后市下跌的征兆。

3. 三重顶的理论跌幅可以利用波峰到颈线位的距离来大致测算,但是由于这些反转形态通常都是在重要的顶部形成,往往跌幅都超出了所谓的理论跌幅(见图 3－72)。

4. 三重顶形态的最终完成,是以跌破颈线位的支持来确认的。一般情况下跌破颈线位并不需要成交量配合。

5. 三重顶规模越大,顶部愈宽,下跌力量愈强。

三、三重顶的卖出技巧

通常三重顶形态中有这样几次需要注意的卖出点:

1. 当第二个波峰形成时成交量出现顶背离现象,投资者要适当减仓(见图 3－73);

2. 一旦第三个波峰形成,成交量出现双重顶背离的时候,则需要考虑离场了,尤其是在三重顶形成之前股价已经大幅炒高的时候,更应该引起投资者的警觉(见图 3－74);

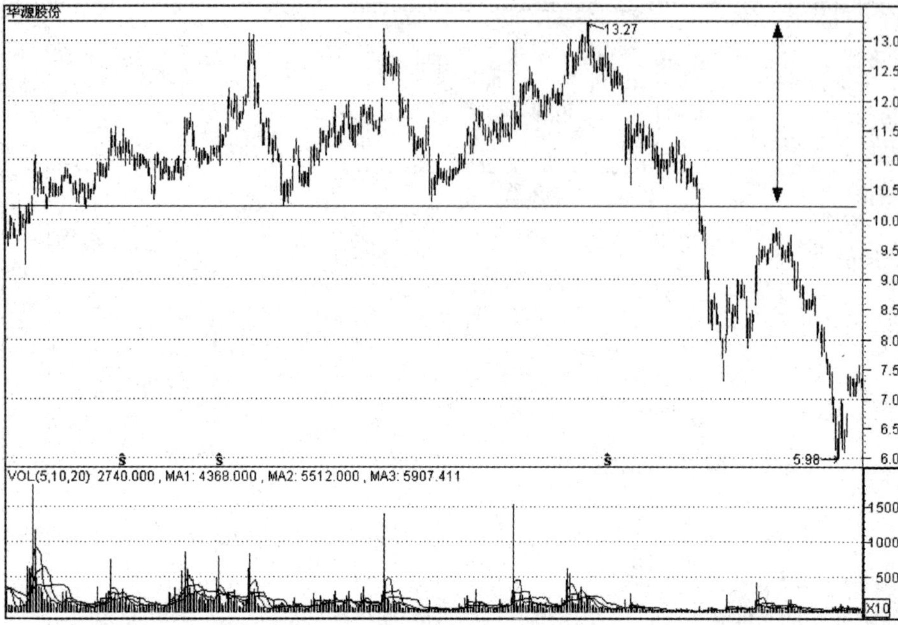

图 3－72

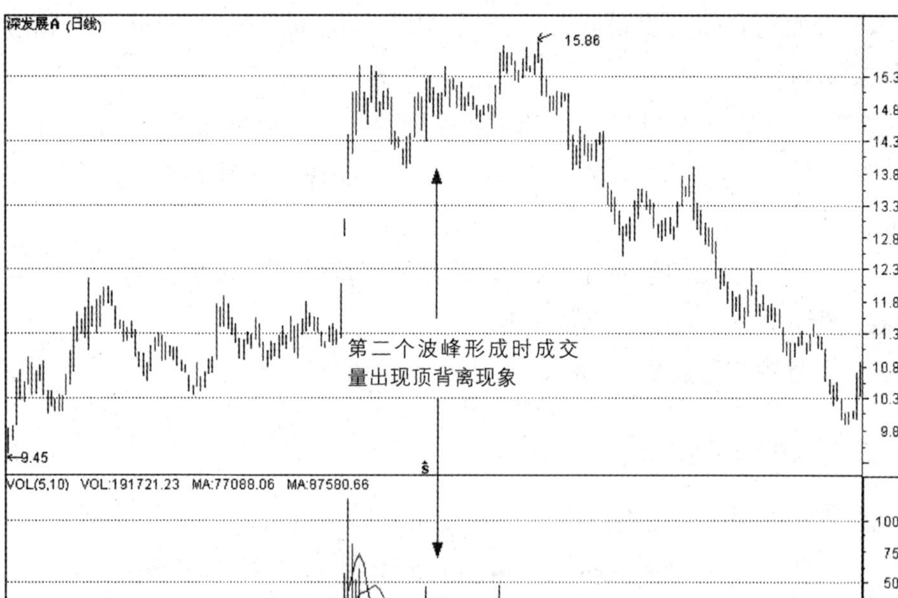

图 3－73

3. 股价跌破三重顶颈线位时，是一个重要的卖出信号（见图 3－75）。

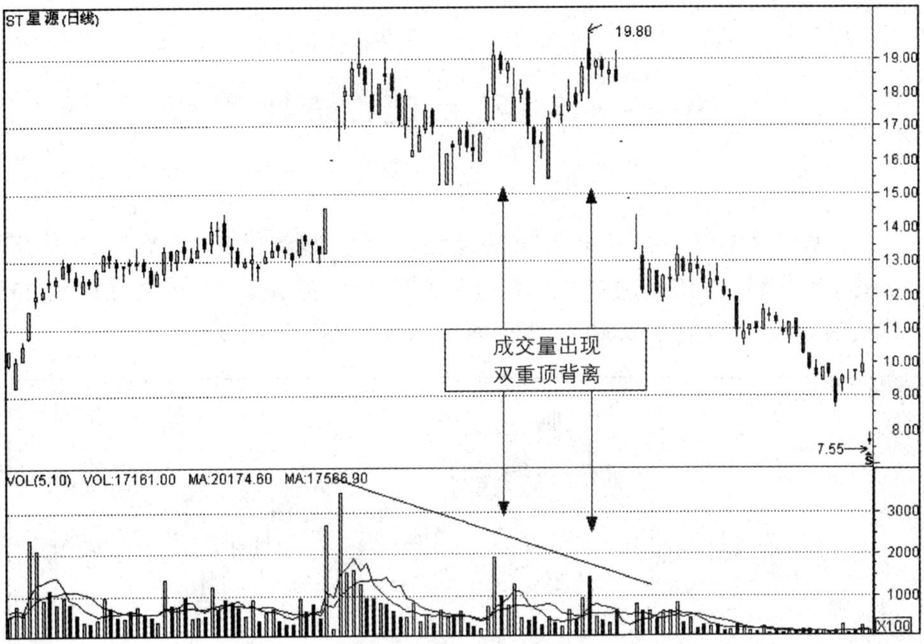
ST星源(日线)
19.80
成交量出现
双重顶背离
7.55
VOL(5,10) VOL:17161.00 MA:20174.60 MA:17566.90

图 3－74

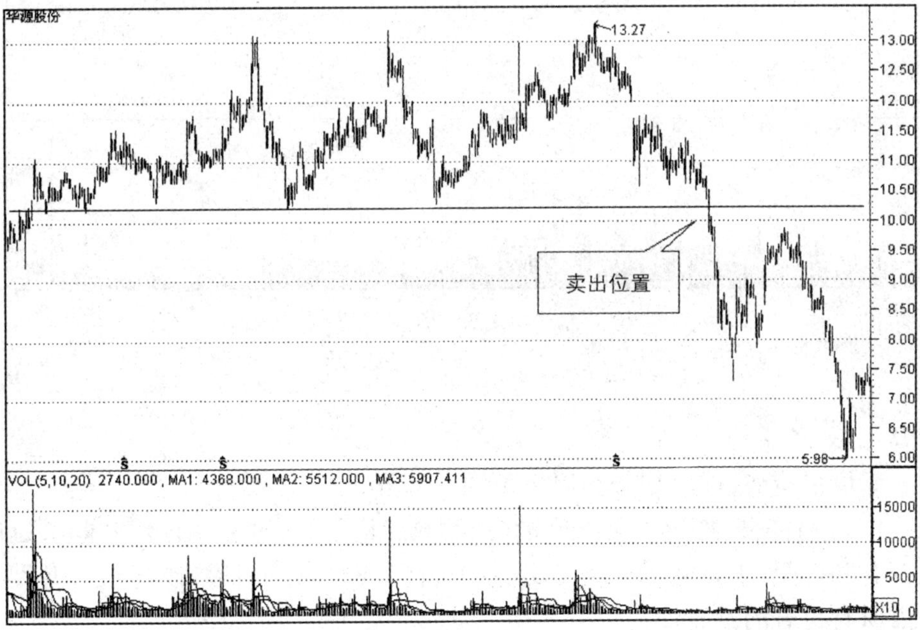
华源股份
13.27
卖出位置
5.98
VOL(5,10,20) 2740.000, MA1: 4368.000, MA2: 5512.000, MA3: 5907.411

图 3－75

第十一节　头肩顶投资技巧

头肩顶是最常见也是比较可靠的反转形态。顾名思义,头肩顶的形态就像人体的上半部,头部是最高的,两边是左右肩。这是一个长期性趋势的转向形态,通常在牛市的尽头和阶段性顶部出现(见图3-76)。

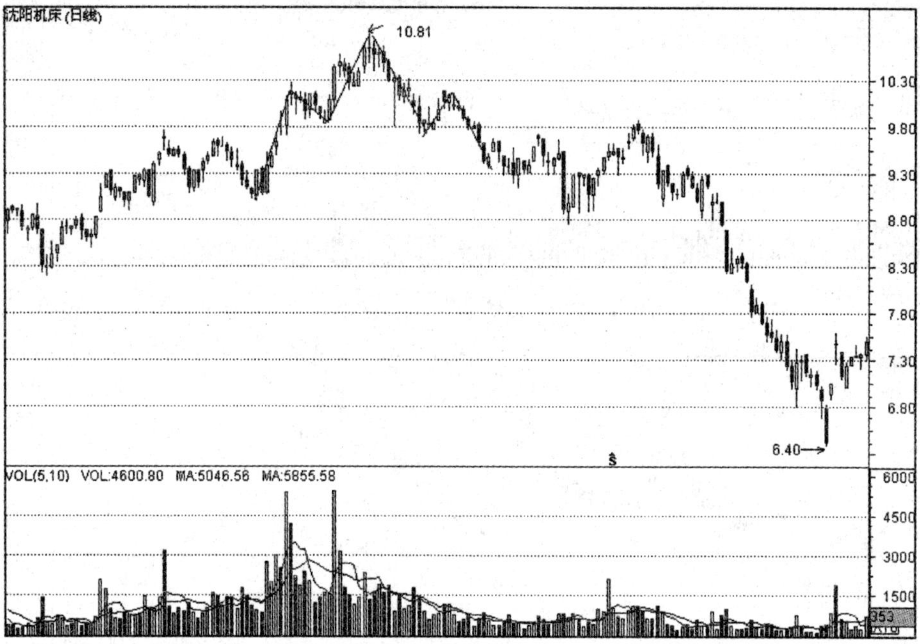

图3-76

一、形态分析

头肩顶走势,可以划分为以下不同的部分:

1. 左肩部分:持续一段上升的时间,成交量很大,过去在任何时间买进的人都有利可图,于是开始获利卖出,令股价出现短期的回落,成交较上升到其顶点时有显著的减少。

2. 头部:股价经过短暂的回落后,又有一次强力的上升,成交亦随之增加。不过,成交量的最高点较之左肩部分,明显减退。股价升破上次的高点后再一次回落。成交量在这回落期间亦同样减少。

3. 右肩部分:股价下跌到接近上次的回落低点后再次获得支持回升,可是,市场投资的情绪显著减弱,成交较左肩和头部明显减少,股价没法抵达头部的高点便告回落,于是形成右肩部分。

4. 突破:从右肩顶下跌穿破由左肩底和头部底所连接的底部颈线,其突破颈线的幅度要超过市价的3%以上。

简单来说,头肩顶的形状呈现三个明显的高峰,其中位于中间的一个高峰较其他两个高峰的高点略高。

二、头肩顶形成机理

头肩顶是一个不容忽视的技术性走势,我们由此形态可以观察到买卖双方的激烈争夺情况。

股价经一轮大幅上涨后,已被推至较高位置,有小量获利回吐盘出现,令股价出现下跌,成交量在股价回落时减少,形成一个左肩。此时,看好市场的一方信心仍强,遂出现新一轮反弹升势,并驱动股价上破左肩的高点,然后又再次遭遇获利盘抛压,股价又一次回落,成交量同时稍微萎缩,形成一个头部。由于市况正处于乐观状态,股价下跌吸引抄底资金的介入,股价第三次上升,但只能升至左肩高点附近水平,未能超过头部高位,随后再遇卖压下挫,形成右肩,反映看多一方已经有大举出货迹象,升浪已近尾声,股价随时回落。

三、市场分析

1. 这是一个长期趋势的转向形态,通常会在牛市的尽头出现。

2. 当最近的一个高点的成交量较前一个高点为低时,就暗示了头肩顶出现的可能性;当第三次回升股价没法升抵上次的高点,成交继续下降时,有经验的投资者就会把握机会卖出。

3. 当头肩顶颈线击破时,就是一个明显的卖出信号,虽然股价和最高点比较,已回落了相当的幅度,但跌势只是刚刚开始,未卖出的投资者需要果断清仓。

4. 头肩顶形态的成交量呈阶梯下降,即左肩最大,头部次之,右肩最小。但有时头部成交量最大。根据有些统计,大约有三分之一的头肩顶左肩成交量较头部为多,三分之一的成交量大致相等,其余的三分之一是头部的成交大于左肩(见图3-77)。

5. 通过连接左肩和头部两次回探的低点,可以画出一条接近水平的趋势线,称之为颈线。颈线是一条极其重要的支撑阻力线。当颈线跌破后,我们

图 3－77

可以从头部的最高点画一条垂直线到颈线，然后在完成右肩突破颈线的一点开始，向下量出同样的长度，由此量出的价格空间就是该股将下跌的最小理论跌幅。

四、投资要点

1. 一般来说左肩和右肩的高点大致相等，部分头肩顶的右肩较左肩为低。但如果右肩的高点较头部还要高，形态便不能成立。

2. 如果其颈线向下倾斜，显示市场非常疲乏无力。

3. 成交量方面，左肩最大，头部次之，而右肩最少。不过，根据有些统计，大约有三分之一的头肩顶左肩成交量较头部为多，三分之一的成交量大致相等，其余的三分之一是头部的成交大于左肩的。

4. 当颈线跌破时，不需要成交量增加的配合，倘若成交量在跌破时激增，显示市场的抛售力量十分强大，股价会在成交量增加的情形下加速下跌。

5. 在跌破颈线后可能会出现暂时性的反抽，此情形通常会在低成交量的跌破时出现。不过，暂时回升大多不超越颈线水平。

6. 头肩顶是一个杀伤力十分强大的形态，通常其跌幅大于量度出来的最小跌幅。

7. 假如股价最后在颈线水平处回升,而且高于头部,又或是股价于跌破颈线后回升高于颈线,这可能是一个失败的头肩顶,不宜信赖。

五、头肩顶的卖出技巧

股价从头部下落跌破本轮上升趋势线为第一卖点(见图3-78)。

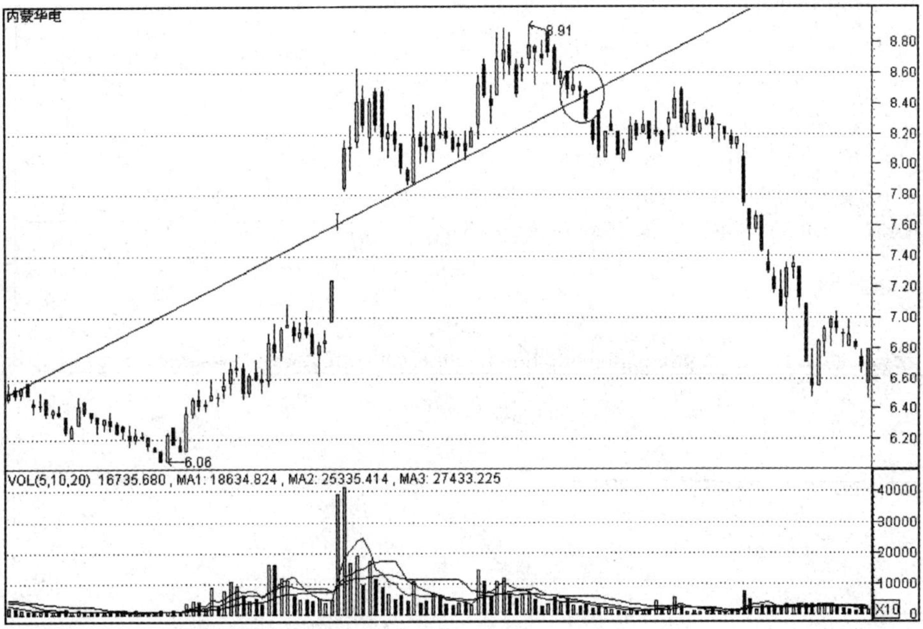

图3-78

当头肩顶颈线被击穿时,就是另一个极重要的卖出信号,虽然此时股价与最高点比较,已有相当幅度的回落,但跌势只是刚刚开始,未出货的投资者应继续卖出。确认颈线位突破的标准,一般以突破颈线位的幅度超过市价的3%以上或者股价在颈线位下持续三个交易日以上来确认(见图3-79)。

如果有效跌破颈线后,股价有机会出现反弹,回抽确认颈线时为最后的卖出机会(见图3-80)。

当中间的成交量较左肩低时,暗示了头部出现的可能性;当右肩股价没法升抵左肩的高点,成交继续下降时,投资者需要及时卖出(见图3-81)。

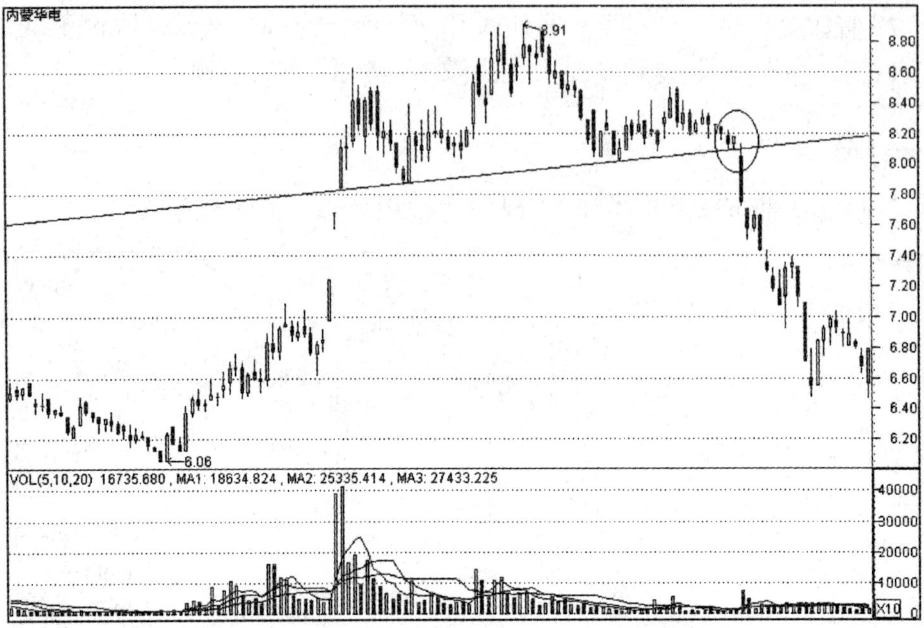
内蒙华电
8.91
6.06
VOL(5,10,20) 16735.680 , MA1: 18634.824 , MA2: 25335.414 , MA3: 27433.225

图 3－79

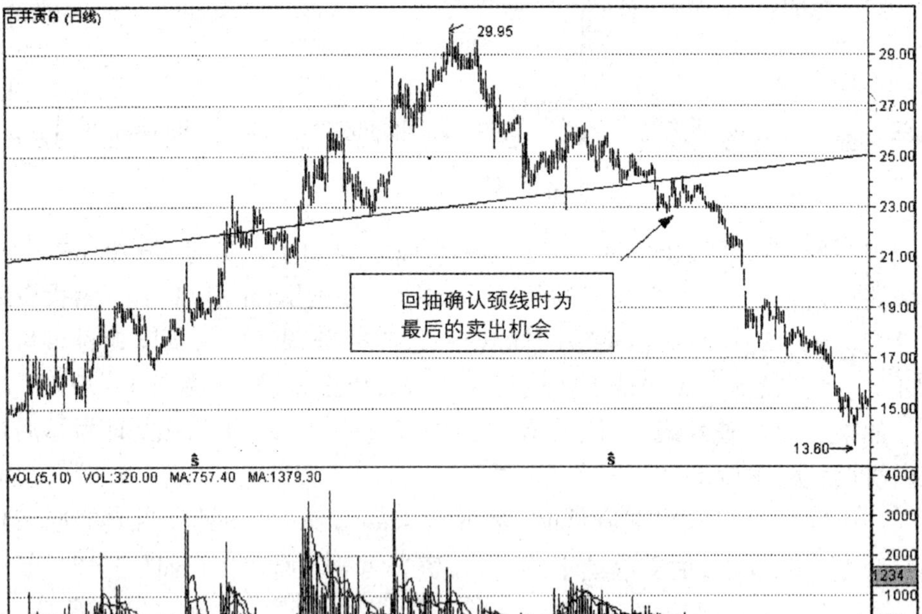
古井贡A (日线)
29.95
回抽确认颈线时为
最后的卖出机会
13.60
VOL(5,10) VOL:320.00 MA:757.40 MA:1379.30

图 3－80

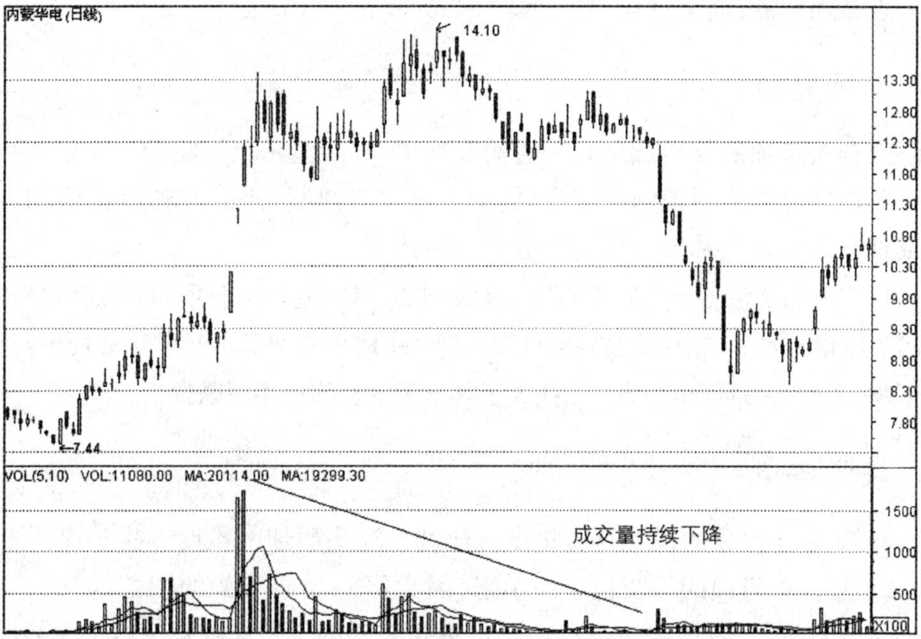

图 3－81

第十二节 复合头肩顶投资技巧

一、形态分析

复合头肩顶是头肩顶的变形走势，其形状和头肩顶十分相似，只是肩部、头部或两者同时出现多于一次，大致来说可划分为以下几大类：

1. 一头双肩式形态：一个头分别有两个大小相同的左肩和右肩，左右双肩大致平衡。比较多的是一头双右肩，在形成第一个右肩时，股价并不马上跌破颈线，反而掉头回升，不过回升却止于右肩高点之下，最后股价继续沿着原来的趋势向下。

2. 一头多肩式形态：一般，头肩式都有对称的倾向，因此当两个左肩形成后，很有可能也会形成两个右肩。除了成交量之外，图形的左半部和右半部几乎完全相等。

3. 多头多肩式形态：在形成头部期间，股价一再回升，而且回升至上次同样的高点水平才向下回落，形成明显的两个头部，也可称做两头两肩式走势。

有一点必须留意:成交量在第二个头往往会较第一个减少。

二、市场分析

复合头肩顶的分析意义和普通的头肩顶一样,显示市场将转势下跌。

在形成复合头肩顶的初期,因成交量可能不规则,使形态难以辨认,但稍久就很容易看出它和头肩顶的趋势完全一致。

许多人都高估复合头肩顶的预期下跌威力,其实复合头肩顶的力量往往较普通的头肩顶为弱。在中期性趋势出现时,复合头肩顶完成其最小跌幅后便不再继续下跌,而普通头肩顶的下跌,往往大于其量度出来的最小下跌幅度。

三、投资要点

1. 复合头肩顶的最小跌幅量度方法和普通头肩顶的量度方法一样。

2. 复合头肩顶的颈线很难画出来,因为每一个肩和头的回落部分,并不会全都落在同一条线上。因此,应该以最明显的两个短期低点连接成颈线。

第四章 图表分析(下)

第一节 喇叭形投资技巧

一、喇叭形态的技术原理

1. 形态分析

股价经过一段时间的上升后下跌,然后再上升再下跌,上升的高点较上次为高,下跌的低点亦较上次的低点为低。整个形态以狭窄的波动开始,然后向上下两方扩大,如果我们把上下的高点和低点分别连接起来,就可以画出一个镜中反照的三角形状,这便是喇叭形。

成交量方面,喇叭形在整个形态形成的过程中,保持着高而且不规则的成交。喇叭形分为上升形和下降形,其含义一样(见图4-1)。

2. 市场分析

这个形态是由投资者冲动的投资情绪造成的,通常在长期的上升的最后阶段出现,这是一个缺乏理性和失去控制的市场,投资者受市场炽烈的投机风气或传言所感染,当股价上升时便疯狂追上,但他们对市场的前景(或公司前景)却一无所知,又或是没有信心,所以当股价下跌时又盲目地加入抛售行列。他们冲动和杂乱无章的行动,使得股价不正常地大起大落,高点较上次为高,低点又较上次为低。至于不规则而巨额的成交,正反映出投资者激动的买卖情绪。

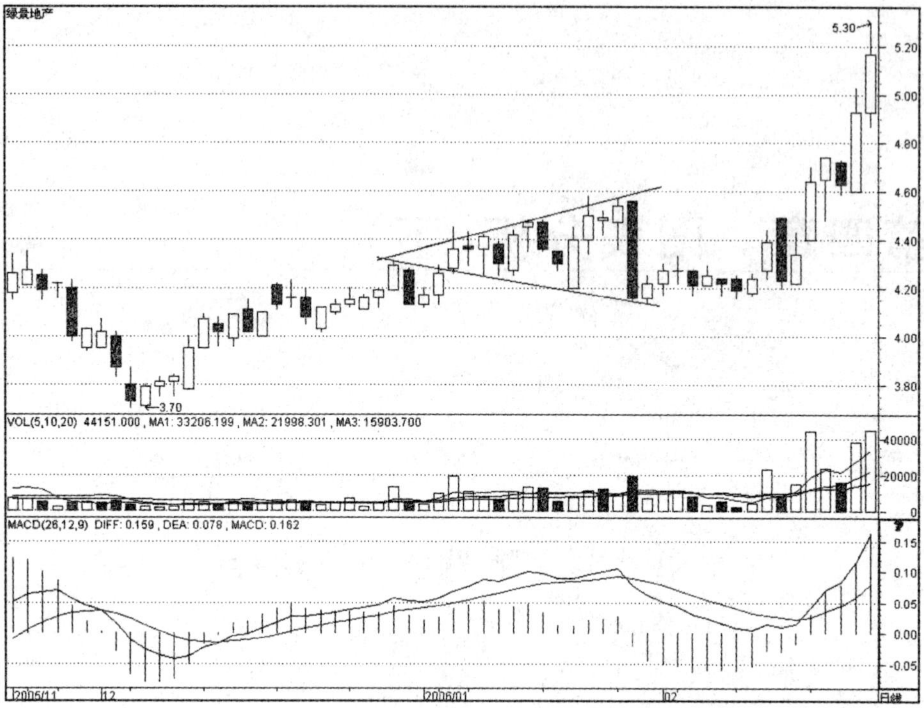

图4－1

这种形态正是大跌来临前的先兆，因此喇叭形可以说是一个下跌形态，暗示升势将到尽头，只是形态并没有明确指出跌势出现的时间。只有当下限跌破时，形态才可确定，未离市的投资者就该马上卖出撤离了。

3. 投资要点

（1）一个标准的喇叭形应该有三个高点、两个低点。这三个高点一个比一个高，中间的两个低点则一个较一个低；当股价从第三个高点回跌，其回落的低点较前一个低点为低时，可以假设形态的成立。和头肩顶一样，喇叭形属于“五点转向”形态，故这种较平缓的喇叭形也可视之为一个有较高右肩和下倾颈线的头肩式走势。

（2）这种形态并没有最小跌幅的量度公式估计未来跌势，但一般来说，振幅都很大。

（3）这种形态也有可能会向上突破，尤其在喇叭形的顶部是由两个同一水平的高点连成的情况下，如果股价以高成交量向上突破（收市价超越阻力水平3%），那么此形态最初预期的分析意义就要修正，它显示前面上升的趋势仍会持续，未来的升幅将十分可观。这是因为当喇叭形向上冲破时，理论上是一次消耗性上升的开始,显示市场激动的投资情绪进一步扩大,投资者已完全失去理性的控制,疯狂地不计价追入。当购买力消耗完结后,股价最终大幅跌下来。

二、喇叭形态在实战中的应用

喇叭形态在K线上显示股指反弹时的高点一浪比一浪高,下跌时的低点一浪比一浪低。当股指跌到三角形的下边线时,会出现有力支撑;当股指触及三角形的上边线时,也会遇到强大阻力。

喇叭形态多数情况下都是在头部出现。因为这种形态通常是投资者冲动的投资情绪和不理智的投资行为所造成的,所以该形态比较容易出现在股价的阶段性顶部位置。而在股指下跌过一段时间的弱市底部,出现的概率极小。因为弱市的底部区域往往市场低迷,成交稀少,投资者比较理智和冷静。

单从形态分析理论而言,喇叭形态向下破位可能性大于向上突破,而且一旦破位,喇叭形态的杀伤力很大。不过,喇叭形态偶尔也有向上突破并形成持续涨升的(见图4-2),这关键取决于量能的因素:个股要有主力资金介入,成交量能够急剧放大,股价才能有效向上突破。

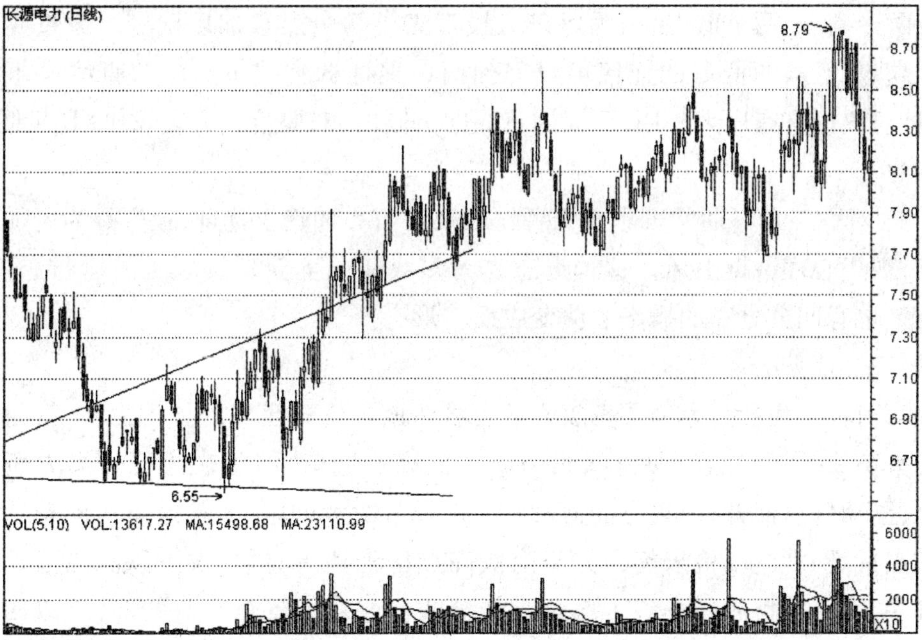

图4-2

第二节 对称三角形投资技巧

一、对称三角形的技术原理

1. 形态分析

对称三角形由一系列的价格变动组成，其变动幅度逐渐缩小，也就是说每次变动的最高价，低于前次的水准，而最低价比前次水准为高，呈一压缩图形，如从横的方向看股价变动领域，其上限为向下斜线，下限为向上倾线，把短期高点和低点，分别以直线连接起来，就可以形成一相当对称的三角形。对称三角形的成交量，因愈来愈小幅度的股价变动而递减，然后当股价突然跳出三角形时，成交量随之变大。

对称三角形的形态特征是反弹高点不断下移、下跌低点不断抬高。从技术上分析对称三角形至少需要由四个转折点构成，即在一段时间内至少应形成两个高点、两个低点，因为每条直线都需要两个点来加以确定。通过高点和高点、低点和低点的连接可以得到两条聚拢的直线。上面的直线向下倾斜，对股价具有压力作用；下面的直线向上倾斜，对股价具有支撑作用（见图4－3）。

对称三角形通常表示投资者比较缺乏信心和趋于犹疑，投资行为更加谨慎，观望心理占据上风。这种形态在大多数情况下会延续原有的运行趋势，但是也有四分之一的概率会演变成反转形态。

2. 市场分析

对称三角形是因为买卖双方的力量在该段价格区域内势均力敌，暂时达到平衡状态而形成。股价从第一个短期高点回落，但很快地便被买方所消化，推动价格回升；但买方的力量对后市没有太大的信心，又或是对前景感到有点犹疑，因此股价未能回升至上次高点已告掉头，再一次下跌。在下跌阶段中，那些惜售的投资者不愿意太低价贱售或对前景仍存有希望，所以回落的压力不强，股价未跌到上次的低点便已告回升，买卖双方的观望性争持使股价的上下小波动日渐缩窄，形成了此一形态。

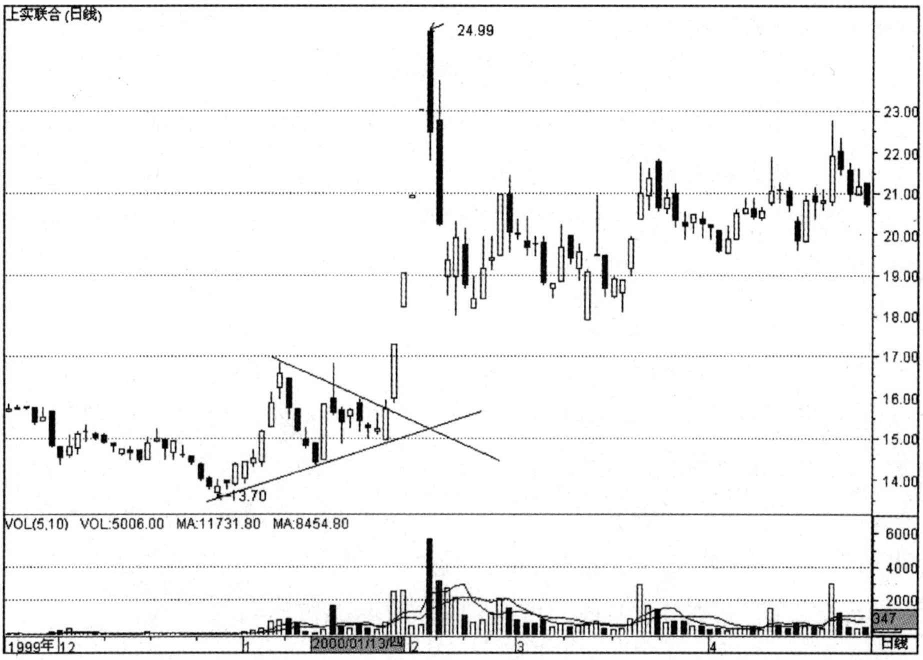

图4-3

成交量在对称三角形形成的过程中不断减少,正反映出对后市犹疑不决的观望态度,使得市场暂时沉寂。

一般情形之下,对称三角形是属于整理形态,即股价会继续沿原来的趋势移动。只有在股价朝其中一方明显突破后,才可以采取相应的买卖行动。如果股价往上冲破阻力(必须得到大成交量的配合),就是一个短期买入信号;反之若是往下跌破(在低成交量之下跌破),便是一个短期卖出信号。

对称三角形的最小升幅量度方法是当股价往上突破时,从形态的第一个上升高点开始画一条和底部平等的直线,可以预期股价至少会上升到这条线才会遇上阻力。至于股价则将会以形态开始之前同样的角度上升。因此我们从这一量度方法估计到该股最小升幅的价格水平和所需要的完成时间。

形态的最小跌幅,量度方法也是一样。

3. 投资要点

(1)一个对称三角形的形成,必须要有明显的两个短期高点和短期低点出现。

(2)对称三角形的股价变动愈接近其顶点而未能突破界线时,其力量愈小,若太接近顶点突破即失效。通常在距三角形底边一半或四分之三处突破时会产生最准确的移动。

(3)向上突破需要大成交量伴随,向下突破则不必。

有一点必须注意,假如对称三角形向下跌破时有极大的成交量,可能是一个错误的跌破信号,股价于跌破后并不会如理论般回落。倘若股价在三角形的尖端跌破,且伴随有高成交,情形尤为准确;股价仅下跌一两个交易日后便迅速回升,将开始一次真正的升市。有假突破时,应随时重划界限形成新的三角形。

(4)虽然对称三角形大部分是属于整理形态,不过亦有可能在升市的顶部或跌市的底部出现。根据统计,对称三角形中大约四分之三属整理形态,而余下的四分之一则属转势形态。

(5)对称三角形突破后,可能会出现短暂的反方向移动(回抽),上升的回抽止于高点相连而成的形态线,下跌的回抽则受阻于低点相连的形态线之下,倘若股价的回抽大于上述所说的位置,形态的突破可能有误。

二、对称三角形在实战中的应用

对称三角形的形态分析的最关键处是要观察在三角形顶端突破时的成交量,如果成交量能有效放大,说明向上突破是真实可信的,如果是向下突破时放量,则预示着该股可能会出现空头陷阱,往往很快会恢复为上涨行情。因为这时投资者的投资行为较为谨慎,不容易出现大规模恐慌杀跌的局面。如果在三角形顶端突破时的成交量处于萎缩状态,那么证明向下突破是真实可信的,而缩量向上的突破大多是假突破。

例如:深赤湾A(000022),该股在2月18日向上突破对称三角形时,成交量同步有效放大,证明这种突破属于有效突破(见图4-4)。

当个股出现对称三角形时要注意对其运行轨迹和量价关系作细致分析。一般情况下对称三角形的形成时间越长,构成规模越大,一旦向上突破后,相应的理论上涨空间也越大。但是这个规模并非越大越好,例如长达数年的大型对称三角形在实际操作中没有多少效果,因为三角形的走势反映了投资者的一种投资心态,而投资者是不可能受到几年前的心态影响的。

一般由数月时间构筑的对称三角形的突破力度最强。例如:欣网视讯(600403),该股上市以后立即构筑了长达两个多月的对称三角形,并最终向上突破,由此展开了该股上市后的第一轮行情(见图4-5)。

图4-4

图4-5

有部分个股的对称三角形在突破产生以前经常会有一个反方向的假动

作,但是往往持续时间很短,投资者必须仔细鉴别。即使在向上突破对称三角形之后,也常有回抽动作,如果能在短时间内快速完成回抽,并重新恢复升势,投资者可以积极介入。

有少数个股的对称三角形在最终突破时是以向上跳空的形式展开的,对这类对称三角形的突破要大胆追涨。

例如:上实医药(600607),该股突破时的向上跳空高开显示出快速涨升的力度(见图4-6)。

图4-6

第三节 上升三角形和下降三角形

股价在整理走势中,由于受到来自上下两方的阻力和支撑作用,常常会走出三角形的形态。按照形态的不同,三角形可以分为收敛三角形和发散三角形两种。如果按照高低点的水平排列,还可以分为上升三角形和下降三角形。

一、三角形的技术原理

1. 形态分析

股价在某个水平呈现出强大的卖压，价格从低点回升到该价格水平便告回落，但市场的购买力十分强，股价未回至上次低点即告弹升，此情形使股价持续沿一条阻力水平线波动日渐收窄。我们若把每一个短期波动高点连接起来，可画出一条水平阻力线；而每一个短期波动低点则可连出另一条向上倾斜的线，这就是上升三角形（见图4-7）。成交量在形态形成的过程中不断减少。

图4-7

下降三角形的形状与上升三角形恰好相反，股价在某特定的水平出现稳定的购买力，因此股价回落至该水平便告回升，形成一条水平的需求线。可是市场的卖方力量却不断加强，股价每一次波动的高点都较前次为低，于是形成一条向下倾斜的供给线。成交量在完成整个形态的过程中，一直十分低沉（见图4-8）。

2. 市场分析

上升三角形显示买卖双方在该范围内的较量，但买方的力量在争持中已

图 4－8

稍占上风。卖方在其特定的股价水平不断卖售不急于出货，但却不看好后市，于是股价每升到理想的卖售水平即卖出，这样在同一价格的卖售形成了一条水平的供给线。不过，市场的购买力量很强，他们不待股价回落到上次的低点，就迫不及待地购进，因此形成一条向右上方倾斜的需求线。另外，也可能是有计划的市场行为，部分人士有意把股价暂时压低，以达到逢低大量吸纳之目的。

下降三角形同样是多空双方在某价格区域内的较量表现，然而买卖力量却与上升三角形所显示的情形相反。看空的一方不断地增强卖售压力，股价还没回升到上次高点便再卖出，而看多的一方坚守着某一价格的防线，使股价每回落到该水平便获得支持。

3. 投资要点

(1)上升三角形和下降三角形都属于整理形态。上升三角形在上升过程中出现，暗示有突破的可能，下降三角形正相反。

(2)上升三角形在突破顶部水平的阻力线时，有一个短期买入信号，下降三角形在突破下部水平阻力线时有一个短期卖出信号。上升三角形在突破时须伴有大成交量，而下降三角形突破时不必有大成交量来证实。

(3)此两种形态虽属于整理形态，有一般向上向下规律性，但亦有可能朝相反方向发展。即上升三角形可能下跌，因此投资者在向下跌破3%时，宜暂时卖出，以待形势明朗。同时在向上突破时，没有大成交量配合，也不宜贸然投入。相反下降三角形也有可能向上突破，这里若有大成交量则可证实，另外在向下跌破时，若出现回升，则观察其是否阻于底线水平之下，在底线之下是假性回升，若突破底线3%，则图形失败。

二、上升三角形在实战中的应用

上升三角形一般在涨势中出现，是强烈的中继技术形态。由于股价上涨的高点基本处于同一价位，回调的低点却在不断上移，股价波幅渐渐收窄，成交量不断萎缩，不过在上升阶段成交量较大，下跌时成交量较小。说明看空的一方在某个价位不断卖出，迫使股价下行，但市场却对该股看好，逢低吸纳的人不等股价跌到上次的底点就买进，使得一个底点比一个底点高。这是一个整理形态，一般在最后都会选择向上突破。

上升三角形雏形形成后，越早向上突破，上升的空间就越大；如果迟迟不能突破，则有可能形成双顶形态。在向上突破压力线时，成交量要放大才更为有效。

例如：山东黑豹(600760)(见图4-9)。

三、下降三角形在实战中的应用

下降三角形与上升三角形恰好相反，在形成这一形态的过程中，通常卖方显得比买方更为积极主动，导致反弹的高点在依次降低，而下档的支持几乎是一条水平线。

下降三角形中，随着形态的逐步发展，成交量在相应萎缩，然后在突破的时候成交量又显著放大。

对于量度升降幅的测算，是先算出三角形最宽处的高度，然后从突破点往突破的方向投射出相同的距离。同时也可以利用整个趋势形成的上升通道或者下降通道，来判断突破三角形后短期可能的升幅或跌幅。

在个股行情中，这一形态的形成亦可能是有主力资金在托价出货，直到清仓为止。例如：冠豪高新(600433)(见图4-10)。

图 4－9

图 4－10

该形态为典型的卖出信号，但有时下降三角形也会在上升趋势过程中出现。

例如赛格三星构筑的下降三角形形态,最终就是以向上突破而完成(见图 4-11)。

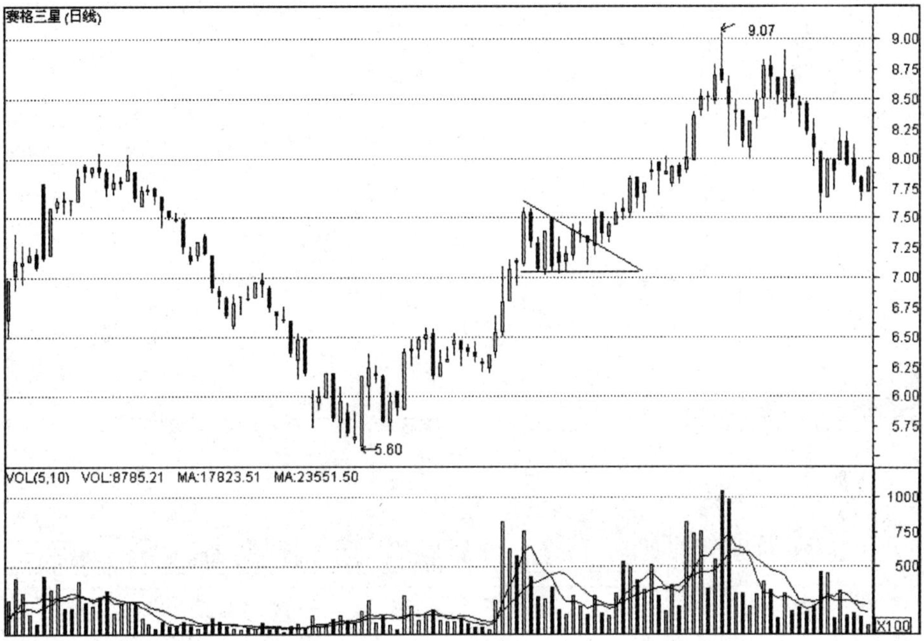

图 4-11

下降三角形是否能向上突破,关键看量能能否保持在稳定增长的水平上。

第四节 菱形投资技巧

一、菱形的技术原理

1. 形态分析

菱形的形态犹如钻石,其颈线为 V 字状。成交量如同三角状,渐次减少,又称为钻石形,是发散三角形、收敛三角形、头肩顶的综合体。左半部和发散三角形态一样,其市场含义也相同,第二个上升点较前一个高,回落低点亦较前一个为低,当第三次回升时,高点却不能升越第二个高点水平,接着的下跌回落点却又较上一个为高,股价的波动从不断地向外扩散转为向内收窄,右半部和收敛三角形一样,这就是菱形形态(见图 4-12)。

图 4－12

2. 市场分析

形态的左半部其机理与发散三角形形态一样，投资者受到市场炽烈的投机风气所感染。当股价愈升愈高之际，投资者显得冲动和失去理智。当股价上升时便疯狂追涨，但当股价下跌时又盲目地加入抛售行列，疯狂杀跌。这种极度冲动和杂乱无序的行动，使得股价不正常地大起大落，形成上升时高点较前次为高，低点则较前次为低，反映出投资者冲动的买卖情绪，这就形成了一个发散三角形。

但由于看好后市持股做中长线的人渐多，使得冲动的短线浮筹日渐减少，稳定看好后市的力量逐步成为市场主流，这时股价的波动逐步缩小平缓，而成交量也急剧回落萎缩，后半段与收敛三角形一样，经过充分换手整理后最终选择突破的方向。

3. 投资要点

（1）菱形很少为底部反转，通常它在中级下跌前的顶部或大量成交的顶点出现。一般情况下，发散三角形确定之后趋势往往是下跌的，而收敛三角形又使下跌暂时推迟，但终究没有摆脱下跌的命运，而发散三角形与收敛三角形结合，成为错综复杂的菱形。相对而言，其下跌的概率更大，但是实际突破方向，需要根据具体情况来研判。

（2）当菱形右下方支持跌破后，就是一个卖出信号；但如果股价向上突破右方阻力,而且成交量激增时,那就是一个买入信号。

(3)其最小跌幅的量度方法是从股价向下跌破菱形右下线开始,量度出形态内最高点和最低点的垂直距离,这距离就是未来股价将会下跌的最小幅度。

二、菱形形态的投资分析

菱形与喇叭形一样,也是一种看跌形态,它通常出现在市场构筑短期或者中长期头部的时候,偶尔也会在下跌过程中以持续形态出现,其中出现在顶部的次数相对较多。这种形态比喇叭形有更为强烈的下跌愿望。菱形的前半部分比较类似于喇叭形,后半部分则近似于对称三角形,整体接近钻石的形状。但是,菱形与钻石形还是有区别的。

从投资者的心理角度看,喇叭形和对称三角形正好揭示了两种不同的状态。市场在形成喇叭形的时候,往往反映参与的投资者变得越来越情绪化,使得行情的震荡逐渐加剧。而当行情处于对称三角形整理阶段时,由于暂时市场正在等待方向的选择,导致越来越多投资者转向观望。因此当菱形形态出现的时候,说明市场正由一个比较活跃的时期逐渐萎缩下来。也因为这个阶段的市场参与者在不断减少,使得行情经过菱形调整后大多时候选择了向下调整(见图4-13)。

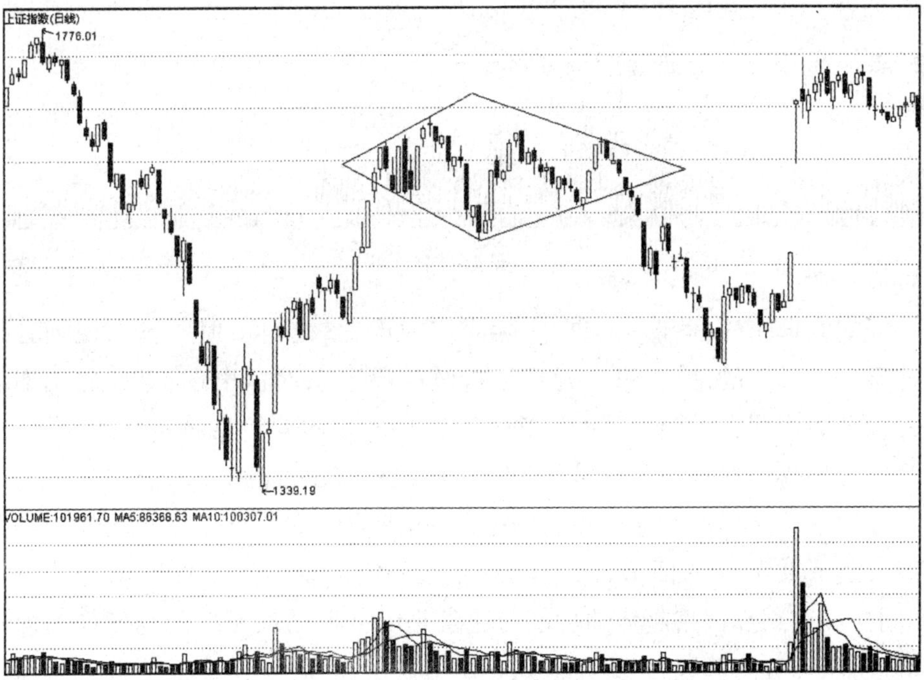

图4-13

由于喇叭形是看跌形态,当菱形完成前半部分构造后,理应出现下跌行情,虽然后半部分的三角形形态暂时延缓了下跌趋势的出现,但随着成交量的不断萎缩,空方势力在多数时候会逐渐占据上风,整个形态完成后,下跌趋势就有可能出现。

在整个菱形的形成过程中,成交量随着价格的不断变化而变化,成交量前半部分与发散三角形一样,具有高而不规则趋于放大的成交量,后半部分与收敛三角形一样,成交量趋于逐步萎缩(见图4-14)。

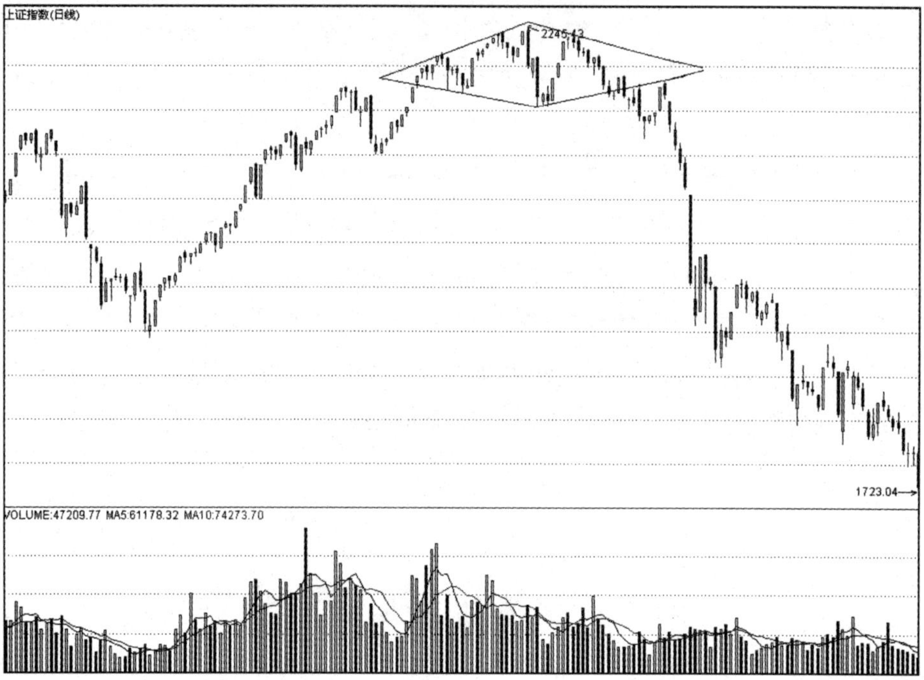

图4-14

同喇叭形一样,菱形形态在实际应用中也比较少见,但一旦出现则必须保持警惕。不同的是,菱形有时也以持续整理形态面目出现,也就是说不出现在顶部而出现在下降趋势的中途。这时仍然预示着价格将进一步回落,也就是说菱形形态在多数时候是作为一种看跌形态出现的。

在识别菱形形态时应该注意的是,形态理论中的菱形形态与数学中的几何意义菱形并不是一回事,两者之间存在一定区别。当菱形形态构筑完成后,同样具有测算价格趋势的功能。通常是以菱形的最宽处的高度作为形态的高度,从突破点算起,至少将下跌一个形态的高度。

三、菱形在实战中的应用

1. 菱形的最终突破方向存在一定不确定性,上下突破均有可能,但底部反转的次数不多。而且即使在底部出现菱形,反弹的力度也大多是仅仅到量度目标位(见图4-15)。

图4-15

2. 而在股指或股价有一定涨幅之后出现菱形,投资者要提高警惕,因为,这时指数或股价即使能够向上突破,也往往离顶部不远(见图4-16)。

3. 上下突破时需要成交量的温和放大,一旦向下突破即会形成沉重的头部,中期趋势向淡,这符合“久盘必跌”的原理。

4. 其最小的升跌幅为由突破点开始计算,理论涨幅能达到的该形态中最大的垂直差价,一般来说,价格运动的实际距离比这一段最小量幅长(见图4-17)。

5. 如果在下降趋势的中途出现菱形,一般为下跌中继形态。

操作策略:最佳的买卖点为股价带量突破菱形形态后半部的对称三角形之时。

以弘业股份(600128)为例,该股从1998年到2000年的走势构筑了一个较为少见的底部菱形形态。到2000年初,该股放量突破上档阻力线后,走出

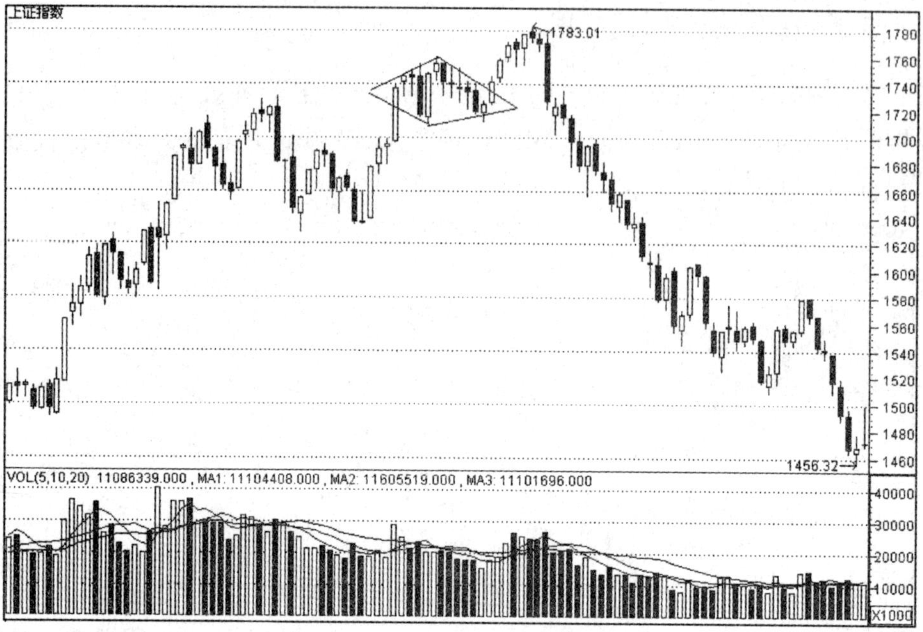

图 4－16

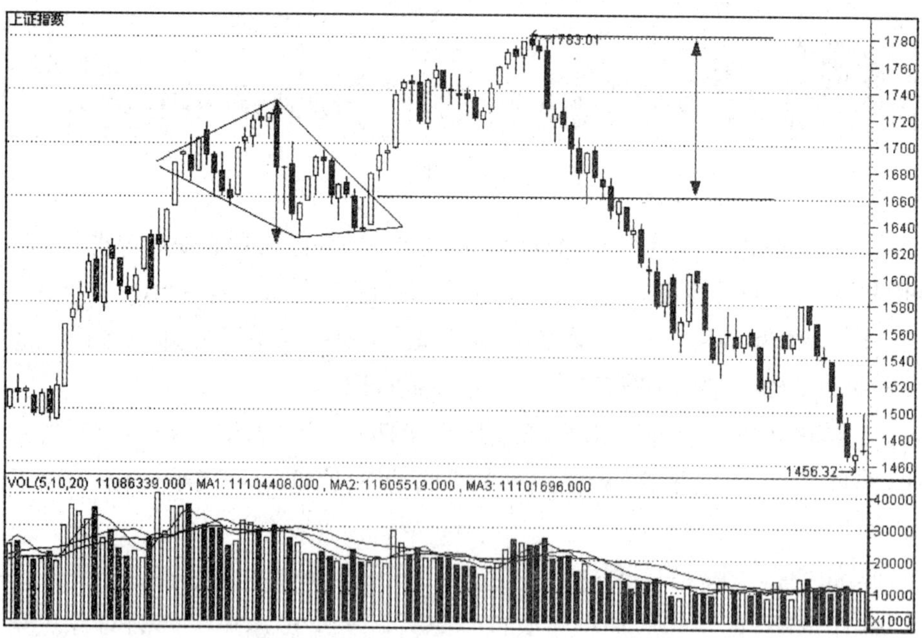

图 4－17

了一波良好的上攻行情（见图 4－18）。

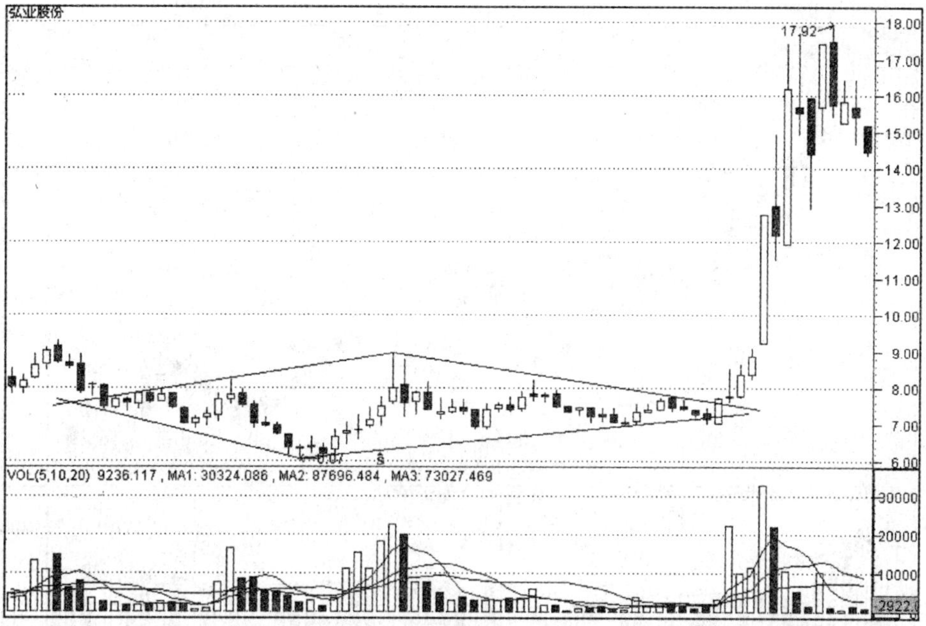

图4-18

菱形形态在长期趋势中的运用:

当菱形形态用于分析股价的长期运行趋势时,通常需要采用周K线的方法进行分析。图中是一种典型的下跌中继形态,预示股指将继续下跌(见图4-19)。

第五节 矩形投资技巧

一、形态分析

矩形是股价在两条水平的上下界线之间的一连串变动而形成的形态。股价在其范围之内起落。价格上升到某水平时遇上阻力,掉头回落,但很快便获得支持而升,可是回升到上次同一高点时再一次受阻,而挫落到上次低点时则再得到支持。这些短期高点和低点分别以直线连接起来,便可以绘出一条通道,这通道既非上倾,亦非下降,而是平行发展,这就是矩形形态(见图4-20)。

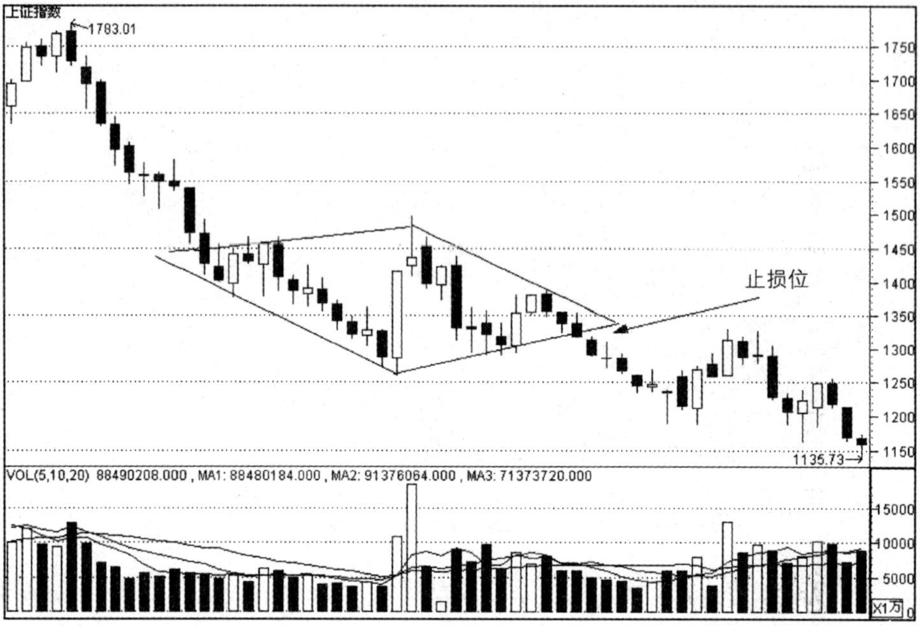
上证指数
1783.01
止损位
1135.73
VOL(5,10,20) 88490208.000 , MA1: 88480184.000 , MA2: 91376064.000 , MA3: 71373720.000
X1万

图 4 - 19

深圳机场 (日线)
27.90
8.00
VOL(5,10) VOL:12562.00 MA:23034.60 MA:21751.60
X100

图 4 - 20

二、市场分析

矩形为冲突形,是描述实力相当的争战双方的竞争。

这一形态明显告诉我们,多空双方的力量在该范围之间完全达致均衡状态,在这段时间谁也占不了谁的便宜。看好的一方认为其价位是很理想的买入点,于是股价每回落到该水平即买入,形成了一条水平的需求线。与此同时,另一批看淡的投资者对股市没有信心,认为股价难以升越其水平,于是股价回升至该价位水平即卖售,形成一条平行的供给线。从另一个角度分析,矩形也可能是投资者因后市发展不明朗,投资态度变得迷惘和不知所措而造成。所以,当股价回升时,一批对后市缺乏信心的投资者退出;而当股价回落时,一批憧憬着未来前景的投资者加进,由于双方实力相当,于是股价就来回在这一段区域内波动。

一般来说,矩形是整理形态,升市和跌市中都可能出现,长而窄且成交量小的矩形在原始底部比较常出现。突破上下界限后有买入和卖出的信号,涨跌幅度通常等于矩形本身宽度。

三、投资要点

1. 矩形形成的过程中,除非有突发性的消息扰乱,其成交量应该是不断减少的。如果在形态形成期间,有不规则的高成交量出现,形态可能失败。当股价突破矩形上限的水平时,必须有成交量激增配合;但若跌破下限水平时,就不需高成交量的增加。

2. 矩形呈现突破后,股价经常出现反抽,这种情形通常会在突破后的三天至三星期内出现。反抽将止于顶线水平之上,往下跌破后的假性回升,将受阻于底线水平之下。

3. 一个高低波幅较大的矩形,较一个狭窄而长的矩形形态更具威力。

第六节　旗形投资技巧

一、旗形形态的技术原理

1. 形态分析

旗形走势的形态就像一面挂在旗杆顶上的旗帜，这形态通常在急速而又大幅的市场波动中出现，股价经过一连串紧密的短期波动后，形成一个稍微与原来趋势呈相反方向倾斜的长方形，这就是旗形走势。旗形走势又可分作上升旗形和下降旗形（见图 4－21）。

图 4－21

上升旗形的形成过程是：股价经过陡峭的飙升后，接着形成一个紧密狭窄和稍微向下倾斜的价格密集区域，把这密集区域的高点和低点分别连接起来，就可以画出两条平行而又下倾的直线，这就是上升旗形。

下降旗形则刚刚相反，当股价出现急速或垂直的下跌后，接着形成一个波动狭窄而又紧密,稍微上倾的价格密集区域,像是一条上升通道,这就是下降旗形。

成交量在旗形形成过程中,是显著地渐次递减的。

2. 市场分析

旗形经常出现于急速上升或下降的行情中途,在急速的直线上升中,成交量逐渐增加,最后达到一个短期最高记录,早先持有股票者,已获利而卖出,上升趋势亦遇到大的阻力,股价开始小幅下跌,形成旗形。不过大部分投资者对后市依然充满信心,所以回落的速度不快,幅度也十分轻微,成交量不断减少,反映出市场的做空力量在回落中不断地减轻。经过一段时间整理,到了旗形末端股价突然上升,成交量亦大增,而且几乎形成一条直线。股价又像形成旗形时的移动速度一样急速上升。这是上升形成的旗形。

下跌时所形成的旗形,其形状为上升时图形之倒置,在急速的直线下降中,成交量增加达到一个高点,然后有支撑反弹,不过反弹幅度不大,成交量减少,股价小幅上升,形成旗形,经过一段时间整理,到达旗形末端,股价突然下跌,成交量大增,股价续跌。

由以上分析可见,旗形是个整理形态。即形态完成后股价将继续原来的趋势方向移动,上升旗形将向上突破,而下降旗形则是往下跌破,上升旗形大部分在牛市第三期中出现,因此形态暗示升市可能进入尾声阶段。下降旗形大多在熊市第一期出现,这形态显示大势可能作垂直式的下跌。因此这阶段中形成的旗形十分细小,可能在三四个交易日内已经完成,如果在熊市第三期中出现,旗形形成的时间需要较长,而且跌破后只作有限度的下跌。

旗形形态可量度出最小升/跌幅。

其量度的方法是突破旗形(上升旗形和下降旗形相同)后最小升/跌幅度,相等于整支旗杆的长度。

至于旗杆的长度则是形成旗杆的突破点开始,直到旗形的顶点为止。

3. 投资要点

(1)这种形态必须在急速上升或下跌之后出现,成交量则必须在形成形态期间不断地显著减少。

(2)当上升旗形往上突破时,必须要有成交量激增的配合;当下降旗形向下跌破时,成交也是大量增加的。

(3)在形态形成中,若股价趋势形成旗形而其成交量为不规则或很多又非渐次减少的情况时，下一步将是很快的反转，而不是整理。即上升旗形是往下突破而下降旗形则是向上升破。换言之，高成交量的旗形形态表明市况可能出现逆转，而不是个整理形态。因此，成交量的变化在旗形走势中是十分重要的，它是观察和判断形态真伪的唯一方法。

(4)股价应在四周内向预定的方向突破，超出三周时，就应该特别小心，注意其变化。

二、旗形在实战中的应用

在持续整理形态中，旗形是一种比较常见和典型的形态。旗形走势就如同一面挂在旗杆上的旗帜，这种图形经常出现在急速、大幅变动的市况中，股价经过一连串紧密短期波动后，形成一个略与原走势呈反方向倾斜的平行四边形(见图4－22)。

图4－22

上升旗形是经过一段陡峭的上升行情后，股价走势形成了一个成交密集、向下倾斜的股价波动密集区域，把这一区域中的高点与低点分别连接在一起，就可看出一个下倾的平行四边行或称上升旗形。

在一波行情当中，股票价格激烈运动，出现近乎直线式的上涨或下跌，而且成交量巨大,这种直线式的涨跌,就是旗形形态的旗杆。由于股票价格的升降幅度过于猛烈,股票需要作短暂的休息,主力资金也需要借此洗盘,整理的图形就如同一面小旗,上升旗形的轨道由左向右下斜,一波比一波低,似是即将反转下跌,成交量也随之减少,形成一个形状是平行四边形的图形,旗形的旗面便形成了。

上升旗形形成之后,突然有一天股票放量突破平行四边形的上边,整理旗形宣告结束,股价按原有的方向继续发展(见图4-23)。

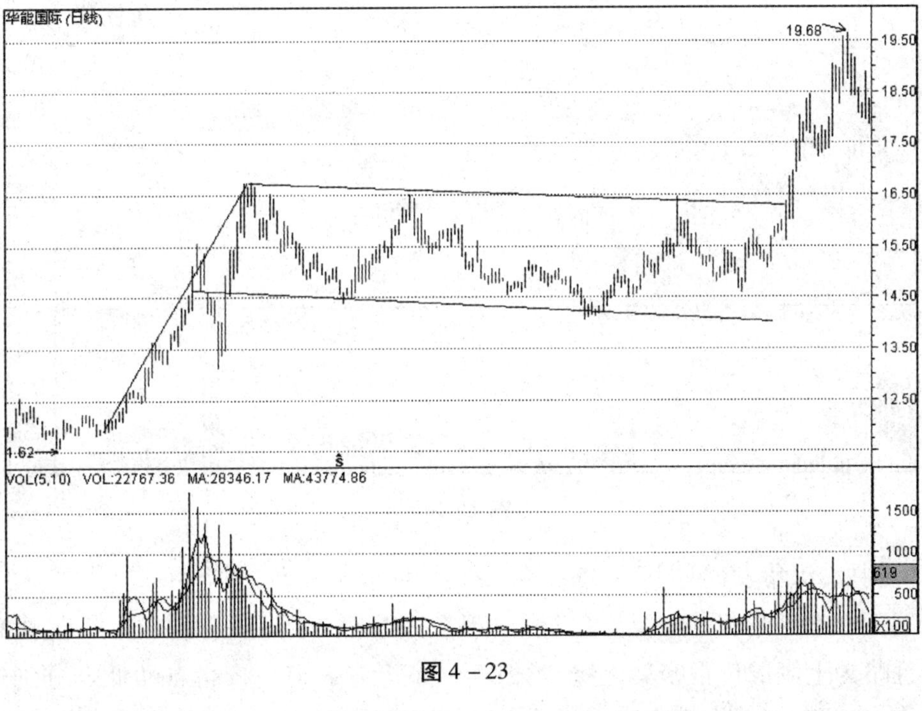

图4-23

上升旗形的选股买进位置重点是选择向上突破的时机。上升旗形形态内的成交量在股价下跌时快速萎缩,向上突破时成交量又快速放大且股价再次出现快速拉升。其研判要点是:

1. 上升旗形是在股价大幅快速上涨之后出现的强势调整形态,持续的时间不能太长,且旗面形态的成交量必须显著萎缩,整理时间太长则会使形态的作用大为减弱甚至会演化为其他形态,而旗面形态中成交量过大也会影响到未来的突破走势。

2. 上升旗形向上突破时应有成交量放大的配合方可信赖,如果在突破时没有成交量的配合则意味着假突破。突破后的升幅与旗杆的长度大致相同,即从突破形态颈线算起，加上形态前涨幅的旗杆价差，其上涨的速度也与旗杆相似。

3. 上升旗形一旦放量向上突破旗形的上边压力线是最佳买入时机，表明股价将会有一段上升行情，应果断买入（见图 4－24）。

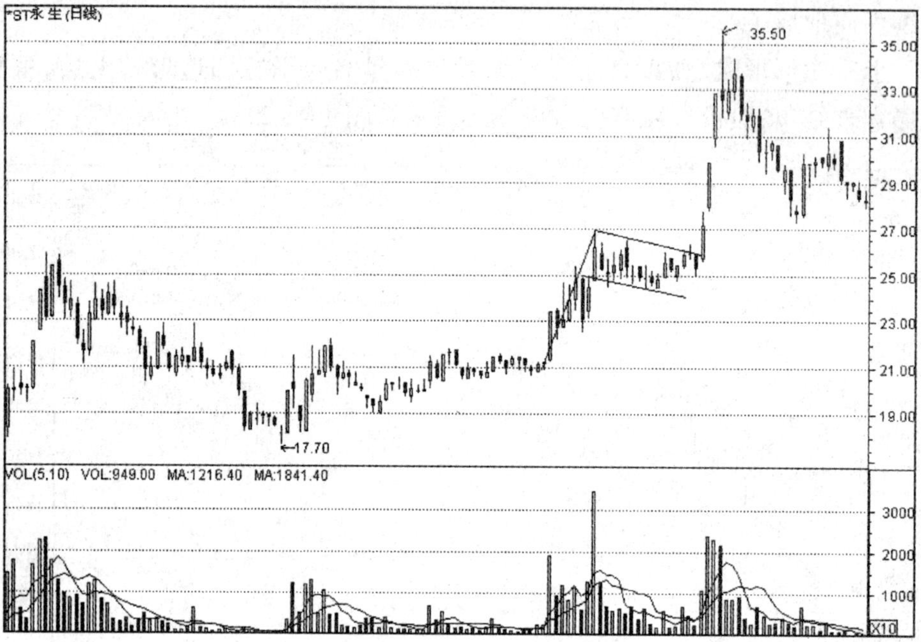

图 4－24

例如：深华发（见图 4－25）。

下降旗形则正好相反，当股价出现急速下跌以后，接着形成一个波幅狭窄且略为上倾的价格密集区域，类似于一条上升通道。将高点和低点分别连接起来，就可以画出带有两条稍上倾的平等线的平行四边形，这就是下降旗形运动。

一般情况下，投资者遇到上升旗形时是实施买进操作，而在遇到下降旗形时是实施卖出操作。下降旗形中最佳的卖出位置在股价跌穿旗形的支撑线和回抽确认之时（见图 4－26）。

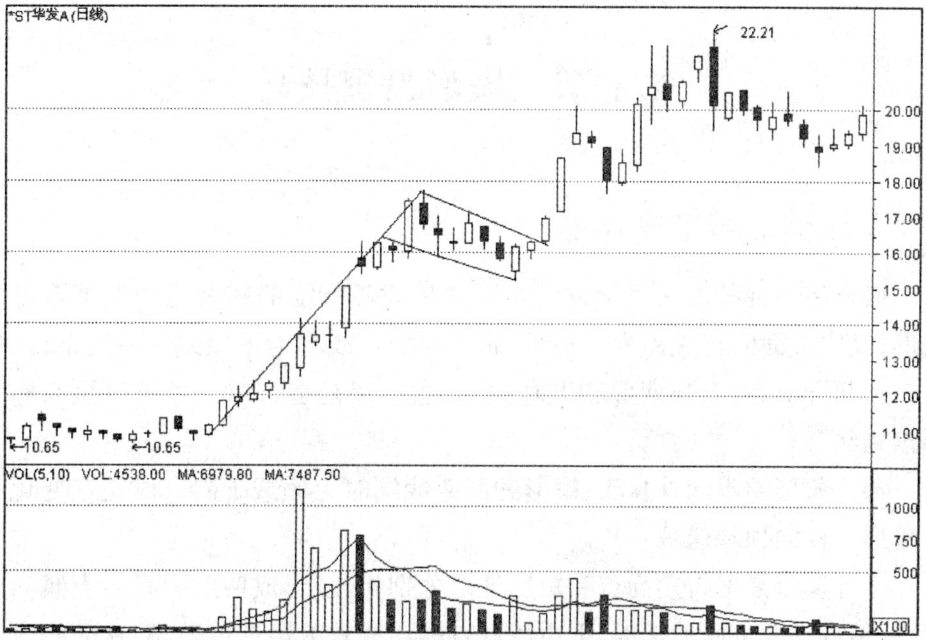
*ST华发A(日线)
22.21
10.65
10.65
VOL(5,10) VOL:4538.00 MA:6979.80 MA:7487.50
X100

图 4－25

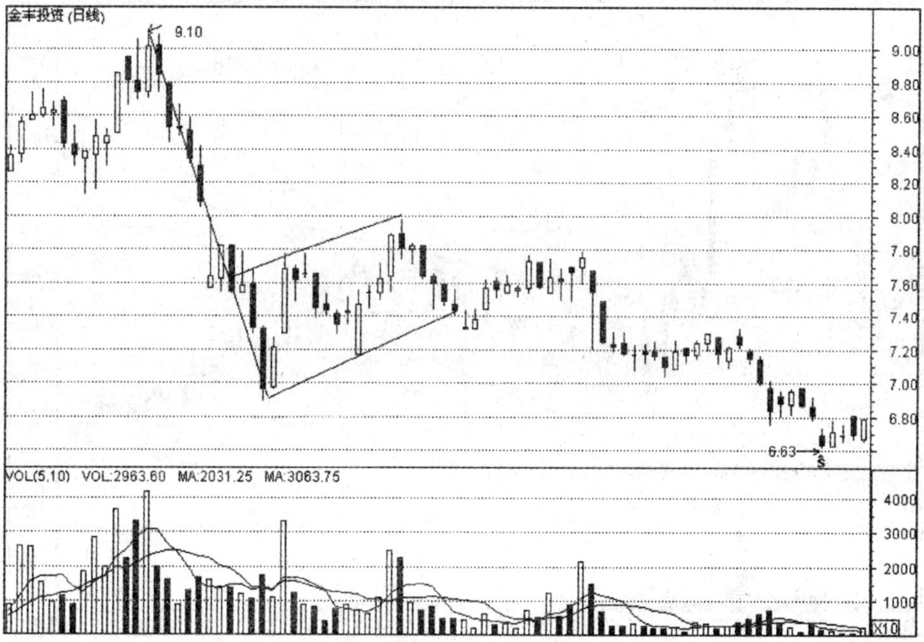
金丰投资(日线)
9.10
6.63
VOL(5,10) VOL:2963.60 MA:2031.25 MA:3063.75

图 4－26

第七节 楔形投资技巧

一、上升楔形和下降楔形

楔形是一种股价在两条方向相同并呈收敛特征的直线之间上下震荡的图形,其中上面的直线称为上限线,而下面的直线称为下限线。一般来说,楔形包括两种形态:上升楔形和下降楔形,它们都是多空双方处于争执而形成的盘局状态。

与三角形的不同处在于:楔形的两条线同时上倾或下斜。成交量变化和三角形一样向顶端递减。

上升楔形是把短期高点和短期低点分别相连,形成两条同时向上倾斜的直线,组成一个上倾的楔形,下边各低点的连线较上边连线陡峭,从而构成上升楔形形态(见图4-27)。

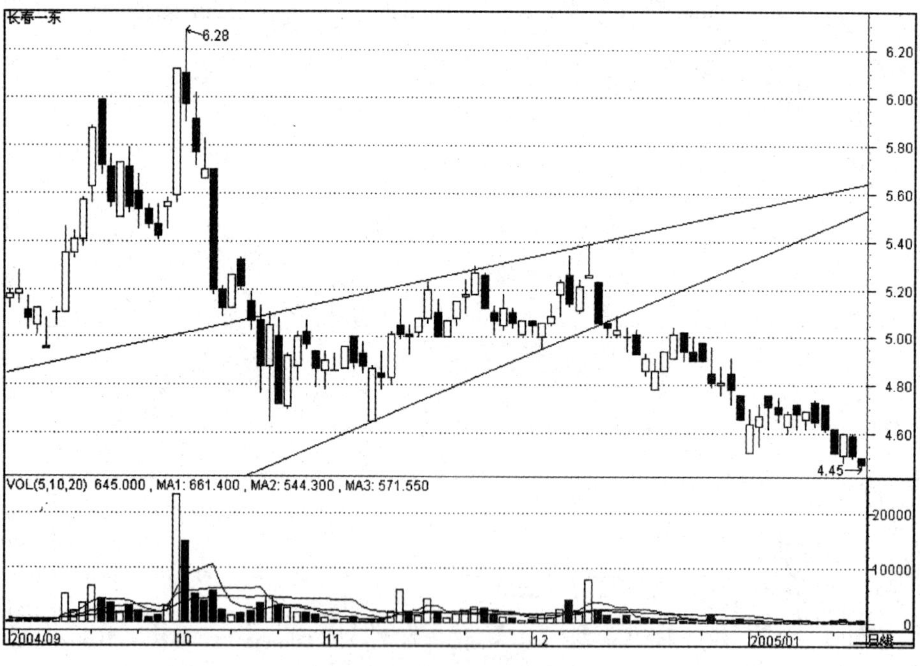

图4-27

下降楔形则相反,高点一个比一个低,低点亦一个比一个低,形成两条同时下倾的斜线(见图4-28)。两种楔形成交量都是越接近端部,成交越少。

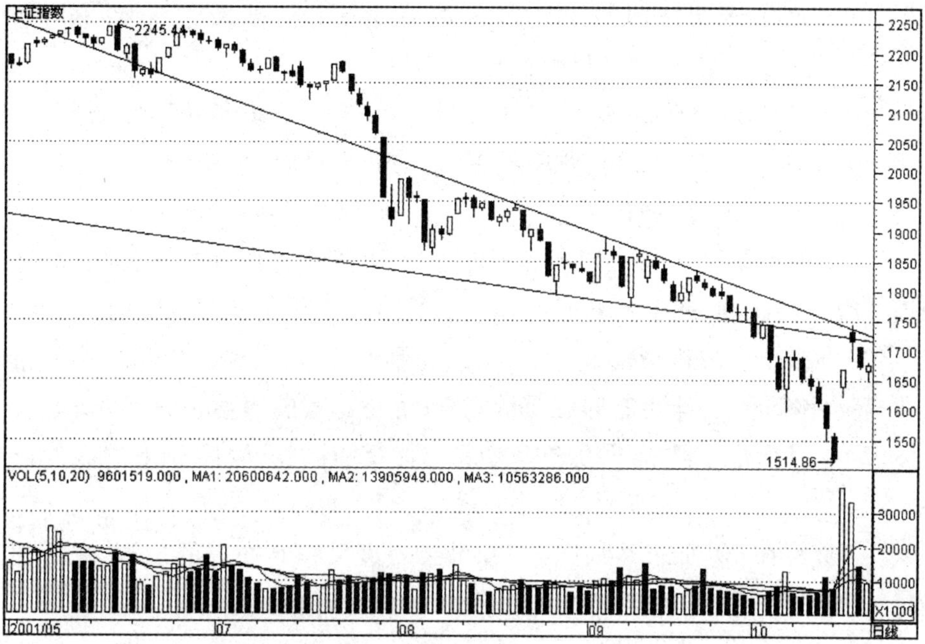

图4-28

二、上升楔形的技术原理

1. 上升楔形形态分析

上升楔形是指股价经过一段下跌后,出现强烈的技术性反弹,价格反弹至一定的水平高点即掉头下落。但回落点较前次为高,随后又回升创出新高点,即比上次反弹点高,形成后浪高于前浪之势,把短期高点和短期低点分别相连,形成两条同时向上倾斜直线,组成了一个上倾的楔形,下边各低点的连线较上边连线陡峭,从而构成上升楔形形态。

2. 上升楔形形成机理

上升三角形只有一边上倾,所代表的是多头趋势,而上升楔形上下两边同时上倾,从表面上看来多头趋势似乎更浓,但实际上并非如此,因为上升楔形的水平上边线,代表股价到一定价格才有主动卖压,当压力抛盘被吸收上档压力解除后,股价便会往上突破。

在上升楔形中,股价上升卖出压力亦不大,但投资者的兴趣却在逐渐减低,股价虽上扬,可是每一个新的上升能量都比前次弱,最后当需求完全消失时，股价便反转回跌。因此，上升楔形表示一个技术性回暖的意义，是做多意愿和对后市信心渐次减弱的状况，上升楔形显示股价尚未见底，只不过是整体下跌趋势中的一次技术性反弹而已。

当上升楔形的下限跌破后，就是卖出信号。上升楔形的下跌幅度，至少将新上升的价格跌掉，而且要跌得更多，因为尚未见底。

3. 上升楔形技术特征

(1)上升楔形与三角形形态的不同之处，在于两边同时向上倾斜；与上升通道和旗形的区别，在于上升通道和旗形的两边几乎是平行稳定的。

(2)在整个上升楔形形成过程中，成交量不断减少，整体上呈现价升量减的背离反弹特征；上升通道的成交量配合，也是比较健康温和放大的。

(3)上升楔形在跌破下边之后常常会有反抽，但会受阻于下边线的延长线。

(4)常常在60分钟K线图上，股价会一直反弹到楔形的顶端，之后便开始最后一次上冲后的大跌，这可以清楚地认识上升楔形的本质特征——一次较大的反弹，为进一步续跌累积能量。

三、下降楔形的技术原理

1. 下降楔形形态分析

下降楔形和上升楔形恰恰相反，一般出现在长期升势的中途，下降楔形指股价经过一段大幅上升后，出现强烈的技术性回抽，股价从高点回落，跌至某一低点即掉头回升，但回升高点较前次为低，随后的回落创出新低点，即比上次回落低点低，形成后浪低于前浪之势，把短期高点和短期低点分别相连，形成两条同时向下倾斜的直线，组成了一个下倾的楔形，这就是所谓的下降楔形形态。

楔形形态是一个短期反向趋势，即下跌趋势时常常出现上升楔形，上升趋势时常常出现下降楔形。下降楔形实质上是股价上升过程中的一次调整波，是空方遭到多方连续打击后的一次挣扎而已，结果往往是股价继续向上突破发展。

2. 下降楔形形成机理

下降楔形的市场含义和上升楔形正好相反，股价经过一段时间上升后，出现了获利回吐，虽然下降楔形的底线往下倾斜，似乎说明市场的承接力量不强,但新的回落浪较上一个回落浪波幅为小,并且跌破前次低点之后,并没有出现进一步下跌反而出现回升走势,说明沽售抛压的力量正在减弱,抛压的力量只是来自上升途中的获利回吐,并没有出现新的主动做空量的进场,所以经过清洗浮筹后股价向上突破的概率很大。

下降楔形也是个整理形态,通常在中长期升市的回落调整阶段中出现。下降楔形的出现告诉我们升市尚未见顶,这仅是升后的正常调整现象。一般来说,形态大多是向上突破,当其上限阻力突破时,就是一个买入信号。

3. 下降楔形技术特征

(1)下降楔形与三角形形态的不同之处在于:两边同时向下倾斜;与下降通道和旗形的区别在于:下降通道和旗形的两边几乎是平行稳定的。

(2)楔形(上下)形态的整体成交量都是由左向右递减,并且股价越接近顶端,成交量越小,但细看就会发现与上升楔形不同,下降楔形成交量的量价匹配是同步的,当股价上升突破下降楔形的上边线时,成交量会明显放大。

(3)下降楔形在突破上边线之后常常会有反抽,但会在上边线的延长线上获得支撑。

(4)从实战的经验统计,下降楔形向上突破与向下突破的比例为7: 3左右;从时间上看如果下降楔形超过三四个星期,那么向下突破的可能性就会明显增大。

四、楔形形态的投资要点

1. 楔形(无论上升楔形或是下降楔形)上下两条线必须明显地收敛于一点,如果形态太过宽松,形成的可能性就该怀疑。一般来说楔形需要两个星期以上时间完成。

2. 虽然大多数情况下是在上升楔形中看跌,在下降楔形中看涨,但是不能绝对地一概而论,楔形也具有反转的预示功能,特别是上涨或下跌行情的末期。

跌市中出现的上升楔形大部分都是往下跌破为多,但相反若是往上升破,而且成交亦有明显的增加,形态可能出现变异,发展成新的上升趋势,这时候投资者应该改变原来偏淡的看法,股价可能会沿着新的上升通道,开始一次新的上涨行情了。

同样倘若下降楔形不升反跌,跌破下限支持,形态可能改变为下降趋势,这时候对后市的看法就应该随着市势的变化而作出修正。

3. 下降楔形和上升楔形有一点明显不同之处，上升楔形在跌破下限支持后，经常会出现急跌；但下降楔形往上突破阻力后，可能会向横发展，形成徘徊状态或圆状，成交仍然十分低沉，然后才慢慢开始上升，成交亦随之而增加。这种情形出现时，投资者可待股价打破徘徊僵局后才考虑跟进。

4. 多数情况下，楔形形态是一个短期反转趋势，即下跌趋势中常常出现上升楔形，上升趋势中常常出现下降楔形。

5. 大部分的楔形是在股价保持稳定趋势的中途形成的，通常属于中继形态的性质，上升楔形表明未来股价将呈下降趋势；下降楔形表现未来股价可能将呈上升趋势。

6. 楔形与三角形形态的相同之处是：形态的形成需要有一个时间过程，一般而言楔形的完成需要两周以上的时间。

7. 楔形形成过程中也需要量的配合，而且在形成过程中总体来看其成交量是逐渐萎缩的。同时，在形态结束突破时必须要有大成交量配合。

楔形形态的操作方法：

上升楔形的最佳卖点为突破下边线和突破之后反抽接近于反压线之时（见图4-29）。

下降楔形的最佳买点为突破上边线和突破之后反抽接近于上边线之时（见图4-30）。

五、怎样捕捉楔形黑马

如果说头肩底或W底、三重底属于底部形态的黑马，下降楔形中捕捉的则是整理形态的黑马。

下降楔形的形态，规限于两条逐渐汇合的直线之内，两条直线均向下倾斜。成交量逐渐萎缩，显示抛压减轻。萎缩至地量时，可以介入，等待第二波拉升。

对于投资者来说，做好基本面分析，选中某只个股后，但由于对大盘的担忧或希望在更低的价位买入，不料该股却突然启动，措手不及而没有及时买进。如果认为该股中长线仍有一定上升空间，可在该股上涨过程中出现的整理形态中介入。

投资者需要注意该种形态的是：到了楔形的末端，股价突破急剧上升，成

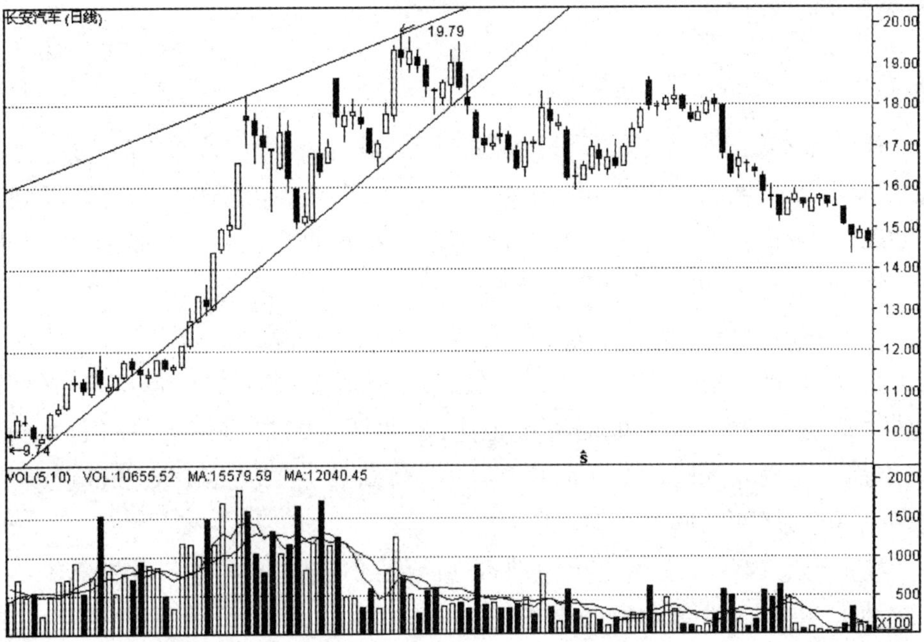

图 4-29

图 4-30

交量跟着增加,而且突破整理上轨,仅会在先前高价附近稍微停留,整理筹码后，就将展开另一段上升行情。投资者此时需要果断介入。

六、楔形形态投资原理

楔形形态属于短期内的调整形态，其形成原因为股价前期有一段急速涨跌的行情，股价波动幅度大，且角度接近垂直，形成旗竿，多方或空方经过一段冲刺后，股价在短期内呈反向小幅回调，而形成楔形。

楔形又分为上升楔形和下降楔形。

上升楔形指股价经过一次下跌后有强烈技术性反弹，价格升至一定水平又掉头下落，但回落点转前次为高，又上升至新高点比上次反弹点高，又回落形成一浪高一浪之势，把短期高点相连，短期低点相连形成两条向上倾斜直线，下面一条则较为陡峭。下降楔形则相反，高点一个比一个低，低点亦一个比一个低，形成两条同时下倾的斜线。

楔形形态内的成交量是由左向右递减的，但它的成交量不像旗形维持在一定的水平上，而是萎缩较快，其形态内的股价波动幅度，也比旗形小得多。同样，楔形整理的时间不宜太长，一般在 8 至 15 日内，时间太长的话，形态力道将消失，也可能造成股价反转的格局。

楔形投资的原理就是："上升楔形看跌，下降楔形看涨"，即楔形具有反转的预示功能，并且经常形成于中期底部或顶部，但也经常以持续形态的面目存在于趋势中间，其测量幅度应参照此前的运动幅度。

可以说反向的楔形的出现是行情还未结束的表现，这种形态是股价稍作休息，多方或空方暂作调整，以便继续有力量朝某一方向运动的表示。同时，它们也起到了调整角度的作用。一般来说，股价不论上涨还是下跌，如果涨跌速度过快，股价角度太陡，就会存在修正的需要，因此股价会利用楔形或旗形作横向修正，以补充多方或空方后续攻击的能量。

第八节　底部形态研判技巧与买入法则

一、底部形态研判技巧

在运用底部形态的过程中，决定成败最关键的因素是辨别底部形态的可

信程度,底部形态研判技巧如下:

1. 按照底部形态形成时间的长短,底部形态可以分为用几个月时间形成的长期底部形态;用几周时间形成的中期底部形态;用几天时间形成的短期底部形态和在当天的分时线上形成的盘中底部形态。因为庄家坐庄成本的时间限制,主力无法在长期走势中画图骗线。所以,越是形成时间跨度长的底部形态,可信度越高,越容易形成历史性的底部。

2. 一般来说小盘股的底部没有大盘股的底部形态可信,但指数的底部形态往往比个股的底部形态更加可信。

3. 底部形态构筑成功后,在右侧的上涨过程中,如果伴随成交量温和放大的,较为可信。而无量配合的持续上涨,往往预示着庄家已经控盘。这种底部形态是否可信,还要结合其他分析手段进行确认。

4. 底部形态的构筑过程中如果有些不规则形态,往往是一种自然形成状态,比较可信。相反,底部形态构筑得过于完美,反而有可能是庄家的刻意所为,投资者必须提高警惕。

二、底部形态买入法则

投资者在底部区域的交易中常常存在一种投资误区:认为底部是某一个最低价,或是某一个拐点,这未必是正确的。因为,真正的底部是指一个区域,并不是某一特定拐点或价位,不能把底部区域的买入理解为对某一拐点的买入。

然而,在实际操作中,普通投资者是很难买到最低价的。即使从概率角度出发,无论是从下跌末段买入,还是从启动初期买入,操作的成功概率均远远大于在拐点处的买入。

投资者在实施底部区域的买入行为时必须转变思维:底部区域的买入不需要一定买到最低价或拐点位,只要能买到相对低位就是成功的。

1. 底部区域的买入时机要选择在大盘经历过一段时间的深幅下调后,指数要远离30日平均线,个股的价格要远远低于历史成交密集区和近期的套牢盘成交密集区。在实际操作过程中要注意参考移动成本分布,当移动成本分布中的获利盘小于10%时,要将该股定为重点关注对象,一旦大盘和个股止跌企稳后,可以在这类个股中逢低择优建仓。

2. 大盘在底部区域时个股成交量太少或者是放地量时,均不是最佳的买入时机。因为，这说明该股以目前的价位，对外围资金仍没有吸引力，所以，还不能确认一定止跌企稳了。即使大盘出现一轮行情，这类个股也会因为在低位时缺乏主流资金的入驻，而制约了它们的上涨空间和上涨速率。因此，在底部区域选股时要选择在前期曾经出现过地量，目前随着股价的下跌，量能正处于温和放大过程中的个股。

3. 技术指标要出现背离走势。技术指标按指标的分析要素可以分为价格类指标、量能类指标、量价类指标；按应用功能分为趋势类、反趋势类、超买超卖类、压力支撑类、摆动指标、强弱指标等。研判指标的背离不能仅仅依靠一两种技术指标，这样比较欠缺。最可靠的底部区域应该是大量的不同类型指标和不同周期指标在同一段时间内产生同步的背离现象，这时才是战略性建仓的最佳时机。

第五章 盘中画线技术(上)

第一节 移动平均线的概念

移动平均线是应用非常广泛的一种技术指标。它构造简单,客观公正,不易人为操作骗钱,受到很多股票投资者的青睐。

一、指数平均数的计算

所谓"移动平均线"是指一段时间内的算术平均线,通常以收盘价作为计算值。其公式如下:

MA(N)=(第1日收盘价+第2日收盘价+……+第N日收盘价)/N

例如:把某日的收盘价与前9个交易日的收盘价相加求和,然后再除以10,就可以得到该日的10日移动平均线值MA(10)。

二、移动平均线分类

根据求移动平均线时所用的天数的不同,移动平均线可以产生不同日期的结果。常见的有:

1. 短期移动平均线(周线):即MA(5)以一周的5个交易日为周期的移动平均线。

2. 中期移动平均线(月线):即MA(30)以一个月为周期的移动平均线。

3. 长期移动平均线(年线):即MA(280)以一年中的全部交易日的总和

为周期的移动平均线。

方正软件中支持的移动平均线有 MA(5)、MA(10)、MA(30)、MA(65)、MA(100)、MA(200)。

三、移动平均线的特点

移动平均线最基本的思想是消除股价随机波动的影响，寻求股价波动的趋势。它具有以下几个特点：

1. 趋势性。移动平均线能够表示股价的波动趋势，并追随这个趋势，不轻易改变。如果从股价的图表中能够找出上升或下降趋势线，那么，移动平均线的曲线将保持与趋势线方向一致，消除股价在这个过程中出现的起伏对趋势的影响。原始数据的股价图表不具备这个保持追踪趋势的特性。

2. 滞后性。在股价原有趋势发生反转时，由于移动平均线的追踪趋势的特性，移动平均线的行动往往过于迟缓，调头速度落后于大趋势，这是移动平均线的一个极大的弱点。等移动平均线发出反转信号时，股价调头的深度已经很大了。

3. 稳定性。从移动平均线的计算方法可知道，要比较大地改变移动平均线的数值，无论是向上还是向下，都比较困难，当天的股价必须有很大的变动。因为移动平均线的变动不是一天的变动，而是几天的变动，一天的大变动被几天一平均，变动就会变小而显示不出来。这种稳定性有优点，也有缺点，在应用时应多加注意，掌握好分寸。

4. 助涨助跌性。当股价突破了移动平均线时，无论是向上突破还是向下突破，股价有继续向突破方向再走一程的愿望，这就是移动平均线的助跌性。

5. 支撑线和压力线的特性。由于移动平均线的上述四个特性，使得它在股价走势中起支撑线和压力线的作用。移动平均线的被突破，实际上是支撑线和压力线的被突破。

使用移动平均线通常是不同的参数同时使用，而不是仅用一个。参数选择得越大，上述的特性就越大。比如，突破 5 日线和突破 10 日线的助涨助跌的力度完全不同，10 日线比 5 日线的力度大，改过来较难一些。虽然参数的选择有些差别，但一般都包括长期、中期和短期三类的移动平均线。长、中、短是相对的，可以自己确定。

第二节 葛兰威尔均线法则

长、中、短期均线的综合使用才能提供实用的买卖信号,这最早是由葛兰威尔提出的,美国投资专家葛兰威尔对股价与移动平均线的关系进行了细致分析,归纳成八项买卖原则,其中四个为买进信号,另外四个为卖出信号。这八条法则一直是股市投资者奉若经典的方法,也是机构操盘手所遵循的最基本规律。

一、股价自下而上穿破均线并继续向上为买进时机

移动平均线由下降逐渐转为上升,而股价曲线从移动平均线下部突破平均线,交叉向上,此时为买进股票的信号。该图形值得注意的一点是移动平均线一定要有向上抬头的迹象,说明市场行情由跌转涨,此时买进信号才确切。

二、股价跌破均线不久重返均线之上为买进时机

移动平均线属于平缓上升型,股价则先行跌破移动平均线,而后又立刻向上突破移动平均线,此时为买进信号。因为移动平均线是持续上升的,说明市场仍处于涨势。

三、股价下跌到均线附近止跌向上为买进时机

股价曲线始终在移动平均线之上,股价下跌也没有跌破移动平均线,而是在均线附近止跌并掉头向上,此时为买入信号。

四、股价大幅度下跌并已经远离均线为买进时机

股价大幅下挫,跌破了移动平均线,而且继续下行远离移动平均线,在很低位时出现反弹,则有回归移动平均线的趋势,所以在远离平均线时是买入股票的时机。

五、股价从高位向下跌破均线并继续向上为卖出时机

移动平均线由上升趋势逐步转为水平线甚至调头向下，而股价也由平均线的上方向下跌破移动平均线，表明市场上卖压渐强，此时为卖出信号。此种分析的前提是移动平均线必须有向下的趋势，表明市场已进入了空头市场。

六、股价向上突破均线不久就又回到均线之下为卖出时机

移动平均线平缓下降，股价在移动平均线之下，突然上涨，突破移动平均线，而后又向下回到移动平均线以下，表明行情还将继续下跌，此时为卖出信号。

七、股价向上到均线附近又调头向下为卖出时机

移动平均线平缓下降，股价曲线在移动平均线之下，股价由于买盘介入而走高，在接近移动平均线时又掉头下行，说明在平均线附近有较强的阻力，此处为卖出时机，股价还会继续下跌。

八、股价大幅度上涨并已远离均线为卖出时机

移动平均线缓慢下行，股价在平均线之下开始涨升，并且一举突破了移动平均线的压力，在较高位会受到解套盘和获利回吐盘的双重打击，股价将有可能回档下跌，此时应为卖出信号。

第三节　均线分析之短期均线

短期均线系统组合一般由 5 日、10 日、20 日或者 3 日、5 日、20 日均线组成，在实际操作中能够起到看长作短的神奇效果，其中以 20 日均线为支撑位（或阻力位），以确认多空转折点。当 20 日均线（也有用短期均线 21 日均线的）自上而下趋于平缓时，表明短期向下趋势空方能量已经由强转弱，市场主力会在 20 日均线附近采取空头回补操盘方法，将短期均线系统修复，使股价

在一定区域内呈横盘筑底走势。一旦时机成熟迅速将股价拉升至20日均线之上脱离持仓成本,随后股价依托20日均线稳步上升。在上升初期股价回调只要不跌破20日均线支撑位可继续持股,反之则果断出局避免被套之苦。

一、5日和10日均线的实战用法

5日和10日均线是两种最常用的均线参数,也是大多数股票分析软件的默认设置。5日均线的市场意义为一个交易周的平均持仓成本,同理,10日均线的市场意义为两个交易周的平均持仓成本。5日和10日均线是短线操作的主要参考,是判断一只股票短线强弱走势的依据。

5日和10日均线在实战中的应用应注意以下条件:

(1)5日和10日均线受股票价格走势的变动影响较大,对价格走势变化的反应较为敏感,在股票处于震荡调整时常常相互缠绕,无法提供有价值的买卖信号。

(2)当股票走出明显的上升走势时,5日和10日均线是重要的支撑线,主力控盘程度较高的股票,往往沿着5日和10日均线一路盘上。

(3)当股票拉升到相对高位时,5日均线调头向下,5日均线与10日均线高位死叉,是投资者果断离场的信号。尽管主力机构会通过护盘修复均线系统,重新把股价拉升到5日均线之上,投资者仍旧不应心存侥幸。

二、20日均线的实战用法

20日均线是短期均线系统中参数最大的一种移动平均线,与10日均线相比,20日均线比10日均线的时间周期间隔又要多10个交易日,故20日均线运行中的变动频率比10日均线来说,其注重趋势性变化的程度要大得多。

20日均线在实战中的应用应注意以下条件:

(1)20日均线由于选取的周期参数相对要大一些,故其尽管属于短期均线的范畴,但已经开始接近中期均线了,所以在实战中,使用20日均线研判市场走势时,应考虑中短期走势,不能只考虑短期变化,否则将会出现操作上的失误。

(2)20日均线的趋势研判仍为上升代表中短期趋势向上,下行则表示趋势向下,所以在使用20日均线来分析走势时,还可以用其来判断市场的支撑或压力的位置,但同时一定要关注20日均线作为支撑或压力的有效性,否则将导致错误性止损。

(3)20 日均线在行情箱形运行过程中将会相对平稳,即若行情的波动幅度不大,20 日均线则可能出现接近平行的运行状态。

例如,东阿阿胶(0423)股价自 2000 年 8 月 30 日阶段性高位回调至 9 月 19 日阶段性低位,横盘走势相对应的成交量极度萎缩,9 月 28 日股价上升至凹日均线之上相对应的成交量放大,市场平衡点被多方打破向上运行。10 月 11 日股价小幅回调至 20 日均线处止跌,此次回调只是庄家洗盘行为,将前期套牢盘及近期底部跟进的投资者清洗出局而已。随后股价依托 20 日均线稳步上升,相对应的成交量逐步放大,股价进入拉升阶段,在上升阶段只要股价不跌过 20 日均线可大胆一路持有。

第四节　均线分析之中期均线

中期均线系统一般由 30 日和 60 日均线组成,这两种均线在实战中的应用极为普及,也是庄家操盘的重要参考。

一、30 日均线的实战用法

30 日均线属于中期均线的技术范畴,所选取的周期参数为 30 个交易日,其市场作用带有研判中期走势的意味,可以这样说,30 日均线在实战操作中有着较为重要的作用。但其应用和把握的难度也就相对要大一些。

30 日均线的实战技术应用条件如下:

(1)30 日均线的运行情况应注意 30 个交易日之内的股价波动的趋势,因为 30 日均线的目的就是通过 30 个交易日市场情况来综合研判 20 日、10 日内的股价变化过程。所以用 30 日均线来分析,应带中线操作的思想,不能急于求成。

(2)30 日均线的上下方向仍为市场行情研判的方向,同时 30 日均线也可以判断市场的中期支撑或中期压力情况,这一点在实战中是比较重要的。

(3)在应用 30 日均线做市场分析时,要密切注意 10 日与 20 日均线的变化,因为10日与20日均线的变化最终要导致30日均线的方向改变。

(4)30日均线也是一些强庄股的重要参考线,主力在洗盘时,往往快速把股价打压到30日均线处,轧空短线客,然后快速重拾升势。

例如,600232金鹰股份是2000年6月上市的新股,在30日均线出现后就一直是主力洗盘的支撑线,股价多次回调到30日均线后获得支撑。

二、60日均线的实战用法

60日均线是一种十分重要的均线,也叫做季均线,代表3个月的股价平均值,实战中是庄家重要的参考均线,尤其是在大牛市行情中,60日均线的支撑作用非常明显。例如在2000年上半年的行情中,70%的个股的60日均线都是上升趋势,投资者在股价回调到60日均线附近买入时,风险很小,获利的空间却很大。

使用60日均线在实战中应注意以下几点:

(1)很多小盘次新股有长庄运作,在主力控筹后,开始进行波段式拉升,股价回调时,60日均线是主力的支撑线,一般不破。

(2)通过大盘回调时个股是否破60日均线,以及是否能迅速返回60日均线之上,可以判断该股票的走势是否强于大盘,以及主力的强弱及有无。

(3)由于60日均线应用较普及,很多庄股在大幅拉升之前,往往会做剧烈洗盘,放量跌破60均线,使得中小散户因恐慌而出局。

第五节 均线分析之长期均线

60日以后的均线系列属于长期均线技术,即60日均线后有120日均线和250日均线,其实战应用皆属于难度大、要求高的技术类型,主要原因是因为这类均线是大周期成本线,反映出对市场的分析已不是局部的变化,而是要求分析市场整体趋势的变化。股谚"三年会短期,六年会中期,十年会长期"所言极是。

一、120 日均线的实战用法

120 日均线又称“半年线”，既然是“半年线”，那么市场半年以后的变化该怎样？显然 120 日均线运用中要思考的问题就多了。

120 日均线在实战中的用法可注意两个方面：

(1)120 日均线在实际走势中的波动幅度不会太大，在熊市中它会压制市场的走势；在牛市中它会支撑市场的走势。

(2)120 日均线的变向一般应与波浪分析相结合，其有效性才可靠。

二、250 日均线的实战用法

一年有 54 周，一周有 5 个交易日，理论上计算，一年大概有 270 个交易日，除去节假日，能有 250 个实际交易日就不错了，故 250 日移动平均线便称为“年线”，其移动平均的时间周期间隔参数为 250 天，属于超长期移动平均技术线。

250 日移动平均线在实战中的综合应用既重要，又复杂，因为 250 日移动平均线不是分析一年的市场趋势。而是分析几年的市场趋势，因此，对 250 日均线的时空观念就不能按照普通类型的时空概念进行分析，必须领悟到充分的长时期量的积累后，才有真正的“质”的变化。

在使用 250 日均线时应注意以下几个方面的情况：

(1)250 日均线的使用一定要与月线、周线的分析相结合，才能使其判断的有效性增强，同时注意其长期的变动方向。

(2)250 日均线的使用加入波浪理论中的“波浪的分解与组合理论”效果会更好，这应属于相当高级的投资技术分析。当然，要想取得真正的成功，必定会有一个经过千锤百炼的过程。

以下是上证综指的 120 日和 250 日移动平均线的走势分析。1999 年 5 月 19 行情以来，120 日均线上穿 250 均线后，尚未有下穿 250 日均线的死叉。股价有三次跌破 250 日均线，其中 1999 年 10 月底开始在 120 日均线下运行了 3 个月，2001 年春节后已经在 120 日均线下运行了一个月。

从 250 日均线的运行过程看，1999 年 5 月 19 行情以来，上证综指只在 1999 年底和 2001 年 2 月两次跌破 250 日均线。其上行方向是确定的，但上行速度极为缓慢，每天以 2 点左右增长。所以，250 日均线在实战中的使用是最需要耐心的了。

第六节 切线分析的定义、种类和作用

目前各种股票分析软件中都有画线功能,通过在走势图上画线来了解行情发展趋势和个股买卖时机,这种方法被称为“切线分析”。

相比其他分析方法,切线更加注重行情的时间与空间因素,而没有注意上市公司的基本面情况,在这方面切线理论是不能代替基本面分析的。事实上,切线分析主要用于对操作时机的把握,我们都知道选时的重要性,一只好的股票,如果买进的时机不对,则有可能导致投资亏损;而一只不好的股票,如果买对了时机,则有可能获取丰厚的利润。从一定意义上理解,股票的好坏是相对的概念,而选择正确的介入时机是赢利的捷径。而切线分析恰恰解决了选时和判势的问题。

当然,切线并非仅仅是画线那么简单,切线涉及趋势理论、周期理论、波浪理论、黄金分割理论、形态理论等等。正确地画线是建立在扎实的理论基础和先进的投资理念上的。

一、切线的定义

切线理论所揭示的股价未来趋势往往是相当有效的。所谓切线,一般是指股价较为明显的高点与高点、低点与低点之间的连线,这根连线一般构成股价上涨的压力线或股价下跌的支撑线;一组上升或下降的平行线将股价包括在其中,则构成股价的上升或下降轨道线。另外,百分线、黄金分割线、江恩角度线和速度线也属于切线。

二、切线的种类

切线的种类有很多,包括黄金分割线、百分比线、趋势线、支撑线和阻力线、修正趋势线、轨道线、速度线、扇形线、线性回归、线性回归带、回归通道、标准差通道、等周期线、自由周期、费波纳奇周期线、费波纳奇时间周期线、对称线、时间尺、量度目标、安德鲁音叉线、波浪线、形态线、解消点(神秘黑洞)、

对称角度线、转折尺、周期尺、幅度尺、自由比例等。

三、切线的作用

切线对于研判大盘和个股的运行趋势相当有效。股市投资中只有“顺势而为”，才有可能立于不败之地。实际上各种趋势分析方法，例如支撑和阻力、趋势线、通道、黄金分割率、速度线等切线理论，阐述的都是如何更好地去把握市场趋势。

切线理论包含了极其重要的技术意义，它通过线条的方式说明股价运行过程中时间和空间、角度和间距、平衡和倾斜、反转和延续等技术内涵。

历史的发展进程告诉我们，在历史发展的每个时期，只有顺应时代的潮流，改变不正确的观念，才能兴旺发达。相反，逆历史潮流而动，抱残守旧，不放弃旧的错误观念，终将难逃失败的命运。

证券市场也有顺应潮流的问题。要“顺势而为”，不“逆势而动”，这已经成为被广泛接受的投资证券市场的准则。

要准确地把握形势，了解大势的发展方向，是上升还是下降，是暂时上升不久就会下降，还是趋势已经发生了逆转将产生一波中级行情，做到这一点是有难度的。大势的发展变动不是简单地上升下降，由于各种原因，在上升和下降的过程中一定要经过许多曲折。也就是说，上升的趋势中会有下降，下降的趋势中含有上升。这就给投资者在进行判断时造成很大的麻烦，往往容易在暂时反弹或回档，还是彻底转势这个问题上出现失误。

投资者应该从总的趋势的认识着手，应用切线理论的一些方法，可帮助投资者提高判断大势的能力和把握个股的买卖时机。

第七节　各种画线技法一览表

序号	画线名称	画线功能
1	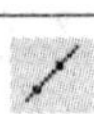 直线	主要用于画出趋势线

（续表）

序号	画线名称	画线功能
2	射线	直线可以朝一方延伸,用于判断趋势
3	线段	主要用于画出有转折的线
4	水平线	主要用于画出支撑线和阻力线
5	垂直线	主要用于画出周期线和与时间有关的线
6	箭头线段	主要用于图中标示
7	五浪线	主要用于画出波浪线中的上升五浪
8	三浪线	主要用于画出波浪线中的下跌三浪
9	八浪线	主要用于画出完整的波浪线
10	头肩形	主要用于形态分析中的头肩形分析
11	M头W底	主要用于形态分析中的双头和双底分析
12	黄金分割	主要用于黄金分割率的分析
13	黄金分割A	主要用于黄金分割率的分析
14	黄金分割B	主要用于黄金分割率的分析
15	百分比线	主要用于涨跌的百分比率分析
16	自由比例	确定未来行情的重要时间转折点
17	幅度尺	用于清楚了解股价的涨跌幅度
18	波浪尺	用于了解股价波浪运行中的涨跌幅度
19	转折尺	确定后市转折的时间和价位
20	量度目标	用于确定形态分析中各种理论涨跌幅度
21	解消点	用来估算反弹、回档、下跌浪、上升浪结束后的涨跌目标
22	等周期线	是指周期线之间的间隔是相等的画图
23	费波纳奇周期	该周期线的时间间隔是按照神奇数字排列的

（续表）

序号	画线名称	画线功能
24	自由费氏线	类似于费波纳奇周期线
25	费波纳奇时间	通过两个重要的时间定出时间份额以黄金比率向后预测以后的重要时间
26	自由周期	自由周期并非是完全的毫无规则,其实也是按照一定规则排列的
27	时间尺	时间尺统计一个时间段以及与该段时间起点重合,但长度是该段时间的一个黄金比例倍数的区间的价格差、周期数和交易日数
28	周期尺	周期尺类似于波浪尺,先定位出 2 段时间,从第 2 段终点扩充出按第 1 段时间段的若干比例计算出的分线,分线数量和比例可在“画线设置”中设定
29	对称线	对称线是寻找重要时间的对称点,属于周期线的一种
30	对称角度线	这是建立在反射原理上的一种投资技巧,根据对称角度线,往往可以研判未来行情的运行趋势和买卖时机
31	江恩角度线	研判行情的阻力和支撑作用。
32	江恩箱	江恩箱提供了市场支撑和阻力区域的价格与时间位置
33	速阻线	是一种将趋势线和百分比线融为一体的投资分析技巧
34	线性回归	回归线是通过对股价作线性回归分析统计而形成的
35	线性回归带	线性回归带生成与回归线平行的线,构成一个通道的形式
36	回归通道	在图形上回归通道带有虚线的预测部分
37	标准差通道	类似于回归通道
38	上升通道	画出上升通道的平行线
39	下降通道	画出下降通道的平行线
40	安德鲁音叉线	根据一条中线画一个草耙的技术

（续表）

序号	画线名称	画线功能
41	多通道线	适用于股价上升通道出现波动时的分析
42	栅形线	类似于多通道线的分析
43	江恩网络	建立在江恩理论基础上的分析方法
44	矩形	用于形态分析
45	时空矩形	用于行情的阶段统计
46	箱体线	用于形态分析
47	三角形	用于形态分析
48	平行四边形	用于形态分析
49	圆	用于形态分析
50	椭圆	用于形态分析
51	圆弧	用于形态分析
52	抛物线	用于确定行情演化趋势
53	三点曲线	用于确定行情演化趋势

第六章 盘中画线技术(中)

第一节 趋势分析的概念

趋势的定义是指,股价变动有一定的趋势,技术分析的三大假设中的第二条明确说明价格的变化是有趋势的,没有特别的理由,价格将沿着这个趋势继续运动。趋势概念是技术分析中的核心概念。

简单地说,趋势就是股票价格市场运动的方向。若确定了一段上升或下降的趋势,则股价的波动必然朝着这个方向运动。一般说来,市场变动不是朝一个方向直来直去,中间肯定要有曲折,从图形中上看就是一条曲折蜿蜒的折线,每个折点处就形成一个峰或谷。市场趋势正是由这些峰和谷依次上升和下降的方向决定的。

上升的行情里,虽然也时有下降,但不影响上升的大方向,不断出现的新高价会使偶尔出现的下降黯然失色。下降行情里情况相反,不断出现的新低价会使投资者心情悲观,人心涣散。投资者应把握长期趋势,不为暂时的回调和反弹所迷惑,同时也应及时把握大势的反转。

趋势有三个方向:上升方向、下降方向、水平方向。

一、上升趋势

当大众普遍看好后市时,错过上一轮抄底的投资者均翘首以待股价回落,以便逢低吸纳。由于投资者都唯恐踏空错过良机,所以当股价回落至前一低点之前便纷纷进场建仓,日线图呈现一底比一底高的形态,此时连接谷底低点得到的趋势线向上倾向,图形每个后面的峰和谷都高于前面的峰和谷,则趋势就是上升方向。这就是常说的,一底比一底高或底部抬高。

二、下降趋势

当大众普遍看坏后势时,上一波未能出逃的投资者均静候价位的反弹,以便趁高出货,从而减少亏损。由于投资者都唯恐错过解套机会,所以当价位反弹至前一高点之前便纷纷进场平仓,日线图因之呈现一浪比一浪低的形态,此时连接波峰高点得到的趋势线向下倾斜,图形中每个后面的峰和谷都低于前面的峰和谷,则趋势就是下降方向。

三、水平趋势

当大众既不看好也不看坏后势时,由于多数投资者都持观望态度,股市交易清淡。入市投机的短线客价位稍跌即进,微利即出,股价因之上下波幅狭窄,此时的趋势线大体走平,图形中后面的峰和谷与前面的峰和谷相比,没有明显的高低之分,几乎呈水平延伸,这时的趋势就是水平方向趋势,这是被大多数人忽视的一种方向,这种方向在市场上出现的时间是相当多的。

大多数的技术分析方法对处于水平方向的市场进行分析时都容易出错,或者说作用不大。这时的市场正处在供需平衡的状态,股价下一步朝哪个方向走无章法可循,可以向上也可以向下,在趋势不明朗时不宜盲目操作。

第二节　趋势线的类型及应用

一、类型

1. 主要趋势

主要趋势是趋势的主要方向,是股票投资者极力要弄清楚的。了解了主要趋势才能做到顺势而为。主要趋势是股价波动的大方向,一般持续的时间比较长(这是技术分析第二大假设所决定的),从半年到两三年不等。所谓识大势者赚大钱，大势就是主要趋势。

2. 次要趋势

次要趋势是在进行主要趋势的过程中进行的调整。前面说了，趋势不会是直来直去的，总有个局部的调整和回撤，次要趋势正是要完成这一使命。

3. 短暂趋势

短暂趋势是在次要趋势中进行的调整。短暂趋势与次要趋势的关系就如同次要趋势与主要趋势的关系一样。

对这3种趋势的认识反映在投资理念和做股票的方法上就是长线、中线和短线的区别。一般来说，长期的主要趋势易于通过各种方法分析和把握，而短期趋势的把握较为困难，有时就像是博弈，只能凭借短线感觉和良好的心理素质。

二、趋势线的实战运用

我们以图6－1为例，说明趋势线的应用。

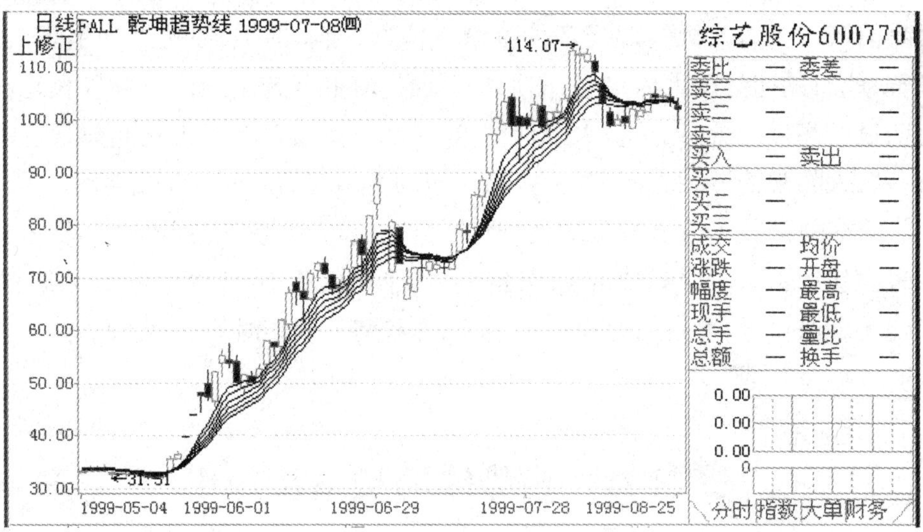

图6－1

1. 趋势线的操作

（1）买点：趋势线在低价区由黏合汇聚开始向上发散，是明确的买入信号，且如有成交量的配合，则准确率更高。它告诉投资有股价将有一段时间的涨升和一定幅度的涨升。

（2）卖点：趋势线在高价区由黏合汇聚开始向下发散，是明确的卖出信号。该信号的确立无需成交量的配合,此时投资人不但不能买入股票,而且要坚决卖出股票。

(3)趋势线所发出的买点比卖点更具准确可靠性,也颇具实战价值。

2. 趋势线分析周期选择

做长线一般要用周的趋势线来分析,做中线波段行情,通常以日 K 线所对应的趋势线系统为主,而分时趋势线系统则是短线进出的好工具。

3. 巧用趋势线操作法则

趋势线上考虑买入,趋势线下坚决卖出。

4. 适用范围

趋势线适用二次趋势行情,在明朗的上涨或下跌趋势中,能给出明确的买卖点和持仓信号,是把握波段行情的利器,但它不适用于平衡市场的操作。

5. 趋势线的发散上行哄抬股价具有助涨性,趋势线的发散下行压制股价具有助跌性

第三节 支撑线和压力线

一、支撑线和压力线的含义

支撑线又称为抵抗线。当股价跌到某个价位附近时,股价停止下跌,甚至有可能还有回升,这是因为多方在此买入造成的。支撑线起阻止股价继续下跌的作用。

压力线又称为阻力线。当股价上涨到某价位附近时,股价会停止上涨,甚至回落,这是因为空方在此抛出造成的。压力线起阻止股价继续上升的作用。

在下跌行情中也有压力线,在上升行情中也有支撑线。但是由于在下跌行情中人们最注重的是跌到什么地方,所以关心支撑线多一些;在上升行情中人们更注重涨到什么地方,所以关心压力线多一些。

股价的变动是有趋势的,要维持这种趋势,保持原来的变动方向,就必须不断冲破阻止其继续向前的障碍。比如说,要维持下跌行情,必须突破支撑线的阻力和干扰,创造出新的低点;要维持上升行情,就必须突破上升的压力

线的阻力和干扰,创造出新的高点。由此可见,支撑线和压力线迟早会有被突破的可能,它们不足以长久地阻止股价保持原来的变动方向,只不过是使它暂时停顿而已。

二、支撑线和压力线的突破和互换

当一个趋势终结了,它就不可能创出新的低价和新的高价,这样支撑线和压力线的作用就显得异常重要,有彻底阻止股价按原方向变动的可能。

在上升趋势中,如果下一次未创新高,即未突破压力线,这个上升趋势就已经处在很关键的位置了,如果再往后的股价又向下突破了这个上升趋势的支撑线,就产生了一个趋势有变的很强烈的警告信号。通常这意味着这一轮上升趋势已经结束。同样,在下降趋势中,如果下一次未创新低,即未突破支撑线,这个下降趋势就已经处于很关键的位置,如果下一步股价向上突破了这次下降趋势的压力线,这就发出了这个下降趋势将要结束的强烈信号。

支撑线和压力线的地位可以相互转化。一条支撑线如果被跌破,那么这一支撑线将成为压力线;同理,一条压力线被突破,这个压力线将成为支撑线。这说明支撑线和压力线的地位不是一成不变的,而是可以改变的,条件是它被有效的足够强大的股价变动突破。股价从支撑线或压力线弹开的距离越大,市场参与者越相信原有的支撑或压力作用丧失,越相信自己的新判断正确。至于突破的幅度,有的分析师认为重要的长期支撑线和压力线的有效突破为10%,一般的支撑线或压力线的有效突破幅度为3%或者5%。

三、支撑线和压力线互换的市场心理分析

支撑线和压力线之所以能起支撑和压力作用,很大程度是由于心理因素方面的原因,两者的相互转化也是如此。

一个市场里无外乎三种人:多头、空头和旁观者。旁观者又可分为持股的和持币的。假设股价在一个区域停留了一段时间后开始向上移动。在此区域买入股票的多头们肯定认为自己对了,并对自己没有多买入些而感到后悔。在该区域卖出股票的空头们这时也认识到自己弄错了,他们希望股价再跌回他们卖出的区域时,将他们原来卖出的股票补回来。而旁观者中的持股者的心情和多头相似,持币者的心情同空头相似。无论是这四种人中的哪一种,都有买入股票成为多头的愿望。正是由于这四种人决定要在下一个买入

的时机买入,所以才使股价稍一回落就会受到大家的关心,他们会或早或晚地进入股市买入股票,这就使价格根本还未下降到原来的位置,上述四个新的买进大军自然又会把价格推上去,使该区域成为支撑区。在该支撑区发生的交易越多,就说明很多的股票投资者在这个支撑区有切身利益,这个支撑区就越重要。

四、支撑线和压力线的确认和修正

如前所述,每一条支撑线和压力线的确认都是人为进行的,主要是根据股价变动所画出的图表,这里面有很大的人为因素。

一般来说,一条支撑线或压力线对当前股价影响的重要性有4个方面的考虑:

1. 股价在支撑线或压力线区域停留的时间越长,该支撑线或压力线就越重要。

2. 股价在支撑线或压力线区域伴随的成交量越大,该支撑线或压力线就越重要。

3. 支撑区域或压力区域发生的时间距离当前这个时期的越近,该支撑线或压力线就越重要。支撑线或压力线位于重要的整数价位或者50%、100%等百分比价位时,该支撑线或压力线就越重要。

4. 股价从支撑线或压力线弹开的距离越大,该支撑线或压力线就越重要。

有时,由于股价的变动,会发现原来确认的支撑线或压力线可能不真正具有支撑或压力的作用,比如说,不完全符合上面所述的4个条件。这时,就有一个对支撑线和压力线进行调整的问题,这就是支撑线和压力线的修正。

对支撑线和压力线的修正过程其实是对现有各个支撑线和压力线的重要性的确认。每条支撑线和压力线在人们心目中的地位是不同的。股价到了这个区域,投资者心里清楚,它很有可能被突破,而到了另一个区域,投资者心里明白,它就不容易被突破。这为买入卖出提供了一些依据,不至于仅凭直觉决策。

五、支撑线分析的小窍门

在利用支撑线进行股市分析时应注意以下几点:

1. 上升趋势里，回档过程中，K 线之阴线较先前所出现之阳线为弱，尤其接近支撑价位时，成交量萎缩，而后阳线迅速吃掉阴线，股价再上升，这是有效的支撑。

2. 上升趋势里，回档过程中，K 线频频出现阴线，空头势力增加，即使在支撑线附近略作反弹，接手乏力，股价终将跌破支撑线。

3. 在支撑线附近形成盘档，经过一段时间整理，出现长阳线，支撑线自然有效。

4. 在支撑线附近形成盘档，经过整理却出现一根长阴线，投资者为减少损失，争相出逃，股价将继续下跌一段。

5. 股价由上向下跌破支撑线，说明行情将由上升趋势转换为下降趋势。一般地说，在上升大趋势中，出现中级下降趋势，如若行情跌破中级下降趋势的支撑线，则说明上升大趋势已结束；在中级上升趋势中，出现次级下降趋势，如若行情跌破次级下降趋势的支撑线，则说明中级上升趋势已结束，股价将依原下降大趋势继续下行。

6. 股价由上向下接触支撑线，但未能跌破而调头回升，若有大成交量配合，则当再出现下降调整时，即可进货，以获取反弹利润。

7. 股价由上向下跌破支撑线，一旦有大成交量配合，即说明另一段跌势形成，稍有回档即应出货，避免更大损失。

8. 股价由上向下接触支撑线，虽未曾跌破，但也无成交量配合，则预示无反弹可能，应尽早出货离场。

六、压力线分析技巧

在利用压力线进行股市分析时应注意以下几点：

1. 股价由下向上突破压力线，若成交量配合放大，说明压力线被有效突破，行情将由下降趋势转换为上升趋势。一般地说，在下降大趋势中，出现中级上升趋势之后，若行情突破中级上升趋势的压力线，则说明下降大趋势已结束；在中级下降趋势中，出现次级上升趋势后，若行情突破次级上升趋势的压力线，则说明中级下降趋势已结束，将依原上升大趋势继续上行。下跌趋势出现反弹，若 K 线之阳线较先前阴线为弱，尤其在接近阻力价位时，成交量无法放大，而后阴线迅速吃掉阳线，股价再度下跌，这是强烈的阻力。

2. 在压力线附近经过一段时间的盘档后，出现长阴线，压力线自然有效。

下跌趋势出现强力反弹,阳线频频出现,多头实力坚强,即使在压力线附近略作回档,但换手积极,则股价必可突破压力线,结束下跌走势。在压力线附近经过一段时间的盘档后,出现一根长阳线向上突破,成交量增加,低档接手有人,激励买方,股价将再升一段。股价由下向上冲刺压力线,但未能突破而调头回落,则可能出现一段新的下跌行情,这时无论盈亏,都应及时了结退场。

3. 当股价由下向上冲击压力线,成交量大增,则应及时做多;若虽破压力线,但成交量未放出,则应观望,很有可能是上冲乏力、受阻回落的假突破,不能贸然跟进。

4. 当股价由下向上突破压力线,若成交量不见大增,可待其回落;若回落也不见量放出,则可考虑做多;若不回落,只要能确认突破阻力有效,再做多仍能获利,这是因为压力线被有效击破,一般会有一段行情。

第四节 支撑线和压力线的操作

我们用图 6 – 2 至图 6 – 6 来分析支撑线和压力线的的操作。

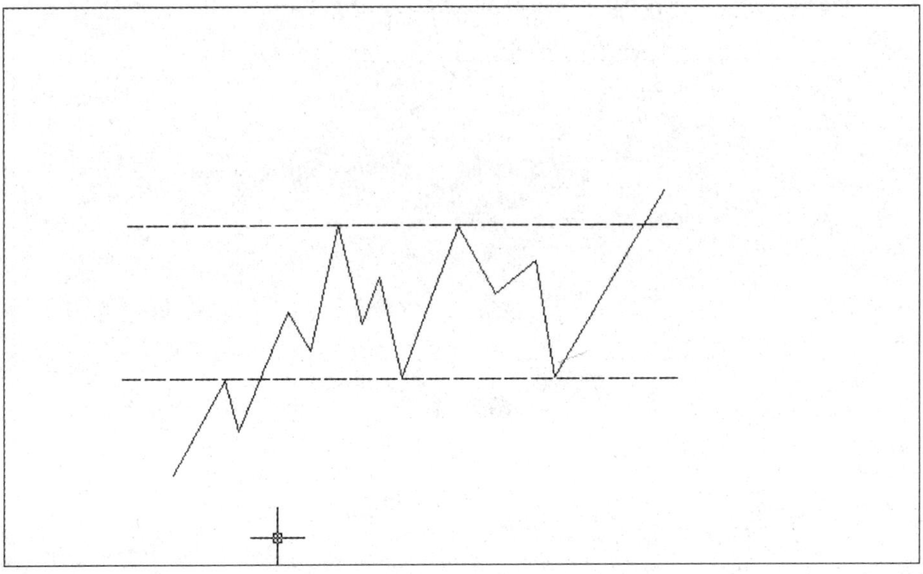

图 6 – 2

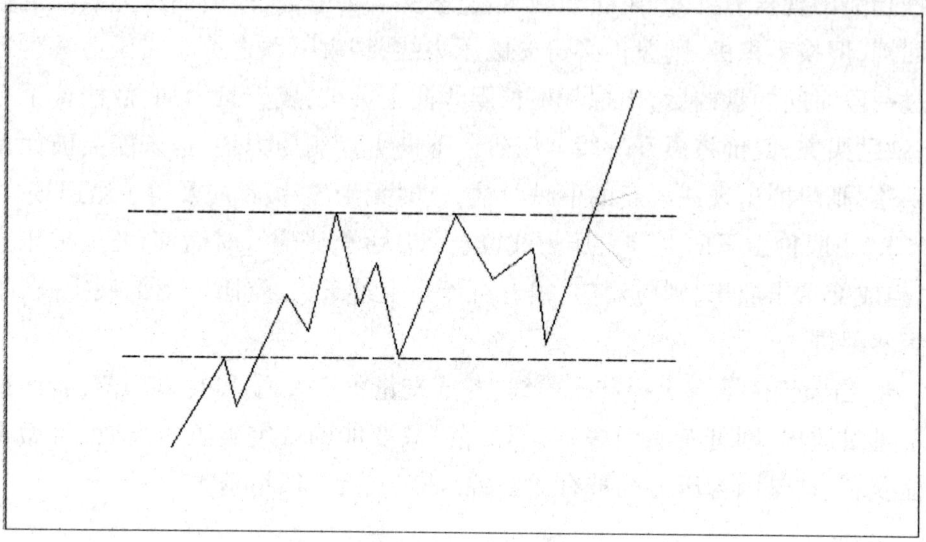

图 6－3

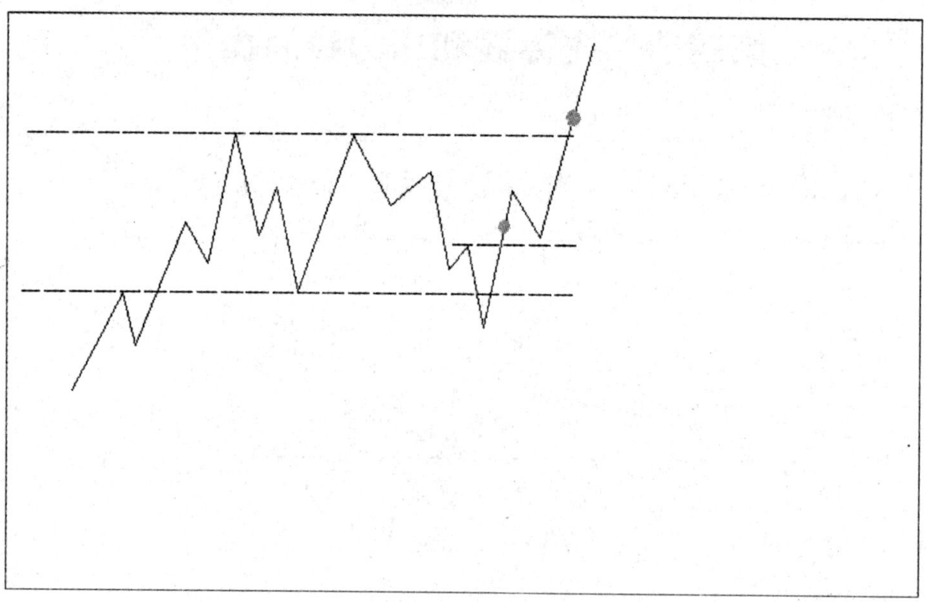

图 6－4

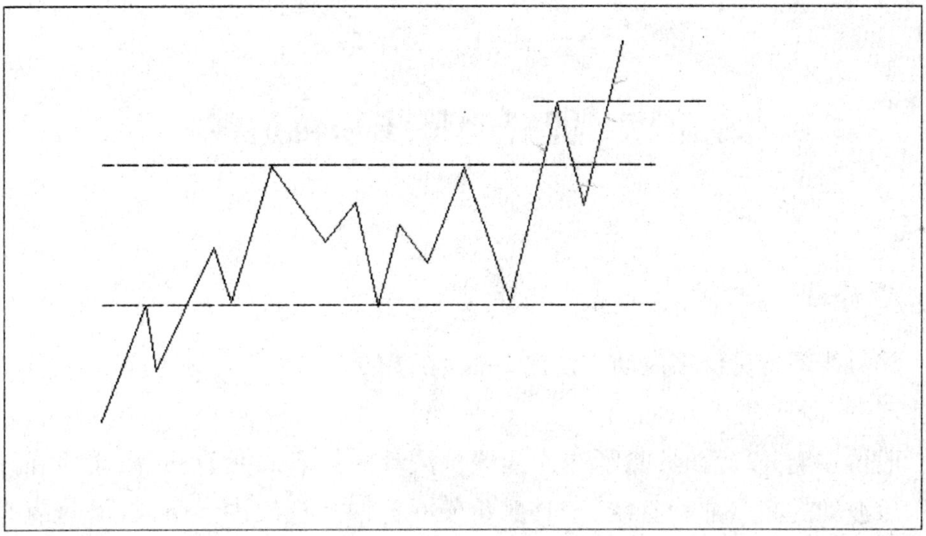

图6-5

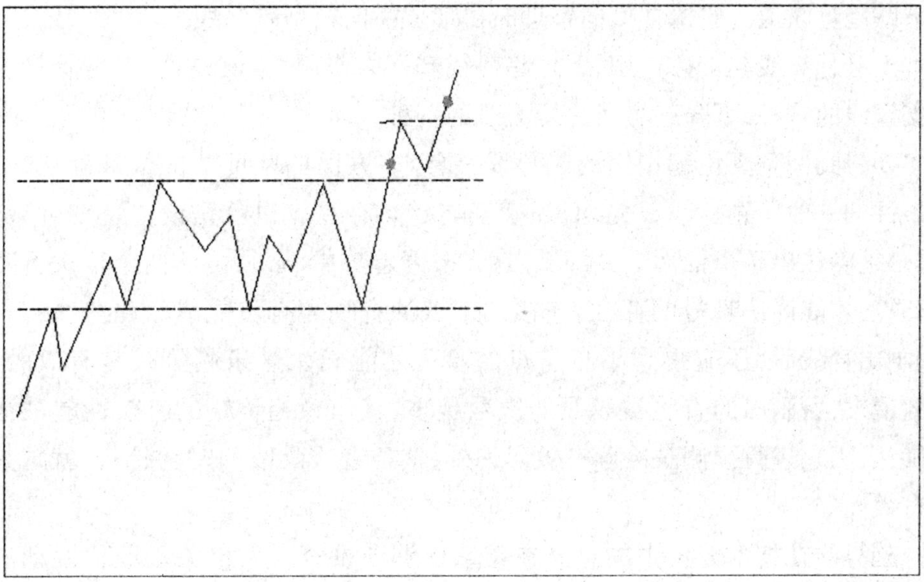

图6-6

第五节 理解趋势线和轨道线

一、趋势线

趋势线是衡量价格波动方向的,由趋势线的方向可以明确地看出股价的趋势。

股价在上升行情时,除了在连接股价波动的低点画一直线外,也应在连接股价波动的高点画一直线,于是股价便在这两条直线内上下波动,这就是上升趋势轨道。股价在下跌行情时,除了在连接股价波动的高点画一直线外,也要在股价波动的低点画一条直线,股价在这两条直线内上下波动,这就是下跌趋势轨道。股价在横向整理时可形成横向箱型趋势线。

上升趋势线起支撑作用,下降趋势线起压力作用,也就是说,上升趋势线是支撑线的一种,下降趋势线是压力线的一种。

要得到一条真正起作用的趋势线,要经多方面的验证才能最终确认,不合条件的一般应删除。首先,必须确实有趋势存在。也就是说,在上升趋势中,必须确认出两个依次上升的低点;在下降趋势中,必须确认两个依次下降的高点,才能确认趋势的存在,连接两个点的直线才有可能成为趋势线。其次,画出直线后,还应得到第三个点的验证才能确认这条趋势线是有效的。一般说来,所画出的直线被触及的次数越多,其作为趋势线的有效性越被得到确认,用它进行预测越准确有效。另外,这条直线延续的时间越长,就越具有有效性。

趋势线在技术分析中的意义在于它能够向投资者发出关于股价波动的两类信号:持续信号和转折信号。

1. 持续信号

趋势线的持续信号提示投资者,股价将沿着趋势线惯性地发展。趋势线比较确切地反映了大众投资心理,上升趋势线表现为诱导价位向上爬升,下降趋势线表现为诱导价位循迹下滑。当趋势线的持续信号为广大投资者理解和接受之后,只要股市上没有特大利多、利空消息刺激,它将起到影响投资者投资行为的作用,因而其持续信号得到了进一步的放大。

一般地说趋势线所经历的时间越长,其持续信号就越可靠,其原因是该趋势线已被越来越多的投资者认可,产生了难以逆转的市场行为;趋势线的角度越陡,其持续信号的可靠性就越差,其原因是该趋势线偏离了大众的投资心理,难以被多数投资者接受,因而不能促成一致的市场行为,故其不能维持长久。

2. 转折信号

趋势线的转折信号是指股价日线图与趋势线的相互位置变化预示着股价将逆趋势线运动。一般而言,转折信号可靠性的大小取决于股价日线穿越趋势力度的强弱:力度越大越可靠,力度越小越不可靠。

经验表明,当股价日线在下降过程中折返由下向上刺破下降趋势线时,若有大成交量配合,则为下降趋势线的转折信号;否则,趋势线的转折信号不成立,股价将重新回落至下降趋势线以下。

二、轨道线

轨道线又称管道线,是基于趋势线的一种方法。在已经得到了趋势线后,通过第一个峰和谷可以作出这条趋势线的平行线,这条平行线就是轨道线。

两条平行线组成一个轨道,这就是常说的上升和下降轨道。轨道的作用是限制股价的变动范围,让它不能变得太离谱。一个轨道一旦得到确认,那么价格将在这个通道里变动。对上面的或下面的直线的突破将意味着有一个大的变化。

与突破趋势线不同,对轨道线的突破并不是趋势反向的开始,而是趋势加速的开始,即原来的趋势线的斜率将会增加,趋势线的方向将会更加陡峭。

轨道线的另一个作用是提出趋势转向的警报。如果在一次波动中未触及轨道线,离得很远就开始掉头,这往往是趋势将要改变的信号。这说明,市场已经没有力量继续维持原有的上升或下降的规模了。

轨道线和趋势线是相互合作的一对。很显然,先有趋势线,后有轨道线,趋势线比轨道线重要得多。趋势线可以独立存在,而轨道线则不能。

三、利用趋势线和轨道线决定买卖点

1. 无论是在上升或下跌趋势轨道中,当股价触及上方的压力线时,就是卖出的时机;当股价触及下方的支撑线时,就是买进的时机。

2. 若在上升趋势轨道中,发现股价突破上方的压力线,证明新的上升趋势线即将产生。

3. 同理,若在下跌趋势中,发现股价突破下方的支撑线时,可能新的下跌趋势轨道即将产生。

4. 股价在上升行情时,一波的波峰会比前一波峰高,一波的波谷会比前一波谷高;而在下跌行情时,一波的波峰比前一波峰低,一波的波谷会比前一波谷低。

5. 处于上升趋势轨道中,若发现股价无法触及上方的压力线时,即表示涨势趋弱了。

第六节　黄金分割率理论概述

一、黄金分割率由来

数学家法布兰斯在13世纪写了一本关于一些奇异数字的组合的书。这些奇异数字的组合是1、2、3、5、8、13、21、34、55、89、144、233……任何一个数字都是前面两数字的总和:2 = 1 + 1、3 = 2 + 1、5 = 3 + 2、8 = 5 + 3……如此类推。

有人说这些数字是他研究金字塔所得出的。金字塔和上列奇异数字息息相关。金字塔的几何形状有5个面,8个边,总数为13个层面。由任何一边看进去,都可以看到3个层面。金字塔的长度为5813寸(5 - 8 - 13),而高底和底面百分比率是0.618,那即是上述神秘数字的任何两个连续的比率,譬如55/89 = 0.618,89/144 = 0.618,144/233 = 0.618。

另外,一个金字塔五角塔的任何一边长度都等于这个五角型对角线(Diagonal)的0.618。还有,底部四个边的总数是36524.22寸,这个数字等于光年的一百倍!

这组数字十分有趣。0.618的倒数是1.618。譬如14/89 = 1.618、233/144 = 1.618,而0.618 × 1.618 = 1。

而且有人研究过向日葵,发现向日葵花有 89 个花瓣,55 个朝一方,34 个朝向另一方。神秘? 不错,这组数字就叫做神秘数字。而 0.618 就叫做黄金分割率(Golden Section)。

二、黄金分割率的特点

黄金分割率的最基本公式,是将 1 分割为 0.618 和 0.382,它们有如下一些特点:

(1)数列中任一数字都是由前两个数字之和构成。(2)前一数字与后一数字之比例,趋近于一固定常数,即 0.618。(3)后一数字与前一数字之比例,趋近于 1.618。(4)1.618 与 0.618 互为倒数,其乘积则约等于 1。(5)任一数字如与后两数字相比,其值趋近于 2.618;如与前两数字相比,其值则趋近于 0.382。

理顺下来,上列奇异数字组合除能反映黄金分割的两个基本比值 0.618 和 0.382 以外,尚存在下列两组神秘比值。即:

(1) 0.191、0.382、0.5、0.618、0.809。

(2) 1、1.382、1.5、1.618、2、2.382、2.618。

三、黄金分割率在投资中的运用

在股价预测中,根据该两组黄金比有两种黄金分割分析方法。

第一种方法:以股价近期走势中重要的峰位或底位,即重要的高点或低点为计算测量未来走势的基础,当股价上涨时,以底位股价为基数,跌幅在达到某一黄金比时较可能受到支撑。当行情接近尾声,股价发生急升或急跌后,其涨跌幅达到某一重要黄金比时,则可能发生转势。第二种方法:行情发生转势后,无论是止跌转升的反转抑或止升转跌的反转,以近期走势中重要的峰位和底位之间的涨额作为计量的基数,将原涨跌幅按 0.191、0.382、0.5、0.618、0.809 分割为五个黄金点。股价在后转后的走势将有可能在这些黄金点上遇到暂时的阻力或支撑。

举例:当下跌行情结束前,某股的最低价为 10 元,那么,股价反转上升时,投资人可以预先计算出各种不同的反压价位,也就是 10×(1+19.1%)=11.9 元,10×(1+38.2%)=13.8,1×(1+61.8%)=16.2 元,10×(1+80.9%)=18.1 元,10×(1+100%)=20 元,10+(1+119.1%)=21.9 元,然

后，再依照实际股价变动情形做斟酌。反之上升行情结束前，某股最高价为30元，那么，股价反转下跌时，投资人也可以计算出各种不同的持价位，也就是30×（1－19.1%）＝24.3元，30×（1－38.2%）＝18.5元，30×（1－61.8%）＝11.5元，30×（1－80.9%）＝5.7元，然后，依照实际变动情形做斟酌。

黄金分割率的神秘数字由于没有理论作为依据，所以有人批评是迷信，是巧合。但自然界的确充满一些奇妙的巧合，一直难以说出道理。

黄金分割率为艾略特所创的波浪理论所套用，成为世界闻名的波浪的骨干，广泛地为投资人士所采用。神秘数字是否真的只是巧合还是大自然一切生态都可以用神秘数字解释呢？这个问题只能见仁见智。但黄金分割率在股市上无人不知、无人不用，作为一个投资者不能不研究，只是不能太过执著而已。

第七章 盘中画线技术(下)

第一节 百分比线的理论基础

一、百分比线的理论基础

百分比线是一种比较常见、简便易行的切线分析工具,是利用百分比率的原理进行的切线分析,主要运用百分比率揭示支撑位或压力位。百分比线考虑问题的出发点是人们的心理因素和一些整数位的分界点,当股价持续向某个方向发展到一定程度,就会遇到压力或支撑,而这种压力和支撑位置与前一段时间的行情具有一定的联系。

百分比线将股价的前一次的涨跌过程作为重要的参照,将上一次行情中重要的高点和低点之间的涨跌幅按1/8、2/8、1/3、3/8、4/8、5/8、2/3、6/8、7/8、8/8的比率生成百分比线来划分各等分。

百分比线可使股价的涨跌幅度更加直观,往往能形成重要的阻力位与支撑位。百分比线事实上属江恩理论,江恩用简单的大数法则,将空间分成10等分,如用百分比来表示,即1/8=12.5%、2/8=25%、1/3=33.3%、3/8=37.5%、4/8=50%、5/8=62.5%、2/3=66.6%、6/8=75%、7/8=87.5%、8/8=100%。

上述各比率中,50%最为重要,因为万物都是一分为二的,此外1/3=33.3%、3/8=37.5%及5/8=62.5%、2/3=66.6%这四条距离较近的比率也十分重要，往往起到重要的支撑与压力位作用。它们加上50%这条线，也就是最当中的五条线的位置与黄金分割线的位置基本上是相互重合或接近的，因而最具有支撑与压力的作用。

在百分比线的各个比例中，33%和37.5%、62.5%和67%，这两组百分比线是最接近的，它们一般被称做“筷子”，意思是当股价触碰这个价位时，会被“筷子”夹住而无法动弹。它们是效果比较显著的两个位置，也是投资者用百分比线进行股价趋势分析中必须重视的两组比例。

以股价垂直比例分析的理论为主的百分比线不光是江恩理论的补充，同时能够和波浪理论进行正反对应，作为波浪理论3波上升浪、2波调整浪互相交错、循环往复地运行。而一般行情中的第1、3浪的高点应该落在“筷子”附近，据此可以预测股价可能上升的顶部和验证整波上升循环是否已经结束。

二、黄金分割线和百分比线区别

百分比线与黄金分割线不同之处在于所引用的比率不同，但两者的分析原理基本相似。在对同一行情或个股进行分析时，所揭示的关键性点位的位置比较接近，因此在实际的应用中，二者是可以相互替代或者相互辅助使用的。

黄金分割线和百分比线都是水平直线，它们注重于分析支撑线和压力线所在的价位，而对什么时间达到这个价位没有指示。

其他的切线多数是斜线，斜的支撑线和压力线随着时间的向后移动，支撑位和压力位也要不断地变化。向上斜的切线价位会变高，向下斜的切线价位会变低，对水平切线来说，每个支撑位或压力位相对来说较为固定。

百分比线由于没有考虑到时间变化对股价的影响，所揭示出来的支撑位与压力位较为固定。因此，如果指数或股价在顶部或底部横盘运行的时间过长，则其参考作用则要打一定的折扣。

为了弥补它们在时间上考虑的不周到，往往在画水平切线时多画几条。也就是说，同时提供好几条支撑线和压力线，并指望被提供的这几条中最终确有一条能起到支撑和压力的作用。为此，在应用黄金分割线和百分比线的时候，应注意它们同别的切线的不同。水平切线中最终只有一条被确认为支撑线或压力线，其余的一些没有发挥出支撑和压力作用的水平线，应当自动被取消，或者说在图形上消失，只保留那条被认可的切线。这条保留下来的切线就具有一般的支撑线或压力线所具有的全部特性和作用,对于投资者今后的价格预测工作有一定的帮助。

第二节　百分比线的绘图方法

百分比线的绘图比较简单,画法如下:

如果股价的前一次行情是正处于下跌阶段中,则以此前高点为基点,用鼠标左键点击此高点,并按住鼠标左键不放,拖动鼠标使边线对齐相应的低点,即回溯这一下跌行情的最低点,松开鼠标左键系统即生成百分比线。

例如:以 2001 年 6 月 2245 高点为基点、2002 年 1 月 1339 低点所作的百分比线(见图 7-1)。

图 7-1

第三节　百分比线的应用技巧

百分比线考虑问题的出发点是人们的心理因素和一些整数的分界点。

当价格持续向上，涨到一定程度，肯定会遇到压力，遇到压力后，就要向下回撤，回撤的位置很重要。黄金分割提供了几个参考价位，百分比线也提供了几个参考价位。

以一轮上涨行情开始的最低起点和最高点两者之间的差，分别乘上几个特别的百分比数，就可以得到未来支撑位可能出现的位置。

假设低点是10元，高点是22元。这些百分比数一共9个，它们是：

1/8、1/4、3/8、1/2、5/8、3/4、7/8、1/3、2/3。

按上面所述方法我们将得到如下9价位。

这里的百分比线中，1/2、1/3、2/3这三条线最为重要。在很大程度上，回撤到1/2、1/3、2/3是投资大众的一种心理倾向。如果没有回落到1/2、1/3、2/3以下，投资者就感觉没有回落到位似的；如果已经回落了1/2、1/3、2/3，多数投资者自然会认为回落的深度已经到位了。

上面所列的9个特殊的数字都可以用百分比表示。分别如下：

1/8 = 12.5%　1/4 = 25%　3/8 = 37.5%

1/2 = 50%　5/8 = 62.5%　3/4 = 75%

7/8 = 87.5%　1/3 = 33.33%　2/3 = 66.67%

之所以用分数表示，是为了突出整数的习惯。这9个数字中有些很接近，如1/3和3/8，2/3和5/8。在应用时，以1/3和2/3为主。

对于下降行情中的向上反弹，百分比线同样也适用。其方法与上升情况完全相同。

值得注意的是：百分比中几条线非常接近和等于黄金分割线。如：百分比线3/8 = 37.5%与黄金分割线中的38.2%非常接近；百分比线5/8 = 62.5%与黄金分割线中的61.8%非常接近；百分比线中的1/2等于黄金分割线中的50%。实际应用中这几条可以互相替代，并且有很高的使用价值，每当行情运行到这一带时常常会遭遇阻力或遇到支撑。这是百分比线应用中的一种特殊情况。

第四节 速度线的理论基础

一、速度线的理论基础

速度线也叫做速度阻挡线、速度阻力线或速阻线，由爱德森·古尔德开创，这是一种将趋势线和百分比线融为一体的投资分析技巧。当价格上升或下跌的第一波形态完成后，利用第一波的展开幅度可推测出后市发展的几条速度线，可作为支撑和阻力位置。

速度线测绘的是趋势上升或下降的速率（或者说是趋势的速度）。

在上升趋势中，先要找到当前上升趋势的最高点。在图表上，从这个最高点开始，向下作一条垂直线，直达趋势起点所在的水平位置。然后把所得的竖直线段分三等分。通过趋势起点以及两个三等分点，我们可以作出两条趋势线，它们分别代表2/3速度线和1/3速度线。

在下降趋势中，只要把上述程序相应地调整一下即可。也是先作出从下降趋势的最低点到趋势起点的水平位置的垂直线段，然后从趋势起点起，通过该线段的三等分点分别作出两条直线。

每当上升趋势出现了新的最高点，或下降趋势出现了新的最低点之后，我们都必须重新作出上述一系列直线。因为趋势已经改变，行情有了新的高点或新的低点。而速度线是自趋势起点出发通过那两个三分点作出来的，所以，这样的趋势线或许会从某些价格线段中穿过。这种趋势线没有画在低点或高点上，而是从价格变化中间穿过，是趋势线的一种特例。

二、速度线与其他切线比较

1. 速度线与扇形原理。虽然，速度线同扇形原理考虑的问题一样，也是用以判断趋势是否将要反转。不过，速度线给出的是固定的直线，而扇形原理中的直线是随着价格的变动而变动的。

2. 速度线与甘氏线。速度线的原理与甘氏线较相似，都是试图通过一些特殊的角度来界定价格的变化方向，因而有一定的互补参考价值。

3. 速度线与别的切线不同,速度线有可能随时变动,一旦有了新高或新低,则速度线将随之发生变动,尤其是新高和新低离原来的高点和低点相距很近时,更是如此,原来的速度线将会失效。

4. 速度线与百分比线。速度线具有一些百分比线的思想。它是将每个上升或下降的幅度分成三等分进行处理。所以,投资者又把速度线称为三分法。

速度线、扇形原理和甘氏线,这三种切线的共同特点就是找到一点(通常是下降的低点和上升的高点),然后以此点为基础,向后画出很多条射线,这些射线就是未来可能成为支撑线和压力线的直线。

第五节 速度线的绘图方法

速度线画法分为以下步骤:

1. 找到一个上升或下降过程的最高点和最低点,然后,将高点和低点的垂直距离三等分(见图 7-2)。

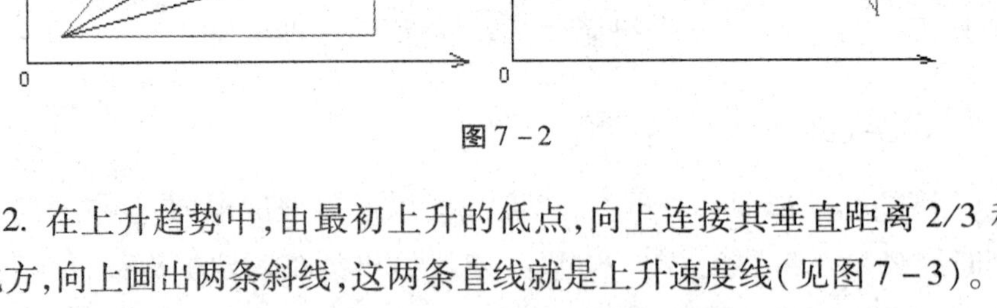

图 7-2

2. 在上升趋势中,由最初上升的低点,向上连接其垂直距离 2/3 和 1/3 的地方,向上画出两条斜线,这两条直线就是上升速度线(见图 7-3)。

3. 在下跌趋势时,由最初下跌的高点,向下连接其垂直距离 2/3 和 1/3 的地方,向下画出两条斜线,这两条直线就是下降速度线(见图 7-4)。

速度线有可能随时变动,只要在上升趋势中出现了新的最高点,则要重新画

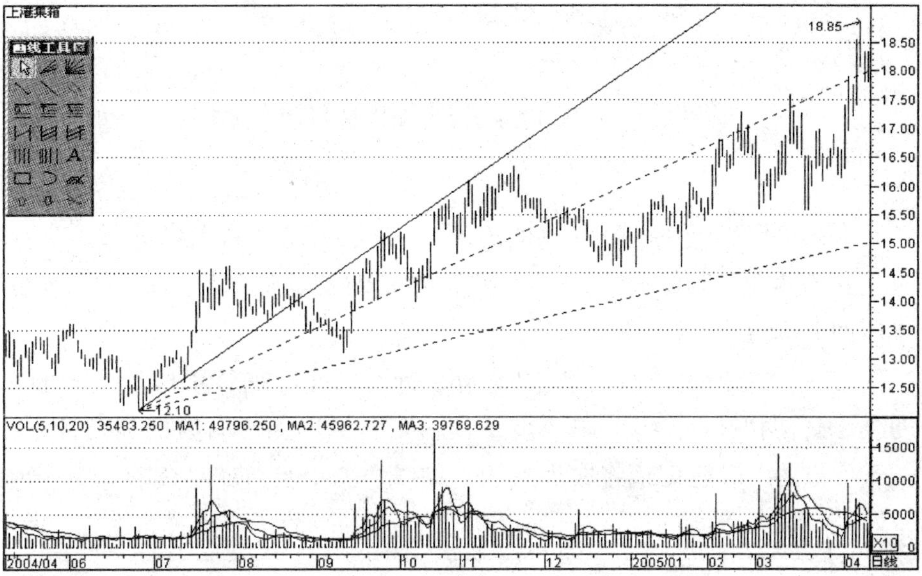

图 7－3

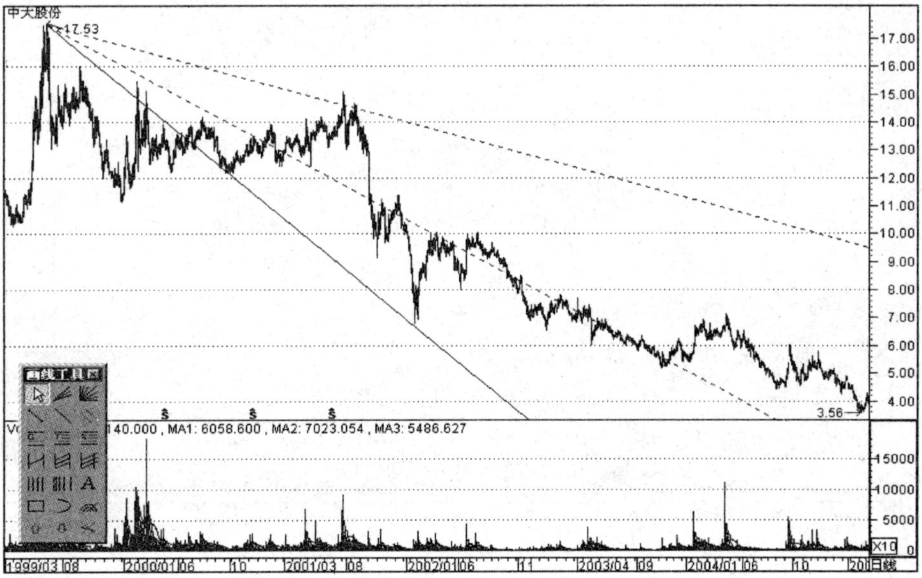

图 7－4

出速度线。同样在下降趋势中如果出现新的最低点，也要重新画出速度线。

第六节　速度线的应用技巧

速度线可以用来判断趋势改变的速度,并且用以判断趋势的反转。其中最为重要的功能是判断一个趋势是被暂时突破还是长久反转。其基本的判断原理如下:

1. 在上升趋势的调整之中,如果向下折返的程度跌破了位于上方的2/3速度线,则表明股价冲力已尽,需要重新积聚力量才能再向新的高点冲击,此时位于下方的1/3速度线将成为新的支撑线。图中黑点就是跌破2/3速度线的位置(见图7－5)。

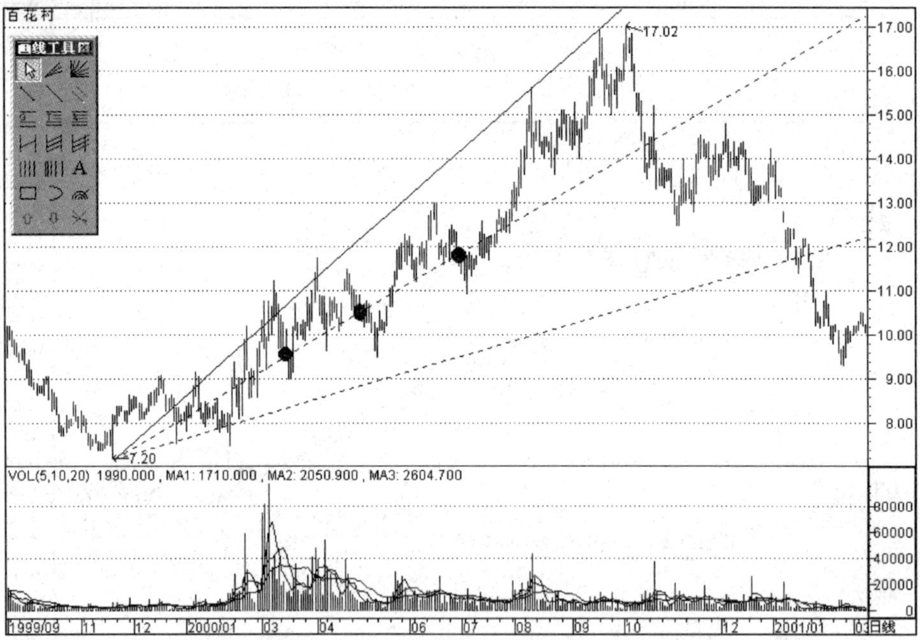

图7－5

2. 在上升趋势的调整之中,如果向下折返的程度跌破了位于下方的1/3速度线,则说明上涨趋势已结束,将反转为下跌趋势。图中黑点就是跌破1/3速度线的位置(见图7－6)。

3. 在下降趋势的调整中,如果向上反弹的程度突破了位于下方的2/3速度线,则说明下跌趋势已经缓和,接着将出现技术性反弹,此时位于上方的

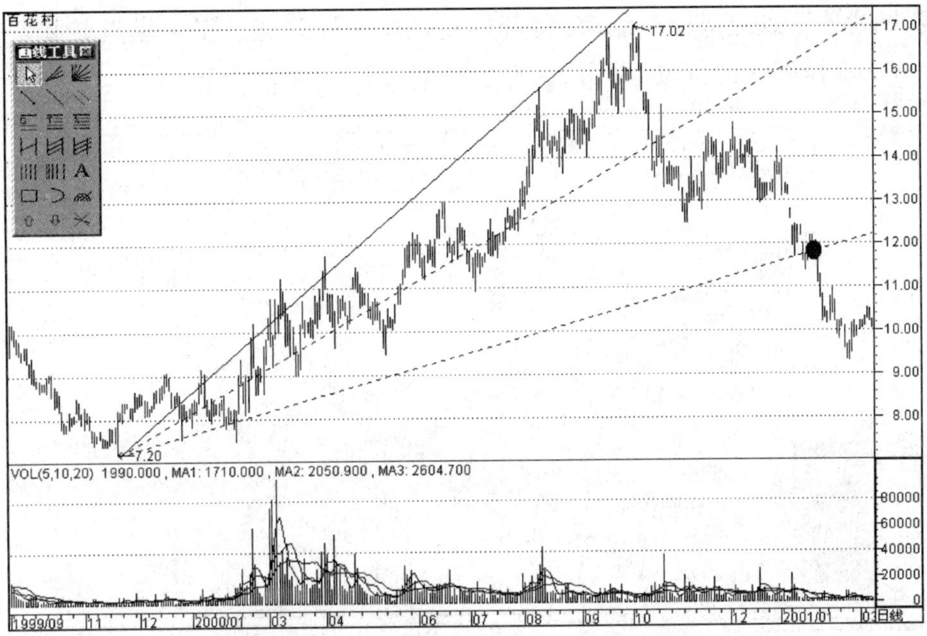

图7-6

1/3速度线将成为新的压力线(见图7-7)。

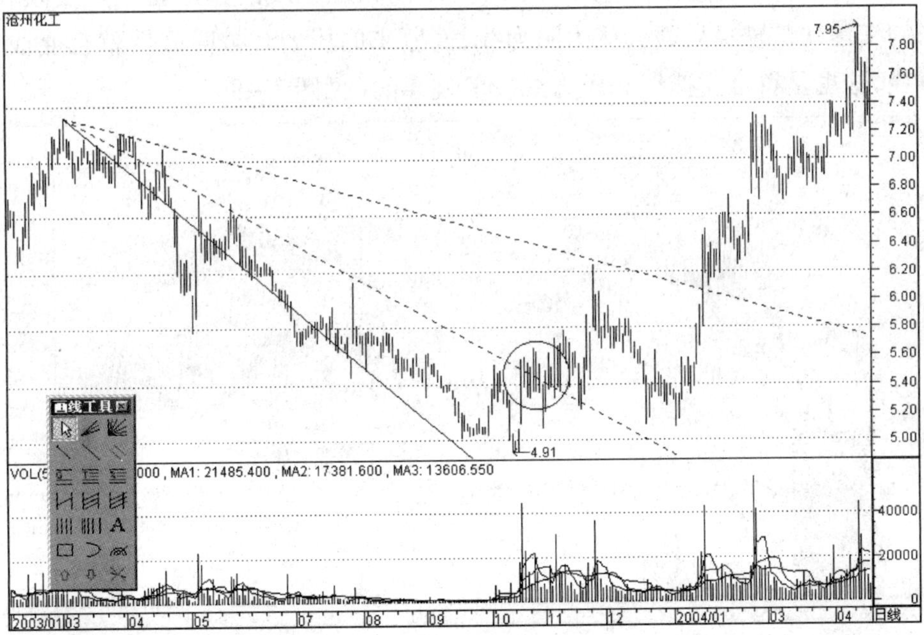

图7-7

4. 在下降趋势的调整中,如果上涨的程度突破了位于上方的1/3 速度线,则说明下跌趋势已告结束,将开始新一轮上涨趋势。图中黑点就是突破上方1/3速度线的位置(见图7-8)。

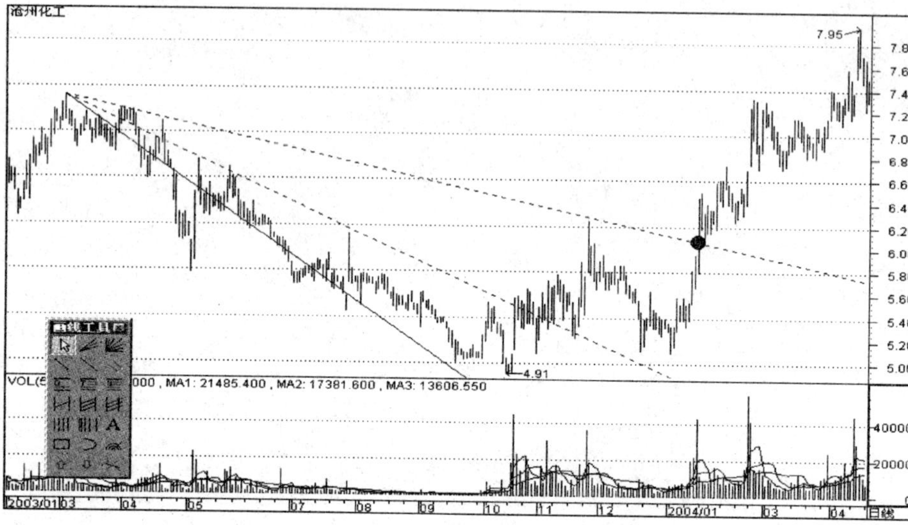

图7-8

5. 速度线一经被突破,其原来的支撑线和压力线的作用将相互变换,原来的支撑线被跌穿后就会成为阻力线,而原来的压力线被突破后就会变成支撑线,这也是符合支撑线和压力线一般规律的(见图7-9)。

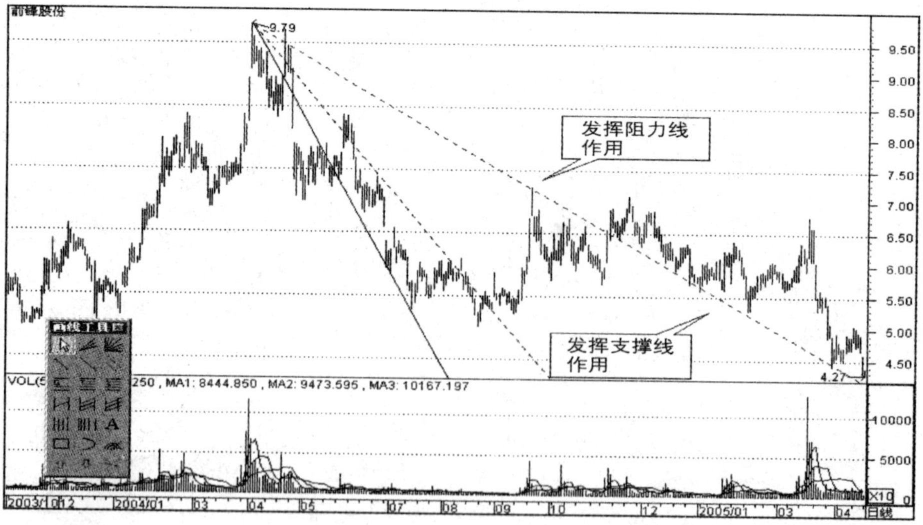

图7-9

第七节 扇形线的理论基础

扇形线与趋势线的关系非常密切,确切地说扇形线就是由三条趋势线组成的。因为单一的趋势线在分析错综复杂的多变行情时往往显得较为简单,扇形线丰富了趋势线的内容,明确给出了趋势反转(不是局部短暂的反弹)的信号。

趋势要反转必须突破层层阻力的限制。要反转向上,必须突破很多条压在头上的压力线;要反转向下,必须突破多条横在下面的支撑线。稍微的突破或短暂的突破都不能被认为是反转的开始,必须消除所有的阻止反转的力量,才能最终确认反转的来临。

技术分析的各种方法中,有很多关于如何判断反转的方法,扇形原理只是从一个特殊的角度来考虑反转的问题。实际应用时,应结合多种方法判断反转是否来临。

扇形线原理是趋势线一种创新的用法。如果是在下跌趋势中,取一段下跌浪的最高点为起点,取三波反弹浪的高点为终点,组成三条线形成扇形。如果是在上涨趋势中则需要取一段上升浪的最低点为起点,取三波回调浪的低点为终点,组成三条线形成扇形。

扇形原理可以简单地叙述为:如果所画的三条趋势线逐一突破,则趋势将反转。

第八节 扇形线的绘图方法

在上升趋势中,先以两个低点画出第一条上升趋势线。

如果价格向下回档,跌破了第一次画的上升趋势线,则以新出现的低点与原来的第一个低点相连接,画出第二条上升趋势线。

再往下,如果第二条趋势线又被向下突破,则同前面一样,用新的低点与最初的低点相连接，画出第三条上升趋势线。

依次变得越来越平缓的这三条直线形如张开的扇子，扇形线和扇形原理由此而得名（见图7-10）。

图7-10

在下降趋势中，先以两个高点画出第一条上升趋势线。

如果价格向上回升，突破了第一次画的下降趋势线，则以新出现的高点与原来的第一个高点相连接，画出第二条下降趋势线。

如果第二条趋势线又被向上突破，则同前面一样，用新的高点与最初的高点相连接，画出第三条下降趋势线（见图7-11）。

图中连续画出的三条直线一旦被突破，它们的支撑和压力角色就会相互转换，这一点是符合支撑线和压力线的普遍规律的。

例如：三一重工的第一、第二条上升趋势线被跌穿以后，原来的支撑线就变成了压力线（见图7-12）。

中信证券
10.67
6.16
画线工具
VOL(5,10,20)
MA2: 160764.563 , MA3: 275456.188
2003/03
2004/01
日线

图 7－11

三一重工
33.31
17.90
画线工具
VOL(5,10,20)
MA2: 10242.500 , MA3: 7004.750
2003/12
2004/01
日线

图 7－12

第九节　扇形线的应用技巧

扇形线的投资原理是依据三次突破的原则，具体的研判技巧如下：

在上升趋势中如果所画的第一条趋势线被突破，投资者需要保持谨慎，此时，股价未必一定会见顶回落，有时还会出现一段时间的上涨，这次的破位更多的是一种警戒意义（见图 7－13）。

图 7－13

在上升趋势中如果所画的第二条趋势线被突破，投资者需要开始适当减轻仓位，实施止损、止赢或止平等方面的操作（见图 7－14）。

在上升趋势中如果所画的第三条趋势线被突破，投资者要坚决卖出，而且在短期内不要轻易介入抢反弹（见图 7－15）。

在下降趋势中如果所画的第一条趋势线被突破，意味着原来的下降趋势已经出现变化，股价有可能止跌企稳。即使这时出现再次下跌，也往往是熊市末期的非理性下跌，投资者不要过于看空后市（见图 7－16）。

图 7－14

图 7－15

在下降趋势中如果所画的第二条趋势线被突破，投资者要适当做多，用

图 7－16

部分资金参与市场的波段行情（见图 7－17）。

在下降趋势中如果所画的第三条趋势线被突破，意味着股市已经出现本质转折，投资者要坚决做多（见图 7－18）。

中国玻纤
14.78
6.63
VOL(5,10,20) 5928.000 , MA1: 4420.800 , MA2: 6898.900 , MA3: 7507.350
画线工具
2001/06
2002/01
2003/01
日线

图 7－17

中国玻纤
14.78
6.63
VOL(5,10,20) 5928.000 , MA1: 4420.800 , MA2: 6898.900 , MA3: 7507.350
画线工具
2001/06
2002/01
2003/01
日线

图 7－18

第十节　回归通道的绘图方法

一、线性回归

回归线是回归通道的主轴线，调用该画线工具后，确定一段行情的高低点出现的时间，就可以在走势图上自动生成回归线。

回归线是通过对股价作线性回归分析统计而形成的，它是一种有别于传统线性的趋势，最接近于股价趋势的真实内涵（见图7－19）。

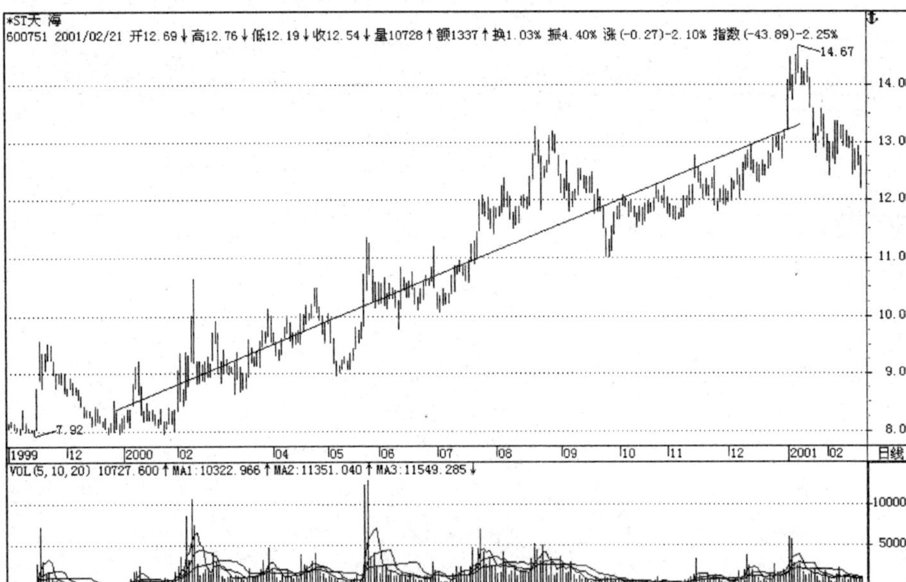

图7－19

二、线性回归带

线性回归带的画法与线性回归完全相同，不同的是其生成与回归线平行的线，构成一个通道的形式。

回归线上方的平行线叫通道上轨线。

回归线下方的平行线叫通道下轨线（见图7－20）。

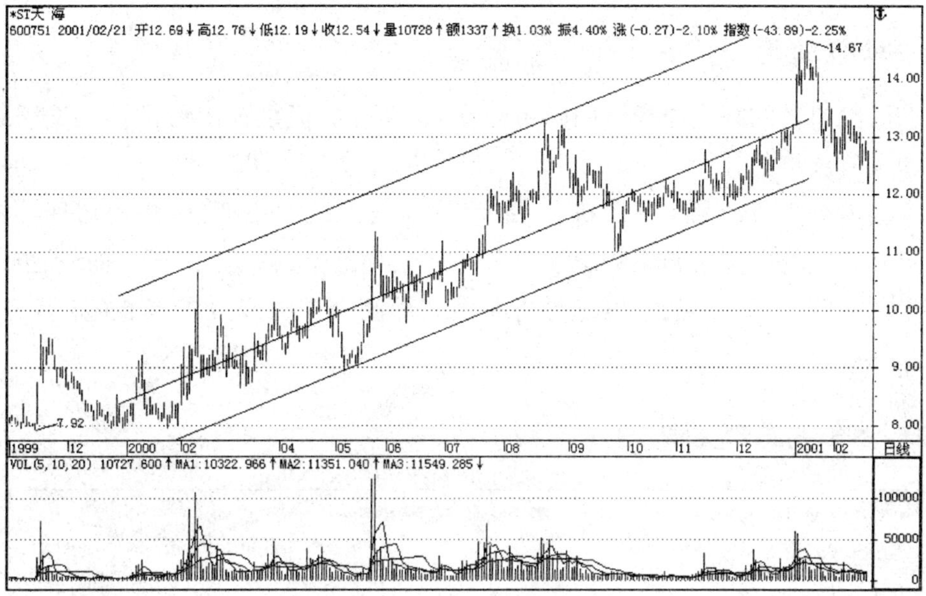
*ST天 海
600751 2001/02/21 开12.69↓高12.76↓低12.19↓收12.54↓量10728↑额1337↑换1.03% 振4.40% 涨(-0.27)-2.10% 指数(-43.89)-2.25%
14.67
7.92
VOL(5,10,20) 10727.600↑MA1:10322.966↑MA2:11351.040↑MA3:11549.285↓
日线

图 7－20

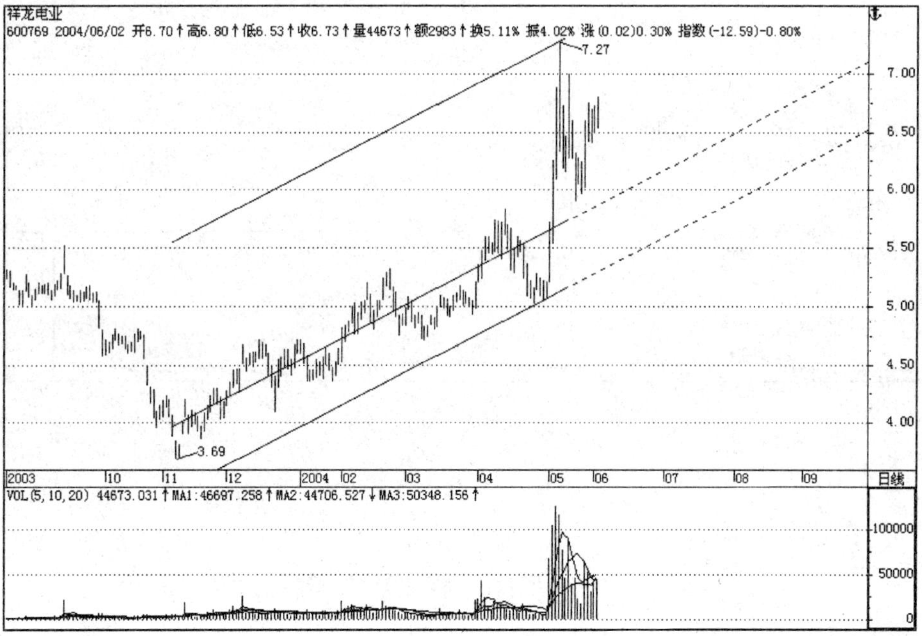
祥龙电业
600769 2004/06/02 开6.70↑高6.80↑低6.53↑收6.73↑量44673↑额2983↑换5.11% 振4.02% 涨(0.02)0.30% 指数(-12.59)-0.80%
7.27
3.69
VOL(5,10,20) 44673.031↑MA1:46697.258↑MA2:44706.527↓MA3:50348.156↑
日线

图 7－21

三、回归通道

回归通道的画法与线性回归带是完全相同的，但是在图形上回归通道带有虚线的预测部分。

通道的实线部分叫回归确认带，就是回归确认的长度，也是进行回归起始点和终点的距离。通道的虚线部分叫回归预测带，就是回归通道所预测未来走势区间。该股票的未来走势将在回归预测带中形成技术判断（见图7－21）。

四、标准差通道（见图7－22）

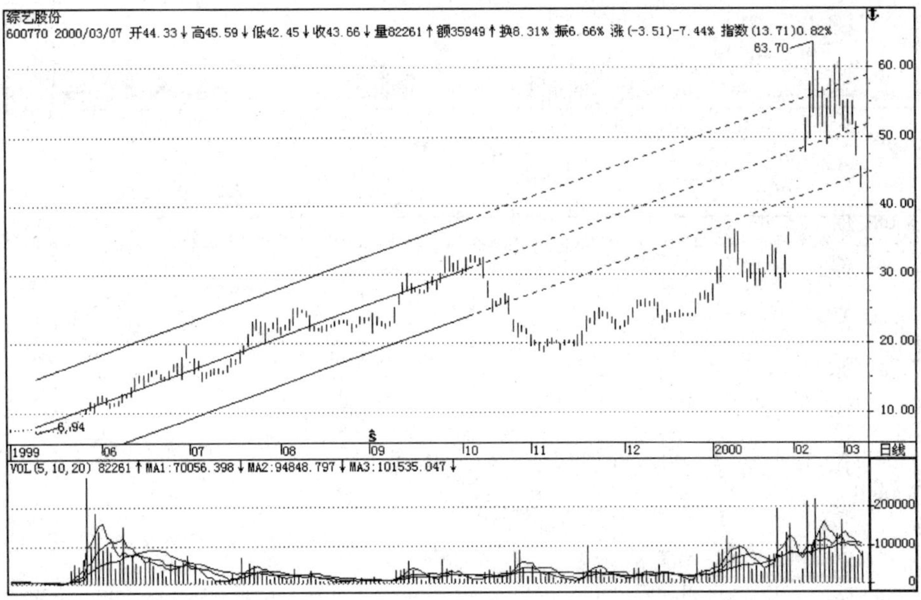

图7－22

第十一节　回归通道的应用技巧

通道上轨线是通道的压力线，对股价起着阻力作用，股价在此处常常遇到阻力回落。

通道下轨线是通道的支撑线,对股价起着支撑作用,股价在此处常常遇到支撑而反弹。

回归确认带是整个回归通道的核心,对其长度的确定是准确运用回归通道的关键所在,具有较高的技巧性。需要注意以下投资要点:

1. 通常需要用趋势线原理确定回归线。
2. 用主要趋势形成的时间跨度确定回归确认带的长度。
3. 而且回归确认带的长度一经确定不可轻易改变。
4. 当趋势线明显改变时修正回归线,并用重新确定的回归线重新确定回归确认带的长度。
5. 股价突破通道上轨时即将冲高回落,股价回落至回归线时将获得支撑而反弹,股价跌破回归线时是卖出信号,股价跌破通道下轨时是止损信号。
6. 回归通道对上升第 2 浪有更强的预测作用。

在实际应用中如果能够和布林带或薛斯通道来相互配合使用,往往可以准确研判趋势和良好的买卖位置。

第十二节 周期线的理论基础

要通过周期线分析市场,就必须了解周期理论。

事物的发展有一个从小到大和从大到小的过程,这种循环发展的规律在证券市场也存在。循环周期理论认为,无论什么样的价格活动,都不会向一个方向永远走下去。价格的波动过程必然产生局部的高点和低点,这些高低点的出现,在时间上有一定的规律。我们可以选样低点出现的时间入市、高点出现的时间出市。

循环周期理论的重点是时间因素,而且注重长线投资。

周期分析是股市技术分析的重要分支。但传统的周期分析基本上是一种固定周期分析方法,即将各个高点或低点间的时间加起来,得出一个平均数,再把它作为周期分析的依据,如果出现较大出入,就称之为周期偏移。

而事实上,无论是低点与低点间,还是高点与高点间,绝对等长的周期出现的并不多,周期偏移乃至周期迁移是股价运动的普遍现象。尤其是当投资者结构发生重大变化时,原来的周期节奏会被打乱并产生出一些新的周期来。

这种打破通常会产生两种结果：一种是形成新的周期；一种是经过一段时间的“混乱”后，又重新还原到原来的周期上去，使看起来似乎已变得无序的市场最终还是回到原来的有序状态中。因此，做好周期分析必须同时注意两个问题：一是周期的变异以及还原，二是周期的组合。

周期线可以提醒股民，当股价波动至周期线附近时，正处于上升行情的，应留意股价可能形成高点；正处于下跌行情的，应留意股价可能形成低点。但它们不一定形成头部或者底部，可能仅仅是一处回档或反弹幅度稍大的转折点而已。

第十三节　各种周期线的绘图与应用

一、等周期线

等周期线是指周期线之间的间隔是相等的，该周期线一般设置在一轮大的上升或下降行情中，如果行情发生根本变化，那么股市的周期规律也会出现相应的变化。

在一轮行情中，等周期线常常发挥出神奇的作用，在一些重大转折的位置出现等周期线，从而提示投资者做出具体操作。

等周期线的画法：

1. 先确定一轮行情的最高点和最低点。

2. 然后以第一个高点（或低点）为起点，以最后一个高点（或低点）为终点进行画线。

3. 根据实际情况确定股价的运行周期（见图 7－23）。

二、自由周期线

自由周期并非是完全的毫无规则，其实也是按照一定规则排列，投资者可以做如下的调整：

1. 决定自由周期线是否向左排列。

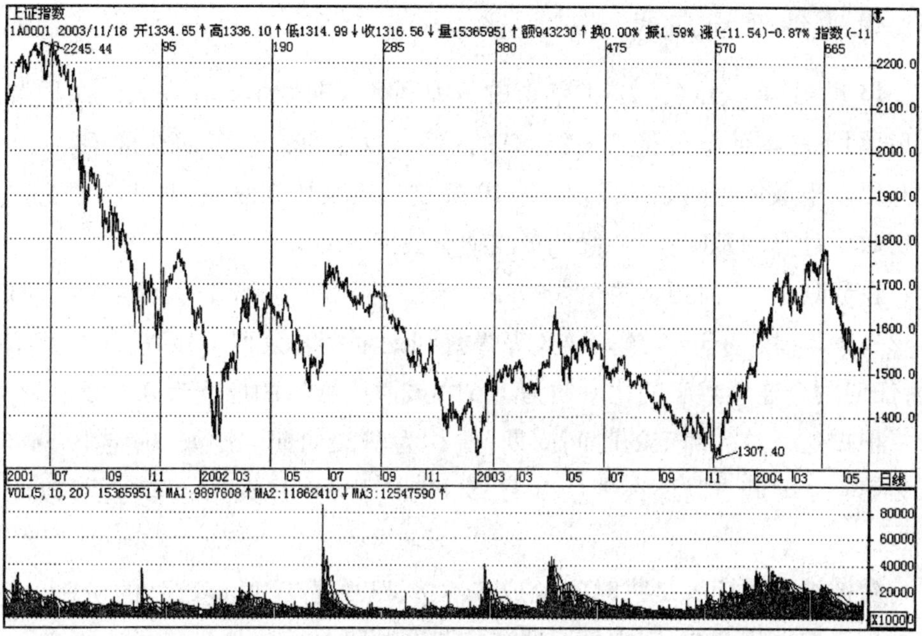

图 7-23

2. 设置自由周期线的分线数量,一般为 17 条。

3. 设置斜率:即相对每根 K 线变动数值(见图 7-24)。

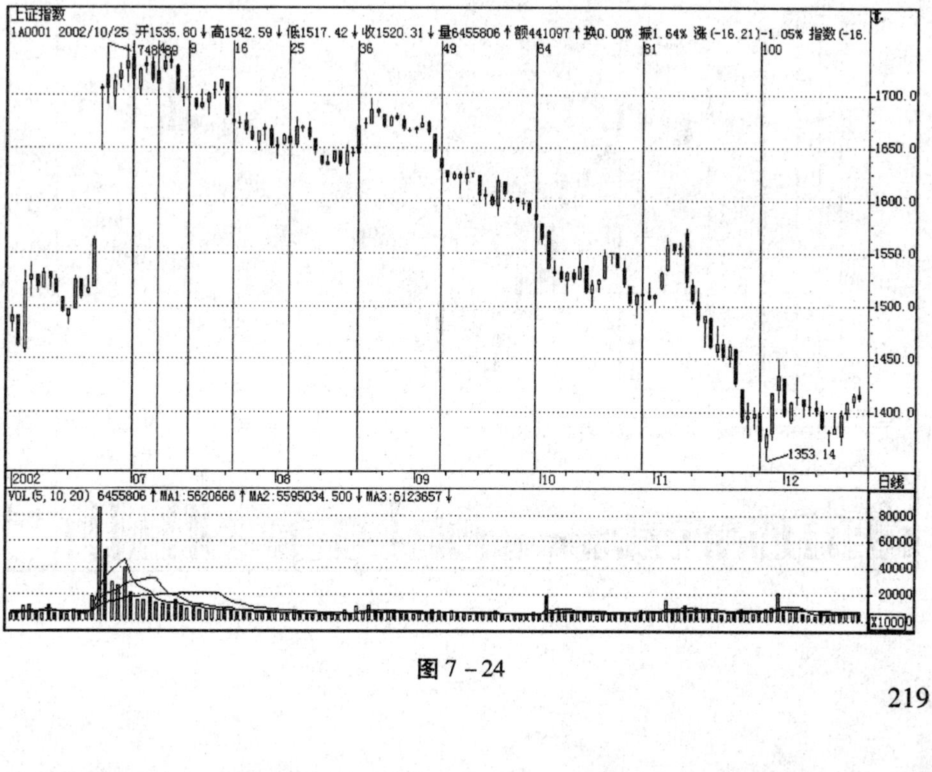

图 7-24

三、费波纳奇周期线

13世纪初，一位名叫费波纳奇的意大利商人兼数学家在完成一次埃及之旅后，写下一本数学名著——《计算的书》。这本书产生了两个成果：一个是把有史以来最伟大的数学发现——10进制从埃及传到欧洲，并使它成为以后一切数学计算的基础；一个就是费波纳奇数列。

在数列中，任何相邻两个数的和等于数列中的下一个较大的数字，即1+1=2、1+2=3、2+3=5、3+5=8等等直到无限大。数列中，除前几个数字以外，任何两个连续数字的比率约为1.618或两个数字的反比为0.618。

根据这一数列确定的时间周期，便称为费波周期。比如，确定1999年1月为第一个时间点。那么2月、3月、5月、8月分别是数列的参考点，以此类推。

费波纳奇周期线是将时间分成3、5、8、13等费氏黄金数列的份额，也被称为神奇数字周期线，因为该周期线的时间间隔是按照神奇数字排列的。

费波纳奇周期线画法非常简单，关键是要确立好起点，这个起点通常是由一段时间的高位或低位组成的(见图7－25)。

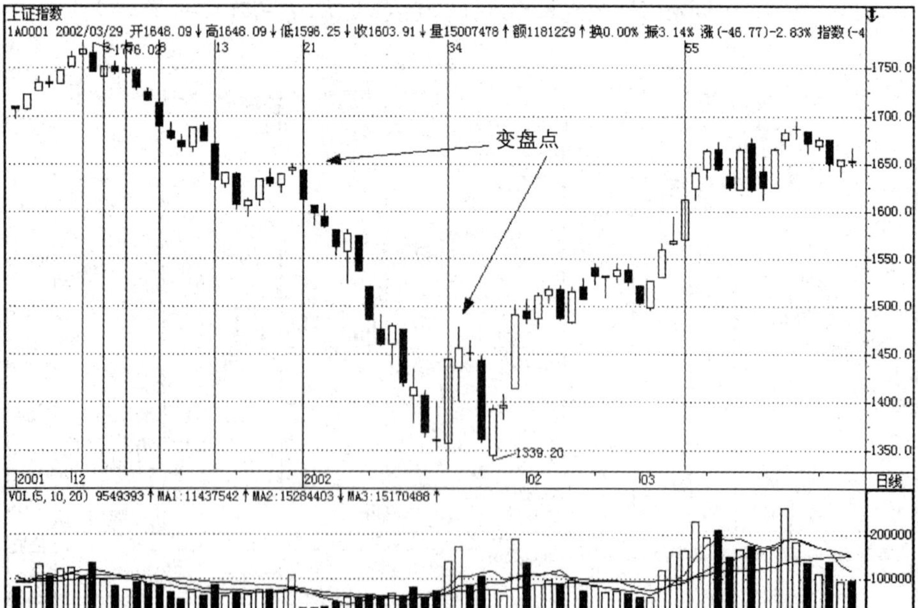

图7－25

在画线的时候为了便于直观分析,投资者可以适当调节垂直线的高度,一般是用鼠标按住第一条的最高点来调节上下的距离(见图 7-26)。

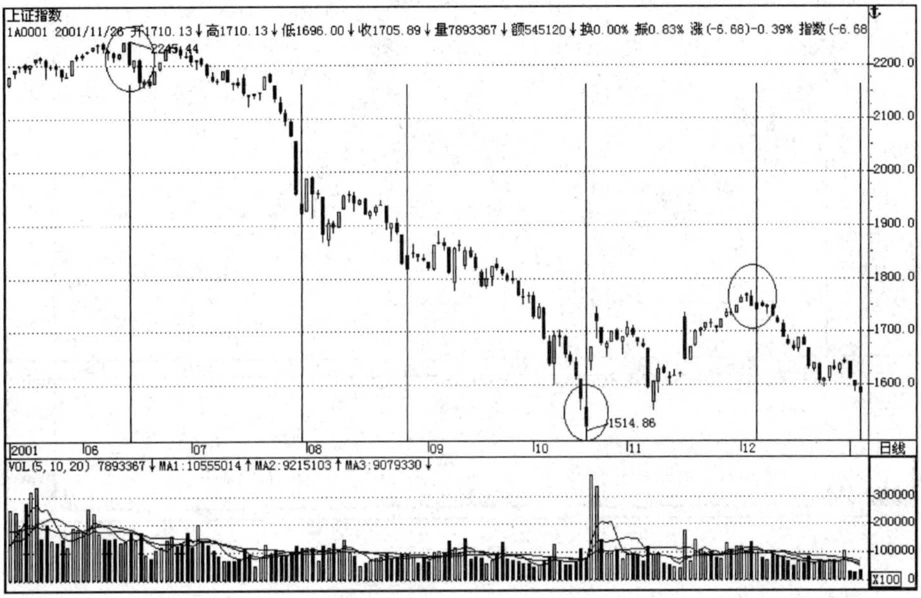

图 7-26

四、对称线

对称线是寻找重要时间的对称点,属于周期线的一种。

例如:大连热电在 1997 年的 5 月形成的历史高点到 1999 年的 5 月历史低点之间的间隔为标准,当该股运行到对称点位时,再次形成了重要的头部位置(见图 7-27)。

对称线不仅可以用于个股分析,也可以运用到对大盘指数的分析中(见图 7-28)。

对称角度线是建立在反射原理上的一种投资技巧,根据对称角度线,我们往往可以研判未来行情的运行趋势和买卖时机。

大连热电
600719 2004/06/02 开8.61↑高8.65↑低8.38↓收8.59↓量24958↓额2118↓换3.28% 振3.14% 涨(-0.02)-0.23% 指数(-12.59)-0.80%
19.67
5.11
VOL(5,10,20) 24958.260↓MA1:23026.404↑MA2:35016.270↑MA3:32290.928↑
日线

图7－27

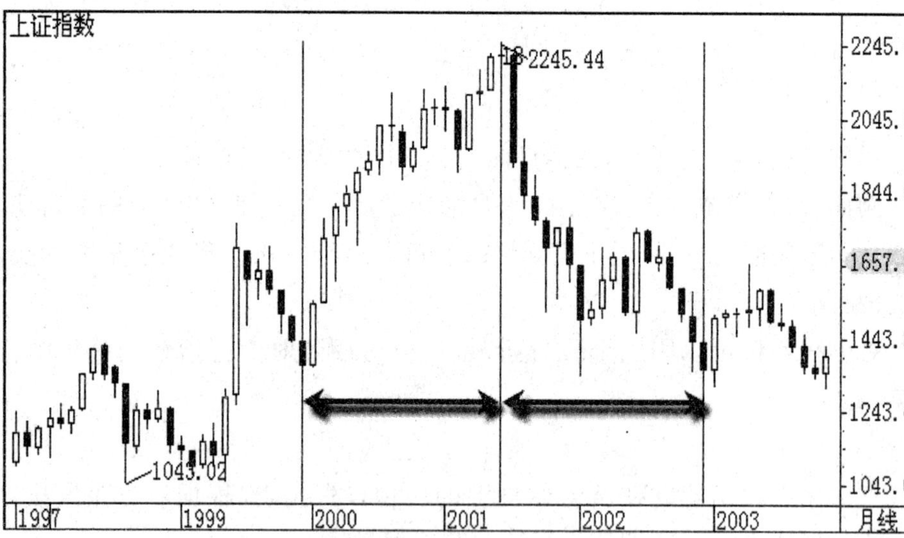
上证指数
2245.44
1043.02
月线

图7－28

第八章 专业大盘分析技术

第一节 大盘分析技巧

一、看开盘的技巧

开盘是一个交易日的开始，也是大盘一天走势的基调，除非特大利多或利空消息刺激，否则，当日内一般不会发生高强度的剧烈震荡和大比例的逆反走向。

1. 集合竞价

沪市的 9 时 15 分至 9 时 30 分为集合竞价时间，集合竞价的意义在于按供求关系校正股价，可初步反映出价量情况及大户进出动态。

开盘后必需立即查询委托买进笔数和委托卖出笔数的多寡，研判大盘行情会走多或走空。一般而言，如果一开盘买单大于卖单达 2 倍以上（如买单 10 万张，卖单 5 万张），则显示买气十分旺；反之若卖单大于买单 2 倍以上，则代表空方卖盘十分强大，当日作空比较有利。

每笔买进张数与笔数之比值为 8.0 以上，代表大户买进，如有连续大比值出现，代表大户在做盘；反之如卖单在 8.0 以上，可迅速抛出手中持股。集合竞价是大盘一天走势的预演，价量关系变化及大户进出动向从中可见一斑，因而具有重要的参考价值。

2. 修正开盘

9 时 30 分至 10 时为修正开盘。若开出大高盘则有一定幅度拉回,开出大低盘则会适当上调。之后,大盘得到修正再按照各自的走势运行。由于人为的拉抬和打压因素,开盘指数与股价都有一定的泡沫性,此时进场风险甚大,必须等到修正开盘,消除盘面盲点后,才能看清大盘的真实情况。如果一旦开盘两极分化且迟迟未见修正迹象,则可立即确认大盘强弱和收盘涨跌走势。

二、盘中的多空搏斗

如果说开盘仅仅是拉开股市序幕的话,那么,盘中则是多空双方正式交手的开始。指数、股价波动的频率越高,则表明多空双方的搏斗越是激烈。若指数、股价长时间平行,则表明多空双方退出观望,无意恋战。多空双方的胜败除依赖自身的实力(资金、信心、技巧)外,还要考虑消息和人气两个因素。

多空双方经过激烈拼斗,此时已打破相持不下的僵局,大盘走势出现明显的倾斜。若多方占优,则步步推高;若空方占优,则每况愈下。占优方将乘胜追击,扩大战果,另一方见大势已去抵抗力明显减弱。此时,往往是进出的最佳时机。早了,涨跌莫测,充满风险;迟了,痛失良机,后悔莫及。多空决胜由下列因素组成:

1. 指标股的表现

指标股涨势强劲,大盘无下跌之理;指标股萎靡不振,大盘必然下沉。多头指标股沦为空头指标股,跌速加快。故指标股历来为多空双方争夺重点。如 2001 年 11 月 24 日早盘深发展等指标股纷纷拉抬,由于当时大盘处于 2100 点的敏感位置,随即引发恐慌性抛盘,使得大盘收出长阴。

2. 涨跌家数

大盘普跌,个股飙涨乃不祥之兆,对大盘走势有害无益。个股与大盘表现形成极大反差,资金过于集中个股,使大盘失血,造成恶性循环。涨家多于跌家,且分布平均,涨家势众,空方有隙可趁,收盘指数上涨;反之,空方占优,终成跌势。观察涨跌家数,辨别多空力量的最佳时间为收盘前一小时,即多空决胜后期。前期多空拼斗激烈,涨跌转换频繁,参考价值不大。

3. "买盘"与"抛盘"的判断

在盘中如果"买盘"出现的时间较长,"抛盘"出现的时间较短,整日多方

占据主要地位;反之空方战上风。对盘面出现的买盘与抛盘的情况可从下面几方面进行研判:

如果盘口显示买盘明显小于抛盘,说明多方力量有下降的可能,反之说明多方的力量开始占据上风。

观察买盘与抛盘线的长短情况。盘口中常出现这类情况,一开始,买盘拉出一根较长的线,但以后越来越短,而抛盘越来越长,这一情况说明多空双方的力量有所转换。

“买盘”与“抛盘”的表现可以简单地判断多方与空方力量的对比情况,当开盘后发现“买盘”出现持续的时间远不如“抛盘”多时,应以做空为主,反之以做多为主。

4. 盘中的波段高低情况

股指波动振幅大,次数多,在跌势中则说明趋于上涨,在涨势中则说明趋于下跌。一般情况下,在一个交易日中,若有7次以上的较大波动,则有反转契机。

对盘中的波段高低情况进行研判时,可进行上升趋势与下降趋势的研判。这与股指的大趋势的走势一样,在上升时,呈底部逐渐升高之态,而在下跌时,呈高点逐级下移之态。当股指穿过下降或上升的反压线,应做出买入或者沽空的打算。对这一形态的判断应结合盘面的整体情况进行,有时主力会通过刻意在盘中画图,以产生诱空或者杀多的行为,对此应加以警觉。

5. 对盘中W底与M头的判断

在技术形态上,W底与M头常是技术上反转的信号,在大趋势中,当这两种形态形成后,对股指将起决定性的作用,将指引股指朝何处运转。在当日盘口中也常发现此类走势。有时也会对当日股指的趋势产生很重要的影响。但由于目前参与的大机构较多,其常会刻意在图形上制造W底与M头的假象,对此应加以识别。

必须观察W底形态与M头形态所发生的阶段。当股指下跌多日,某日开始走强,在跳空高开后,上午10时左右进入当日较高的位置,这时,股指上行至第二高点时,由于未能冲破前次高点而形成M头形态,股指被空方打压下,这时的M头形态根本不必理会,空仓者可大胆介入。

在下跌时亦是如此,某日受利空消息打击,股指跳空低开,在下午1时半左右,在下探至最低点时,形成W底形态,这时,不必轻易介入,因为,利空的打击往往会有一段持续时间。特别在股指处于头部区域时的初跌的第一天，当盘中出现W底形态更加不必理会。

三、看盘尾的技巧

盘尾是多空一日拼斗的总结，故收盘指数和收盘价历来为市场人士所重视。开盘是序幕，盘中是过程，收盘才是定论。尾盘的重要性，在于它有一种承前启后的特殊意义，既能回顾前市，又可预测后市。

尾市收红，且出现长下影线，此为探底获支撑后的反弹，可考虑跟进，次日以高开居多。“买在最后一分钟”可避当日之风险。

尾市收黑，出现长上影线，上档压力沉重，可适当减磅，次日低开低走机率较大。

涨势中尾市放巨量，此时不宜介入，次日开盘即遇抛压，故不易涨。跌势中尾市放巨量，乃恐慌抛售所致，是大盘将跳空而下的讯号。

跌势中尾盘有小幅拉升，涨势中尾盘有小幅回落，此为修正尾盘，并无任何实际意义。多空双方都会对收盘股指、股价进行激烈的争夺。

第二节　大盘指标实际应用

一、涨跌比率指标

涨跌比率又称为回归式腾落指数，其作用在于分析整个股市大盘的超买超卖现象，能够较早地发出买入卖出信号，中线投资的可操作性强。

1. 涨跌比率的原理与计算方法

涨跌比率的理论基础是“钟摆原理”：股市的供需就像钟摆的两个极端位置，当供给过量时，则往需求方向摆动的拉力愈强，摆动的速度也愈快；反之亦然。涨跌比率将股市中的物极必反现象加以量化，其计算公式为：

涨跌比率所采样的时间，决定线路上下的振荡次数与空间，期间愈大，上下振荡的空间愈小；反之，期间愈小振荡空间愈大。在股市行情波动较大，而且很频繁的情况下，n取10天比较合适。将10个交易日内，个别股涨跌的情形加以统计，代入涨跌比率的公式，求出每天的涨跌比率，这样就得出了10天的涨跌比率。

2. 涨跌比率的应用法则

在实际运用ADR指标时，可根据下列要点对大势进行分析。

(1)当ADR值介于0.5~1.5之间时，表明股市处于正常的波动状态；当ADR值在0.5以下或在1.5以上时，表明股市的波动出现了非常态的现象。ADR值大于1.5时，表示股价长期上涨，已经脱离了常态，产生了超买现象，这时股价很可能回跌，因此是卖出的好时机；反之，当ADR值低于0.5时，股价就很容易出现反弹，因此可及时买进。

(2)在大多头市场和大空头市场里，ADR值介于0.4到1.9之间时，表明股价处于正常的波动状态。

(3)只有在股价进入大多头市场或处于第二段上升行情的初期时，ADR值才有可能出现2.0以上的绝对超买数字。在其余的次级上升行情中，当ADR值超过1.5时，就应卖出。

(4)一般情况下的多头市场涨跌比率值，大多介于0.6到1.3之间。当ADR值大于1.3时，投资者应准备卖出；而当ADR值小于0.6时，投资者又可逢低买进。如果出现ADR值小于0.5的情况，则此时是最佳的买入时机。

(5)涨跌比率ADR有超前警示的功能。在行情出现短期反弹或回档时，ADR图形往往比行情超前出现征兆。涨跌比率的功能就是在于显示股市买盘力量的强弱，从而可以帮助投资者判断可能出现的短期行情的反转。如果行情图形与ADR指标曲线形成背离现象时，表明行情即将反转。

(6)在多头市场中，如果涨跌比率不断下降，当小于0.75时，则通常是短线买进的好时机。在空头市场初期，如果ADR值降到0.75以下，则暗示着即将出现中级反弹；而在空头市场末期，如果ADR值降至0.5以下时，则是投资者进货的好时机。

(7)ADR值下降到0.65之后，再回升到1.4，但却无法突破1.4时，则表示股价上涨的气势不足，投资者应准备出货。当ADR向上冲破1.4时，则表示股市行情的上涨至少还有两波以上的力量，此时，投资者应考虑进货。

二、ADL指标

ADL中文名称为腾落指数，即上升下降曲线的意思。ADL是分析趋势的,它利用简单的加减法计算每天股票上涨家数和下降家数的累积结果,与综合指数相互对比,对大势的未来进行预测。

1. ADL的计算公式

假设我们已经知道了上一个交易日的ADL的取值,可以用来计算今天的ADL的值。

如果今天所有股票中上涨的共有NA家,下降的共有ND家,持平的为M家,这里涨跌的判断标准是以今日收盘价与上一日收盘价相比较。这样今天的ADL值为:

今日ADL:昨日ADL+NA-ND

由上式推出:

今日ADL:∑NA-∑ND

式中,∑NA从开始交易的第一天算起,为每一个交易日的上涨家数的总和;∑N从开始交易的第一天算起,为每一个交易日的下跌家数的总和。

2. ADL的应用法则和注意事项

ADL的应用重在相对走势,并不看重取值的大小。这与OBV是相似的。ADL适用于对大势未来走势变动的参考,不能对选择股票提出有益的帮助。ADL不能单独使用,总要同股价曲线联合使用才能显示出作用:

(1)ADL与股价同步上升(下降),创新高(低),则可以验证大势的上升(下降)趋势,短期内反转的可能性不大。

(2)A1)L连续上涨(下跌)了很长时间(一般是3天),而指数却向相反方向下跌(上升)了很长时间,这是买进(卖出)信号,至少有反弹存在。这是背离的一种现象。

(3)在指数进入高位(低位)时,ADL并没有同步行动,而是开始走平或下降(上升),这是趋势进入尾声的信号。这也是背离现象。

(4)ADL保持上升(下降)趋势,指数却在中途发生转折,但很快又恢复原有的趋势,并创新高(低),这是买进(卖出)信号,是后市多方(空方)力量强盛的标志。

三、OBOS指标

OBOS中文名称是超买超卖指标,也是运用上涨和下跌的股票家数的差距对大势进行分析的技术指标。与ADR相比含义更直观,计算更简便。

1. OBOS 的计算公式和参数

OBOS 同 ADR 一样，是用一段时间内上涨和下跌股票家数的差距来反映当前股市多空双方力量的对比和强弱。ADR 选择的是两者相加，而 OBOS 选择的方法是两者相减。OBOS 的计算公式如下：

OBOS(/V)：$\sum$NA - $\sum$ND

式中，$\sum$NA 和 $\sum$ND 的含义与 ADR 的公式中的含义是相同的，都表示"日内每日上涨股票家数的总和与/V 日内每日下跌股票家数的总和；天数/V 为 OBOS 的参数，一般选 10 作为参数。

选择相除还是相减是从两个方面描述多空双方的差距，只是方法不同，本质并未改变。从直观上看，OBOS 的多空平衡位置应该是 0，也就是 $\sum$MA：ND$\sum$ 的时候。OBOS 大于 0 或小于 0 就是多方或空方占优势，而 ADR 是以 1 为平衡位置。

2. OBOS 的应用法则和注意事项

(1)当市场处于盘整时期，OBOS 取值应该在 0 的上下来回摆动。当市场处在多头市场时，OBOS 应该是正数，并且距离 0 较远。同样，市场处在空头市场时，OBOS 应该是负数，并且距离 0 较远。一般而言，距离 0 越远，则力量越大，势头越强劲。

(2)同一般的规则一样，强过头了或弱过头了就会走向反面，所以，当 OBOS 过分地大或过分地小时，都是采取行动的信号。具体的数字应该从实践中总结，而且应随时调整。

(3)当 OBOS 的走势与指数背离时，也是采取行动的信号，大势可能反转，这是背离的又一应用。

(4)形态理论和切线理论中的结论也可用于 OBOS 曲线。最为著名的就是，如果 OBOS 在高位(低位)形成 M 头(W 底)就是卖出(买入)的信号。连接高点或低点的切线也能帮助我们看清 OBOS 的趋势，进一步验证是否与股价指数的走势发生背离。

第九章　专业看盘指数与盘口成交量

第一节　技术指标分析之乖离率 BIAS

乖离率简称 Y 值，英文名为 BIAS，是移动平均原理派生的一项技术指标，它的功能在于测算股价在波动过程中与移动平均线出现的偏离程度，从而得出股价在剧烈波动时因偏离移动平均趋势而造成可能的回档与反弹。乖离率分为正值和负值，当股价在移动平均线之上时，为正值；当股价在移动平均线之下时，为负值；当股价与移动平均线一致时，为零。它是移动平均原理派生的一项技术指标，其功能主要是通过测算股价在波动过程中与移动平均线出现的偏离程度，从而得出股价在剧烈波动时因偏离移动平均线而造成的可能的回档与反弹，以及股价在波动过程中继续原有趋势的可信度。

一、乖离率的基本研判原理

乖离率的基本研判原理是：如果股价离移动平均线太远，就不会持续太长时间，而会很快再次趋近平均线。

1. 一般说来，在弱势市场 5 日乖离率 >6 为超买现象，是卖出时机。当其达到 -6 以下时为超卖现象，是买入时机。

2. 在强势市场，5 日乖离率 >8 时为超买现象，当其到达 -3 时为超卖现象，是买入时机。

3. 在大势上升时，会出现多次高价，可于先前高价的正乖离点出现时抛出。在大势下跌时,也会出现多次低价,可于前次低价的负乖离点买进。

4. 盘局中正负乖离不易判断,应和其他技术指标综合分析研判。

5. 大势上升时如遇负乖离率,可以趁跌势买进。

6. 大势下跌时如遇正乖离率,可以趁回升高价抛出。

二、乖离率的原理与计算方法

乖离率是根据移动平均线的原理推导出来的。当价位距离移动平均线太远时,不论价位在移动平均线上方或下方,都有可能随时返回移动平均线,从而是一个买进或卖出时机。但是股价距移动平均线多远时才是买卖时机呢? 这与行情的强弱有关,在强势多头市场,市场买气旺盛,涨势与涨幅往往出人意料,因此股价高于移动平均线;同样,在非常弱势的空头市场,市场买意缺乏,跌势与跌幅也往往出人意料,股价远低于移动平均线。

乖离率是定量地体现当日指标或个别股价与移动平均线之间差距的技术指标。其计算公式为:

$$BIAS = CF/MAN$$

式中 CF——当日指标或收盘价;

MAN——N 日移动平均线。

N 的数值可按自己选用的移动平均线确定,一般有 6 日、12 日、24 日。实际运用中,深沪股市短线使用 3 日和 6 日乖离率极为有效,中线则一般取 12 日或 10 日。

乖离率有正负之分,当股价位于平均线上,为正乖离率;当股价位于平均线之下,则为负乖离率;当股价与平均线相交时,乖离率为零。正的乖离愈大,表明短期内多头获利愈多,那么获利回吐的可能性也就愈大;负的乖离率的绝对值愈大,则空头回补的可能性也就愈大。因而随着股价走势的强势和涨跌,乖离率的高低有一定的测市功能。

乖离率在使用中应当注意,根据对股市行情波动状况的不断总结与归纳,股市技术分析专家们提出了对乖离率进行分析时所应遵循的经验法则。人们一般认为:

1. 在弱势市场上,股价与 6 日移动平均线的乖离率达到 +8% 以上时,为超买现象,是卖出时机;当其达到 -8% 以下时为超卖现象,是买入时机。而在强势市场上,股价与 6 日移动平均线的乖离率达到 +6% 以上时,为超买现象,是卖出时机;当其达到 -6% 以下时为超卖现象,是买入时机。

2. 在弱势市场上,股价与12日移动平均线的乖离率达到+5%以上时为超买现象,是卖出时机;当其达到-5%以下时为超卖现象,是买入时机。而在强势市场上,股价与12日移动平均线的乖离率达到+6%以上时为超买现象,是卖出时机;当其达到-4%以下时为超卖现象,是买入时机。

3. 对于个别股票,由于受多空双方激战的影响,股价和各种平均线的乖离率容易偏高,因此运用中要随之而变。

4. 当股价与平均线之间的乖离率达到最大百分比时,就会向零值逼近,有时也会低于零或高于零,这都属于正常现象。

5. 多头市场的暴涨和空头市场的暴跌,都会使乖离率达到意想不到的百分比值,但出现的次数极少,而且持续时间也很短,因此可以将其看作一种例外情形。

6. 在大势上涨的行情中,如果出现负乖离率,就可以在股价下跌时买进,此时受损失的风险较小。在大势下跌的行情下,如果出现正乖离率,可以在股价回升时脱手卖出。

在分析和预测股价走势时,只用单一乖离率来作为研判的根据,有时会出现偏差,尤其是在遇到大涨或大跌的行情时(如图9-1),就可能丢失机会或做出错误的决策。尤其是现在的市场状态下强者恒强,赢家通吃,很多强势股往往会连拉数个涨停,造成正乖离率远远大于临界值。这时可以结合其他技术指标,并比较乖离率的趋势来判断中线是否走强或走弱。

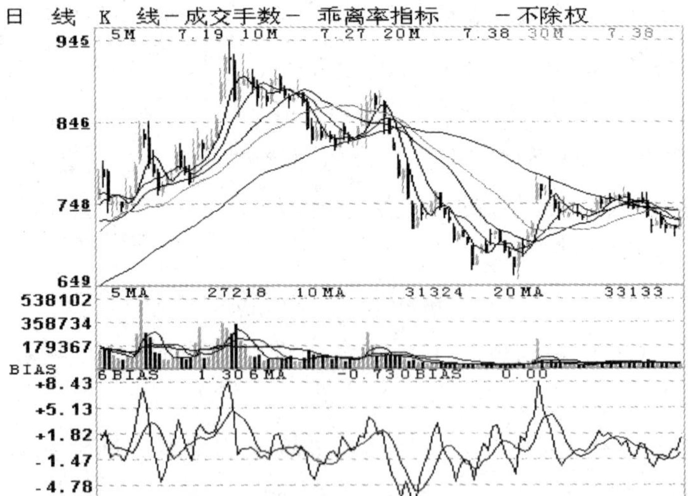

图9-1

指标应用法则：

1. 本指标的乖离极限值随个股不同而不同，使用者可利用参考线设定，固定其乖离范围。

2. 当股价的负乖离扩大到一定极限时，股价会产生向上拉升的作用力。

3. 当股价的正乖离扩大到一定极限时，股价会产生向下拉回的作用力。

4. 本指标可设参考线。

第二节 技术指标分析之威廉指标

威廉指标又称威廉超买超卖指标，简记为 WMS% R 或% R，它由拉瑞·威廉在 1973 年所著的《我如何赚取百万美元》一书中首先发表。

一、威廉指标的原理与计算方法

威廉指标主要用于研究股价的波动，通过分析股价波动变化中的峰与谷决定买卖时机。它利用震荡点来反映市场的超买超卖现象，从而显示出有效的买卖信号，是用来分析市场短期行情走势的技术指标。

在计算% R 指标时，首先要确定计算的周期天数，周期天数一般取为一个买卖循环期限的一半时间。一个较长买卖循环期一般为 56 天，其中实际交易为 40 天。因此，此时的周期天数就应取为 20 天，但也有技术分析专家取 5 天作为周期天数。

该指标表示的含义是当天的收盘价在过去一段日子的全部价格范围内所处的相对位置，是一种兼具超买超卖和强弱分界的指标。它主要的作用在于辅助其他指标确认讯号。

二、使用方法

1. 从 WR 的绝对取值方面考虑

(1)当 WR 高于 80，即处于超卖状态，行情即将见底，应当考虑买进。

(2)当 WR 低于 20，即处于超买状态，行情即将见顶，应当考虑卖出。

2. 从 WR 的曲线形状考虑

(1)在 WR 进入高位后，一般要回头，如果这时股价还继续上升，这就产生背离,是卖出的信号。

(2)在 WR 进入低位后,一般要反弹,如果这时股价还继续下降,这就产生背离,是买进的信号。

(3) WR 连续几次撞顶(底),局部形成双重或多重顶(底),则是卖出(买进)的信号。

3. 使用心得

(1)W%R 主要可以辅助 RSI,确认强转弱或弱转强是否可靠? RSI 向上穿越 50 阴阳分界时,回头看一看 W%R 是否也同样向上空越 50? 如果同步则可靠,如果不同步则应多参考其他指标讯号再作决定。相反的,向下穿越 50 时,也是同样的道理。注意:比较两者是否同步时,其设定的参数必须是相对的比例,大致上 W%R 5 日、10 日、20 日对应 RSI 6 日、12 日、24 日,但是读者可能可以依照自己的测试结果,自行调整其最佳对应比例。

(2)W%R 进入超买或超卖区时,应立即寻求 MACD 讯号的支援。当 W%R 进入超买区时,我们当成一种预警效果,回头看看 MACD 是否产生 DIF 向下交叉 MACD 的卖出讯号? 一律以 MACD 的讯号为下手卖出的时机。相反的,W%R 进入超卖区时,也适用同样的道理。

三、计算公式

$$n\text{ 日 }WMS = [(Hn - Ct)/(Hn - Ln)] \times 100$$

式中:Cn——当天的收盘价;

Hn 和 Ln——最近 N 日内(包括当天)出现的最高价和最低价。图 9－2 所示为威廉指标。

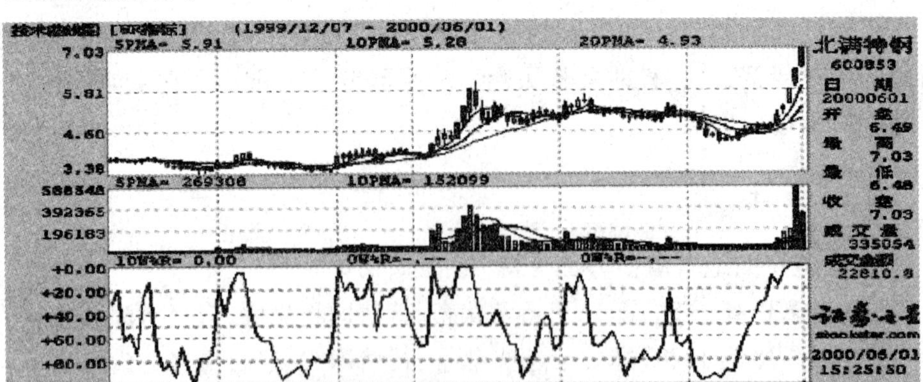

图 9－2

四、威廉指标的实战要领

威廉指标曾帮助拉瑞·威廉用1万美元赚到100万美元,这足以显示它在预测股价方面所蕴藏的巨大威力。许多技术分析家都对威廉指标提出了自己的研判经验法则,主要有以下6点:

1. %R的值高于80时,市场就处于超卖状态。此时就表明行情即将见底,应立即买进。80这条横线水准,有人把它称为买进线。

2. 当%R之值低于20时,市场就处于超买状态。此时就表明行情即将到顶,应立即卖出。20这条横线水准,人们把它称为卖出线。

3. 当%R从超卖区或超买区向下或向上运动时,表示行情趋势可能转向。一般情况下,当%R向下跌破50中轴线时,市场由弱转强,是买进信号;相反,当%R从超买区向上爬升,突破50中轴线后,可以确认强势转弱,是卖出信号。

4. 由于市场超买后还可能再超买,超卖后亦可再超卖,因此,当%R进入超买区或超卖区,行情并非一定会立刻转势,只有确认%R线明显转向时,方为正确的买卖信号。

现在股市技术分析中使用较多的是另外一种形式的威廉指标,其基本原理和判别方法与上面介绍的威廉指标基本相似,只是超买区和超卖区正好相反。总体而言,使用威廉指标作为测市工具,既不容易错过大行情,也不容易在高档被套牢。但由于该指标的敏感性较强,在操作过程中如果完全按其信号入市,未免过于频繁。因此在实际操作过程中,最好能结合相对强弱指标等较为平稳的技术指标,以便发挥两者的互补功能,这对大势研判极有好处。对于一些主力高度控盘的疯牛股,短期威廉指标将严重失真,这其实也能从另一方面判断主力的实力和拉升欲望。

第三节 移动平行线的伪信号指标分析

一、利用了移动平均线的伪穿越买卖信号

移动平均线有快慢线之分,例如,日线中的5日、10日、20日、30日、60日

线……5 日线相对于 10 日线是快线,10 日线相对是慢线;10 日线相对于 20 日线是快线,20 日线相对是慢线。依次类推,周线中的 5 周、10 周、20 周、30 周、60 周线……5 周线相对于 10 周线是快线,10 周线是慢线;10 周线相对于 20 周线是快线,20 周线相对是慢线。依次类推,月线同理。

所谓穿越买卖信号的就是快线上穿慢线给出买进信号,或快线下穿慢线给出卖出信号,这种穿越买卖信号一般只关注两条均线。按有效性划分,可分为有效穿越买卖信号和伪穿越买卖信号(也叫无效穿越买卖信号)。

有效穿越买卖信号的特点是:慢线和快线指向方向一致,快线沿着两线指向的方向穿越了慢线;往往与价格趋势方向相同。

伪穿越买卖信号的特点是:快慢线方向不太一致,一般是慢线无方向或方向不显著,只有快线有方向性,往往与价格趋势方向相反。

当市场价格在整理阶段,没有明显的趋势,这时如果投资者用移动平均线的穿越买卖信号指导交易,就等于依据伪穿越买卖信号进行交易,很容易陷入追涨杀跌的交易怪圈,其结果必然是“买也赔钱,卖也赔钱”。

二、利用了移动平均线的伪均线组合买卖信号

所谓均线组合,就是两条以上均线的相对位置组合。按快慢线的相对组合位置及其意义,将均线组合划分为空头均线组合和多头均线组合。

空头均线组合的特点是快线在慢线之下,给出卖出信号,按信号的有效性可进一步划分为有效空头均线组合和伪空头均线组合。多头均线组合的特点是快线在慢线之上,给出买进信号,按信号的有效性,可进一步划分为有效多头均线组合和伪多头均线组合。

有效多头均线组合的特点:第一,在均线组合出现之前有一个明显的价格下跌或整理阶段;第二,快线依次在慢线的上方,且快慢线的指向一致;第三,均线相互呼应,间距较均匀适中。

伪多头均线组合的特点:第一,价格还在整理阶段或价格已是上升阶段末期;第二,快慢线方向有较大偏差;第三,均线组合过度发散,相互间距过大或均线变缓,间距变小。

有效空头均线组合的特点:第一,在空头均线组合出现之前有一个明显的价格上升或整理阶段;第二,快线依次在慢线的上方,且快慢线的指向一致;第三,均线相互呼应,间距较均匀适中。

伪空头均线组合的特点:第一,价格还在整理阶段或价格已是下降阶段末期;第二,快慢线方向有较大偏差;第三,均线组合过度发散,相互间距过大或均线变缓,间距变小。

当投资者错误利用伪均线组合买卖信号指导交易,其结果也陷入追涨杀跌的怪圈,“买也赔钱,卖也赔钱”。

第四节 预防伪信号的分析

利用移动平均线方法进行交易,摆脱“买也赔钱,卖也赔钱”的怪圈,本人认为在解决心理问题的同时,需要解决以下几个技术问题:

一、注意移动平均线买卖信号的有效性

用心研究移动平均线方法的具体理论和应用特点,把重点放在正确区分各类移动平均线买卖信号的有效性研究方面,不要滥用信息,盲目交易。多数初期涉足期货交易的投资者,对移动平均线分析方法缺少深入了解,不善于辨别信号的真伪,容易犯滥用信息、盲目交易的错误,应加以注意。

二、正确把握移动平均线分析方法应用的市场环境

移动平均线是一种描述价格趋势的指标,利用它的有效均线组合信息,可以确认趋势;反过来说,它一般适用于有强烈价格趋势的市场分析场合。

市场价格运行的规律是:有趋势(强烈的上升或下降)→无趋势(牛皮整理或调整时期)→有趋势→无趋势……如此不断循环。因此投资者在交易过程中不是时时处处都可以利用移动平均线分析方法,而只能在价格有趋势的场合使用该方法。在市场价格无趋势阶段滥用移动平均线分析方法,就会陷入“买也赔钱,卖也赔钱”的交易怪圈。

投资者应该在执行交易前,事先辨别目标市场是有趋势市场,还是无趋势市场。如果是有趋势市场,就采用移动平均线方法,也可以用其他方法,例如摆动指数等。

三、结合其他分析方法使用

移动平均线分析方法只是数百种市场分析方法之一。它最大的优点是计算方法简单、大众化、使用方便，同时也比较有效，因而受到广大投资者的喜爱和应用。但它不是万能工具，并且有其自身的弱点：一是信息滞后；二是不适应无趋势的市场使用；三是信息多解性。信息的多解性实际上是市场分析学的普遍现象，是技术分析方法应用的难点。如何优化移动平均线分析方法的应用呢？笔者认为，不要单一应用，应该同时结合其他分析方法来使用。例如，结合周期分析方法和波浪分析方法应用。在价格高点周期或第五浪顶部出现的均线组合，一般多头均线组合为无效，而空头均线组合为有效；在价格低点周期或第一浪初期出现的均线组合，一般多头均线组合为有效，而空头均线组合为无效。

四、结合交易计划使用

与其他技术分析方法一样，移动平均线分析方法，其本质是概率分析，它给出的价格涨跌信息，实际上是一种事件概率，并非确定。除了前述的一些应用方法外，一定要结合交易计划使用。在交易中，如果市场价格发展与交易者的分析和执行一致，交易者就按计划享受收益；如果市场价格发展与交易者分析和执行的方向相反，交易者就必须按计划及时认错和止损。

第五节　技术指标分析之涨落比率 ADR 指标

ADR 指标又叫涨跌比率指标或上升下降比指标，其英文全称是“Advance Decline Ratio”。和 ADL 指标一样，是专门研究股票指数走势的中长期技术分析工具。

涨跌比率 ADR 指标是将一定时期内上市交易的全部股票中的上涨家数和下跌家数进行比较，得出上涨和下跌之间的比值并推断市场上多空力量之间的变化，进而判断市场上的实际情况。由于和 ADL 指标存在着一定的联系，ADR 指标又称为回归式腾落指数。该指标集中了股票市场中个股的涨跌信息，可反映股市大盘的强弱趋向，但没有表现个股的具体的强弱态势，因此，它和 ADL 一样，同属于是专门大势数量指标，是专门研究股票指数的指标，而不能用于选股与研究个股的走势。

股票市场是多空双方争斗的战场，这种争斗在一定程度上是自发的，带有较多的自由性和盲目性，其表现为股市上超买超卖的情况比较严重，有时候投资者盲目地追涨会造成股市超买，有时候又会盲目地杀跌造成股市的超卖。ADR 指标就是从一个侧面反应整个股票市场是否处于涨跌过度、超买超卖现象严重的情况，从而进行比较理性的投资操作。

涨跌比率 ADR 指标的构成基础是“钟摆原理”，即当一方力量过大时，会产生物极必反的效果，向相反的方向摆动的拉力越强，反之亦然。该原理表现在股市上，就意味着当股市中人气过于高涨，股市屡创新高的以后，接下来可能就会爆发一轮大跌的行情，而当股市中人气低迷，股价指数不断下挫而跌无可跌的时候，可能一轮新的上涨行情即将展开。ADR 指标就是通过一定时期内的整个股票市场上的上涨和下跌家数的比率，衡量多空双方的变化来判断未来股票市场整体的走势。

一、计算方法

由于选用的计算周期不同，涨跌比率 ADR 指标包括 N 日 ADR 指标、N 周 ADR 指标、N 月 ADR 指标和 N 年 ADR 指标以及 N 分钟 ADR 指标等很多种类型。经常被用于股市研判的是日 ADR 指标和周 ADR 指标。虽然它们计算时取值有所不同，但基本的计算方法一样。

以日 ADR 为例，其计算公式为：ADR(N 日) = P1 ÷ P2

式中，P1 = ΣNA——N 日内股票上涨家数之和；

P2 = ΣND——N 日内股票下跌家数之和；

N 为选择的天数，是日 ADR 的参数。

选择一定参数周期内的股票上涨和下跌家数的总和，目的是为了避免由于某一特定的时期内股市的特殊表现而误导研判。比如，选择几天的股市的上涨和下跌家数的总和，是为了避免由于某一天行情的特殊表现而使 ADR 数值产生偏差。ADR 图形是在 1 附近来回波动的，波动幅度的大小以 ADR 取值为准。影响 ADR 取值的因素很多，主要是公式中分子、分母之间的取值和参数选择的大小。一般而言，参数选择的小，ADR 值上下变动的空间就比较大，曲线的起伏就比较剧烈；参数选择的大，ADR 值上下变动的空间就比较小，曲线的上下起伏就比较平稳。参数的设定没有统一的标准，可根据市场的变化和投资者的偏好来自由设定。ADR 图形是在 1 附近来回波动的，波动幅度的大小以 ADR 取值为准。目前，市场比较常用的参数为 10、14 等，另外还可以用 5、25、30、60 等。

二、ADR 所处区域的买卖决策

1. 当 ADR 数值小于 0.5 时，表示大势经过长期下跌，已经出现超卖现象，很多股票价格可能会止跌企稳并出现一轮反弹行情，投资者可以短线少量买入超跌股作反弹。

2. 当 ADR 数值大于 1.5 时，表示大势经过长期上涨，已经出现超买现象，很多股票价格可能已经上涨过度，将会出现一轮幅度比较大的下跌行情，投资者应及时卖出股票或持币观望为主。

3. 当 ADR 数值在 0.5 ~ 1.5 时，表示大势基本处于整理行情之中，没有出现特殊的超买和超卖现象，这时投资者更重要的在于研判个股行情。

4. 当 ADR 数值在 0.3 以下时，表示大势处在大空头市场的末期，市场上出现了严重的超卖现象，很多股票的价格已经跌无可跌。此时，投资者可以分批逢低吸纳股票，作中长线的建仓投资。

5. ADR 数值在 1.5 以上时，表示大势处在大多头市场的末期，市场上出现了严重的超买现象，很多股票的价格已经涨幅过大，将面临一轮比较大的下跌行情。此时，投资者应及时卖出持有的股票。

第六节　成交量特征与分析的原理

一般投资者在股市中最关注什么？很多人都在目不转睛地盯着价格，并以此作为买卖的唯一依据。其实这是不对的，价格只是市场能量变化的外在表现形式，市场能量的变化才是价格变化的本质原因。市场能量的本质就是资金，资金的流进流出构成了市场能量的变化。如果仅仅盯住价格变化而忽略场内资金增减的变化，就本末倒置了。

成交量是指股票交易或个股买卖的数量。成交量的大小,可以衡量股票市场或个股交易的活跃程度,并由此观察和了解买卖双方进入或退出市场的情况。有经验的股票投资者,往往把整个市场或个股的成交量作为衡量和观察市场变动趋向的前提,并从中寻找主力机构或庄股的动向,选择入市或退出市场的契机。

一、不同行情中的成交量特征

成交量的特征,在股市行情的不同阶段均有体现,下面重点介绍上升行情和下降行情中的成交量特征。

1. 上升行情中成交量特征

上升行情中成交量最大的特征就是换手积极。上升行情开始时,股价经过一段长时间的下跌和盘底后,投资者普遍感到股价已跌得很低了,持股者不愿继续割肉斩仓,空仓者则趁机捡点便宜货,买进者又愿意长期持有,市场流通筹码减少,供需关系失调,出现供小于求的状况,股价上升。上升行情一般分为3个阶段,即初升阶段、加速上升阶段和结束期阶段,在这3个阶段里,成交量表现出不同的特征。

(1)上升初期阶段成交量的特征:温和放量+加速放量+缩量整理。成交量的这一特征,主要是由行情发展的需要形成的。上升行情初期,股价要突破盘整形态,迅速脱离底部,多空双方必然要展开激烈的争斗,成交量急速放大,就是多空激战的结果。当多方取得初胜后,股价上了一个台阶,获利盘不愿恋战,纷纷杀出,接盘减少,成交量萎缩,股价下跌,进入调整。投资者可用"温和放量期间介入,加速放量时买出,缩量回调到位时补回"的办法进行短线操作。

(2)加速上升期成交量的特征:换手特别积极,成交量连创新记录,大成交量持续天数较长,股价飞速上场,股市进入疯狂阶段。加速期放出巨量后,表明行情已近尾声,投资应迅速抛出手中股票。

(3)上升行情结束期成交量的特征:上升行情结束期,因个股股性不同,结束期的时间长短不一,有的个股结束期拖得较长,在高价圈反复震荡,形成"M头"、"头肩顶"、"三重顶"、"圆形顶"等形态,时间长达几个交易周。有的个股结束期较短,三五日就完成。因个股结束期长短不一,成交量的变化特征也出现差异,但总的特征是萎缩,有的是逐渐萎缩,有的是急剧萎缩。结束期间内,成交量不会出现加速期那样大的成交量。证明了上升行情的结束期,成交量的显著特征就是缩量,随之而来的是股价大幅下跌。

2. 下跌行情中成交量的特征

股票在一段时间里出现了供大于求的情况时,股价就会向下波动,形成下跌行情。下跌行情也分初降期、加速期和结束期3个阶段,在这三个阶段里,成交量的变化各具特征,下面分别论述。

(1)下跌初降期成交量的特征:下跌行情的初降期,成交量的特征是缩量下跌、微幅增量反弹。缩量过于短促,仅三五个交易日,成交量就会从"天量"降为"地量"。反弹时成交量略有放大,维持的时间也较短,一般来讲,三五日就会结束反弹,然后转入加速下跌阶段。

(2)下跌行情加速下跌期成交量的特征:继续萎缩,地量运行,然后又放量下跌,再缩量整理。整个过程施的时间较长,股价下跌的幅度很大,是下跌行情杀伤力最重的一个阶段。投资者在此期间宜静不宜动,应耐心等待投资机会的到来。

(3)下跌行情结束期成交量的特征:进一步萎缩,属于地量区。股价则反复筑底,微幅波动,成交清淡。

二、成交量的原理

1. 没有成交量就没有价格,价格上涨是用钱堆起来的。

在利用成交量判断中,首先要树立的概念是"没有成交量就没有价格,价格上涨是用钱堆起来的"。股市中的价格具有重力效应,如果没有一种能量支撑就无法维持价格。这种能量是由资金在场内交易构成的,资金的交易就是成交量,所以说没有成交量就没有价格。

2. 资金流入,成交量增加,价格上涨;资金流出,成交量减少,价格下跌。

成交量对于价格涨跌的影响,核心原理就是两句话:资金流入,成交量增加,价格上涨;资金流出,成交量减少,价格下跌。在价格的动态走势中,运用成交量的基本原理分析多空双方的力量消长,揭示庄家的诱多和诱空在实际应用中可以更详细地划分为多种情况。

第七节 成交量与股价关系的分析

单独研究成交量意义不大,必须与成交价格对比分析。量价关系反映了买卖双方对市场的认可程度和心理状态。由于市场中看涨的人会买入股票,看跌的人会卖出股票,在买卖双方都认可的价位进行交易后就会产生相应的成交价和成交量。成交量反映了交易双方对股价的反向认同程度:成交量越大,反向认同程度越大,市场分歧也愈激烈;反之,成交量越小,反向认同程度也越小,市场多空处于暂时的平衡状态。

以上只是成交量分析的理论前提,在实际分析中,对于主力的对敲骗量行为,往往会趋向复杂。下面对成交量的特征分别进行分析。

一、量价背离与量价同步

量价背离就是指成交量增减与股价涨跌不相匹配。也就是说成交量增减的力度与股价涨跌的力度要不相一致,不相匹配。背离按不同的性质可划分为 6 种类型:

按趋势可分为:上涨背离和下跌背离,就是股票在上涨或下跌过程中所出现的背离状态;按量价关系可分为:正背离和负背离。按区域可分为:单日背离和区域背离;一个完整的背离状态都是由以下三种性质构成的。

上涨正背离,即涨价量缩,是指股价大涨而成交量呈缩量状态。

上涨负背离,即价减量增,是指股价小涨或不涨而成交量大增。

量价同步就是指成交量增减与股价涨跌相匹配。按趋势可划分为上涨同步和下跌同步;按区域可划分为单日同步和区域同步。

量价同步表现为成交量增加,股价上涨,形成量增价涨的状态;成交量增加,股价大跌,形成放量下跌的状态。

区域性成交量增涨,股价也不断上涨,可称为区域上涨同步;区域性成交量增涨,股价也不断下跌,可称为区域下跌同步。

二、放量与缩量

放量与缩量是指成交量的放大和缩小的状态。人们常说的成交量温和放大、成交量能不足等,都是对放量和缩量的描述。

放量指某个时期成交量与其历史成交量相比有明显的增大的总的状态。放量表明多空双方对股价未来走势的分歧加大,是多空激烈搏杀的表现。放量一般分为单日放量和区域放量两种。单日放量是指股票在某一天成交量的放量状态。区域放量是指股票在某一时间段或者某一价位区的总的放量状态。区域放量产生了成交密集区。

理解了放量就容易理解缩量。缩量指某个时期内成交量与其历史成交量相比明显减小的状态。缩量表明多空双方对股价未来的走势分歧不大,或者说都无法把握,是多空双方成交清淡、等待观望的表现。缩量也可分为单日缩量和区域缩量两种。单日缩量可以出现在区域放量期间,是股价暂时整理的表现。区域缩量,尤其是股价处于相对底部的缩量往往是中短线介入的良机,可以通过周 K 线图的周成交量值比较和分析。

第八节　分析成交量数值

在进行成交量的相关技术分析时,仅仅通过对放量、缩量等经验的描述进行定性的判断是远远不够的,必须对成交量的具体数值做定量分析,以及对产生成交量值的实时的、动态的成交过程进行微观分析。

有关成交量的数值分析主要有换手率和均线量;有关成交量的微观分析主要有委比、量比、成交明细表等。

一、委比

委比是用以衡量一段时间内买盘与卖盘相对强弱的指标。它的计算公式为:

委比:(委买手数 - 委卖手数)/(委买手数 + 委卖手数) ×100%。

委比值的变化范围在 -100 至 +100% 之间。一般来讲,委比值越大,说明市场买盘相对比较强劲;委比负值越大,说明相对来讲市场的抛盘比较强劲。

例如以下实时盘面:

委比	-175	-47.68%
卖3	18.66	30
卖2	18.65	49
卖1	18.60	192
买1	18.59	11
买2	18.58	36
买3	18.57	49

以此时盘口的数字来计算：

委买手数：11+36+49=96；

委卖手数：30+49+192=271；

委比：(96-271)/(96+271)×100%=-47.68%。

一般情况下，委比只能说明在这一时刻，这只股票买卖的强度对比，所以，经常出现某只股票涨势不错，而委比却显示空方力量比较强的情况，此时就需要对这只股票进行连续观察。如果是在高位卖盘涌现，则有可能是机构拉高出货，投资者需要谨慎操作，不妨逢高减磅，适当降低风险；如果只是在较低位置或者在震荡整合时出现，则有可能是做多不坚决或者是割肉出局，那么投资者就可以不必理会，坚决持有股票。

二、量比

量比是一个重要的成交量状态指标，反映实时盘中个股的放量和缩量状态，其计算方法为：

（当前成交总手/当前开盘分钟数）/（5日均量/240）

量比简单的研判规则是：

量比大于1，表示个股当前成交量为放大状态。

量比小于1，表示个股当前成交量为缩小状态。

而分析成交价的变动最好通过涨幅排行榜来观察，涨幅靠前说明有人在推高股价，跌幅靠前说明该股有主力资金减仓或在进行激烈的洗盘动作。分析成交量变动的最好办法则是通过量比排行榜来分析，量比靠前说明该股成交量较往日放大，参与的人多，量比靠后则说明该股大幅缩量，上攻动能减弱。假若某股的价格与量比同时排名靠前，则是一个可靠的信号：该股短期正处于强势，极有可能出现向上攀升的行情。而要发现量比与价格同时排名靠前的个股，通过技术分析软件的综合排行榜便可得到。

三、换手率

换手率指在一定时间内市场某只股票转手买卖的频率，是反映股票流通性强弱的指标之一。其计算公式为：

换手率 = 某一段时期内的成交量 ÷ 发行总股数 × 100%

在我国，股票分为可在二级市场流通的社会公众股和不可在二级市场流通的国家股和法人股两个部分，一般只对可流通部分的股票计算换手率，以更真实和准确地反映出股票的流通性。股票的换手率越高，意味着该只股票的交投越活跃，属于热门股，股票流通性好，进出市场容易。某只股票的换手率突然上升，成交量放大，可能意味着有投资者在大量买进，股价可能会随之上扬。如果某只股票持续上涨了一个时期后，换手率又上升，则可能意味着一些获利者要套现，股价可能会下跌。

换手率在股票的走势中表达一个重要的特性：换手率越大该股成交越活跃，流通筹码换手越充分；反之换手率越低该股成交越冷清，流通筹码流动性越差。

换手率是否属于放量状态，在实战运用中灵活性较大，需要灵活掌握。一般而言，经长期缩量整理后的突然放量，换手率的放量标准为大于 4% ~ 5%；在行情发动后换手率放量标准为大于 5% ~ 8%；在股价整理阶段，换手率缩量标准为小于 1% ~ 3%。

四、均量线

均量是将若干个交易日成交量之和除以交易日数所得到的算术平均值。以 5 天取样的称为 5 日均量，以 10 天取样的称为 10 日均量。均量线是各均量点数值的连线，常用的是 5 日均量线和 10 日均量线。

5 日均量线和 10 日均量线是成交量技术分析中的常用指标，其排列组合、交叉发散的变化，对准确地判断股价升降、预测行情走势有重要的参考价值。

五、主动性买盘和主动性抛盘

可以通过主动性买盘和主动性抛盘来研判主力的真正动向。大盘在下跌过程中，某只个股的买盘相比卖盘呈明显的积极，即股指在不断的往下探，而股价却在成交量的配合下，悄悄地往上走，这样的买盘也称为主动性买盘，主动性买盘的性质就是一路买。一旦大盘止跌或反弹，则这只个股就容易在当日或者阶段性地创新高。

抛盘分为两种，一种是指上档的抛压，一种是对着买盘的主动出击。在股价的上扬过程中，伴随着股价的上扬，由于市值的增加使浮动筹码增加，自然抛盘开始增加，如果股价的上扬和抛盘是成正比的，始终有抛盘对着买盘就抛，使得其股价逐波往下走，称为主动性的抛盘。主动性的买盘和主动性的抛盘都是主力主动出击的结果，往往能够阶段性地左右股价的走势，我们如能掌握买盘或者抛盘的性质，就能百战百胜。

第九节　庄家对敲放量与骗量的产生

老股民都熟知以下这些股谚："股市中什么都可以骗，唯有成交量不能假"、"成交量是用真金堆起来的"、"有什么量就有什么价"等等。这些广为人知的股谚在某种程度上确实反映了成交量的重要性、真实性、可靠性，然而，道高一尺，魔高一丈，每天的盘面和收盘成交量数值，的确掺杂了很多水份和骗量，投资者对此不可不察。

骗量，尤其是单日放量状态的骗量，往往是操盘主力通过自己控制的多个账户间的对敲制造的。对敲放量是主力人为制造的成交量状态，是主力惯用的反技术操盘手法，可以使OBV、流动筹码等成交量技术指标失真，让相信成交量的股民和技术分析人士上当。

对敲放量是一种技术性骗量，操盘主力进行对敲放量在不同时机有不同的目的，然而千变万化不离两个字：骗和诱。我们可以归纳为诱多和诱空两种情况进行分析。

一、诱多式对敲放量

市场人士在"有什么成交量就有什么股价，先见量后见价"等方面有普遍的认同。主力通过对敲放量可以轻松地制造交投活跃的气氛，吸引人们的注意,激活股性。尤其是突发的单日放巨量,是明确的宣布该股有强庄的信号。既然有庄,又放量,很多不明真相的散户便踊跃买入,很多股评家也会大力推荐。

对于这种诱多式对敲放量,应该结合股价的运行趋势和相对位置,推测出主力的真实意图。

1. 高位的对敲放量

一只股票被庄家拉升到高价区(涨幅达到80%到100%),这时量价关系会发生背离。高位的放量往往会被看成是危险信号,大多数获利散户都成了惊弓之鸟,看到高位放量就会联想到庄家出货,而不敢奢望庄家继续拉升。当然,庄家也没有那么傻,这里说的高位,不是指股价在50元的高位,而是指股价经过大幅除权后在25元的"高位"。

除权之后,借股价绝对价格降低,通过对敲放量摆出假填权的姿态,是庄家惯用的手法。

应该指出的是,有些庄家为了达到出货的最终目的,往往会假戏真唱,股价最终会填半权或填满权。这要看庄家的实力和股票业绩、成长性等因素是否支持。大多数情况下,对于这种涨幅已大再除权放量的股票,尽量不碰为好。

2. 盘整期的对敲放量

盘整期的对敲放量最为常见。当庄家把一只股票拉升到50%的目标位后,往往要进行一次较长时期的盘整,充分洗除获利筹码。盘整期越长,股性越死。久盘必跌,散户恐高不再敢介入,短线客也无利可图。这时庄家较难做,一方面出于资金和持仓比例的考虑,不能轻易增加持筹,另一方面又想继续拉高股价,达到获利目标。盘整后期,往往会再次借助对敲放量制造突破盘整,进入主升浪的姿态。但是,散户投资者对此也不应乐观,股票是否能真正突破盘整,进入主升浪,存在很多变数,这和主力的控盘技巧、资金实力、消息面的配合、大盘走势和市场心态等诸多因素有关。纵观2000年下半年以来,对敲放量假突破的例子要更多一些。

3. 初升期的对敲放量

初升期的对敲放量是庄家希望有人追涨捧场,利用对敲放量激活股性,吸引散户追涨,以达到借力上行的目的。这时的庄家已经完成了吸筹目标,留下少量筹码在市场上让散户玩,可以制造赚钱效应,不使股性太死。这种情况下股价往往会迅速达到阶段性高位，而且成交量不必持续放大。

初升期的对敲放量与庄家的拉高式建仓形态上有类似之处，但是拉高建仓的庄家不必进行对敲，而是通吃筹码，待股价涨升到一定幅度后，往往会根据市场中筹码分布情况进行剧烈的洗盘。

4. 底部的对敲放量

一只股票长期在底部缩量盘整，某一天突然放出巨量，有时还有消息面或市场板块热点联动效应的影响，这往往只能看作是主力的入庄信号或者试盘信号，判断依据主要是当日股价是否能收在最高价，以后的一两天成交量是否能保持持续放量状态。若成交量无法持续放大，股价往往会重新进入盘整状态。很多股票在底部都会有多次的对敲放量形态，谨慎的投资者应列入自选股继续观察，不可盲目介入。

二、对敲放量与大手成交

大手成交是指实时盘中成交量一直不活跃，委买委卖手数均较小（例如在 100 手以下），而突然出现一笔或连续几笔几百手甚至上千手的成交，分时图的成交量出现一两根孤零零的长线，随后成交又回到正常的不活跃状态。

大手成交与庄家对敲密切相关，又有所区别。庄家对敲多数是通过大手成交完成的，这样盘中虽然不够隐蔽，但是操作方便。如果庄家对敲仅仅是为了骗量，则大手成交时不会引起盘中股价的急涨和急跌。同时，由于盘中成交清淡，委买委卖挂单都较小，庄家若要拉抬或者打压股价，不需要动用较大的成交量即可实现。

大手成交在分时图和当日成交明细表中信号明显，但是其对股票日成交量数值放大的贡献，会在日 K 线图中被隐藏，让大多数仅凭借日 K 线图做技术分析的人难以判断成交量放大的真相，从而达到骗量的目的。

另外，大手成交有时是庄家盘内换庄、向关系户送红包、分仓或者在自己控制的不同账户间转移筹码不得不采用的手段，此时成交量放大是必然结果而非庄家的欺骗性目的，因为庄家也不想为此多付出额外的大笔交易佣金。

三、诱空式对敲放量

诱空式对敲放量与诱多式对敲相比形式较为简单，也容易判断。主要是主力利用对敲放量洗盘，造成放量下跌的恐怖气氛，使投资者，尤其是一些中户、大户投资者感到庄家有出货之嫌，纷纷杀跌出局，从而使主力达到清洗获利筹码的目的。

诱空式对敲放量时，股价往往处于已经有30%到50%的拉升幅度，洗盘时，股价迅速下跌，放量跌破市场普遍认同的30日均线或者60日均线这样的庄家生命线，让人感到庄家出货或者有重大利空即将出现，纷纷在获利微薄甚至毫无获利的情况下出局。

此种放量的对敲性质比较容易判断，试想，股价在相对高位，庄家若要不计成本地出货，在股价下跌，空头气氛浓厚的情况下，中小散户怎么敢于来承接庄家的筹码呢？这种放量肯定是虚假的。

对于此种对敲放量的操作策略，有经验的散户，应该尽可能不参加回调洗盘，尤其是当股价有3%左右的升幅时，因为庄家洗盘的幅度和时间很难判断。在放量下跌的早期，从控制风险的角度讲，宁可信其有，不可信其无，应该适量减仓，等待股价企稳或利空出尽。在确认为主力的诱空式对敲放量后，可以待股价企稳后再分批介入。

第十章 盘口定式

第一节 突破

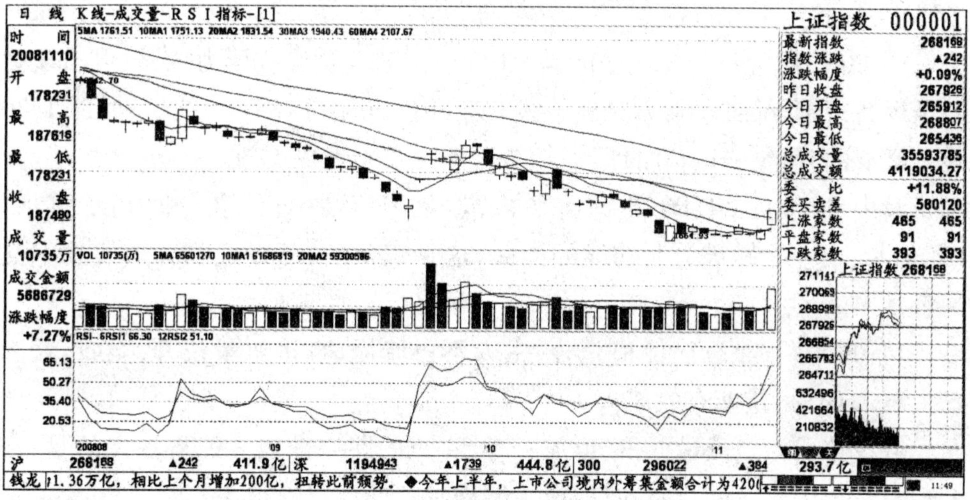

图 1 2008 年 11 月 10 日星期一大盘突破 20 日线

自最高点下跌 71.5%，属于深度下跌，持续时间达到 12 个月。

自 9 月 24 日以后再次站上 20 日线。

前期 K 线形成缩量底部形态，而该日放量。

均线系统走平，有黏合趋势。

RSI 形成攻击角度。

日线尺度分析与指标分析为盘口研判提供了技术基础。

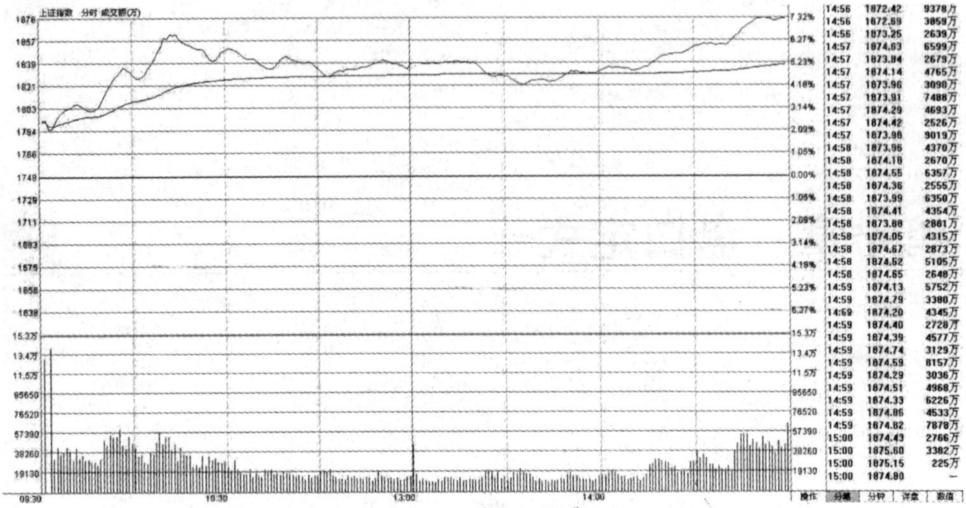

图2　11月10日大盘分时图

开盘高开高走，主力有意今日发动攻势，意图明显。

从9:30到10:00，拉升—回落—再拉升，攻势井然有序。在盘中形成一个小上升通道。

10:00以后，回踩1830点位置。1830点是20日均线压力位，要走出反弹甚至反转行情，都必须强力突破该线。在开盘拉升到1857一线后，回踩1830是有必要的，需要确定20日线一带是否能在盘中形成支撑。

盘中，11:00～14:00的行情平稳，就是围绕20日线和分时均线整理。13:30后，有一个跌破分时均线的插曲，这是正常的，可以把部分短线技术交易者洗出来。

14:00以后，整理已经很充分，主力不再遮掩，直接放量拉升，至收盘，大盘上涨7.07%，量能有效放大。

开盘价成为全天最低价，形成一个34点的跳空缺口。值得注意的是，在低位放量长阳形成的跳空缺口，成为突破缺口的可能性很大。

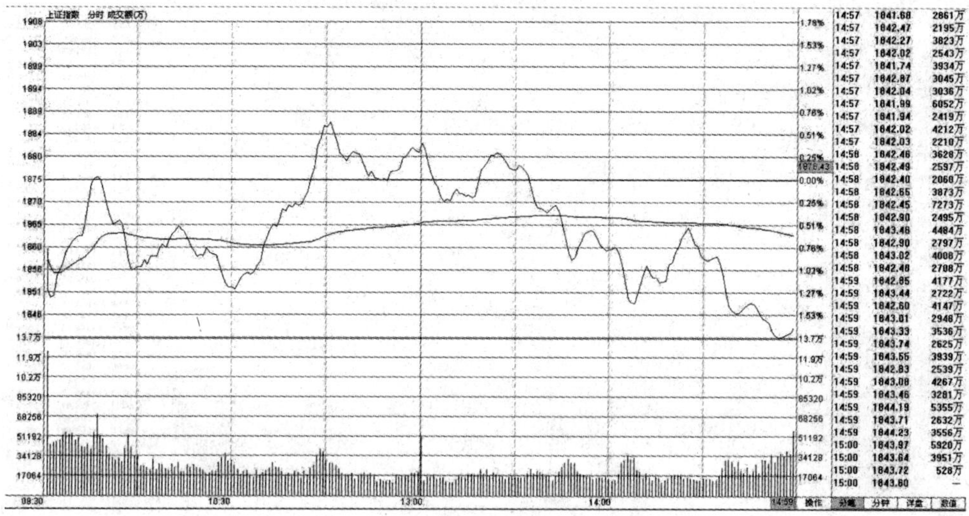

图3 11月11日大盘分时图

低开,在昨日收盘价处受阻,折返向下,说明大盘有调整的需要,全天应是整理下跌行情。

全天大部分时间是围绕分时均线整理。

11:00,有一波对昨日收盘价的冲击,但是没有放量,在1887点折回。

昨日大涨后,短线获利了结的压力不小。

尾盘,已无力收回分时均线,主力顺势做空,全天跌幅1.16%,考验20日均线突破的有效性,明日跌破20日线且不能收回,则昨日的突破将不能成立。

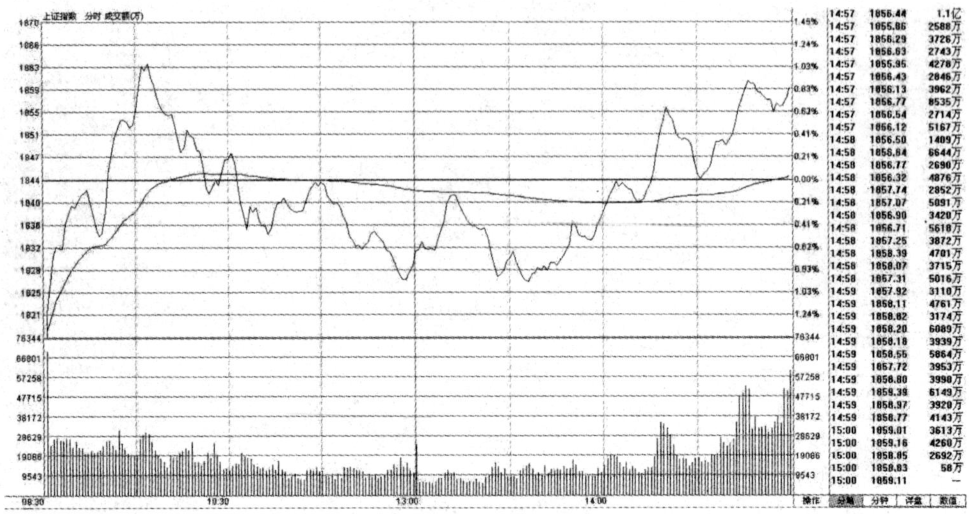

图4　11月12日大盘分时图

开盘1820点，打到20日均线位置，然后迅速拉起。从分时图中可以看到，角度非常陡。说明20日均线位置得到了认可。主力不愿意在这个位置给你低吸的机会。

早盘10:00以后的下跌是非常明显的洗盘行为。

注意：盘中在1830位置，形成小尺度的双底，进一步确认了10日突破的有效性。

下午结束洗盘，重新打开升势。

11日和12日的下跌回踩确立了突破20日均线的有效性。

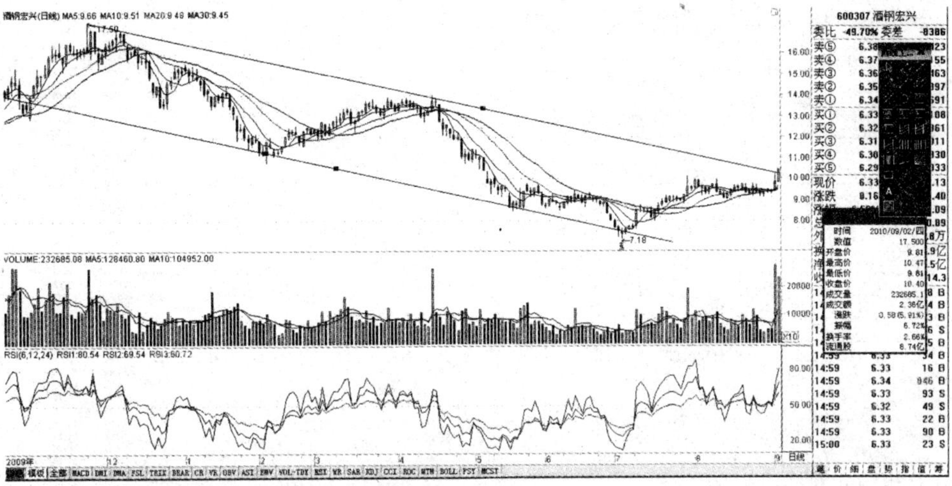

图5　600307 酒钢宏兴 2010 年 9 月 2 日 K 线图

该股前期已在下跌通道中持续大半年。本轮调整最大跌幅达到 59%。

连接前两个低点，形成下跌压力线，9 月 2 日首度突破压力线上轨。

前期 K 线形成缩量底部形态。

均线系统走出大圆弧底。

8 月 31 日，RSI 金叉。

日线尺度分析与指标分析为盘口研判提供了技术基础。

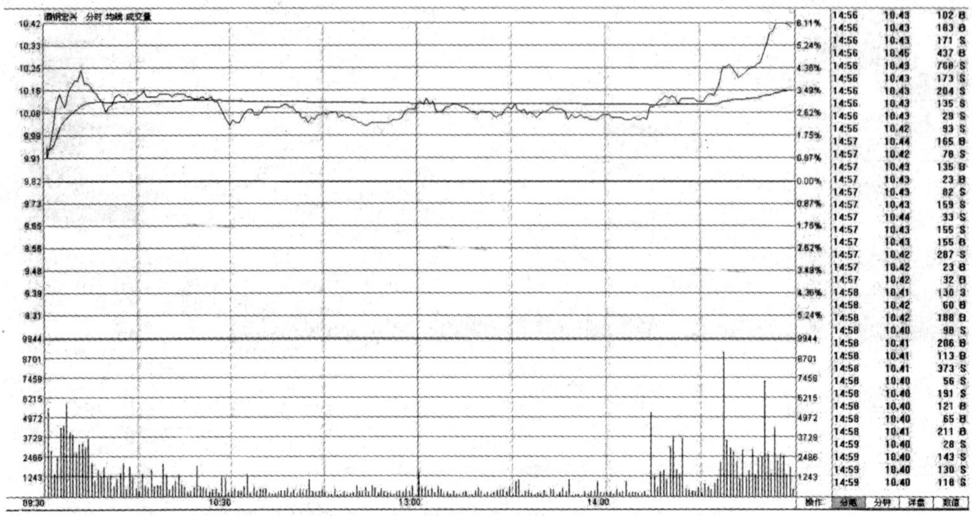

图6　9月2日分时图

开盘10分钟内快速拉升，至10.25元，突破压力线上轨，是一个积极进攻的信号。

主力并不急，突破压力线上轨后立即回调整理。从开盘的量能看，温和放量，骗线的可能性较小。

全天大部分时间都是围绕分时均线整理，这是一个鲜明的信号，主力并没有放弃进攻。

最后半小时，主力披挂上阵，放量拉升，再次向压力线上轨冲击，收盘站上10.40元。

注意：全天的成交量与昨日相比是缩减的，所以这个突破并不算强，而且最后半小时拉升，主力的力度和信心都有不足，该突破能否成立还有待后续的技术验证。

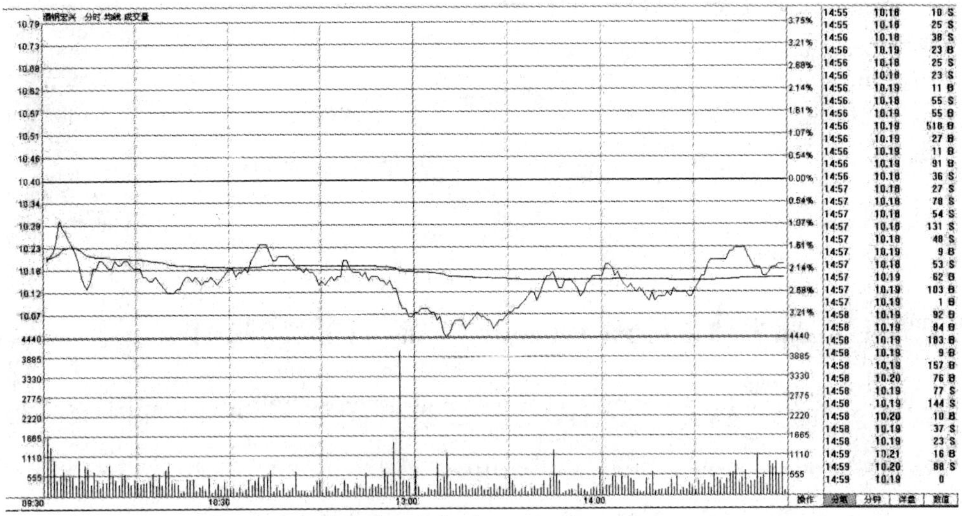

图7 9月3日分时图

尾盘勉强拉升的，次日很容易低开。今日开盘走势不出所料。

全天走势甚至没能回探昨日收盘价，围绕分时均线整理。

该日走势最关键的收盘位置，从图上看，勉强守在了压力线上轨处。

全天量能缩得很小，只有昨日的40%，结合收盘价守住压力线上轨来看，这仍然是一个看多的信号。

明日的走势将很关键，多空双方将围绕压力线上轨争夺。

图8　9月6日至9月7日走势

9月6日、9月7日两日中阳、小阳上涨。累计涨幅为4.5%。

成交量是个大问题。9月6日的量能只有9月2日突破当日的70%，9月7日的量能更低，只有9月2日突破当日的50%。压力线是否被有效突破还有待进一步验证。

本图谱展示的是一个在实际交易中，投资者很容易遇到的情况，大家多用心琢磨。它是短线被套的多发区域。忽略成交量和盘口语言，就会被表面的阳线所欺骗。下一图谱将进一步说明这个问题。

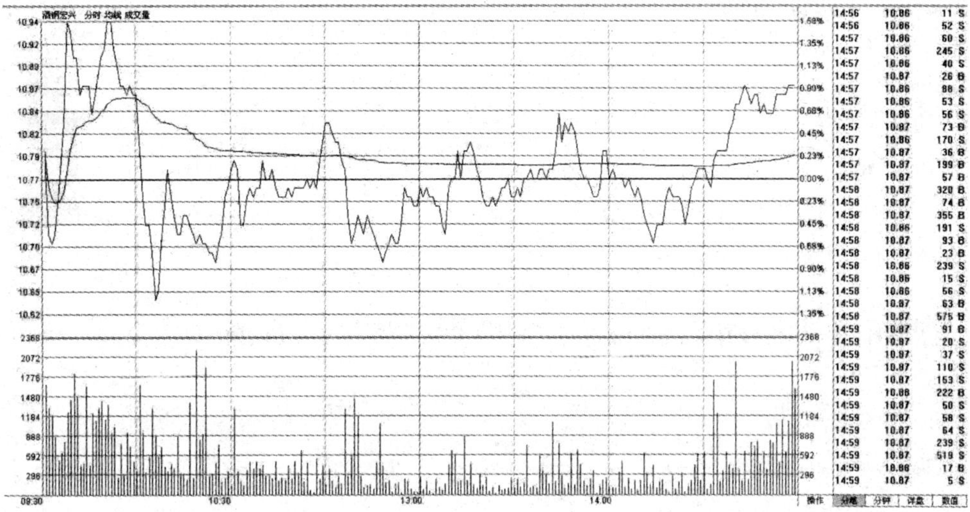

图9 9月7日分时图

全天只有开盘有过一波像样的拉升，但是注意，这种拉升是直线拉升，旋即回落，并不是一种理想的拉升形态。

从上一图K线看，今日是小阳走势，可是从分时图上看，就很明显地全天主要是在昨日收盘价附近震荡，尾盘才勉强拉升不到1%，而且没有放量，明日走势不妙。

从分时看，开盘的双顶非常突兀，在这样的一个关键位置，是一个很不理想的走势。

K线往往会掩盖许多盘中事实，而分时图分析就是要去揭示并理解盘中事实，盘口技术的意义即在于此。

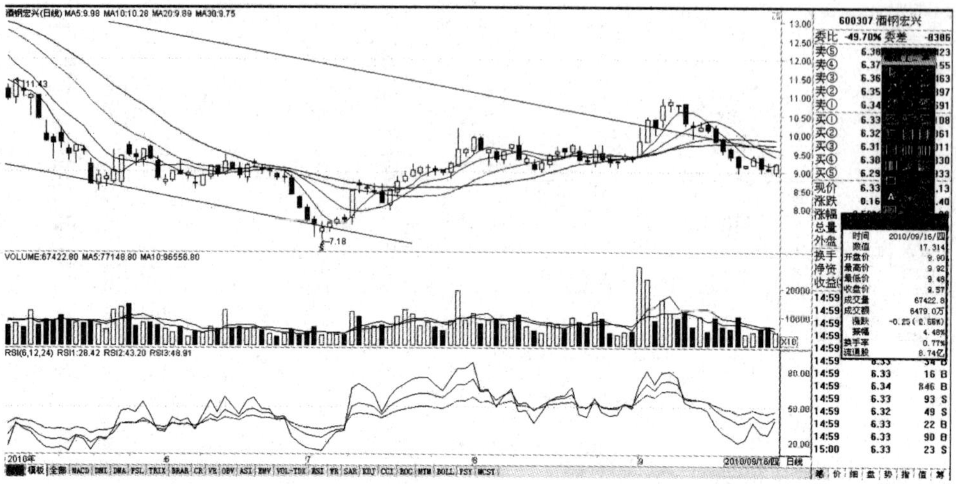

图 10　9 月 8 日至 9 月 30 日走势

9 月 9 日中阴,将 9uie6 日与 9 月 7 日的上涨全部抹平,同时 RSI 死叉。

9 月 14 日至 9 月 20 日五连阴。

9 月 15 日跌破压力线上轨。

注意:9 月 2 日的突破较弱,而且之后的走势没有验证其突破的有效性。没有掌握盘口技术的投资者在这波无效突破中可能被套。

虽然,9 月 2 日的突破失败,股价跌回下降通道中,但是仍然离压力线上轨不远。这是很重要的,因为是在五连阴之后。

之后,缩量,5 日均线重新拐头向上,还有机会。

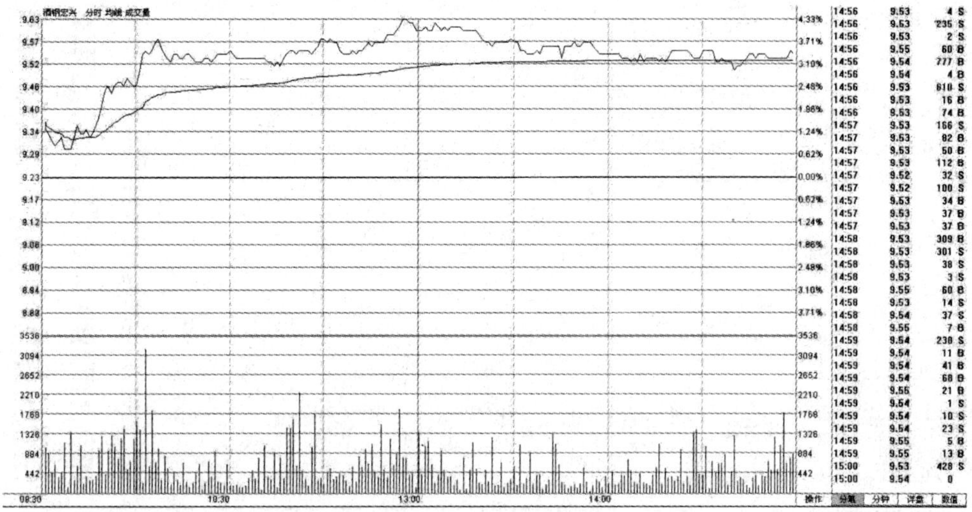

图 11 10 月 8 日分时图

经过十一长假后的第一天。

盘面很干净。

拉升，依托分时均线整理，全天收涨 3.36% 。

收盘的位置重新贴住压力线上轨，明天很重要。

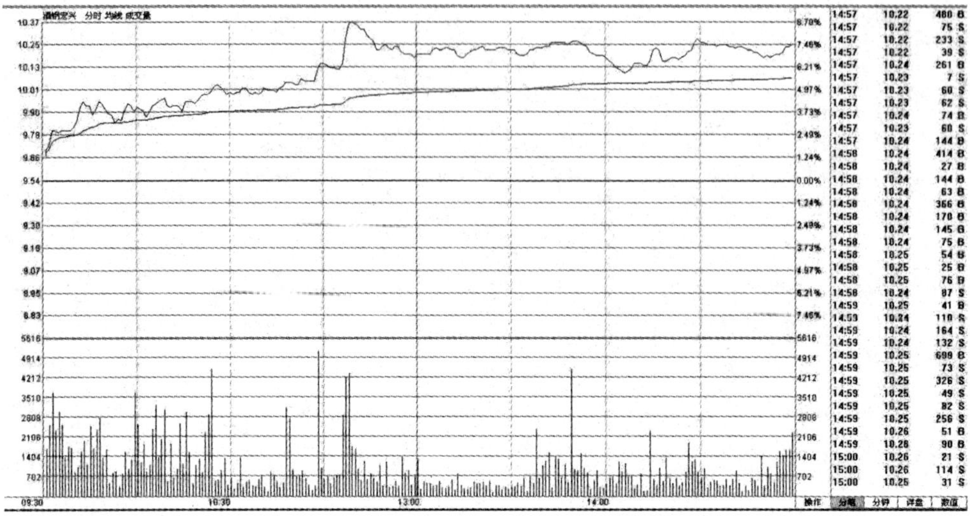

图 12　9 月 11 日分时走势图

高开,一路拉升,收盘上涨 7.46%。

收出光脚长阳,将压力线上轨踩在脚下,同时放量。

从分时图看,依托分时均线拉升,走势漂亮。

同时突破全部短期均线组,以这种方式突破压力线是比较理想的走势。

后续的走势将依靠短期均线来操作。

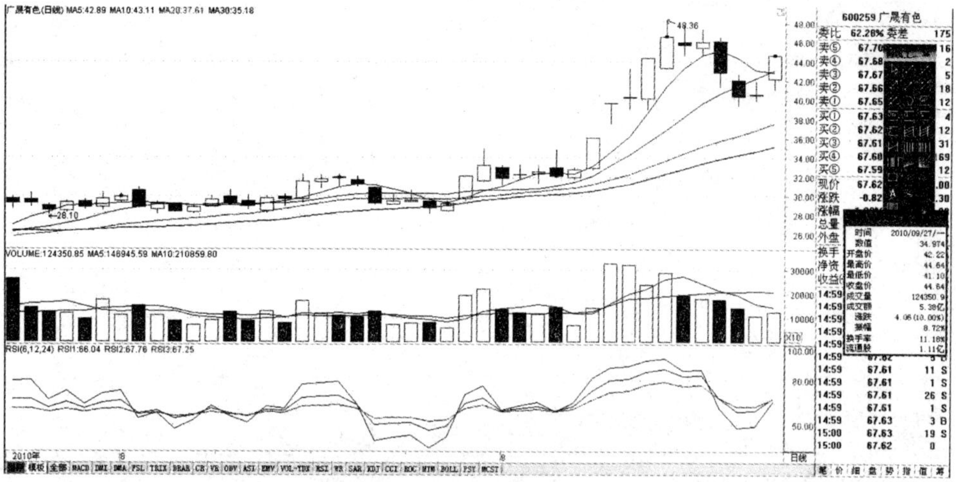

图 13　广晟有色 2010 年 9 月 27 日 K 线图

该股 9 月 7 日至 9 月 16 日一直依托 5 日均线上涨。保持着较好的上升趋势。

9 月 17 日跌破 5 日均线，9 月 18 日继续下跌 5.79%。

9 月 21 日，该股收出十字星。

9 月 27 日重新开牌后，该股涨停，突破 5 日均线。

依托 5 日均线上涨是一种很强的上涨走势，该股站上 5 日均线，是洗盘结束的信号，而以涨停的形式站上 5 日均线，属于强有力的突破。

涨停时的成交量是不同的，不能简单比较。明天站稳 5 日线，短线将有不错的拉升。

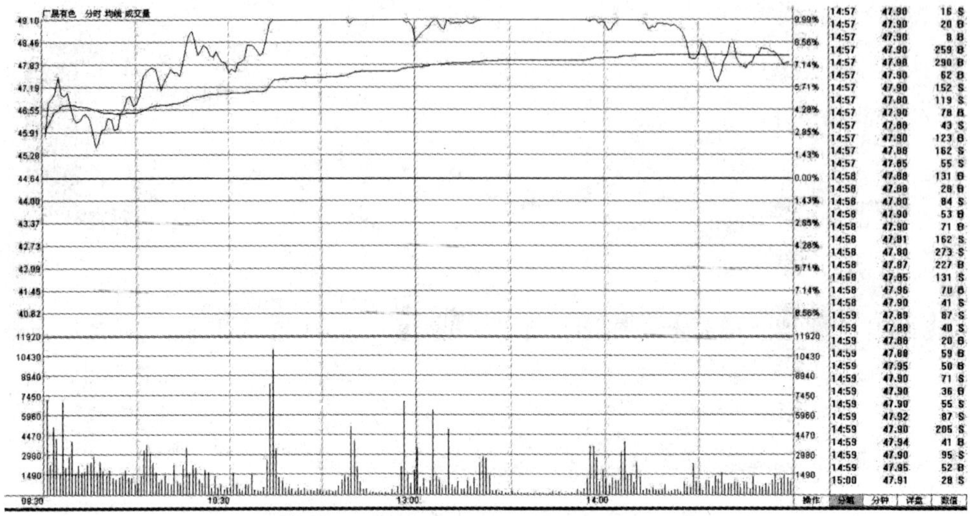

图 14　9 月 28 日分时走势图

大幅高开。小幅下探后，立马一路拉升。

彻底站上 5 日均线，这样 5 日均线将作为操作的依据。

盘中一度封涨停。数度打开又封上，但是短线获利了结压力较大，最后是收涨 7.33%。

注意：涨停打开后，并没有放大量，走势也稳定在分时均线位置。

短线上涨没有结束，上午 9:55 突破分时均线时，是一个加仓的机会。

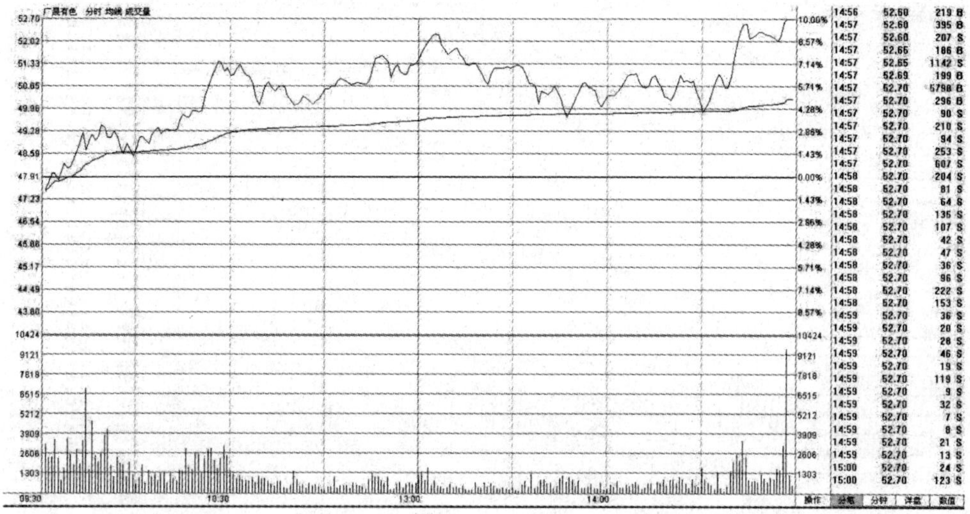

图 15 9 月 29 日分时图

开盘在昨日收盘价位置，一路拉升，短线行情十分可观。

上午拉升，下午整理，尾盘再度封涨停，全天的走势干净利索。

带量突破前高，后市上涨空间被进一步打开。

均线系统保持标准的多头排列。

最后一刻封上涨停，这点需要关注，明日若高开就要小心了。

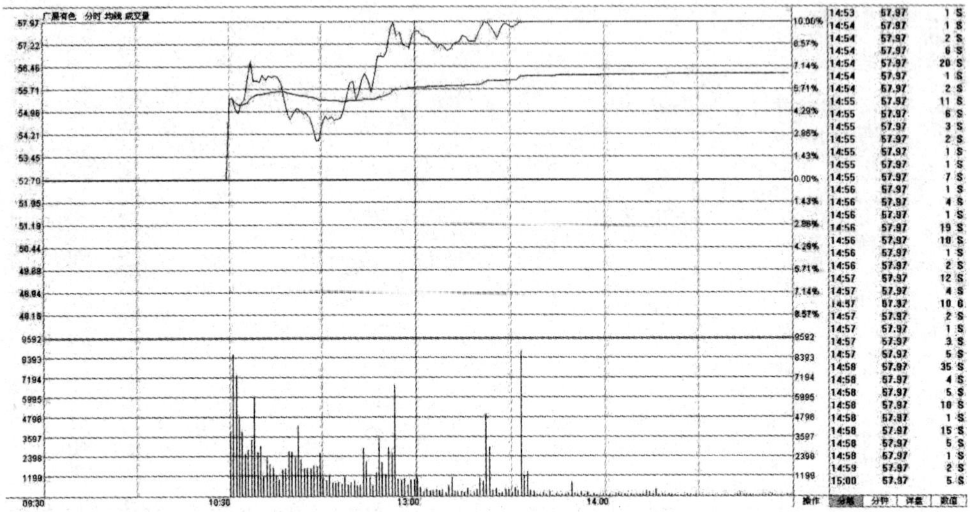

图 16　9 月 30 日分时走势图

当日推迟开盘,10:30 开盘即高开。开盘成交量很大,需要注意。如果盘中跌破昨日收盘价,就要立即出货。

这是非常重要的时刻。要判断主力是否出货,需要看开盘方式、成交量,需要设定止盈位置。所谓止盈,就是一旦股价跌破止盈位置,即获利了结。在这里,我们把第一止盈位设置为昨日收盘价,第二止盈位设置为 5 日均线。一旦股价跌破昨日收盘价,即出 1/2 货,如果再跌破 5 日均线,再除掉剩余的货。

盘中,股价未触及第一止盈位即被拉回,下午 13:30 主力封上涨停,直至收盘。

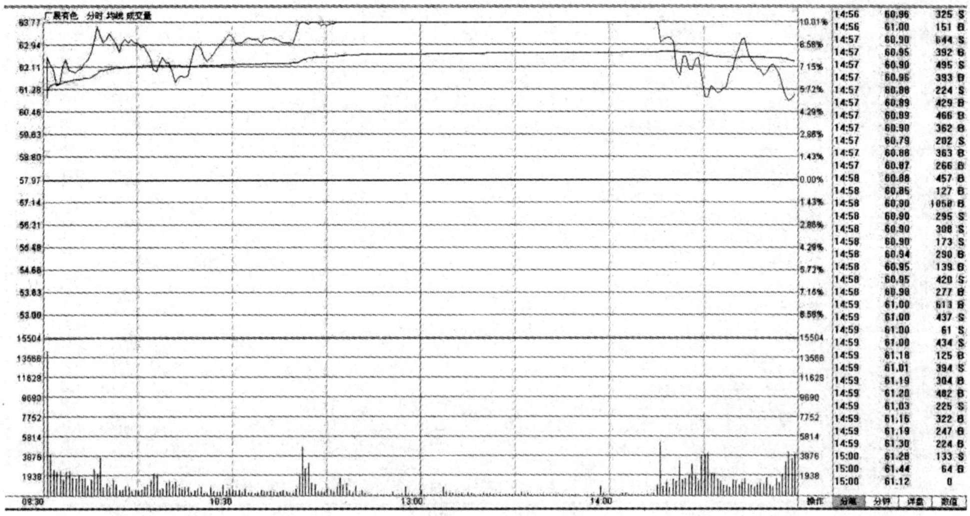

图 17 10 月 8 日分时走势图

十一长假后的第一天。

高开,11:00 封上涨停。短线走势非常强。

14:14 涨停打开。收盘涨 5.43%。

注意:不要被这根阴线吓住,实际上它还是涨的,我们只要设定好止盈位即可。

均线系统和 RSI 继续保持漂亮多头走势。

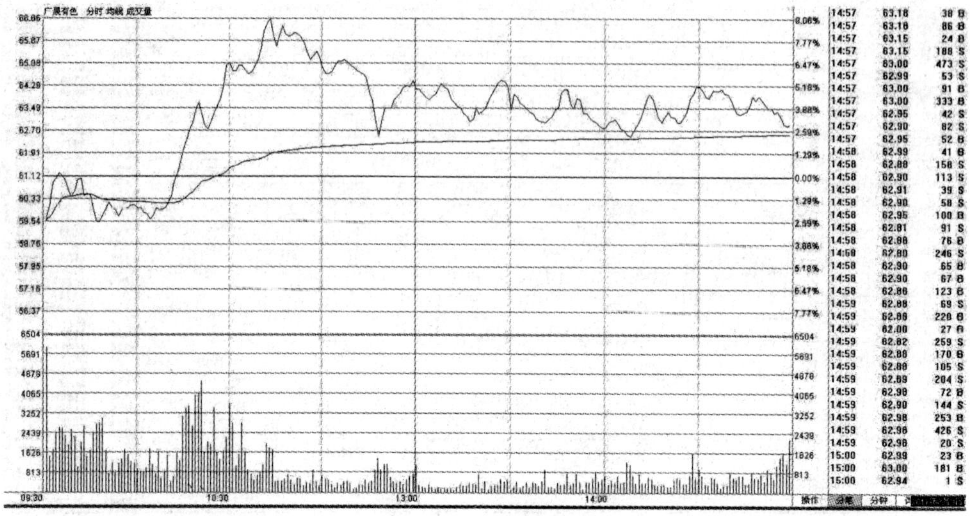

图 18 10 月 11 日分时图

低开，冲高回落整理。

从盘口依托分时均线整理来看，可以判断是一个洗盘走势。

从突破 5 日均线以来，已经有 40% 的涨幅了，需要注意跌破 5 日线即止盈。

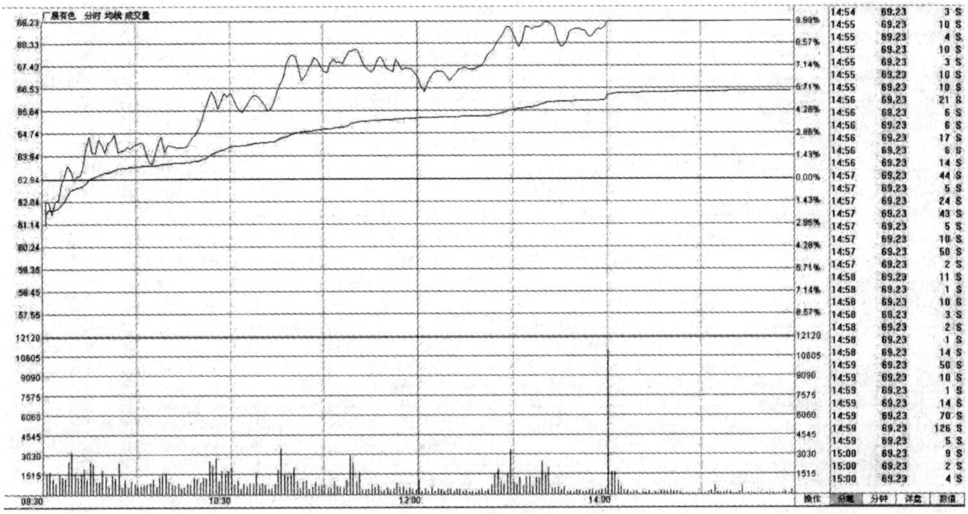

图19　10月12日分时走势图

低开,回踩5日线,在5日线获得支撑,一路拉升。

拉升的形态非常好。注意:中间形成了两个平台。

13:30后,主力开始冲击涨停,最终在14:00点大单封住涨停。

再封涨停,短线走势非常强劲。均线与RSI保持着良好的多头形态。

14:00封住涨停后,成交无量,这是好的。如果量大就要小心了,毕竟短线涨幅已经巨大。

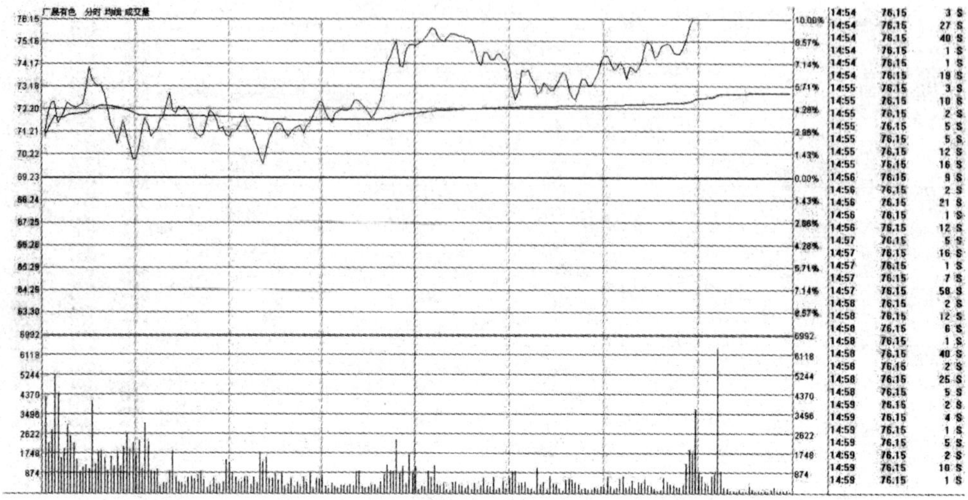

图 20 10 月 13 日分时图

昨日涨停后，今日再度高开。

早盘的量并不大，如果高开后放巨量，就要小心了。

从盘口来看，短线获利了结的压力还是比较大的。

主力尾盘再度发力，封上涨停。

均线与 RSI 继续保持良好的多头形态。

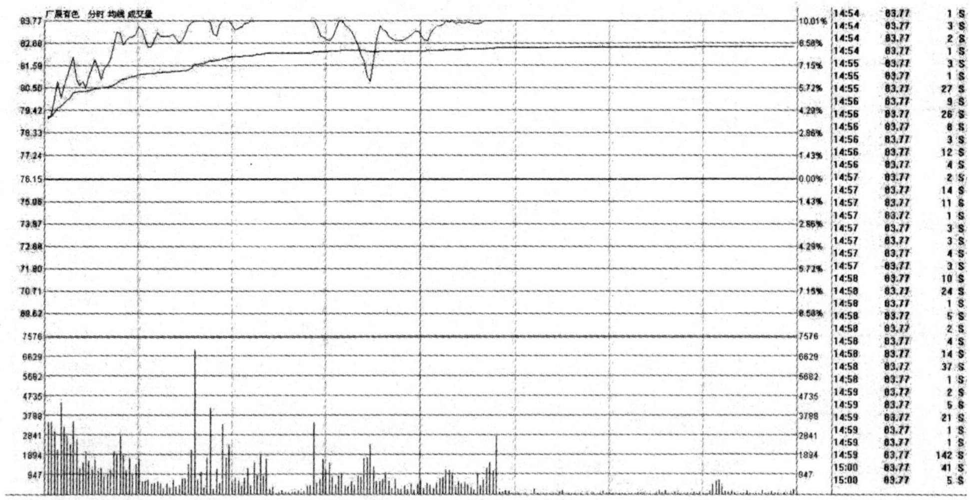

图 21 10 月 14 日分时图

高开高走,非常强劲。从 9 月 27 日突破 5 日均线至昨日收盘,7 个交易日,累计涨幅达到 70.6%。

主力从 10:00 开始冲击涨停,但是今日封涨停并不顺利,数度被大单打开,主力还是显示出了封涨停的决心,下午开盘不久再度封上涨停,一直保持到收盘。

量能正常,均线和 RSI 继续保持良好的多头形态。

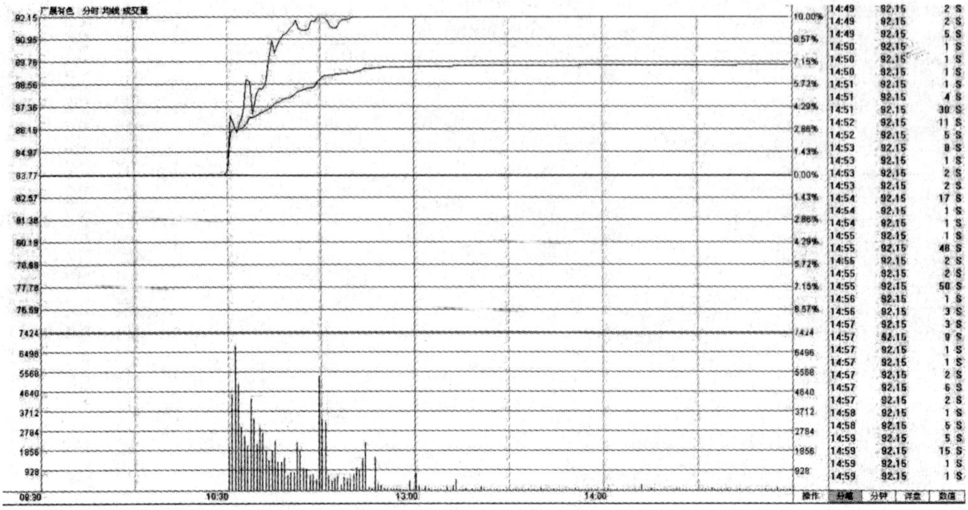

图 22　10 月 15 日分时图

推迟开盘。10:30 开盘,高开,迅速拉升。11:00 后封住涨停,保持至收盘。

注意:盘中理想的拉升形态是依托分时均线进行。拉升—回踩—拉升—回踩—封板。其中 2% ~3%、4% ~5% 区间都是回踩容易集中的区间。

短线获利已经非常丰厚,坚决以 5 日线为依据操作。

今日封涨停后,无量,明日继续观察。

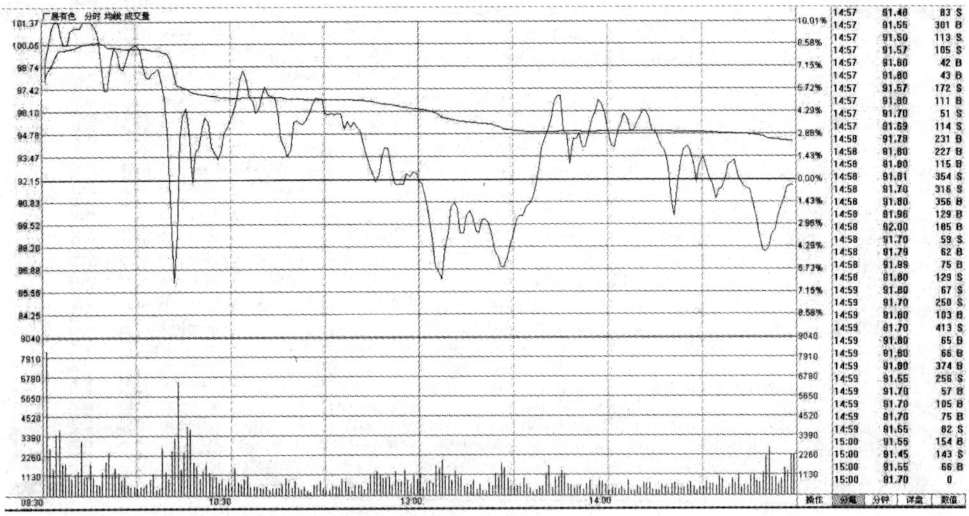

图 23 10 月 18 日分时图

大幅高开,放出巨量,直接冲击涨停。然而两度冲击失败。

高开直接封涨停,看似强劲,然而小单即将涨停打开,说明了主力是在虚张声势。

高开放出巨量,这是值得注意的信号。

10:00 以后大跳水,一度暴跌 7%,拉回的时候又在分时均线处受阻。从盘口看,短线强势已经不复存在。

分时均线一直压制着全天的走势,收盘勉强拉回昨日收盘附近,但是今日仍然是自 9 月 27 日突破 5 日均线以来的第一个实质性阴线。

在这个位置,大实体阴线容易成为变盘信号,坚决以 5 日线操作,明日一旦跌破即出货。

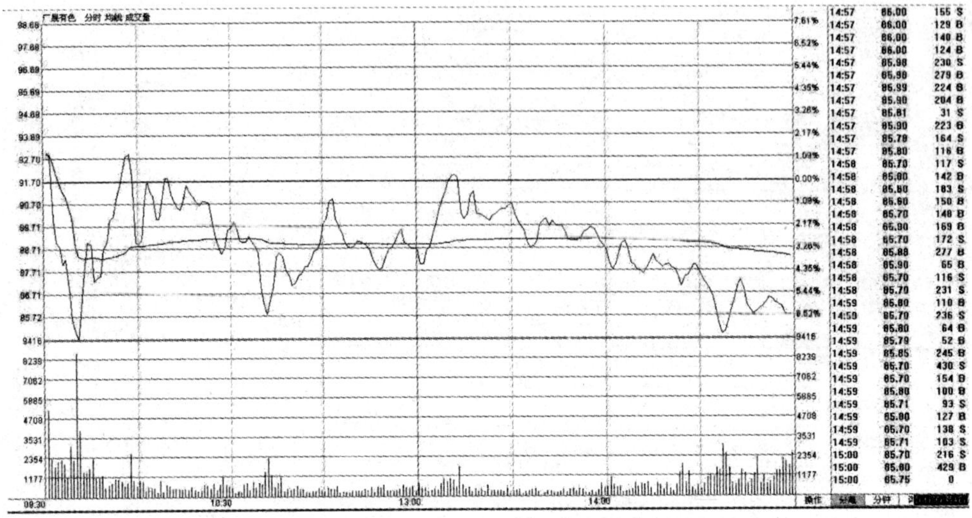

图 24　10 月 22 日分时图

开盘即暴跌，跌破 5 日线。

坚决在跌破 5 日线后获利了结。如果未能在早盘这轮下跌中出货的，也应该在股价拉起又重新跌破分时均线时出货。

下午开盘后，一路下跌，最后以下跌 6.49% 收盘。

从盘口看，短线强势不再，而获利已经丰厚，按照止盈计划出局，保证赢利。

第二节 受阻

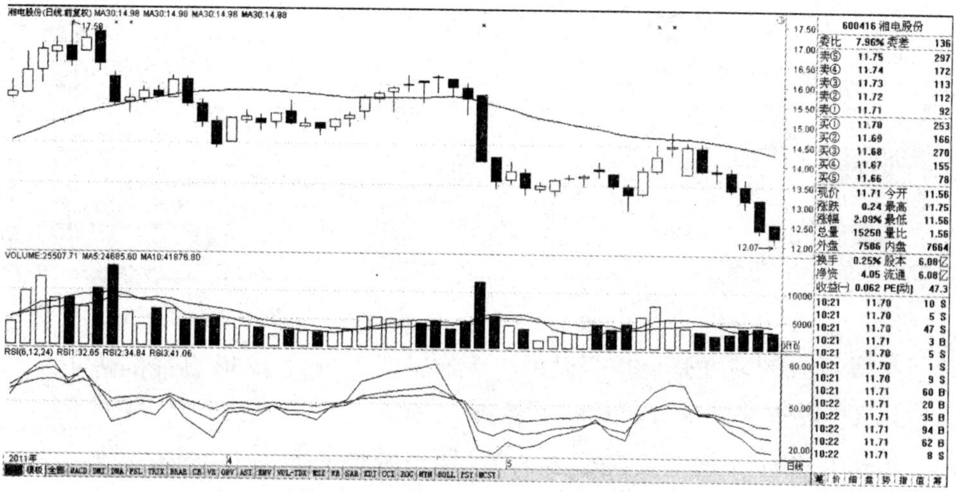

图 25 湘电股份冲击 30 日线受阻

由于 2011 年 4 月 28 日是以放量长阴跌破 30 日线，所以有效的突破要求最好是放量长阳。

5 月 19 日攻击 30 日线，最终只收出一个十字星，量能明显不够。

次日，5 月 20 日，股价触及 30 日线后也是旋即跌回，5 月 21 日阴线再将 20 日的阳线大部侵蚀。攻击突破 30 日线的努力彻底失败，股价重回跌势。

突破关键均线和压力线需要量能的配合，缺少量能配合则如本图例一样失败。

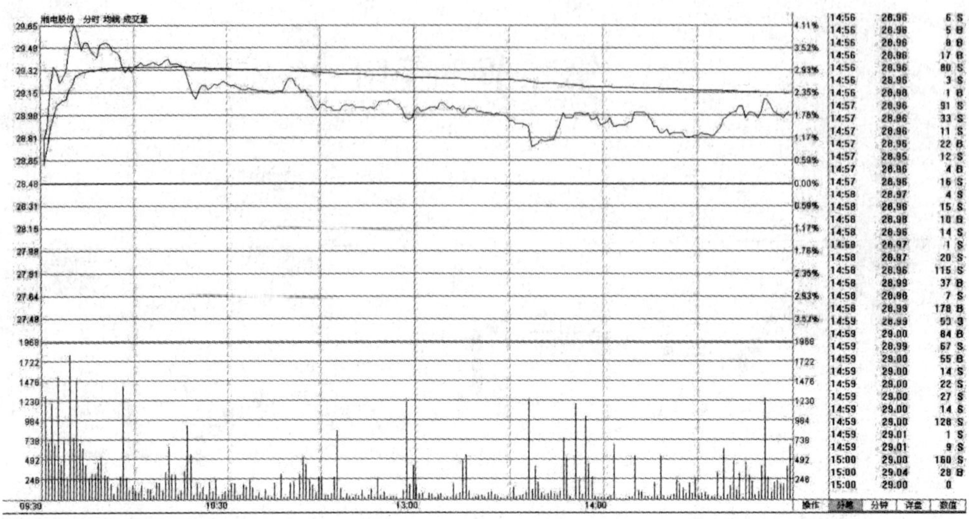

图 26　5 月 19 日分时图

早盘拉升的力度是比较强劲的。大有一鼓作气站上 30 日线的势头。

10:00 股价回落至分时均线处整理。

10:00～10:15 是全天最重要的关口，当股价回落至分时均线时，主力的选择是稍做抵抗，旋即放弃。

10:15 后股价跌破分时均线，之后全天受制于分时均线的压制，最后收出十字星，标志着本次进攻失败。

主力在 10:15 后放弃攻击，有大盘走势的原因，也有自身操作的原因。然而我们不需要了解这些原因，我们通过盘口走势观察分析得出主力放弃进攻这个结论就足够了。

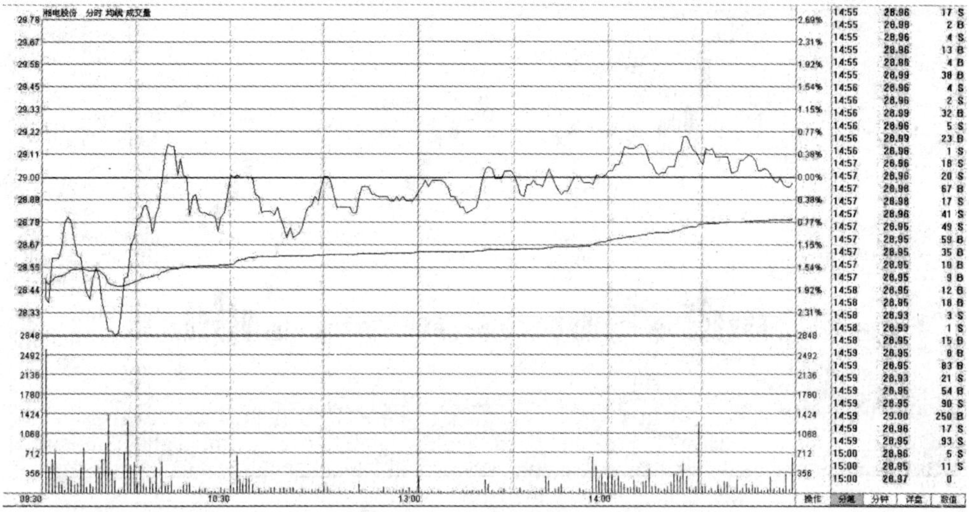

图 27 5 月 20 日分时图

我们再来看一下次日的走势。

低开,向下调整,这是在昨日攻击 30 日线失败后,主力顺势调整。

主力也有一波试图拉起,然而受阻于昨日收盘价,一直在昨日收盘附近徘徊,尾盘再度跌回,斗志全无。

主力的软弱在盘面上暴露无疑,股价后续走势也就可知了。

单从 K 线图看,今日是一根光脚阳线,然而实际上今日走势是收跌。这是 K 线分析时,散户常犯的错误。

注意:量缩得非常厉害。

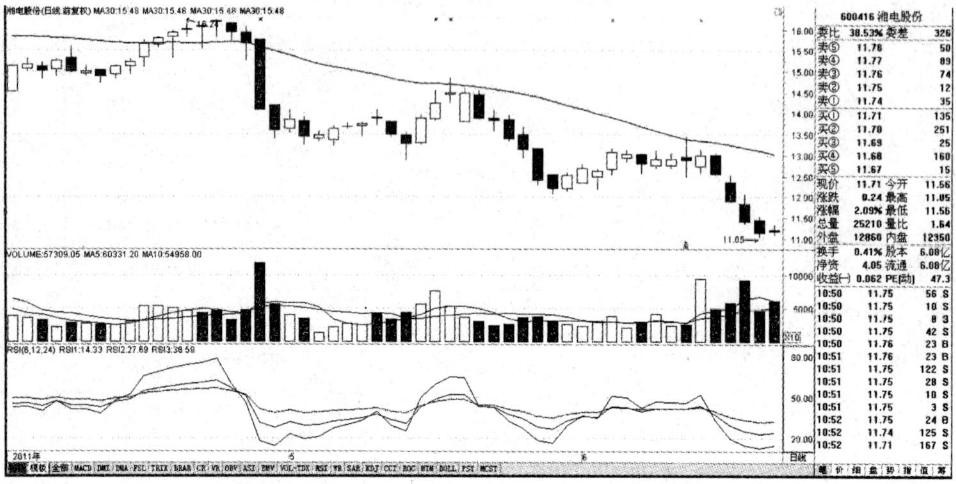

图 28　6 月 13 日再度冲击 30 日线失败

注意观察，本次失败与 5 月 19 日如出一辙。

主力再度试图攻击 30 日线，然而最后还是收出一根十字星。

量能萎缩得很厉害。

左侧失败下跌时是长阴中阴，那么要求右侧拉升攻击时也最好是长阳中阳，而且右侧的堆量不能小于左侧。

攻击 30 日线失败后，股价再回跌势。

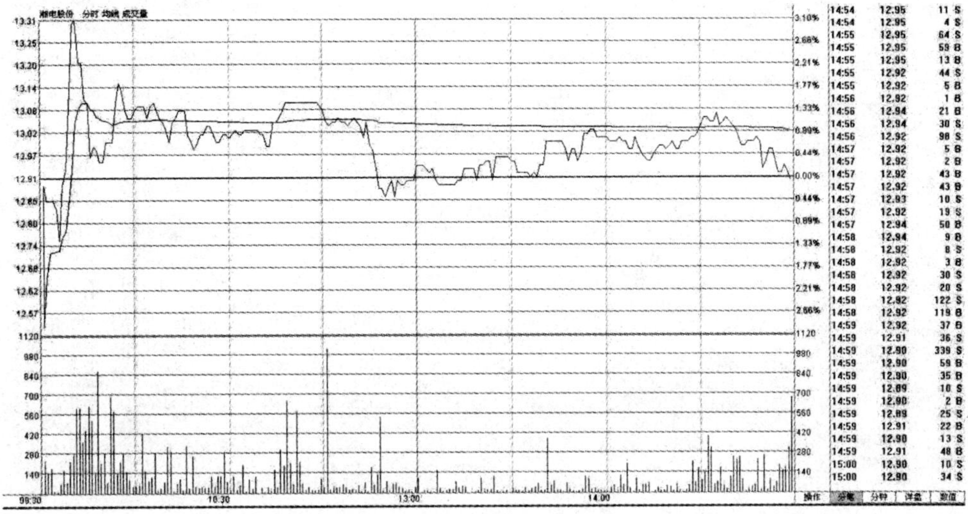

图 29 6 月 13 日分时图

开盘拉升,但是无量,这是不好的兆头。

很快跌破分时均线,全天受制于分时均线。

之后,没有一次像样的拉升,全天量能萎缩得很小。

全天收出阴十字星,攻击 30 日线失败。

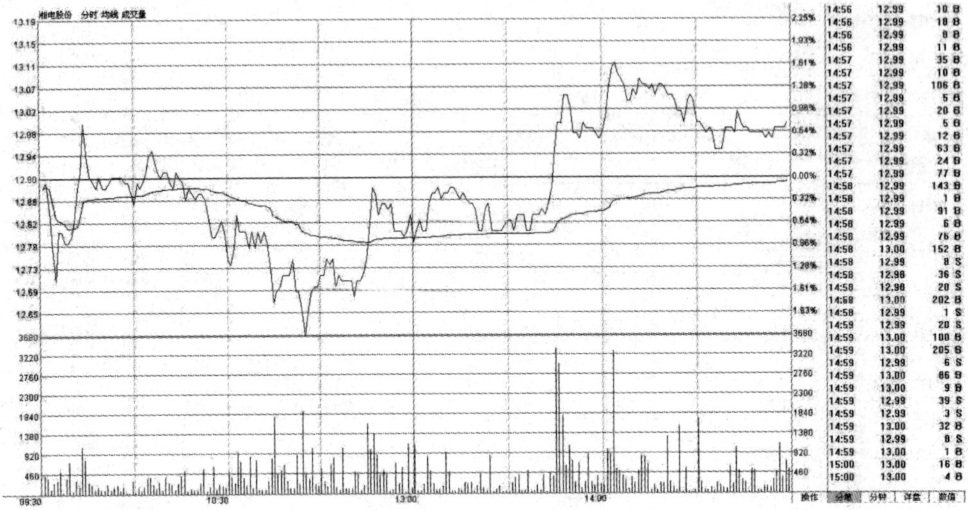

图 30　6 月 14 日分时图

再看一下次日的走势。

昨日攻击 30 日线失败后，今日也没有走出有力度的攻势。

注意：放出进段时间以来的巨量，只上涨了 0.78%。

通常这种走势说明攻击已成强弩之末，是转势下跌的信号。

之后，股价重回下跌趋势。

第三节 跌破

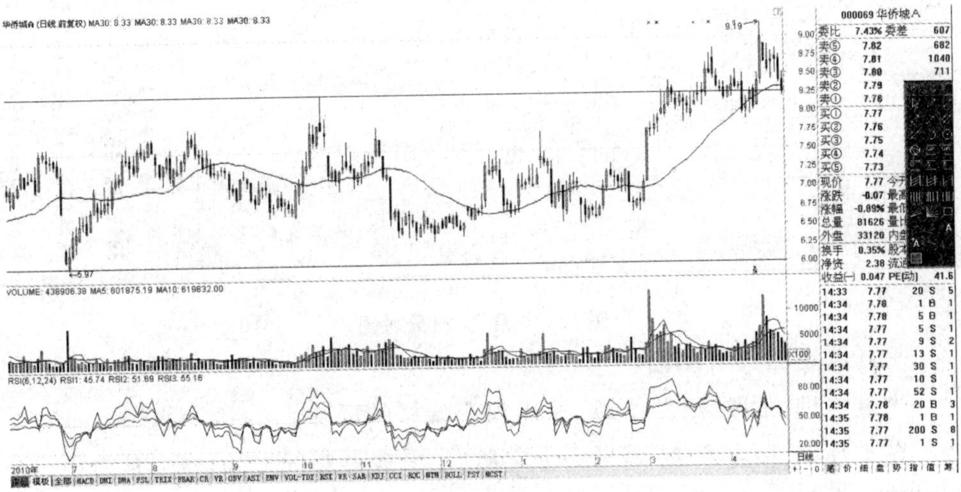

图 31 华侨城 A2011 年 4 月 26 日跌破 30 日线触及整理平台上轨

股价曾在 4 月 11 日跌破 30 日均线，之后 12 日和 13 日来回，14 日再度跌破 30 日均线，15 日拉回。18 日冲高后，又一路阴跌。26 日再度跌破 30 日均线。

4 月 11 日股价同时跌破了前期整理平台的上轨，15 日拉回，26 日再度下跌触及该平台。

18 日放量拉升，一举站上 30 日均线和前期整理平台上轨。之后几个交易日，一直在围绕 18 日的阳线实体争夺。21 日和 22 日的十字星，标志着做多动能的衰竭。

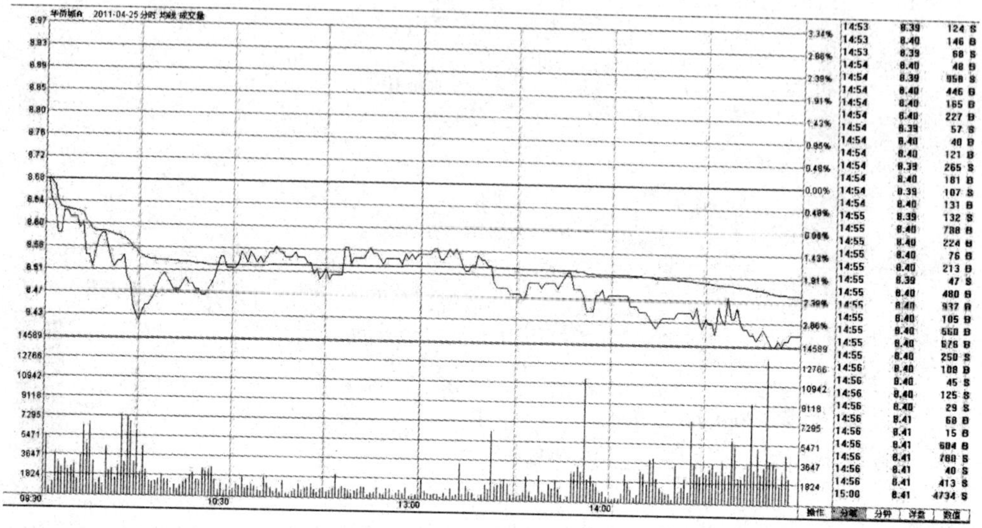

图32　4月25日分时图

平开低走的典型图谱。

中继整理，下跌，继续下跌，全天没有像样的反弹。

在4月21和4月22两日的十字星后，出现平开低走的走势，从盘口已经可以确定多翻空。

今日形成的这根中阴线，对30日均线和前提平台上轨形成兵临城下之势。

明日考验30日线和平台上轨。

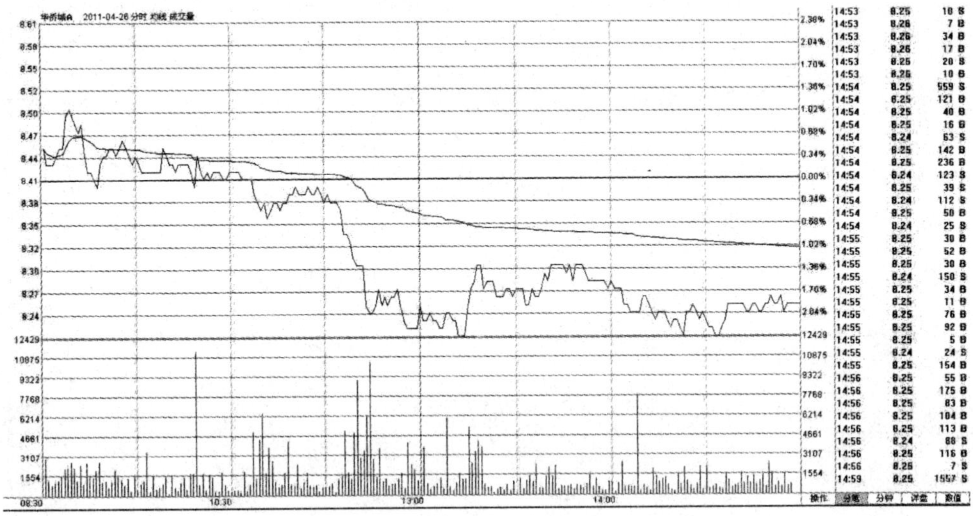

图 33　4 月 26 日分时图

再次平开低走。开盘曾有过一波试图上攻，但是力度非常小，从能量即能看出。

11:00 点以后的一波跳水，跌破 30 日均线，下午开市后，走势更弱。

下午盘中跌破平台上轨，但是尾盘被拉起。

股价走势的弱势低迷，在盘中一览无余，量能所得很小，明日平台上轨压力很大，继续下跌的可能性大。

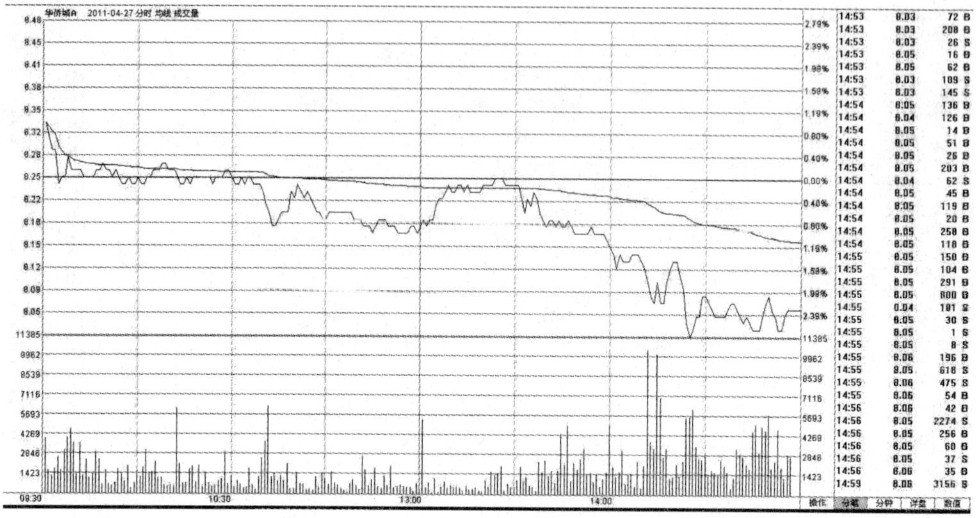

图 34　4 月 27 日分时图

高开低走,全天跳水行情。

在平台上轨位置有过一些抵抗,但是 13:30 后宣告跌破,至收盘跌 2.3%。股价运行重新拉回前期整理平台。

分析开盘前 5 分钟走势是很重要的。高开低走,量能不足,又不能有利拉起,全天的走势必定是不容乐观。

前期盘还剩余的仓位,在昨日跌破 30 日线时就应该出清,昨日未出清的,今日下午跌破分时均线时,也应该全部出清。

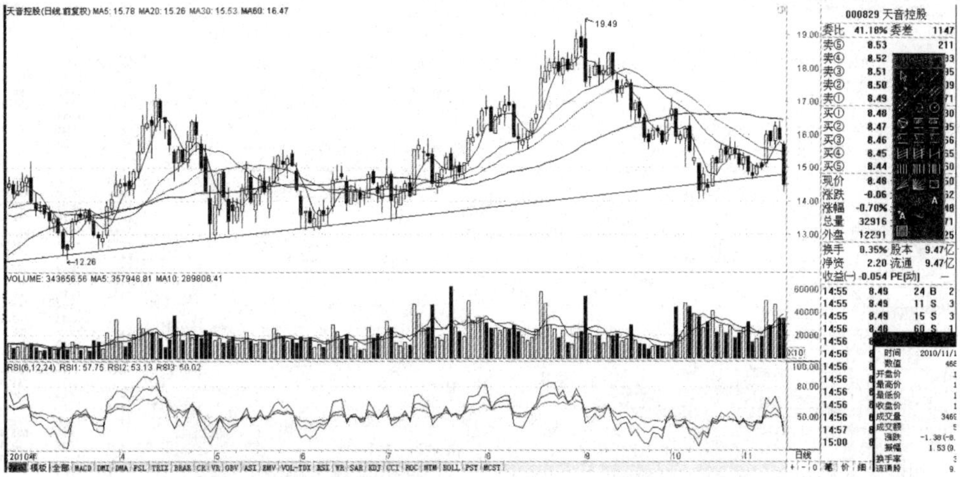

图 35 天音控股 2010 年 11 月 12 日跌破支撑线

该股在这轮上涨中，升幅太巨大，在高位形成头肩顶，短期均线组呈现空头排列。这些都是将有巨幅下跌的征兆。

10 月 18 日股价有过一次跌破支撑线，但是旋即被拉起，之后再于 11 月 3 日又一次回踩支撑线。主力尝试在支撑线位置做出抵抗。

11 月 11 日 RSI 形成死叉。

11 月 12 日股价以放量长阴跌破支撑线，跌幅达到 8.7%，下跌的力量非常强。

如果在这个位置跌破支撑线，后市将有深幅下跌。

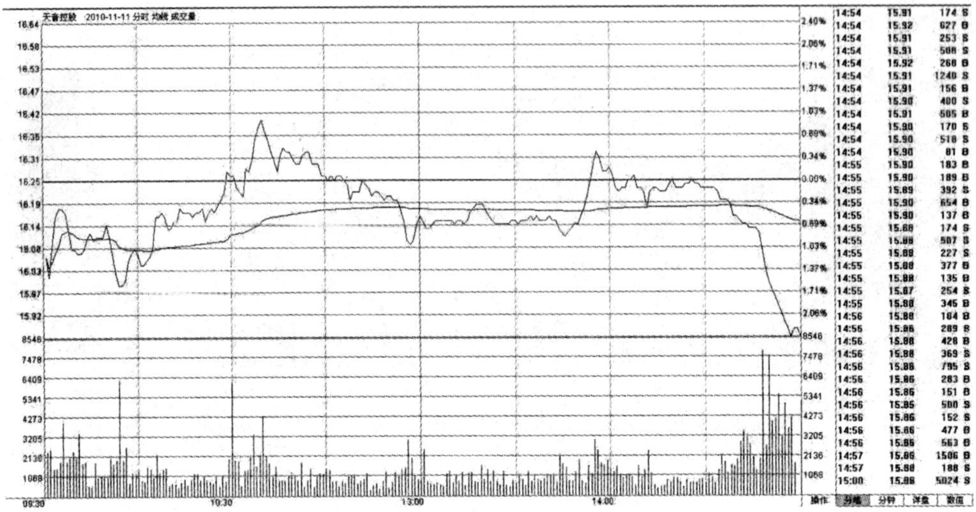

图 36　11 月 11 日分时图

11 月 3 日回踩支撑线后，有一波拉升，11 月 10 日股价触及 60 日均线折回。

11 月 11 日股价再度依托 10 日均线冲击 60 日均线。

从盘口看，有过两波拉升，但是后一次从高度和量能看都低于第一次，这是做多衰竭的信号。

尾盘跳水，主力已经无心继续拉升，股价进一步下跌成必然。下一步将再度调整上升趋势线的支撑力量。

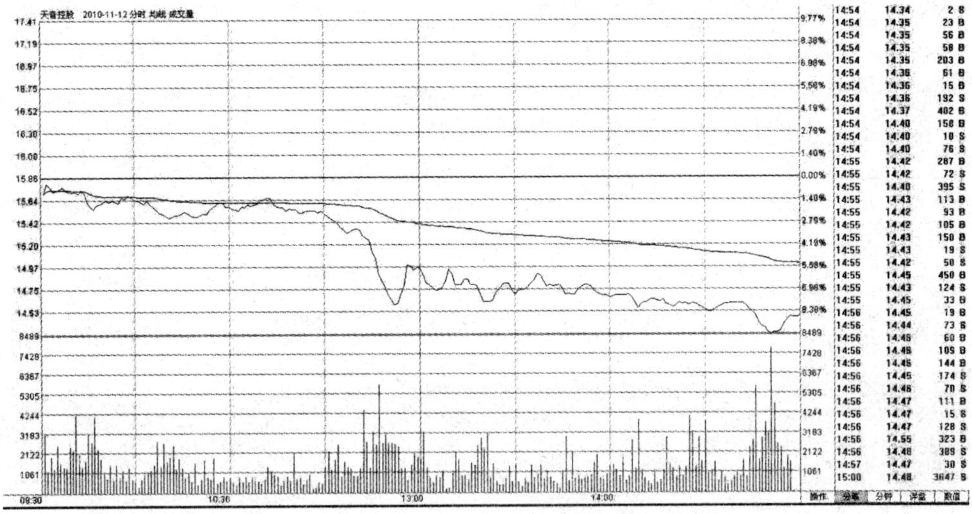

图 37　11 月 2 日分时图

低开低走，对主力已不抱希望。这轮上涨中，主力获利丰厚，目前股价处于高位，既然主力无心恋战，后市走势可知。

以大阴线暴跌跌破所有短期均线组，这是跌势将继续而且进一步加大的信号。

从盘口看，在支撑线的重要位置，主力并没有护盘。

重要支撑线以此种方式跌破，对后市不能有任何幻想，否则不但前期利润不保，而且还将面临巨亏。

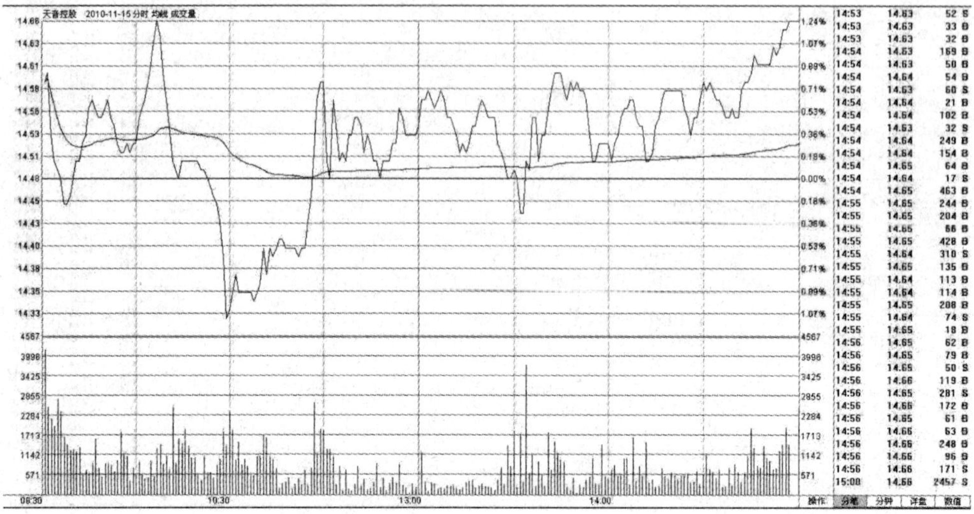

图 38　11 月 15 日分时图

高开虚张声势，旋即下跌。

盘中试图拉起，但是根本没有力度。

全天在昨收与今日开盘价之间震荡，风雨欲来的征兆，尾盘匆忙拉起，属于诱多。

从盘口看，有搏短线反弹的资金介入，这样虎口夺食是非常危险的。

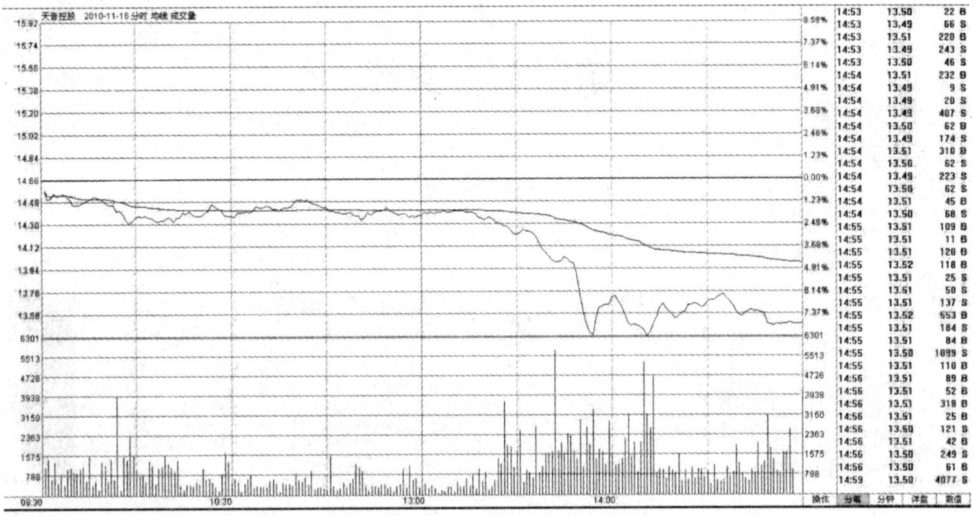

图 39　11 月 16 日分时图

平开低走,上午在 1 个点的区间内窄幅震荡。

久盘必跌,这在分时图上也体现得淋漓尽致。

下午,主力跳水,图穷匕首现。

等待着散户的,将是杀戮。

第四节 支撑

图 40 美利纸业 2009 年 9 月 1 日下跌至上升趋势线处获支撑

该股 8 月 12 至 8 月 19 五连阴，短期均线形态全部破坏。这波下跌速度快跌幅深，是对做空动能的有效释放。同时也有效起到了洗盘的作用。

五连阴在靠近趋势线时，有过一波小反弹，但是还需要进一步确认趋势线。

注意：在五连阴之前，有过一个整理平台，均线黏合，反复缠绕，这是在选择方向。因此，五连阴后股价是否能在趋势线处获得支撑非常重要，如果不能，股价再做深度下跌，如果在趋势线处获得了支撑，则有洗盘打压的意味，后市还将顺着趋势线拉升。

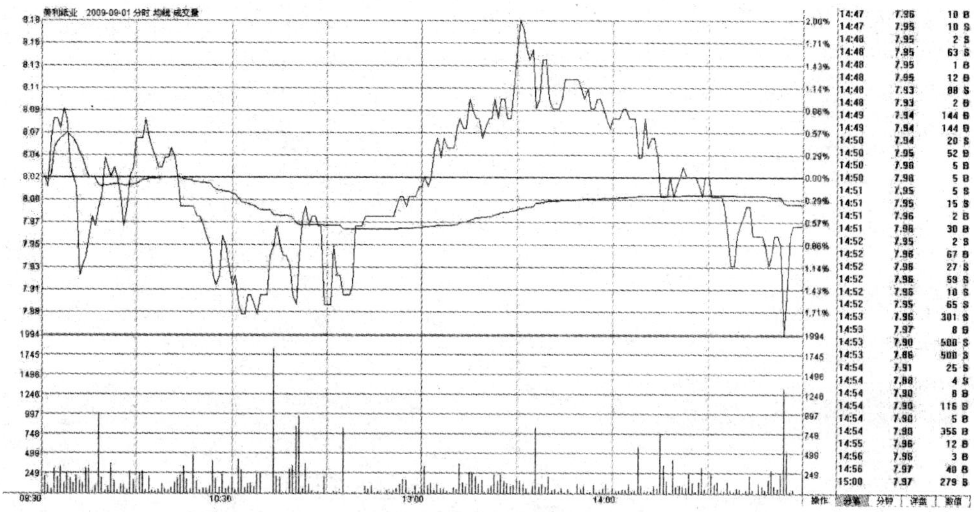

图41　9月2日分时图

此前,8月28日低开低走,8月29日光头大阴线,跌幅达到9.18%,说明了股价有进一步下探确认趋势的强烈需求。主力也不愿意这样就拉升,还有进一步洗盘的需求。

9月2日平开震荡,围绕趋势线位置反复整理。

对于趋势线,反复确认的越充分,后市的支撑作用就越强。

尾盘拉起,把战斗拖入明日。

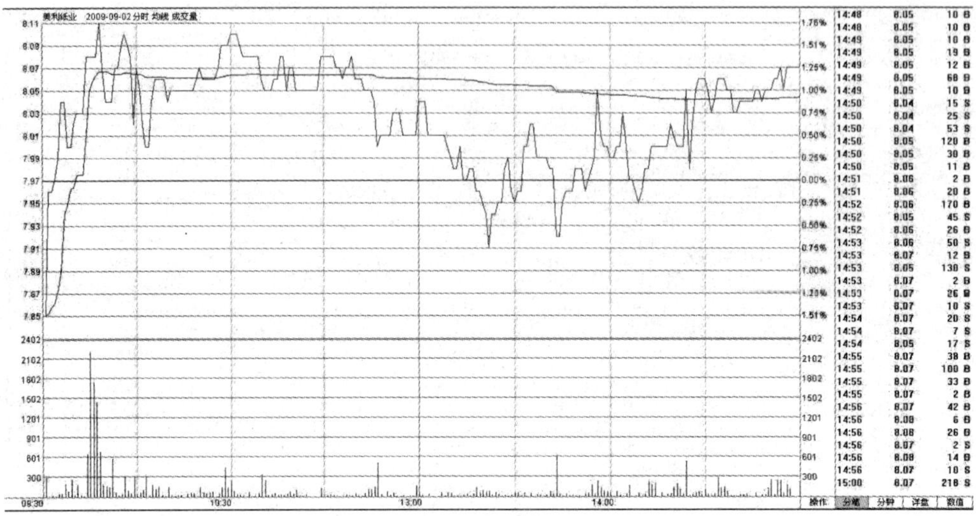

图 42　9 月 2 日分时走势图

低开，快速拉起。

全天量能都很小，多空双方的力量都较弱。

从盘看面，做空的动能在进一步衰竭。

全天收出小阳，站上趋势线。但是今日的阳线仍然太弱，量能也没有，需要再观察明日的走势。

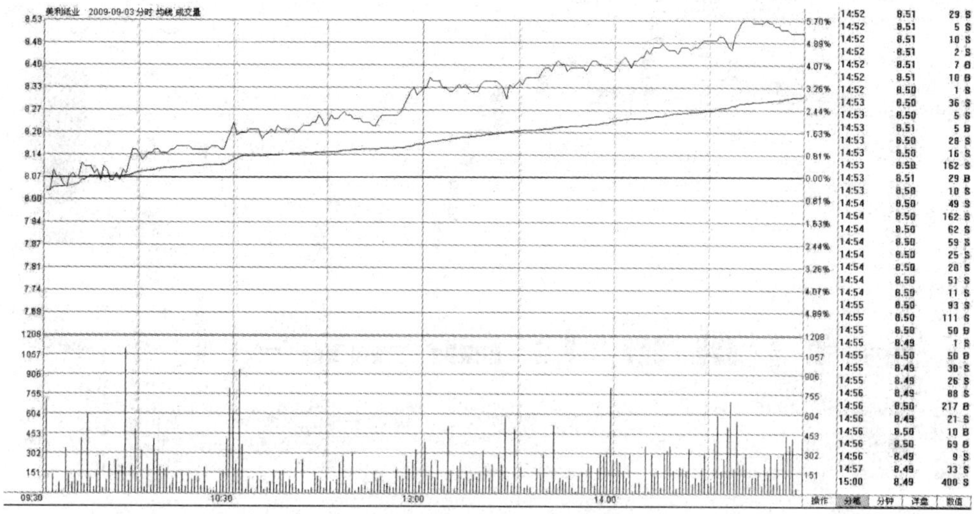

图 43 9 月 3 日分时图

低开高走，一路拉升，分时均线呈近似 30 度直线。

股价彻底站上趋势线，确认在趋势线处获得支撑。

全天量能仍然没有放大，这点并不理想。

之后，会有一波反弹拉升，但是是否能突破前期整理平台，还有待观察。

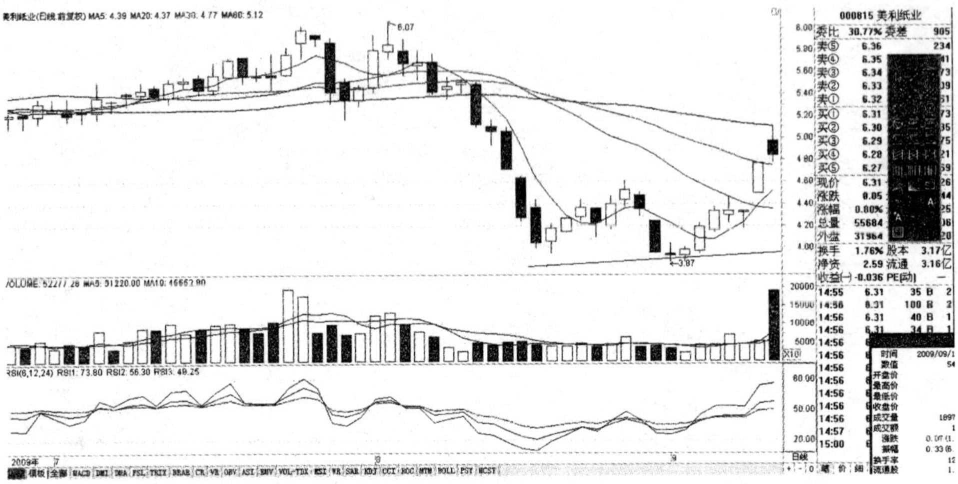

图44　9月10日K线图

9月3日之后,有一波小反弹。

股价有冲击前期整理平台的趋势。

股价在60日均线处受阻,收出一根带上影的阴线。

今日放出巨量。

均线处受到压制,有进一步整理回调的需求。

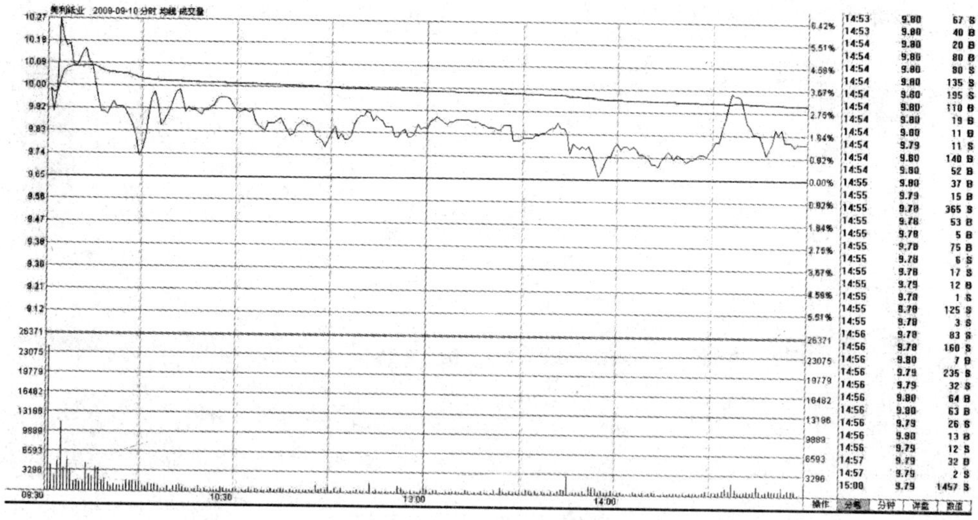

图 45　9 月 10 日分时图

大单高开，站上 30 日线，冲击 60 日线。

大单高开，但是拉升很快就跌回，从盘口语言来解读，就是属于诱多。

跌破分时均线，冲击 60 日线失败，后市将重新整理冲击 60 日线，或者想再次回踩趋势线确认。

今天收出巨量，带长上影线的巨量阴线是反弹结束的信号。

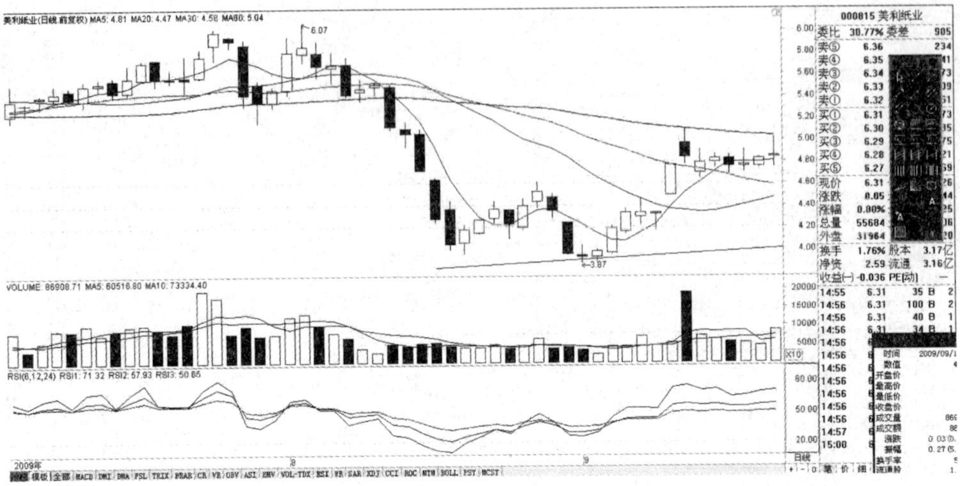

图46　9月18日K线图

9月10日攻击60日线失败后，股价进行了几个交易日的整理。

9月18日，股价依托30日线，再度攻击60日线。

再度收出带长上影线的十字星。

冲击60日线失败，股价后期将再度下跌回踩趋势线确认。

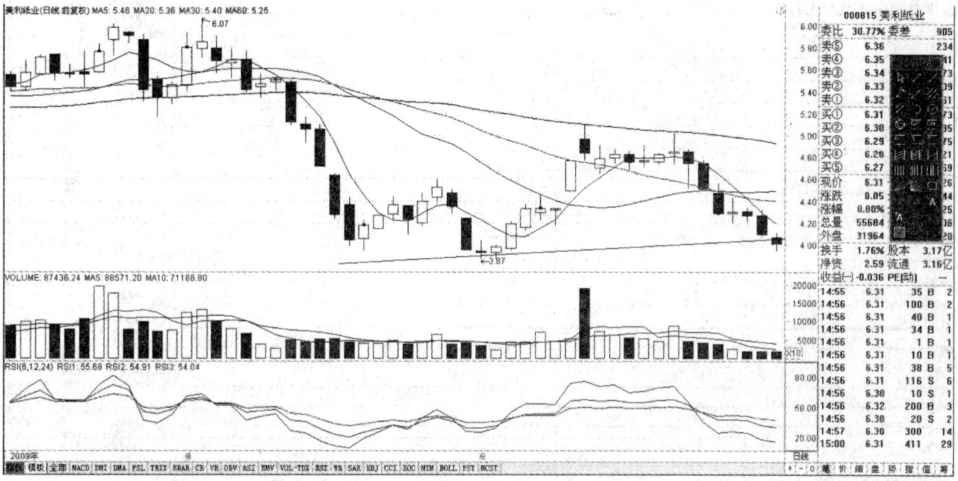

图 47 9 月 29 日再度跌破趋势线

9 月 18 日股价在 60 日线处受阻后,连续下跌。

9 月 29 日以小阴线跌破上升趋势线,这是继 9 月 1 日以后对该趋势线的再度回踩确认的,重要的趋势线都是需要反复确认。确认越充分,后期的支撑力量越大。

量能进一步萎缩。

明日的走势将十分关键,3 个交易日内若不能有效收回,支撑趋势线即告破,股价将进一步深幅下跌。

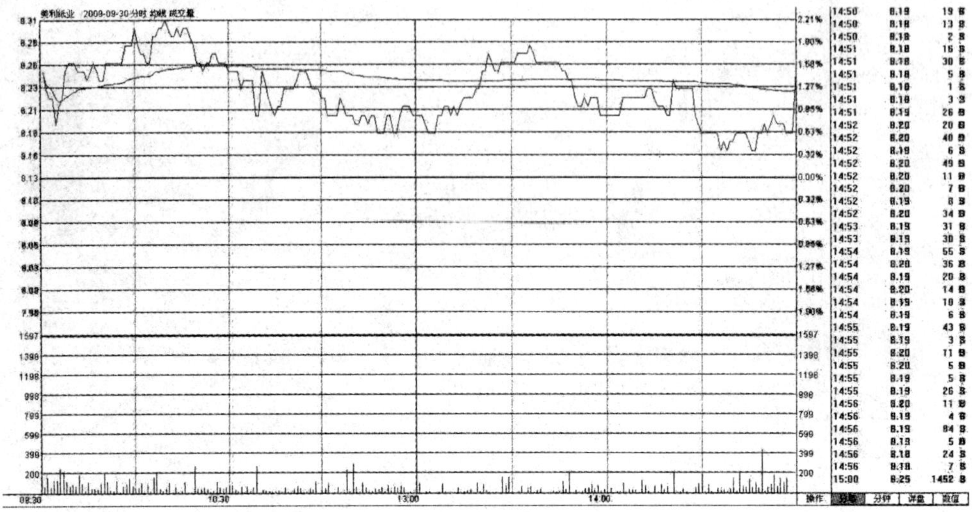

图48　9月30日分时图

股价高开平走。

主力守住趋势线的意图明显，高开在趋势线上，尾盘再度拉升到趋势线上。

全天的争夺就是围绕趋势线位置展开。

从盘口走势看，主力是不希望跌破趋势线，由此，后续的方向将是选择反弹向上。

成交呈地量，说明做空动能已经衰竭，进一步为后市反弹提供了条件。

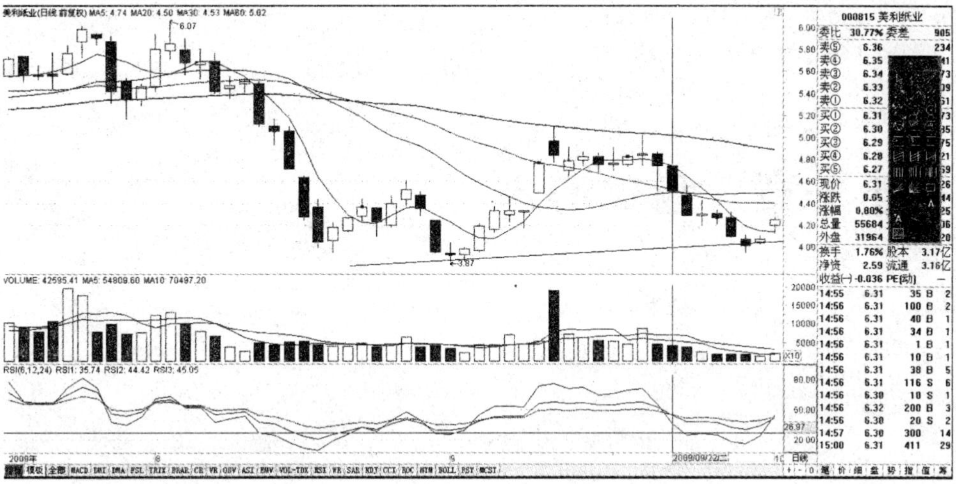

图49 10月9日K线图

股价跳空高开,站上5日均线。

短期均线组走平。

RSI金叉。

股价在趋势线位置再度获得支撑,做空动能极度衰竭,后市将依托趋势线向上突破。

第十一章 盘口心理

第一节 上升行情的投资心态分析

股价的走势有上升、下降和盘整三种大的行情，不管是主力还是散户，只有具备了敏锐的观察力、分析与判断力，不断调整自己的投资心态以适应大行情的变动，才能在股市上持久地获益。既然不能让股价迁就自己变动，投资者要想准确地把握住不同行情的操作机会，就必须对各种行情中主力机构和其他投资者的心理变化有详细而充分的了解。

股票在很大一段时期内供小于求，因而导致股价不断向上攀升，这就是上升的行情。它一般开始于宏观经济形势转好的时候，主力与散户都积极进货，市场流动筹码减少，而买进者却愿长期持有，这更增强了多头气势，于是市场上供求关系失调，在股价自然上调的过程中追涨的心理油然而生，从此便揭开了股价长期上扬的序幕。

通常可将上升行情分为三个时期：初升期、加速期、结束期，而以盘档行情将各期连贯起来。充分了解和掌握上升行情各阶段的形成特点和主力的心理战术，是对股价未来趋势加以综合研判的基础。

一、初升期

当行情尚徘徊于低价区时，就可能已孕育着下一轮上升行情的初升期。上升行情初升期的基本特点是股票的供求平衡被打破，需求逐步大于供给，价位攀升缓慢。

随着空头市场临近尾声，供求关系开始发生转变，投资者开始由寻找卖出机会转而寻找买入机会。

随着原空头市场时期大量苦无去处的资金重新流回，股价开始的反弹。虽然有少数投资人在上升初期因饱受套牢之苦，在稍微赚得差价之后便即该卖出，但大多数投资人并不急于抛售，在上档压力减轻的情况下主力与散户继续进货，大势逐渐上扬。部分缺乏远见的投资者在反弹之后的股价上攻过程中仍抛出大量筹码，这为以后股价的暴涨打下了基础。

我们不防以股票专业知识、观察分析能力与胆识等为标准将投资者区分为先知觉者、不知不觉者和后知后觉者。耐心又将先知先觉者分成幸运者与不幸者。幸运者在上升初期买进股票后极少赚取微小差价，即使振荡，亦不能把他们摔下车，因而能享受圆满的结果；有些人买是买对了，却无恒心放长，赚取些微差价，立即脱手，丧失了良好的获利机会，他们便是不幸者——由于上涨初期此类投资人占买方比例很大，因此影响行情上升速度。

例如1999年“5·19”行情和2000年“2·14”行情，都是以迅雷不及掩耳之势展开的，散户投资者醒悟过来时，往往已经错过了初升期的可观涨幅。

二、加速期

上升行情初升期结束后，投资人心理已经大不一样。由于对股票市场前景的看法好坏不一致，交易过于活跃，短线操作风气盛行，股价波动大。证券公司的营业厅内气氛火爆，成交量迅速上升。

股市上先知先觉者的行为逐渐唤醒了投资大众，在经过一段时间的验证之后，不知不觉者对大势的前景也充满了信心，于是争相买进。由于初升期上涨的成长股与绩优股价位已高，因而不再是投资者的主要目标，市场上的投机气氛日趋浓重——过去的股价跌至不合理的低位，现在则是涨到了不合理的高度。多空间争战异常激烈，空头从主观与客观衡量，目前价位偏高，终究要回跌，因而抛空。多头主力多半是基于此股前景良好，可以长期持有，因此在不断地有计划地加码买进，并借市场的买气调高股价，迫使空头抢补，益发增添涨势。

整体而言，上升行情加速期形成的原因乃是不知不觉者大批涌入，由于他们反应较先知先觉者慢半拍，因此遗漏一段行情，但也得到了丰厚的报酬。

投资者的耐心在加速期内不断受到考验,空头与信心不坚定、中途倒戈的多头眼看着大好行情白白溜掉,而那些选择成长股或多空为之激斗的股票买进而捂住不放的多头最为幸运。从供需关系看,初升期行情结束时的盘档期,使股价又达到了一个新的平衡点。股价再度上升之后,阻力线已被突破的心理主导了大部分投资者,而购买欲望的膨胀导致换手积极,信心不足的投资者被他人取代,股价上涨的同时成交量不断扩大,多头取得了优势的地位。

三、结束期

上升行情加速期走完后,暴涨所产生的副作用接踵而来,较深的回档使部分投资人信心动摇,获利了结后就远离市场,而部分主力与散户仍对股价上涨的趋势深信不疑,因而逢低买进,准备下一阶段的上扬。

上升行情结束期尚未展开前,投资人心理复杂而矛盾,他们对加速期出现的天价与大成交量十分畏惧。但经过盘档期,惧高心理已减轻,投资人大都相信仍有一段上升行情,只是对涨幅没有把握:若第三段行情涨幅不多,就准备采取“赚了就走”的策略;而若行情持续,便打算长期持有。

就时序因素看,在这段行情开始后才进场的投资人可谓后知后觉者,他们对于证券投资一窍不通,抑或非常谨慎,等待经济情势完全明朗之后方进场买进股票。其中的幸运者碰上第三段上升行情,仍然可以赚取差价;而不幸者则仅碰上第三段行情的延续期,刚入市就被高价套牢。

四、上升行情中主力的心理战术分析

诱多心理和诱空手法的轮流替换、交互使用是大主力控盘机构在上升行情中最常见的心理战术特征。

1. 通过对市场所处的大环境前景因素的改变;

2. 通过对市场舆论宣传工具配合状态的有效调控;

3. 通过对所控制的股票(或指数)图形形态的刻意制造;

4. 通过对各类技术分析指标的优劣转换和对所控制的股票(或指数)成交量的反复放量与缩量的操纵;

5. 通过对场外的小散户跟风盘心理情绪的多空诱导转变。

通过这些手法,诱导、促使场外的小散户投资者失去正常的投资心理控制能力,产生一种过量、过度放大的投资激情,在股市实战过程中,频繁地交易买卖,对自己所进行的交易程度及趋势方向,处于一种无定势的状态之中。误导散户跟风盘在上升行情形成之后,通过反复的买卖股票,频繁的交易,以达到逐步垫高场外的散户的反复打压、震仓,反复的高抛低吸,使自己所持仓位的成本进一步降低,为日后自己的出局逃庄打下深厚的基础,创造有利的条件,从而也可以因之获取最大的价差利润。

散户跟风盘则因为占据主动地位的大主力控盘机构的频频攻心战略、战术的实施,逐渐对盘势的发展方向失去明确感,投资心理渐渐失去控制,操作心态则日益不稳定。并因频繁地换股交易,对市势判定产生一种错觉,在较高位时,追涨接棒;在较低位时,抛股杀跌。买进股票,所买的股票已经上涨无力,需要进行调整,甚至于出现因股价的深度回落而被套牢的情形。但一卖出股票,所卖的股票就像是长了翅膀一样直往前飞。"两面挨耳光"是散户跟风盘在投资操作心态被大主力控盘机构所操纵利用时的最具体的表现。这一特征是散户跟风盘在上升行情心态失常、过度冲动,而无法把握自己投资行为的最显著的特点。

例如,2000 年初上市的次新股 600225 天香集团,目前股价升幅已经接近翻倍。该股在一年多的上升行情中,主力用尽了各种心理战术,诱多心理和诱空手法轮流替换使用:(1)借大盘震荡之机剧烈洗盘;(2)对倒放量跌破 60 日均线的强支撑诱空;(3)跳空高开大阴线试盘;(4)放量涨停诱多。

第二节　下跌行情投资心态分析

所谓下跌行情是指在一段期间内由股票供大于求而导致的股价不断向低位运动。无论是大势还是个股,因指数或股价偏高促使其向下调整时,只有在寻找到新的供求平衡点后,才有可能止跌回升。

与上升行情相同,下跌行情也可分为初降期、加速期与结束期三个阶段,而以盘档行情将各期连贯起来。

一、初降期

当行情尚处于高价区时,就可能已孕育着下一轮下跌行情的初降期。

初降期中，大部分股票开始反转下跌是渐进的，除个别股因主力出货、接手乏力而跌幅较大外，其余股票跌幅不会太深而差距也不会太大。

在初降期，个人的观察分析能力将后知后觉者分成了幸运者与不幸者。其中的幸运者在下跌初期便将股票抛出，他们入市虽晚，但并不贪心，赚得一些差价就获利了结；短期内即使套牢也赔钱杀出，而绝不长期持有。不幸者则是那些固执己见与缺乏投资常识的投资人，卖是卖对了，却又在高价补回，股市上涨回跌时，却认为这是暂时的，直至跌势展开，信心动摇，被迫杀出，造成重大损失，同时也导致行情趋于恶化，终至大跌。

二、加速期

在加速期的开始之初，股市就已被利空气氛所笼罩，投资大众的心理已由看涨转为看跌，即使是买进也以抢短线为主，这更增长了空方气势。部分做长线的大户和散户在下跌初期便离开股市，在下跌过程中，随着股市持续不振，投资人相继觉悟退出市场，只剩下少数短线客与大跌前未顺利出货而被套牢的主力大户，成交量越来越少，交易日益清淡。就个股而言，多头市场结束期大幅上涨的投机股与冷门股在下跌行情加速期里跌势最猛。

从供求关系看，初降期行结束后的盘档期要求股价交易寻觅另一个新的平衡点，因而股价再度下跌。投资者抛售欲望逐渐增强，但接手软弱，股价一再下跌，成交量随之萎缩。逢低买进者在卖方达到最大势力后开始增加，但多是抢反弹，因而上档卖出压力沉重，股价再度下跌。在供求不平衡达到极点后，买方便开始转向主动，加速期在股价下跌减速或是急速反弹中得以结束。

三、结束期

下跌行情加速期末的暴跌之中蕴含着回空变多的转机，有意转空的主力大户独自将股价拉起，较大的涨幅使冷清的股市为之一振，但相当多的投资者仍对前景持悲观态度，预测股市将继续恶化下去，因而逢高出货。由于上档压力沉重，股价在强力反弹之后又开始第三阶段的下跌行情。

在结束期的下跌行情尚未展开之前，投资人既相信还未止跌，又难以把握下一波的跌幅，心理状态复杂而矛盾：如果第三阶段跌幅不大，就可采取长线策略；而若前景仍然看坏，则采取短线策略。

就持续性而言，三段下跌行情也各有特色。初降期投资者都认为下档有限，即使套牢也敢于加码买进，等到上涨时一并卖出以求“解套”。因此卖方虽然有组织，基于大势没有急剧恶化，买方力量未消，下跌速度也并不迅猛，行情的崩溃需要经历较长的一段时期。加速期则不然，抛空者在持续下跌时劲头不减，而接手薄弱；行情稍升，也是价增量减，显示买气不足，短期内出现极深的跌幅是此段行情的特色。结束期是三者中最为复杂的一个阶段，其延续时间可长可短，跌幅也有很大差别，这要视当时的经济环境与上市公司的经营状况而定。

例如，0931 中关村在 2000 年春节后经过短暂的风光后走出一年多的下降行情，很多相信网络科技股的散户投资者幻想长线投资而在下降行情中寻低介入，全部被严重套牢。

第三节 盘整行情投资心态分析

盘整行情是指股价在某一区间上下波动，相对于其前后行情并无明显的上升或下降趋势，它又可分为盘档与整理两大类：盘档是指短期盘整，而整理是指中长期盘整。

在上升行情里，盘整所扮演的角色是消除投资者的高价心理，增进买者信心及勇气。下跌行情里盘整所扮演的角色是给予投资者少赔钱的机会，投资者可乘此机会了断，以免股价继续下跌，造成更大的损失。

在盘整行情之中，控制盘势的大主力控盘机构，一般都会利用场外的小散户跟风盘势方向发展的无定识性，将股票的价格运行强制进入箱形整理、三角形整理、旗形整理和楔形整理之中，采用牛皮战术，破坏场外的广大投资者对市势方向的正确感知能力，并通过一系列的具体操作手法，制造各种各样的不规则发展的整理态势。

例如：通过反复制造热门股群，引诱场外的跟风盘追涨杀跌。通过采用频繁的热点题材的切换，加快具体操作的频率，引发场外跟风盘匆忙换股。通过反复地打压“指标股”群，对大盘指数的位置方向进行某一程度的调整利用，充分营造因市场的环境背景转化所形成多头或空头的氛围，强化场外跟风盘的情绪、心态的不稳定性,激发场外跟风盘在实际操作过程中的冲动和激情,使之始终处于一种白炽化状态,而无法控制自己的投资心理。通过对时间差的利用,使场外跟风的投资者对时间长短无法掌握,产生一种迷失方向的心理状态,扰乱场外跟风盘的正常时间效应心理。通过对漫长时间效应心理的反复施压,争取有利的利益竞争的条件和环境,选出某一种经验定势形态,使场外跟风盘运用以前操作过程中的经验、感觉,将之局限于一个较为狭窄的思维定式空间里,产生各种感知、判断能力的错误,对所持有筹码的信心和耐心出现动摇,而无法调控。

通过对成交量的变化量值进行反复的放量和缩量,采取量价配合和量价不配合等等多种状态的形态,控制股票图形形态上的长连阴或长连阴的出场频率,诱导场外的跟风盘对量价配合与量价背离的实质产生错误的理解,而使之买进即套、卖出即涨的买卖现象重复出现,因之产生一种懊丧、自卑的心理状态,加重精神上和心理上的负担,以实现自己震仓、换筹之目的。

股价进入盘整期是短线操作者最易判断失误的时刻。第一,无法准确地预测盘整期持续的时间;第二,无法有效地判定盘整价位区。因而,此时的买入者和卖出者都是顾虑重重。

第四节　中小投资者的心理误区

“天下熙熙,皆为利来;天下攘攘,皆为利往。”对于利的朝拜,古今并无二致,但在追逐利的过程中,千万不可缺少理性。中小投资者初入股市常会步入以下心理误区:

一、羊群心理

所谓羊群心理,就是羊群中紧紧跟随头羊行动的一种依从心理。主要是指在股市实战操作过程之中,个体投资者在市场上受环境诱导、气氛的影响,以及来自于其他投资者的情绪和心理上的感染,而放弃自己已制订的计划和主张,形成某一种经验定式般的投资理念,并采取与其他投资者相同或相似的操作方式进行投资活动。

羊群心理在股市实战过程中，起着一种强化某一趋势的延续效应，并因此而形成某一种推动市场未来的上涨和下跌的强烈惯性力量，对后市的发展速度和力度有着较为深刻的影响。在实战中，个体投资者会在大盘持续上涨的影响下，跟随其他的投资人看好后市，形成一种过分乐观的心理，于热情高涨之中盲目追涨，买进股票进行持有。与之同样，个体投资者会在一种极端恐慌的心理之中盲目做空，进一步杀跌而卖出自己所持有的股票。

羊群心理，不仅仅是一般散户、大户存有这种心理状态，甚至于在某一些机构和券商之中也同样都会有。中国人历来都有喜欢往人多的地方去的习惯，哪里出了什么事情，必定会有一大堆围观者凑热闹就是明显的例子。在股市中，只要走进某一群人之中，就可以发现他们几乎持有相同或相类似的股票，甚至于有时候会连买进的股票价格都相差无几。而在大户室里，这种心理更普遍。有时候一个人买进较大量的某只股票，就可能会引来众多的买单和外面一些盲目跟风的散户投资者。

二、犹豫不决心理

“不识庐山真面目，只缘身在此山中”是一般投资者在股市实战过程中的犹豫不决心理变化状态的真实反映。在股价的任何波动时候，一般投资者由于对市场大环境的方向与趋势变化缺乏定性把握，对个股的趋势发展无法正确理解，并且由于受周围各种类型的其他投资者的行为诱导和心理压力左右，在欲买进股票之时，多会因把握不定的心态影响，缺乏正确判断后市的能力，担心自己买进之后，股票的价格有可能下跌，自己因此而被套牢出现亏损；在欲卖出股票之时，多又会因为无法预知后市的心态影响，无法了解卖出后的股价波动趋势状态的发展，害怕自己卖出后，股票的价格有可能上涨，自己却因此而被踏空。

正是这样一种比较复杂的困惑心理的产生，投资角色也相应频繁变换，买了怕套，卖了怕涨，心理压力十分沉重是一般投资者犹豫不决心理的主要特征。这种心理产生的时间过久，必将影响投资者日常生中的精神健康状态，诱发其他不良的心态。

在股市实战中，还因为投资者经常改变预期目标而产生犹豫的心理。当投资者手中所持股票的价格越涨越高，甚至超越了自己心中的预期目标时，犹豫不决的心理变化因素，有时候会令投资者不知所措，从而错失获利良机。

当投资者手中所持股票的价格越跌越多，甚至超过了投资者自己所定的止损位时，犹豫不决心理，有时候会使投资者心有不甘，从而失去最后的逃命时机，惨遭深度套牢的命运。

因此，在稍纵即逝的市场上，投资者的犹豫不决心理所造成的危害性是相当巨大的。所以，在股市实战之中，投资者应增加判断环境的变化，背景、热点的转移，趋势、题材的转换等方面的应变能力，养成良好的心理素质，迅速确定操作方向，果断进行操作。

三、侥幸心理

在股市实战过程中，侥幸心理始终都左右着场外的广大投资者。他们一般都不懂或者不太愿意深入研究技术分析或其他的分析方式，或者即便深入研究了其中某些方面，也不愿意相信自己所做出的分析判断。一切的操作都完全凭借自己对当时市场环境的肤浅理解，以及附近旁人所买进或卖出股票的价位高低程度的影响。常常在某种股票涨上去之时，就会想到我一买进，也许它就会涨一个涨停板。在股票价格下跌回落之后，就会认为已经跌了很多了，也许马上就要反弹了，也许自己一进去就可能会刚好买个底部。

也正是这一种侥幸心理的存在，使很多投资者主观意识过于浓厚，操作行为过于草率。因之而产生的后果一般也相当的严重，进退失据，倍受套牢之苦。总想凭自己的运气获得股票的价差利润，是他们总是无法避免风险的思想根源所在。

有些投资者买入股票以后就不闻不问，听其自然发展下去。有时甚至全权委托自己的亲朋好友或经纪人操作，自己很少介入，还美其名曰作长线投资。这种做法在股市处于大势向上的情况下，还可以赚点钱，如果是处在下跌的趋势中，必然亏损累累。

四、后悔心理

后悔与贪心一样，是股民在股市实战过程之中的最常见心理。后悔是因为贪心，心贪所以才后悔，这两者一般都同时出现在股民的实际操作过程中，极容易使投资产生患得患失的心理，诱发出较为严重的精神病。

世上虽然没有后悔药，但是几乎所有的投资者都非常喜欢后悔。在股市实战中，如果卖出价挂高了而没有成交，股价下跌后，则会后悔刚才为什么不挂低一点价格呢？如果刚才已卖出去的股票，股价又马上涨上去了，则后悔自己的心太急，为什么不能再等一等，赚多一点钱。

如果刚才买进的股票，价格立刻下跌了一些，则会后悔自己为什么不多一点耐心，可以在此时买到较低价位筹码。如果刚才买进的股票，价格立即上涨了一些，则会后悔自己为什么不多买一点呢？如果自己所持有的股票被套住了，则会后悔在前面时间里为什么不早一点止损，此时又可以在低价位重新接回来，弥补一下损失。如果自己所持有的套牢股票上涨了，则会后悔在低位上为什么不再多买一点筹码，可以摊薄一下成本。如果自己看好某只股票，却因种种原因则没有买进，股价涨上去了，则会后悔自己本来就应该买的，为什么不早一点下定决心！

五、恐慌心理

股票投资者因受某些环境因素和“马路消息”的影响，对股市或某些股票的前途失去信心，感到恐慌，于是拼命抛售手中的股票。许多股市上的经验表明，不必要的恐慌往往是虚惊一场。当然发生在非常时期（如战争、经济危机等）似乎是在情理之中。但在一般的情况下，从心理线反映的市场人气来看，当一段上升行情开始前，通常超卖现象的最低点会出现两次。因此投资者观察心理线时，若发现某一天的超卖现象格外严重，短期内低于此点的机会极小，当心理线向上变动而再度回落到此点时，就是买进的机会。反之亦然。所以，无论上升行情或下跌行情开始前，都会出现两次买点与卖点，投资者只要把握住这两个时机，便可稳获收入。

1. 心理线的计算方法比较简单，其公式为

PSY =（N 日内上涨天数/N）×100%

至于周期 N 的选择，根据经验，日线以取 12 日为好，而周线一般取 15 周左右（最长不超过 26 周）。界定的周期过长或过短，指标的精确性限都会大幅降低，从而达不到预期的效果。

2. 心理线指标 PSY 的实战要领

以下是心理线的基本研判技巧：

（1）心理线百分比值超过 75 或低于 25 时，市场出现超买或超卖，价位回跌或回升的机会增加，此时就准备卖出或买进。

（2）一段上升行情展开前，超卖的最低点通常会出现两次；同样，一段下

跌行情展开前,超买的最高点也会出现两次。在出现第二次超卖的低点或超买的高点时,一般是买进或卖出的时机。高点密集出现两次为卖出信号;低点密集出现两次为买进信号。

(3)当百分比值降至10或10以下时,是真正的超卖,此时是一个短期抢反弹的机会,应立即买进。

(4)心理线主要反映市场心理的超买或超卖,因此,当百分比值在常态区域内上下移动时,一般应持观望态度。

第五节　买卖气势指标AR与心态分析

买卖气势指标AR和买卖意愿指标BR都是来自股价历史数据的技术分析指标,其中买卖气势指标较重视开盘价,从而反映市场买卖的人气;而买卖意愿指标则重视收盘价格,反映的市场买卖意愿的强弱程度。这两项指标分别从不同的角度对股价的波动进行分析,互为补充,能够较好地预测股价的未来动向。

一、买卖气势指标AR的原理和计算方法

尽管造成股价长期波动的因素很多,但造成每天的股价起伏差异的,主要是供求双方买卖气势的强弱。若买方需求强烈,买气比卖气强,则股价必然上涨;相反,若卖气比买气强,则股价必然下跌。因此,如果我们能在股价变动之初甚至尚未变动时,即了解买卖双方气势的强弱,并用以顺势买卖,那么获利自然也就容易了。

AR指标以当日开盘价为基础,通过与当日最高价、最低价比较来衡量买卖气势的强弱:如果当天最高价高于开盘价则买卖气势为强势,而如果当天最高价低于开盘价则为弱势。以强势值除以弱势值,所得的数值即为AR值。

AR指标的计算公式和参数为:多方强度 = H - O,空方强度 = O - L。H为当日的最高价,L为当日的最低价,O为当日的开盘价。AR(N) = P1/P2 × 100;P1(N) = Σ(H - O),P2(N) = Σ(O - L)。从式中可以看出,AR表示N天以来多空双方总的强度的比值。

二、买卖气势指标的应用原则

根据前述公式计算出的AR指标能够显示出一段时期内股市上的买卖气势。而根据许多技术分析专家的研究,一致认为最好的方式是26天的统计数据为基础,来研究市场上买卖气势的强弱变化。此时对AR的研判应遵循以下原则:

1. 当AR指标值介于0.8到1.2之间,可以判断市场处于盘整行情,股价的波动不会很大。

2. 当AR指标上升超过1.5时,股价就有可能回档下跌,这时应准备卖出,但必须参照以往出现的高点加以分析。

3. AR指标值大,表示市场交易非常活跃,但过大时则表示股价已达到了顶点,应考虑卖出;而AR指标值小,就表示股市上涨气势仍在充实之中,若过小则预示股价已达底部,应考虑买入。

4. AR指标在股价达到顶峰前已升至最大值,而在股价回落到谷底前便已降到底部。这表明AR指标具有超前预测的功能。

第六节 买卖意愿指标BR分析

买卖气势指标是基于开盘价去分析股价的变动趋势,而买卖意愿指标BR则是根据收盘价来预测股市行情。

一、买卖意愿指标的原理和计算方法

我们知道,股市行情的波动会带来交易者买卖意愿的变动:行情看涨,则买的意愿增强;行情看跌,则卖的意愿增加。由于行情的看涨看跌,很主要的一个依据就是收盘价,因而收盘价能够很好地体现股市上买卖意愿的强弱。

BR指标便是以前一日的收盘价为基础,将其与当日的最高价、最低价比较,从而反映买卖意愿的强弱。将当日收盘价与当日最低价之差记作买卖意愿弱势值,以强势值除以弱势值,即为BR。

以计算周期N日为例,其计算公式为:N日BR=N日内(H-CY)之和除以 N 日内(CY - L)之和其中,H 为当日最高价,L 为当日最低价,CY 为前一交易日的收盘价,N 为设定的时间参数,一般原始参数日设定为 26 日。

二、买卖意愿指标的应用原则

同 AR 一样,BR 指标在大多数情况下也以 26 天的统计数据为基础。由于股市行情与买卖意愿之间的关系是互动的,所以当我们得知整个股市的买卖意愿指标 BR 的强弱时,即可判断股市行情的走向。在实际运用 BR 指标时,可根据下列经验原则来进行分析和研判:

1. 当 BR 指标值介于 0.7 到 1.5 之间时,可以判断市场处于盘整行情,股价的波动将比较平稳。
2. 当 BR 值高于 3 时,表示股价有可能出现回档下跌,这时应考虑卖出。
3. 如果 BR 低于 AR,则可逢低买进。
4. 当 BR 从高价下跌,跌幅达到 50% 时,投资者应趁低价买入。
5. 当 BR 急速上升,而 AR 却处于盘整或小回档时,应及时逢高出货。

应当注意,AR 指标虽然可以单独使用以预测股市行情,但 BR 指标只有在与 AR 一起配合使用时,才能较准确地反映股市行情趋势。

第十二章 流动筹码与主力持仓分析

第一节 CYQ 分析

CYQ 的市场含义叫筹码分布,它是一条条柱线组成的像群峰一样的图案。打个比方来说,如果聚集一只股票的全体流通盘的股东,并假设股票果真是一只只筹码,让大家把这些筹码按照其买入成本挂到 K 线的相应价位上,这样筹码就会堆积起来。如果某价位的筹码多一些,则筹码就堆得高一些,反之,就矮一些。从另一个角度去理解 CYQ,就是把构成 CYQ 的每一条线的值全都加起来,则正好是 100% 的流通盘。如果有些筹码中有人卖掉了,它们将从 CYQ 中拿掉,而重新堆到买方新建仓的价位上。这样,我们就可以直观地看到筹码的转移,市场中所发生的交易被形象地表现出来。

图 12-1 CYQ 的峰和谷

为了进一步研究的方便，我们对 CYQ 的形态进行若干定义。图 12－1 显示的是 CYQ 峰和谷。如果筹码集中地分布在狭窄的价格空间内，我们称之为 CYQ 密集，这时的 CYQ 只有一个主峰，在约 20% 的空间内聚集了绝大多数的筹码。反之，如果 CYQ 有两个以上的主峰，甚至是群峰状态，这种情形就称之为 CYQ 发散。研究 CYQ，研究的就是 CYQ 的峰和谷，CYQ 的密集和发散。

一、CYQ 的低位密集和高位密集

CYQ 的密集的市场含义就是在某一价位附近市场发生了一次通盘换手。这是市场可能在悄然之间发生了重大变化。先看图 12－2 中的 CYQ 的发散状态：

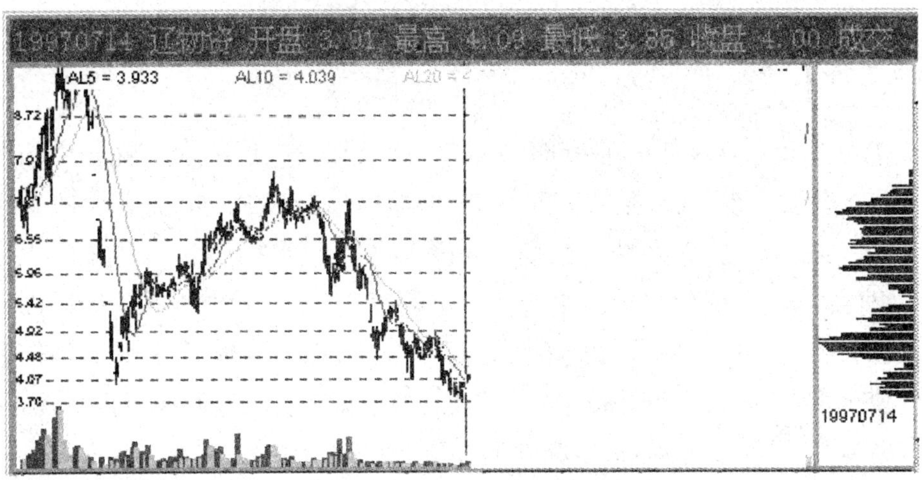

图 12－2　下跌之后的 CYQ 发散状态

这是 1997 年 7 月 14 日的辽物资（0511），此时，股票当前价位上方是一层一层的套牢盘。从中线的角度看，是没有多大的上涨空间的。因为一旦股价大幅上涨，这些套牢盘的解套出逃行为会耗尽多头的能量。此时假若股价上涨的话，4.7 元附近的 CYQ 套牢峰会对股价构成巨大的压力。图 12－3 显示了该股其后的走势，充分证明了这个压力的作用。

1997 年 9 月 24 日，该股冲高后再次回落。该股冲高受阻的位置恰恰是上图中的 CYQ 套牢峰。经过这次循环，CYQ 的图形发生了本质变化，它的筹码在低价位区密集起来。不过上方的套牢盘仍然有部分残留。这种低位密

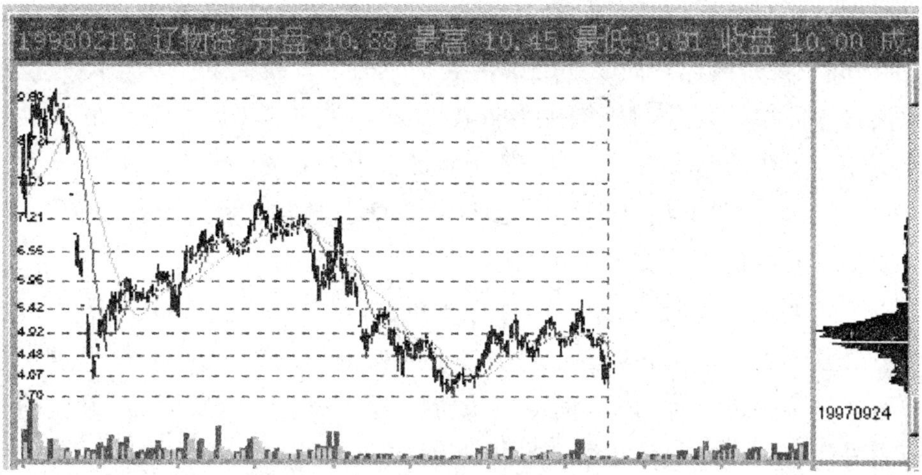

图 12－3　CYQ 的不完全底位密集

集称之为 CYQ 不完全低位密集。图 12－4 是又经过一段时间之后的 CYQ 图形,此时的 CYQ 就可以称为完全密集。

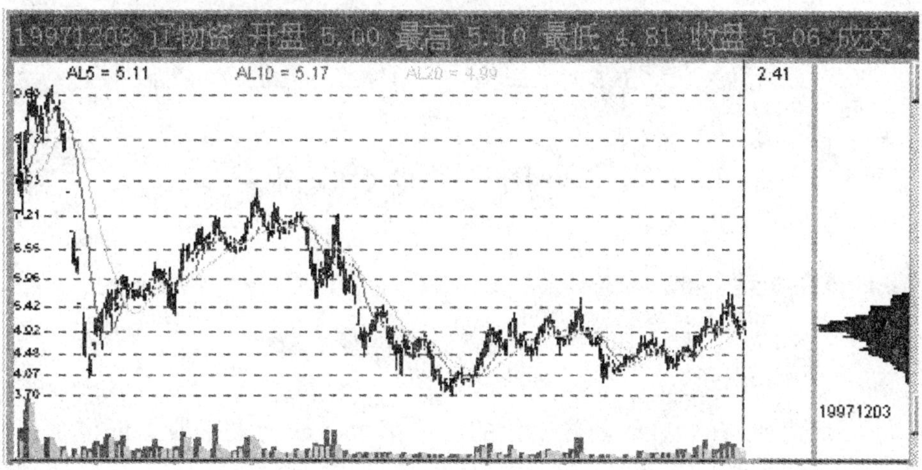

图 12－4　CYQ 的完全密集

至 1997 年 12 月 3 日,高位的套牢筹码近乎全部割肉出局,其上行空间完全打开。我们可以对这次的通盘换手进行一番讨论。我们先看一下割肉的损失状况,图中所使用的坐标线叫 10% 等比坐标线,每相临的两条线之间的价格幅度是 10% 。对比图 12－4,会发现早期持股者割掉了 3 个到 7 个跌停板不等。不能假定这个割肉行为是主力做的。主力的合理行为是一旦被套牢,则低位摊平成本再做反弹,然后再平手出局。所以,此次 CYQ 的低位密集,割肉的主要是散户。而吸筹的则主要是主力了。我们的市场模型是把市场投资群体简单地划分为机构主力群体和公众散户群体。这两个群体中的筹码交换就是沪深股市的主要内容。由于主力在资金、人才和工具上的优势,主力大多数情况下都是对的,大多数散户总是把事情做错。所以,CYQ 的低位密集常常被认为是主力进场的结果。

主力入场后,大多数情况下它会把股价炒上去的。但不能认为主力进场股价就会立刻上涨。主力需要选择合适的时机进行拉抬,而跟庄操作也同样需要选择合适的进入点,以达到最佳投资收益。就这只股票而言,最佳的入市点就是图 12－4 的最后几个交易日,随后的行情见图 12－5。

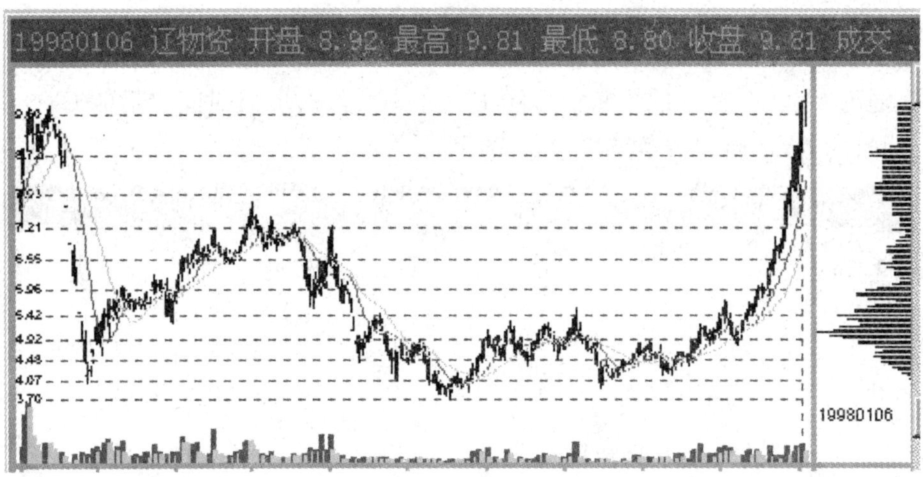

图 12－5　CYQ 低位密集后的股价大幅飙升

不要认为所有的 CYQ 低位密集的股票都可以成为大牛股。低位密集也不是 100% 的股价见底信号。这要取决于股票的长期趋势。在长线向好的情况下,CYQ 的低位密集才成为可靠的中线底部信号。因此,在进行投资决策时,要进行综合分析。另外,有时主力也会犯错误,这是跟庄思路的不足之处。所以,要为您的操作设置止损位,要进行仓位管理以规避风险。高位密集同低位密集正好相反,股价在相对高点再次发生大规模换手。这时,从 CYQ 上可以看出当初在低位密集时主力买入的筹码正在变少,如图 12－6。

图 12－6 是 CYQ 的不完全高位密集。这只股票已经自最低点开始上涨约 290%,如此巨幅上涨之后的踊跃买盘常常是散户跟风盘。此时,这只股票

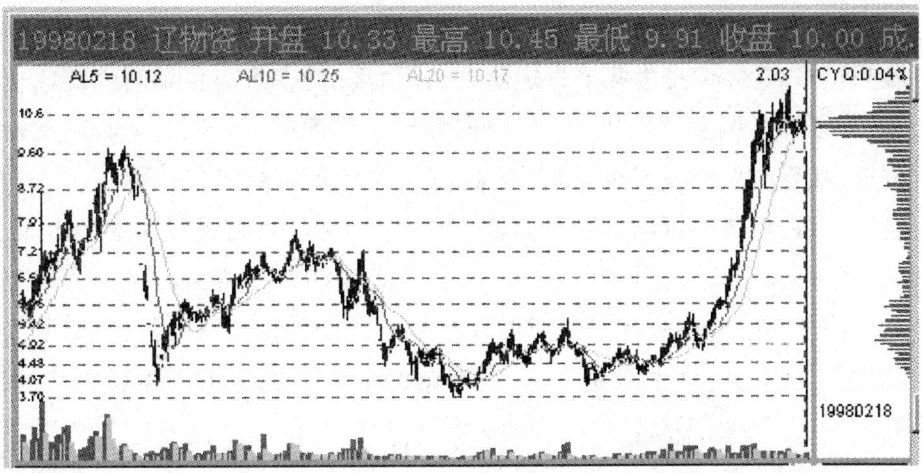

图 12-6 CYQ 的不完全高位密集

的主力已经有了出货嫌疑了。这么高的股价为什么有这么多人敢买？这是个很有意思的现象。从日成交量上大家都知道了一个规律:在股票便宜的时候,每天没有多少成交额,市场也没几个人愿意买股票。股票涨高了反而大家都去抢,最后,到了图 12-7,在高位,全部筹码都聚集到了高位,早先主力进场时的筹码在图上已经全部消失。

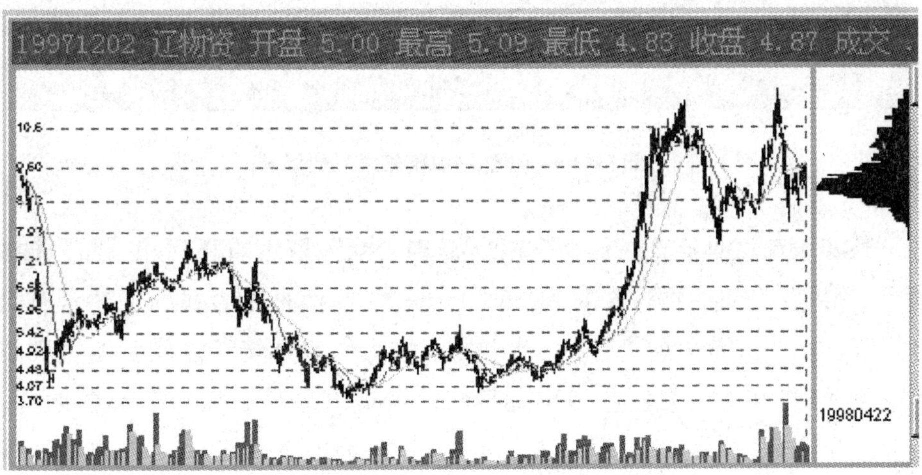

图 12-7 CYQ 的完全高位密集

其实股票的高位密集有两种市场含义,一是主力出货,二是换庄。它们对后市的影响是截然不同的。判断是哪一种情况比较复杂,一般的方法是先看大势，在一个弱势行情中，别的主力是不敢高位接别人的盘子的，这种弱市牛股一旦 CYQ 高位密集几乎肯定是主力出货。但在大势强劲时情况就会复杂些，为了规避风险，遇到 CYQ 高位密集先出局观望总是明智的。其次可以看位置，如果股票涨幅不高，CYQ 的高位相对密集可能仅仅是由于主力的震仓换手所致，后市还可能上涨。但若已有可观的涨幅，则要警惕主力出局了。最后看结果，若主力出货，则股价一定不可能保持在高位，若是换庄，则要创新高。因此，在出现 CYQ 高位密集时先离场，等方向明了后再做决定是个安全的做法。因为一旦主力完全出货，后市的下跌一定是相当惨烈的，正如辽物资在图 12－8 的表现：

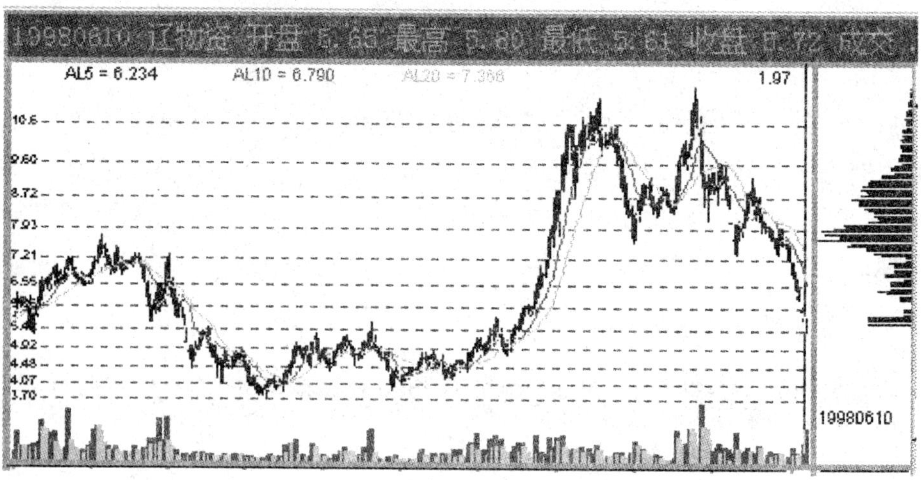

图 12－8　CYQ 高位密集之后的暴跌

其实股市就是这么一回事，在低位，当公众投资者看坏后市，试图先抛出股票，等再跌一波后再抄回时，股价就不跌了，反而是主力找到了建仓机会吸筹筑底。而当股价大幅上涨之后，市场中的人们希望能抓住最后的获利机会大举杀入时，却给主力创造了出货良机。筹码就这样在低位和高位之间，主力和散户之间换手。在这种主力和公众的游戏中，主力的成功率总是高于散户。作为中小投资者，借助主力的做盘从中获利是一个捷径，但又必须警惕跟庄不成反被庄家所困。

判断主力建仓和出局仅靠 CYQ 是不够的，还要结合 K 线的组合形态来看。K 线是市场的最基本的信息，其每一阶段的形态总是有明确的市场含义的。尤其是在结合了CYQ之后,K线所显示的股市语言就更容易被理解。像图12-8中在底部区,股价的大形态是慢牛向上,再快速打压,再慢牛向上的牛长熊短的行情。这种牛长熊短的形态是主力大量吸筹的典型形态,其中的快速打压也是为了吸筹。主力吸筹所留下的K线上的痕迹不只是牛长熊短,还有次低位横盘吸筹、逆市飘红等多种迹象。

在密集之后,最终确认主力是进场还是出场,以最终的股价突破方向为准。低位密集后主力也可能逃庄,高位密集后主力也是换庄,毕竟,市场是复杂的。

二、CYQ的发散形态

CYQ的密集是下阶段行情的准备,而CYQ的发散是行情的发展。一旦CYQ进入向上发散过程,股市就进入了上升趋势。股市的趋势原理是一旦趋势形成就将延续。抓住趋势是做股票的要点。我们看深发展,该股在1998年10月末进入下降趋势后,一路下跌到1998年7月,期间没有主力入场的任何迹象,CYQ呈向下发散的状态。期间的逢底买入者悉数被套牢,如图12-9所示:

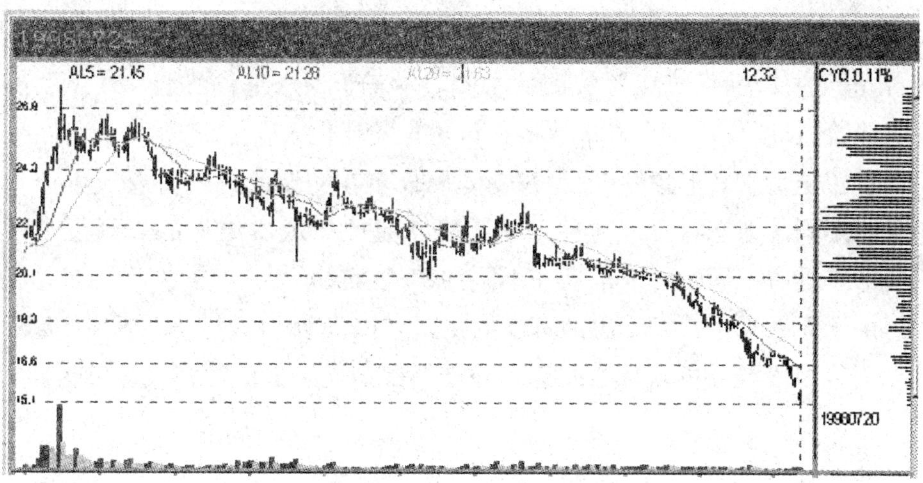

图12-9 深发展,CYQ向下发散和下跌趋势

而图12-5的情形正好相反,这是个股价的上升趋势和CYQ的向上发散。实际上在底部确认主力入场之后,CYQ的向上发散是主升段开始的信

号。CYQ 发散对操作的指导非常明确,就是抓住趋势一做到底。如果是上升趋势,则持股不放,直到趋势被破坏,如果是下跌趋势,不仅不去抢低点捉反弹,甚至要直到主力重新进场后再介入。对 CYQ 发散的操作,原则上是向上发散持股,向下发散持币。

第二节　流动筹码分析

量价关系的变化是一只股票筹码状态的外在表现,它所反映出的是筹码结构与主力的持仓成本,也就是该股票是否具有投资或投机价值。

筹码分析理论,就是根据筹码股票流动的特点,对大盘或个股的历史成交情况进行分析,得出其筹码结构,然后根据这个筹码结构来预测以后的走势。筹码分析理论的自然规律基础,是筹码流动的特性。

一、筹码分布图

流动筹码分布的一个显著特点就是形象性和直观性。它通过横向柱状线与股价 K 线的叠加形象直观地标明各价位的成本分布量。在日 K 线图上,随着光标的移动,系统在 K 线图的右侧显示若干根水平柱状线。线条的高度表示股价,长度代表持仓成本数量在该价位的比例。

也正是由于其形象性,使得流动筹码分布在测定股票的持仓成本分布时会显示不同的形态特征。这些形态特征正是股票成本结构的直观反映。不同的形态具有不同的形成机理和不同的实战含义。

由于无法知道每日卖出的真实数量(因庄家对敲)或散户的操作情况,所以目前许多股票分析软件中的筹码分布图都是通过近似的算式得出的。

二、筹码的流动

筹码的流动主要由 3 个阶段构成:筹码收集阶段、筹码锁定股价拉升阶段和筹码派发阶段。

1. 筹码收集阶段

筹码收集阶段的主要任务是在低位大量买进股票。吸筹是否充分,庄家持仓量的多少对其做盘有着极为重要的意义:其一,持仓量决定了其利润量,筹码越多,利润实现量越大;其二,持仓量决定了其控盘程度,主力筹码越多,市场筹码越少,庄家对股票的控制能力越强。同时,在吸筹阶段也常伴随着洗盘过程,迫使上一轮行情高位套牢者不断地割肉出局,庄家才能在低位吸筹承接。

其实,庄家吸筹的过程就是一个筹码换手的过程,在这个过程中,庄家为买方,股民为卖方。只有在低位充分完成了筹码换手,吸筹阶段才会结束,发动上攻行情的条件才趋于成熟。庄家的吸筹区域就是其持有股票的成本区域。

2. 筹码锁定股价拉升阶段

拉升阶段的主要任务是使股价脱离庄家吸筹成本区,打开利润空间。在此过程中,庄家用部分筹码打压做盘,同时又承接抛压筹码,但其大部分筹码仍按兵不动地留在了吸筹区域,等待高位卖出。在拉升过程中,部分股民纷纷追涨,同时部分股民获利回吐;对于做庄技巧较好的庄家,如有大势的配合,庄家只需点上一把火,拉升工作主要由股民自行完成。期间,庄家主要利用控盘能力调控拉升节奏。在拉升阶段,成交异常活跃,筹码加速转手,各价位的成本分布大小不一。

3. 筹码派发阶段

派发阶段的主要任务是卖出持仓筹码,实现做庄利润。股价经拉升脱离成本区达到庄家的赢利区域,庄家高位出货的可能性不断增大。随着高位换手的充分,拉升前的低位筹码被上移至高位。而当低位筹码搬家工作完成之时,庄家出货工作也宣告完成,一轮下跌行情随之降临。

三、筹码的分散与密集

由筹码流动的过程和特点不难看出,一轮行情都是经过高位的筹码分散、低位的筹码密集在到高位的筹码分散的逻辑演变的,不管期间股价的涨跌、主力的手法以及主力和散户的盈亏如何。

要实现筹码的分散与密集的变化,必须使筹码充分换手。所谓充分换手就是在一定的价格区域成交高度密集,使分散在各价位上的筹码充分集中在一个主要的价格区域。充分换手包括低位充分换手和高位充分换手。低位充分换手是吸筹阶段完成的标志;高位充分换手是派发阶段完成的标志。它们是拉升和派发的充分必要条件。

总之,任何一轮行情都是由高位换手到低位换手,再由低位换手到高位换手。这种成本转换的过程不仅是利润实现的过程,也是割肉亏损的过程,从而形成了股票走势的全部历史。

我们还经常使用一个名词,就是"密集区"。密集区是指前期大量筹码的套牢位置。密集区虽然在形态分析中很有效,但是它只是简单地运用了筹码分析理论,知道了密集区,如果不进行进一步的筹码流动研究,就无法了解此密集区的压力,以及是否已经被彻底化解。

筹码的流动特点,也充分反映了持有筹码的散户心理的细微变化。简单说,就是单位时间内的卖出比例与持有时间和盈亏比例的关系。

一般来讲,亏损比例越大,持有时间越长,则卖出的比例越大;而亏损比例越小,持有时间越短,则卖出的比例越小。获利方面,卖出比例与持有时间无关,获利0~20%,卖出比例先上升后下降,过了20%,基本和获利幅度无关。换句话说,获利的筹码,卖出比例近似为一个恒定的值。整体上讲,获利筹码的卖出比例要明显高于亏损筹码。简单描述这个规律,就是"病来如山倒,病去如抽丝"。

根据持有筹码的散户心理特点和具体市场行情的预期,才能深入分析筹码是否充分换手,以及成交密集区的压力是否已经彻底化解。

第三节　庄家持仓分析

一只股票能不能涨起来,涨升的方式如何,洗盘的时间和力度怎样,以及股价上涨的目标价位在哪里?这些都是中小投资者最希望了解的信息。要能做出较为合理和准确的判断,必须分析庄家的持仓量和持仓成本。

一、庄家的持仓量分析

筹码收集到什么程度才有条件做庄?无法一概而论,这与股票流通盘的大小、股票基本素质与股性、大盘行情,以及庄家的资金实力和操盘风格等因素都有关系。一般来讲,庄家的持仓量越大,控盘能力越强,拉升之后的利润也越高。但是持仓量也不是越高越好，因为持仓量越大，需要庄家投入的资金量越大，筹码收集的时间也越长，操盘周期也相应延长，风险会加大。另外，庄家持仓量过大，拉高后市场中获利散户很少，无法形成赚钱效应，股性变得较死，派发难度较大。

粗略地讲，庄家的持仓量在20%到70%之间，持仓量占流通盘50%到60%的情况居多，这时股性活跃，易于操盘。

下面对股票流通盘的持股分布做一个大致的分析。一般而言，无论股票的基本面如何，总会有20%左右的筹码是锁定不动的。这部分股民，要么是坚定的长线投资者，要么买了股票后忘记了，出国了或者对股价不闻不问的，这部分筹码无论庄家如何震仓、洗盘，也不容易收集到，当然，它们对庄家的拉高和派发也不会造成太大的干扰。剩下的80%筹码中，只有20%到30%是通常所说的浮动筹码，其中不乏一些短线高手和大户的筹码，庄家必须消灭掉这一部分筹码，在拉升时才不会遇到太大的困难。

另外，一只股票若存在大量的深度套牢盘，庄家在拉升时就会遇到强大的阻力。所以在吸筹阶段，往往通过长期低位横盘或小幅震荡，散布利空消息，在大盘上涨时故意打压股价，让套牢盘割肉出局，丧失解套希望，才能达到筹码收集的目标。此所谓："多头不死，熊市不止。"

二、庄家的持仓成本分析

要判断一只股票上涨的目标价位，需要了解庄家手中筹码的成本价格和庄家操盘的成本。庄家若通过长期低位横盘来收集筹码，则底部区间最高价和最低价的平均值就是庄家筹码的大致成本价格。庄家若是通过拉高吸筹，成本价格会更高些。

庄家的操盘成本主要包括进货成本、利息成本和拉升成本。

大幅拉高建仓的庄家，或者接手前庄筹码的庄家，其进货成本比较高，这类庄家一般后续题材比较充分，庄家志向高远，不斤斤计较进货价格。

除了少数自有资金充足的机构庄家外，大多数庄家的资金都是从各种合法或不合法渠道筹集的短期借贷资金。要支付的利息很高，有的还要从做庄赢利中按一定比例分成。因此，做庄时间越久，利息支出越高。有时一笔短期借贷到期，而股票没有获利派发出去，只好再找资金，拆东墙补西墙了。

手法高明的庄家拉高时只需借助利好煽风点火，股价就能由追涨的散户抬上去。但是大多数庄家需要盘中对倒放量制造股票成交活跃的假象，因此仅交易费用一项就又花费不少。另外，庄家还要准备护盘资金，在大盘跳水或者技术形态变坏时进行护盘，有时甚至要高买低卖。

股市里有句谚语叫做“横起来有多长，竖起来有多高”。一只股票从底部低点到顶部高点的涨幅若有100%，则庄家的利润大致有40%～50%。庄家具体获利多寡，以及股票上升的幅度，因庄家持仓量和持仓成本上述各种因素的不同而变动。普通投资者最好不要奢望能买到最低点卖到最高点，鱼头鱼尾不易吃到，能吃到鱼身上的一块肉也是很愉快的，你可千万别吃到鱼刺哟！

在目前股市整个经济环境相对宽松的情况下，介入的主力资金大多都在谋求利润最大化，很少会形成亏损离场的局面。正因如此投资者越来越关注主力的持仓成本，希望通过这种分析方法来达到获利的目的。但是主力的真实持仓成本外人一般很难了解，不过可以通过一些统计方法，去判断某段时期的市场平均成交价格，对主力这一时期的平均成本作大致的评估。同时也可以利用这种市场成本分析，对短期调整的支持位或者反弹的阻力位加以判断。

第四节　流通股东人数分析

按照有关规定，年报需要详尽披露股东总数和大股东持股情况。研究每年中报、年报中定期公布的股东结构，可成为一个重要的识别依据。

目前报表中所公布的股东结构，主要包括两类数据：一为股东总数；二为前十名大股东持股情况。对于研究主力动向来说，主要是观察其中流通股的股东结构。目前，市场对股东总数开始日益重视，普遍的观点认为流通股股东数较少，表明主力控盘能力越强，该股就越值得重视。但从实战的角度看，股东总数所透露出的信息远没有这么简单。

需要指出的是，由于目前的中报不要求披露股东总数，许多已公布的则不是流通股已高度集中就是高度分散，指导意义有限。

此外，目前的报表周期为每半年一次，随着季报的推出，投资者在不久的将来,将能更及时地获知股东情况的变化,从而提高运用上述原理中线选股的可行性。

一、股东人数变化的市场意义

上市公司在册股东人数的变化,意味着该股票集中度的变化。集中度值越大表示股票集中度越低,说明股东人数增加越大,股票持有越分散。这会直接影响到样本期间股票价格的波动。

从原理上说,流通股股东数越少,参与该股票的投资者数量就越少,主力资金账号所控制的筹码就越多,在其他条件相同的情况下,个股的拉升动作就会比较轻松,往往会出现气势如虹的连续上涨,也就是说,有更大的概率成为我们所定义的"中线牛股"。

在某一段时期上市公司股东人数的变化可以反映出股票筹码的集中分散变化情况。一般而言,股东人数减少明显的,说明该股的筹码集中程度趋高,有庄介入的迹象;且在筹码变化的这一时间段,股票迟早都会有所表现。

二、影响筹码集中度的几种因素

股票筹码的集中度是众多相关因素作用的结果。为了更加有效地利用股东人数变化情况的宝贵数据,进而挖掘市场中潜在的投资机会,就有必要对其中一些因素进行分析。

1. 流通股本规模和股票价格

流通股本规模和股票价格是影响市场主力择股的关键因素。尤其是在脱离基本面而单纯依靠资金实力来进行市场炒作的行情下更是如此。

2. 公司业绩

一般情况下,在市场由低迷到复苏的阶段,市场投资者会选择在业绩优良的股票中进行建仓。因此,绩优股应当表现出集中特点。

3. 基金和券商的持仓影响

通过考察集中程度明显的股票可以发现,股东人数减少 40% 以上的 30 只股票中多数股票的前 10 位股东中有基金和券商等实力机构投资者,并且他们持有的流通股比例很高。而一些股票的股东人数表现为分散化的原因就是基金和券商减持该只股票,甚至剔除出其投资组合所导致。基金和券商等实力机构投资者对股票价格的推动力早已为市场所认同。参照机构投资者的选股趋向来进行投资决策，对于中小投资者而言，是一种简便有效的投资方略。

考虑到基金和券商等机构投资者对股票价格的影响作用。建议投资者认真研究上市公司的年报。对于那些年报披露出基金或券商等机构投资者成为上市公司的大的流通股股东的股票，应当密切注意。

三、股东人数减少的比较分析

分析股东数减少的性质，它究竟是主力建仓的结果，还是拉升后的存态呢？

1. 股东人数与股价涨幅的比较

首先要观察期间股票涨幅与筹码集中程度的关系。如果筹码集中很快，而股价涨幅较小，则属于主力建仓的概率就颇高。因为主力吸筹的基本原则，就是在条件许可的情况下，以尽可能低的成本，获得尽可能多的筹码；反之，则必然属于建仓后的拉升。

2. 股东人数绝对值的比较

一般来讲，单纯股东人数绝对值的意义不大，需要与上一次报表的股东人数进行比较分析。对于单纯股东人数绝对值，由于受流通盘的大小、机构持仓量的大小、股价的高低、业绩的好坏等多种因素影响，无法设定一个准确的数值来说明筹码是否集中，但是我们仍然可以通过与其他股票的相似性分析和比较，得到一些有价值的信息。

一般来说，流通股规模越大，股票市场形象越好，成为牛股所需的约束条件就越宽松；但当流通股少到一定程度时，约束条件也不会进一步束紧，因为超级小盘股收集筹码太困难，而且从主力的角度来说，也不宜把股性做得过死。

3. 次新股的股东人数分析

一般来讲，次新股由于在上市时有主力建仓和基金的持有，与相同流通盘的股票比股东人数应该较少。

第五节 大股东结构分析

有市场人士说:“庄家是不在乎持股率的,这种持股率就是要给股民看的。”看持股率炒股,庄家始终是主动的。主力和散户之间的博弈永远是水涨船高,随着市场投资者对持股结构和持股率的逐渐认识和普及,许多主力也在寻求对应之策,办法就是:

(1)使用多个账号,“黑户头”是主力惯用的传统方法,为了逃脱投资者的分析,主力会变本加厉地使用这一方法,但是也有一定的局限。

(2)有目的地诱使中小股民阶段性地参与个股炒作,在让利的前提下制造出股东数众多和股性活跃的假象,这对于主力将来的出货行为也会有好处。

投资者仍可尝试从其他途径迂回,一个可行的替代办法是研究前十名股东情况。

一、大股东账户持仓量分析

一个主力控盘的股票,前几名大股东无非有两种情况,要么是主力账号集中,单个账户持仓量极大,但账号间的差距也可能较大;要么是主力账号分散,单个账号持股量相对小一些,但账号间的差距就必然会被压缩。如果出现其中一种情况,则表明该股主力的建仓行为已卓有成效,但还需要进行缩量洗盘,以清洗出小仓位持股者,投资者可在缩量洗盘的末期介人。

二、大股东间的关联关系

有些时候,尽管前几名流通股股东持股量颇大,但个股却始终不能有较好表现,这往往是由于各大流通股股东之间并无关联关系,主要出于长线看好该股的原因,以投资眼光大量介入,但彼此间不能如主力炒作般形成合力,因此不成其为牛股。这些股票,往往在基本面方面可圈可点,为市场大众所普遍看好,且持有者往往持有时间较长。

第六节　筹码分析的窍门

股票的价格波动本质上是由供求关系所决定的，这一点和有形商品一样。假如持股者看好后市不愿卖出则供不应求股价上涨，反之则股价下跌。事实上，一只股票的上涨必然经历了一个筹码分散—集中—更集中的过程，相应地在股价运行上的特点是横向震荡—缓慢上升—加速上升。当然人们最希望在开始加速上扬的一瞬间买入，立即享受快速拉升的喜悦。然而在实际操作中却经常事与愿违，无法准确地把握这个最佳买点，本书则解决了如何确认这个最佳点的难题。解决这个难题的切入点就是筹码分析。筹码分析是通过公开或加密信息统计主力资金对一只股票的控制程度，从而判断该股的主力持仓成本以及是否会产生快速拉升行情。即使没有专业软件，利用公开信息我们也可以进行筹码分析。

例如，0710 天兴仪表，1999 年年报揭示股东户数为 2.5 万人，人均持股约 1200 股，股价为 9 元；2000 年中报股东户数减少到 1.6 万人，人均持股 2000 股，股价为 15 元；2000 年末股东户数仅剩下 4000 人，人均持股高达 8000 股，股价最高达到 32 元。

再如，0686 锦州六陆，2000 年中报股东户数 3.2 万人，人均持股 1300 股，股价 10 元；2000 年年报股东户数 2.3 万人，人均持股上升到 2000 股，股价 15 元；到了 2001 年五六月股价即上升到 20 元以上。以上两例都是在大势下跌中逆市完成上扬行情的。可见透过筹码分析，我们就能找出真正的中线黑马股。

这里我们给出处于拉升行情的筹码分布参数：以 6000 万流通盘为例（不同规模的流通盘可按比例估算），人均持股 3000 ~4000 股，表明有主力资金介入，有希望产生中线拉升行情，上涨幅度为 50% ~100%。低于此数则认为筹码分散，只能产生短线行情或随大盘波动；高于此数则可能继续上升也可能大幅下挫，须谨防高位套牢，不可轻易介入。通常所说的庄家利用一定的题材介入一只股票，一般吸筹阶段耗时长达 3 ~6 个月，控盘程度达到 30% ~50%；缓慢上升或横盘洗筹阶段为 1 ~3 个月，控盘程度达到 60% ~90%；快速拉升则一般在一个月左右，随后往往产生出货行情，有的高位横盘出货，有的则直接跳水出货。普通投资者在题材、传闻、技术图形等层层迷雾背后很难看清事实真相，多数成为庄家手中的猎物。当然有了本书的操盘理念，我们就可以永远告别亏损和套牢，真正享受财富增值的乐趣了。需要指出的是筹码相对集中是中线拉升的必要条件，并非充分条件，换句话说，筹码相对集中后也不排除由于种种原因主力放弃拉升的可能。因此，此法必须和本书其他分析法则同时使用，以防止钻进牛角尖。

第十三章　基本面分析

第一节　影响股价的因素

企业的经营业绩是影响股票价格的决定因素，那么，影响企业经营效益的因素有哪些呢？概括起来，可将这些因素分为两类：一是企业所处的外部经营环境，这就是通常所言的投资环境；二是企业本身的内在素质。

一、企业的外部经营环境

企业所处的外部经营环境，主要指企业所在地的政治、经济及社会发展情况和相配套的服务设施建设等。当企业的外部经营环境较差时，企业与外界的信息联系、原材料的组织供应、人力资源的投入、正常的生产秩序、产品的销售等都将受到一定程度的影响，企业的经营会处于相对困难的境地，从而影响上市公司经营效益的发挥和提高。

企业的经营环境又可简单地分为三部分。

1. 是政治及社会发展情况

(1)战争。战争对股价的影响有长期的，亦有短期的；有好的方面，也有不良的方面；有范围广的，也有单一项目的，到底影响力度如何，要视战争的性质而定。战争会使武器及医疗等工业需求增加，与此相关的股票价格就可能上涨；如果战争中断了原材料或产品的运输，影响了购买力或原料的供应，相应的股票价格就会下跌。但总的来说，在一国国内发生的战争对股票市场的影响是不良的,因为它既影响社会的安定,也影响人们的工作情绪。

(2)政权。政权的转移、政府的更迭,都将影响社会的安定及人心的稳定,它是影响股价的重要因素,如美国股市,曾就因总统艾森豪威尔心脏病复发、肯尼迪的遇刺而大幅下跌。

(3)社会安定情况。当一个社会治安情况良好时,就有利于企业的运营与发展。反之,如果一个地区社会治安状况不佳,罢工浪潮此起彼伏,就会影响所在地企业的经营。

2. 经济发展情况

(1)经济周期。经济周期是指经济的运行具有一定的周期性,即经济从谷底向上翻升,经扩张期到高峰后,复又下降,经收缩期再跌至谷底,构成一个循环,这就是复苏、繁荣、危机和萧条四个阶段。我国现在实行的是社会主义市场经济,虽然市场建设尚待完善,经济的周期性并不十分明显,但我国将来经济的周期性波动将会对股市产生较大的影响。

在经济进入危机和萧条阶段,整个社会的经济发展基本上处于一种停滞状态。此时,社会的总需求不强,产品的销售发生困难,原材料的供给也不通畅,许多企业处于停工停产甚至倒闭状态,企业的经营处于较困难时期,其经营业绩低下。而当经济走出低谷从复苏阶段向繁荣阶段过渡时,此时的经济发展会处于一种高速增长状态,社会上的各行各业都显得生机勃勃,对各类产品的需求处于极度的旺盛状态,此时的企业经营水平一般都会发挥到最佳状态,经营业绩也处于较高水平。

(2)通货膨胀。通货膨胀对企业经营的影响比较复杂,它既能刺激企业的生产,又能压抑企业的经营。通货膨胀主要是由于过多地增加货币供应量面造成的物价上涨现象。货币供应量增加,开始时能增加市场需求并拔高产品价格,从而提高上市公司的销售额并导致利润的增长。但当通货膨胀对国家的经济生活以至社会安定造成威胁时,政府一般会采取如紧缩银根、提高银行利率等措施来抑制通货膨胀。而国家对经济的宏观调控将会对企业的经营产生反作用力,从而又抑制了市场的需求,导致企业的生产经营萎缩,引起经营水平的下降。

(3)产业政策。产业政策是政府为某些产业制定的发展目标和规划,以及实施措施等。毫无疑问,当企业所处的产业受国家产业政策的扶持时,企业的经营如相关项目的审批、原材料和资金等的供给乃至税收等方面都可能会享受到国家的一些优惠，从而有助于经营水平的提高。反之，如企业处在产业政策的限制之列时，企业的经营将要受到较大的影响。

3. 社会服务条件包括配套设施的建设

企业所在地的社会服务水平及配套设施情况也是影响企业经营的主要因素之一。这些方面主要包括运输、通讯、电力供应等等。如通讯设施落后，企业与外界的联系就会发生困难，影响信息的传递及产品的销售等等。如我国过去违反生产力布局的基本原则，将一些工厂建在偏僻的大山沟中，当地的水电供应及通讯、运输条件都相对比较落后，从而造成了这些企业的经营困难，这些企业大部分现在都陷入困境。

二、企业的内在素质

除了外部的经营环境外，影响企业经营效益的就是企业的内在素质，它包括：企业领导者的素质与管理水平、企业的规模、产品的市场占有率及企业所拥有的资产数量、员工的工作热情和文化素养、生产装备的现代化程度、工艺水平和企业的外部形象等等。这些因素中任何一项的变化，将直接影响企业产品的生产和销售，影响成本的增减，从而直接影响着企业经营效益。

(1)领导者的素质与管理水平。这是一家企业经营管理的决定因素，企业领导者的品质优良，思维敏锐、作风正派、处理问题果断、决策水平高、组织能力和号召能力强、群众基础好，就为企业的经营管理奠定了基础。反之，即使一家再好的企业，如果领导人的素质和管理水平低下，其良好的经营业绩也难以为继，这样的事例比比皆是。本来一家企业经营得好好的，换了一个经理后，用不了几年，企业就陷入了倒闭的边缘。所以在香港，证券管理机构对企业的领导人都有特别的规定和要求，如在多少年内曾有犯罪记录的人就不得就任上市公司的董事及经理等等。

(2)企业的规模。企业的规模对企业的生存与发展有着较大的影响。

大型企业在国民经济中占有比较重要的地位，特别是一些基础产业及支柱产业，如钢铁、汽车、房地产等，它们的兴衰对国民经济有着决定性的影响，所以在国家制定各项政策包括金融政策、产业政策时，都对大中型企业有一定的照顾，如我国近期在经济上所制定的各项措施都是围绕着搞活国有大中型企业这个目标进行的。

大型企业抗风险能力较强，在经济不景气或发生经济危机时，往往都是中小企业倒闭得多，而大型企业承受能力较强，且政府一般也不会对大型企业的倒闭坐视不管，因为大型企业的兴衰在一定程度上会影响社会的发展及安定。

大型企业的竞争能力较强，它们的人力资源较为丰富、物质基础雄厚，它们往往能集中相当的人力、物力来研究及解决生产及经营中出现的各种问题，且由于其生产规模较大，它们一般都能适应规模经济的要求，将产品成本降到最低水平。如汽车生产，其经济规模一般都在每年 30 万辆以上。生产规模达不到要求的，其生产效率和经营效益就要差得多。如我国的上海大众公司，其经营效益就比其他中小型汽车制造厂要好得多。

(3)产品。产品是企业生存的依托，发展的基础。没有一个好的产品，没有相当的市场竞争能力及市场占有率，企业不但难以发展，甚至连生存都非常困难。在业绩较好的上市公司中，绝大部分都有好的产品作为依托，如众口皆碑的春兰空调、海尔电器、美菱电器等，其产品都是市场中的名牌；而业绩较差的公司，其主要原因之一就是缺乏主导产品，主营方向不明，或产品缺乏市场竞争能力，价高质次。

第二节 政策性市场的评估

首先要对整个市场进行评估，也就是说要弄清楚我们现在到底处于什么样的市场，市场一般分牛市、熊市和平衡市。在牛市中各股的基本面会被股价体现得淋漓尽致。而在熊市中各股的基本面尽管很不错，依然也会随着市场的下跌而被继续低估或者严重低估。在平衡市中，就可以尽量找价值低估的品种进行操作，这样会相对安全。

1. 我们经常挂在嘴边的话就是“股市有风险，入市需谨慎”。因此进入市场进行操作，尤其对基本面进行评估的时候，首先要考虑国家宏观基本面。其中国民生产总值也就是 GDP、物价指数即 CPI。他们的变化与预期对整个市场都是有很大影响的。例如 GDP 一旦速度放缓，就说明我们国家的经济有增长减弱的迹象，必然对实体造成一定冲击，同样也会共振到股票的价格上面来。而 CPI 一旦增幅过大，就说明有通货膨胀的压力。当通货膨胀很严重的时候,对股市就是负面的,股票价格就会由涨变跌。还有就是利率的变化。当人民币一直处于升值状态,的确我们手中的钱可以换回更多的外币,但是同样会对我国的出口造成极大损害,而相关上市公司的股票价格就会承受压力。

2. 货币政策对市场的影响。首先我不否认我们现在依然是政策市,同时也是资金推动性质的市场。那么货币政策对市场的影响相当大。如果国家进行货币宽松,那么很可能走出一轮大牛市,而一旦货币紧缩,那么市场就会面临资金短缺,会造成各股以及大盘的下跌。毕竟股票在不停的增加,而市场的存量资金却在减少。那么下跌就是唯一的选择了。还有就是国际金融市场对我国股票市场的影响。现在是全世界一盘棋,美国打喷嚏,欧洲就感冒,亚洲可能就重感冒了。由于世界经济互相依托性越来越大,因此任何一个经济大国出现金融动荡都会影响到其他国家。例如美国 2008 年的次贷危机,对美国市场以及全球市场都造成了极大的破坏力。所以现在世界大同的经济社会中,唇亡齿寒变成了现实,而我们的市场受到外界影响的时候,一定要进行规避。千万不要报着别人的事情与我无关的心态。

第三节　行业分析

我把行业整个划分为 4 种,朝阳性行业,周期性行业,防御型行业和夕阳性行业。所谓朝阳性行业,一般都是利润比较高,符合国家政策扶持以及税收优惠这样的行业。周期性行业指的是某些消费类品种在经济上升中,会随着经济上升而扩张,而经济一旦下滑,市场需求量就会降低,因此而衰落。例如耐用消费品就属于该范畴。防御型行业指的是不太受经济形势变化而遭受巨大影响的行业,例如食品,白酒,饮料,服装等这类防通货膨胀概念的股票。由于它涉及人们的基本消费,所以受外界影响不大,毕竟无论经济形势多恶劣,饭还是要吃的,衣服还是要穿的。而夕阳行业指的是例如钢铁,煤炭等增长速度缓慢而且消耗能源的品种。

判断行业潮起潮落。很多行业都有好的时候也有不好的时候。尤其要注意收集一些信息,例如,大旱的时候,节水设备,供水行业股票就会有好的表现。而且大旱是不能预期的。因此操作上思维要有联想性。再如粮食如果出现减产,那么粮食类股票就会有非常好的表现。所以一定关注外界的信息,观看新闻,多读报纸都会截取很多有用的信息。

根据增长速度调整行业的平均市盈率。有些行业的增长很稳定,因此获得的平均市盈率也就比较稳定。而有些行业由于处于经济周期中,增长速度会提升很快,而且还有持续性。这样的情况我们就要因势利导的进行调整。2011 年国家预计对水利 10 年投入 4 万亿。那么可以说水利股的市盈率就会发生一些变化,从历史上看,水利股的平均市盈率也就是 20 倍左右,因为每年的增长速度不过 10% ~25% 而已。那么国家投入那么多钱,自然会刺激水利相关上市公司的长期走牛。同时水利股的业绩会迅速提升,如果提升到 40% 的话,沿用现在 20 倍的平均值计算,明显是不合理的,所以我们要关注其业绩增长带来的市盈率变化,适当提高其估值水平。

第四节 个股基本面分析

我们进行个股的基本面分析,首先要知道该股是哪个地区哪个城市的公司,然后要知道所属哪个行业,财务状况如何,什么概念等等。

1. 流通盘(总股本)。

按 F10 就能看到一只股票的流通盘大小,要注意是否有 H 股,实际流通多少,限售流通多少,在做一只股票估值的时候一般按照实际流通多少计算,我个人认为一般总股本在 5 亿以下较好。为什么这么说,大家可以看下以往的历史牛股几乎都是小盘股,在大家常说的庄或者主力如果操控一只流通盘比较小的股票比较容易收集筹码,拉升的时候比较容易。我们可以看 002001 在上一次的牛市中从最低点 4. 69 元一直拉升到 60. 78 元将近 15 倍的利润(到现在 002001 的总股本还不到 5 亿)。如果您能拿住是什么概念,如果手中有 3 万元钱在将近 2 年的中变成 40 多万当然这也得需要对这只股票的估值有正确的判断,怎么样对股票估值下面会给大家讲解,这里只是做个举例说明。

2. 每股收益,是公司每股股票所得的净利润,在价值投资中,是一个重级的指标,公司的每股收益越多,其股票价格越高,在投资领域中,价格最终会走向价值,我们看到的每股收益都是3月、6月(半年报)、9月以及12月(年报)、想知道公司的每股收益,我们将公司的净利润总额除以公司流通股数即可得到,前面我提到抄股票是炒未来,所以一定关注手中股票公司的动态。举个例子,000615在2009年6月份业绩报中有一次业绩修正。没修正之前的业绩估计是0.33 ~0.47,而后000615在报业绩之前把公司持有的长江证券出售12,627,493股,扣除成本及相关税费后产生的收益为1.89亿元,公司业绩突然猛增,而后000615的股价从8.14上升到14.8元

3. 股净资产是指股东权益与总股数的比率。其计算公式为:每股净资产=股东权益÷总股数。这一指标反映每股股票所拥有的资产现值。每股净资产越高,股东拥有的资产现值越多;每股净资产越少,股东拥有的资产现值越少。通常每股净资产越高越好。如果在公司性质相同,股票价格相近的条件下,某一公司的每股净资产越高,则公司发展潜力与其股票的投资价值越大。

4. 每股公积金和每股未分配的利润。看一只股票的时候我们总去猜测到了年底报业绩的时候能不能送股(除权),能有多大的机率,很简单,打开交易软件按F10就能看到每股公积金,每股未分配利润,这两项都很多送配的几率要高一些;反之每项都很少,何来谈送配,一般公积金每股为1元以上的话,就具备转增10股的能力,而未分配利润为1元以上的话,就具备送10股的能力或者送现金的能力。

5. 流动比率,是流动资产对流动负债的比率,用来衡量企业流动资产在短期债务到期以前,可以变为现金用于偿还负债的能力。比率在2以下安全。

6. 市盈率(P/E)是股票价格除以每股盈利的比率。市盈率反映了在每股盈利不变、派息率为100%、所得股息没有进行再投资的情况下,需要经过多少年才可以通过股息全部收回投资。

怎么样用PE去对股票进行一个合理的估值,举个简单的例子:1. 现在手中的股票是水泥。在交易软件中找出所有水泥行业的股票,假如同行业的PE平均为20倍,手中股票是10倍,那么就说明手中股票的价值被低估。一般的情况下,同行业的平均PE相差不会太多,在计算同行业PE的时候以10倍PE——100倍,超过一般不在计算之内,垄断性行业超过同行业的平均PE

也正常,一般垄断性行业在60 ~70 都算正常,甚至可以更高;2. 用 PE 对股票进行估值的时候要跟每股收益结合,如 002146 在 2008 年的年底业绩是 0.46 元,2009 年同行业的 PE 平均在 20 倍,用 PE 乘上年底的业绩(20 ×0.46 = 9.2),002146 在 09 年的 12 月分之前应该走到 9.2 元,如果市场的形式较好那么估值也在增加,价格自然上升。

第五节 概念股、行业、板块

概念股是指具有某种特别内涵的股票,而这一内涵通常会被当作一种选股或者炒作的题材成为股市的热点,简单来说概念股就是对股票所在的行业经营业绩增长的提前炒作。重点注意前面已经提到过抄股票是抄未来,概念也是一样,比如奥运概念,在 2008 年之前奥运概念的股票很火爆,但在奥运期间已经日落西山了,怎么样去寻找概念股票,要关注国家政策,国际形势,社会环境等等。简单地说,个人要有超前意识。

同类行业的公司往往放在一起比较以便准确。

所谓板块就是有相似背景的一类股票。

为什么在一轮牛市中有的人手中的资金翻了 10 倍,20 倍,甚至 30 倍,而有的人却只翻了 1 ~3 倍? 第一要了解对大盘上涨时候起重要作用的几个行业:有色金属、钢铁、医药、房地产(装修、建筑材料)、工程机械、食品、电力、电力、公用设施。

我们可以看下以往大盘的上涨历史,全是不同的板块轮流上升刺激大盘向上运行。打个简单的比喻,大盘上涨就像攻城一样,不同兵种干不同的事情,但都为一个共同的目标,必须拿下城池,股票市场也是一样。在大盘形成底部进行新的一轮上升时,不同板快在不同阶段支撑着大盘的上涨。举个例子上证指数在跌到 1664 低点后进行了一轮反弹,这个时候上海本地的股票率先开始上涨,接着是地产、医药,再到后期是蓝筹。说白了板块的轮动就是资金运行的方向。

在每个行业的股票中都有一个龙头股票,但以前的龙头股票不代表现在,也是要根据当时的市场情况具体看待,龙头股票不光是在同业中,在每个地域也有自己的龙头企业，像600881亚泰集团，在东北就是水泥行业的龙头企业，但不一定是整个行业的龙头股票，不同的领域有着不同的行业龙头，这个要熟悉股票的基本面的信息，行业龙头大多是垄断性质的。行业和股票价格的关系是什么？如果一个行业的龙头企业开始上涨，跟它相同行业的股票大多数也会跟着上涨，那么在牛市中，一个行业的龙头开始走进上升通道很可能引领一个板块的上涨，经验上看，黄金的龙头是山东黄金，铜的龙头是江西铜业，软件的龙头是浪潮软件，地产的龙头是万科，消费类的龙头是茅台，等等。

一个板块的上涨会带动另一个板块上涨，打个比方医药板块上涨，药卖的火暴那制药的行业也会受到刺激，那制药的上涨了，制药的原材料也会受到刺激，一旦某个板块开始进入到上升通道也要关注和它相关的行业，炒股票一定要多想想，脑袋一定要灵活多变。

要想抓住市场的热点要关注国家的政策对行业的刺激或者国家对行业的预期投入(2010年5月24日国家发布举全国之力建设新疆，新疆本地股迅速拉升，注意这个时候的市场处于熊市)、自然灾害后对当地的刺激(汶川地震后，四川本地股迅速拉升)、国际期货对应的行业(国际金价上涨，山东黄金也会跟着上涨)等。举个例子，三鹿奶粉查出三聚氰胺后，没有问题的奶粉销售企业自然要上涨的，像600429三元股份连续涨停。还要注意行业的周期性，比如年底如烟、酒、糖、茶类股票上涨，09年11月24日大盘到了次高点从而阶段性下跌，而酒类行业却一直在走强，今年农耕的时候，农业股拉升等等。

相同行业的股票不可能有很大的差别。例如南宁糖业和贵糖股份，两个都是糖，如果南糖现在30倍市盈率而且继续呈现上涨趋势，贵糖如果不足15倍市盈率，那么贵糖必然被上拉。当然要看流通盘是否接近。另外例如白酒类股票平均市盈率为30倍，而现在有1只白酒流通盘不大，市盈率却不足20倍，那么自然该股就会上涨。起码涨到接近平均市盈率的位置。我见过单一股票向平均市盈率靠拢的，还没见过整体市盈率被行业中某只股票拉下来的。

当大盘跌到极至也就是绝对底部的时候，上海本地的股票往往率先向上攻击，代表者600836界龙实业、浪潮信息、浪潮软件。我们可以看下历史。每次在大盘处于最底点然后向上上升的时候，这几只股票都是率先开始向上的。例如大盘在1664点的时候，600836界龙实业6.01元，短短20个交易日内最高到达12.94元，资金达到翻倍。再看600756浪潮软件在大盘冲3400点的时候从最底的5.25元经过33个交易日到最高点12.88元如果你手中的资金以5万元来计算，我们以收盘的价格去买这两只股票手中资金也变成20万了吧。要注意这个时候的大盘才到2559点，如果在大牛市中呢，大盘还会继续向上，以上次牛市的顶点(6124)计算，到2559点有20万了到6124点还有将近3600点的上涨空间怎么也能把资金再翻一到两倍吧。在大盘下跌的时候，有些股票是逆市，不管市场在什么时候都有牛股或者是抗跌的，例如600651飞乐音响。可以看大盘在2010年4月16日开始下跌，600651飞乐音响几乎没怎么跌后期还创出新高，。

除权之前股票的拉升，一般牛市的时候除权之前拉升的时候较多，大家可以看下今年的行市不好，很多送配都没在除权之前拉升股价，而在上一轮牛市中甚至1664到3400的时候大多数在除权之前拉升股价，反观2010年的行市却不是如此，很多家企业年底的业绩非常好，但在除权之前股票的价格却没有想象中的迅速拉升，这就说明在好的行市下股票除权之前股价迅速拉升的几率较高，反之几率较低。这里有个小技巧，在半年报或年报的时候大家应该多注意业绩较好有送配的企业股价有迅速上涨的机会，一般迅速拉升的时间在除权登记日出来之前，登记出来后一般的情况下不要再参与了。

非公开发行的股票一般都是业绩比较好的，股东才会认购。一般非公开发行的股票会有资金介入，毕竟一家公司让跟着发行的大股东都亏损的情况是很少的，同时由于其业绩良好，因此不愿意向公众发行，就算给自己家人开个小灶吧，因此这样的股票都存在着一定的套利机会。

第十四章 股指期货与大盘联动分析

第一节 股票指数概念

股票价格指数(股票指数)是用来度量股票行情的一种指标,一般由证券交易所或其他金融服务机构编制。股票指数是某一投资组合市值的正比例函数,也就是指数投资组合市值的正比例函数。当股票的价格发生波动时,指数投资组合的市值随之发生变化,股票指数就出现涨跌,所以股票指数在一定程度上就能反应股票市场价格的变化。股票指数的作用在于为股民提供一个衡量股市价值变化的参考依据,因为买卖股票是一种投资活动,收益和风险并存。而为了帮助投资者实现投资增值的目的,建立正常的股票投资环境,就需要有一种能够反映股票投资发展变化情况的指标作依据。借助股票指数,人们可以观察和分析股票市场的发展动态,研究有关国家和地区的政治、经济发展趋势,拟订投资策略。为了给投资者创造这种条件,所有的股市几乎都是在股价变化的同时都即时公布股票价格指数。通常认为,股票指数是股票价格的平均数或加权平均数,股票指数的涨跌反映了股市中股价的运动趋势,或至少能反映大部分股票价格的涨跌趋势,但实际中并非如此。当股市上绝大部分股票上涨或下跌时,股票指数却可能反其道而行之。

要真正了解股票指数的真实含义,先需熟悉投资组合与市值的定义。

所谓投资组合就是在股票投资中按一定权数选择的一些股票的集合。

股市中有A、B、C、D…等多种股票，股民甲在投资中选择了A、C、F、H四种股票，其中买入A股票2手、C股票3手、F股票5手、H股票6手，其投资组合就是股票A、C、F、H，权数为2、3、5、6。投资组合中的权数，也就是所持股票的相互比例。

投资组合可用(A、B、C、D、E…，N1、N2、N3、N4、N5、…)来表示，其中括号中逗号以前的A、B、C、D、E等是所选择的股票名称，逗号后的数字N1、N2、N3、N4、N5是权数。如上例中的投资组合就为(A、C、F、H，2、3、5、6)。

任何一个投资组合都包含两个要素，其一是所选取的股票种类，不同的股票种类构成不同的投资组保，这一点是容易理解和接受的；其二是权数，虽然有些投资组合里包含的股票种类相同，但只要是权数不一样，其投资组合就不同。

在股票投资中，即使选择的股票相同，若权数不同，构成的投资组合相异，其投资收益也就不等。如在股票投资中，两股民选择的股票都为A、B、C、H四种，股民甲选择的投资组合为(A、B、C、H，1、1、1、1)，股民乙选择的投资组合为(A、B、C、H，1、1、1、5)，现股票A、B、C的价格分别上涨了1元、2元和4元，股票D的价格下跌了1.5元。由于股民甲在投资组合中搭配的股票很平均，虽然股票H下跌了1.5元，但盈亏相抵后甲还略有盈余；而股民乙的投资组合中股票H的比重较大，盈亏相抵后股民乙就发生了亏损。

编制股票指数，通常以某年某月为基础，以这个基期的股票价格作为100，用以后各时期的股票价格和基期价格比较，计算出升除的百分比，就是该时期的股票指数。投资者根据指数的升降，可以判断出股票价格的变动趋势。并且为了能实时的向投资者反映股市的动向，所有的股市几乎都是在股价变化的同时即时公布股票价格指数。

计算股票指数，要考虑三个因素：一是抽样，即在众多股票中抽取少数具有代表性的成份股；二是加权，按单价或总值加权平均，或不加权平均；三是计算程序，计算算术平均数、几何平均数，或兼顾价格与总值。

由于上市股票种类繁多，计算全部上市股票的价格平均数或指数的工作是艰巨而复杂的，因此人们常常从上市股票中选择若干种富有代表性的样本股票,并计算这些样本股票的价格平均数或指数。用以表示整个市场的股票价格总趋势及涨跌幅度。计算股价平均数或指数时经常考虑以下四点:

(1)样本股票必须具有典型性、普通性,为此,选择样本对应综合考虑其行业分布、市场影响力、股票等级、适当数量等因素。

(2)计算方法应具有高度的适应性,能对不断变化的股市行情作出相应的调整或修正,使股票指数或平均数有较好的敏感性。

(3)要有科学的计算依据和手段。计算依据的口径必须统一,一般均以收盘价为计算依据,但随着计算频率的增加,有的以每小时价格甚至更短的时间价格计算。

(4)基期应有较好的均衡性和代表性。

第二节 计算股票指数

计算股票指数时,往往把股票指数和股价平均数分开计算。按定义,股票指数即股价平均数。但从两者对股市的实际作用而言,股价平均数是反映多种股票价格变动的一般水平,通常以算术平均数表示。人们通过对不同时期股价平均数的比较,可以认识多种股票价格变动水平。而股票指数是反映不同时期的股价变动情况的相对指标,也就是将第一时期的股价平均数作为另一时期股价平均数的基准的百分数。通过股票指数,人们可以了解计算期的股价比基期的股价上升或下降的百分比率。由于股票指数是一个相对指标,因此就一个较长的时期来说,股票指数比股价平均数能更为精确地衡量股价的变动。

1. 股价平均数的计算

股票价格平均数反映一定时点股票价格的绝对水平,它可分为简单算术股价平均数、修正的股价平均数、加权股价平均数三类。人们通过对不同时点股价平均数的比较,可以看出股票价格的变动情况及趋势。

(1)简单算术股价平均数

简单算术股价平均数是将样本股票每日收盘价之和除以样本数得出的,

即：

$$简单算术股价平均数 = (P1 + P2 + P3 + \cdots + Pn)/n$$

世界上第一个股票价格平均——道琼斯股价平均数在1924年10月4日前就是使用简单算术平均法计算的。

现假设从某一股市采样的股票为A、B、C、H四种，在某一交易日的收盘价分别为10元、16元、24元和30元，计算该市场股价平均数。将上述数置入公式中，即得：

$$\begin{aligned}股价平均数 &= (P1 + P2 + P3 + P4)/n \\ &= (10 + 16 + 24 + 30)/4 \\ &= 20(元)\end{aligned}$$

简单算术股价平均数虽然计算较简便，但它有两个缺点：一是它未考虑各种样本股票的权数，从而不能区分重要性不同的样本股票对股价平均数的不同影响。二是当样本股票发生股票分割派发红股、增资等情况时，股价平均数会产生断层而失去连续性，使时间序列前后的比较发生困难。例如，上述H股票发生以1股分割为3股时，股价势必从30元下调为10元，这时平均数就不是按上面计算得出的20元，而是(10 + 16 + 24 + 10)/4 = 15(元)。这就是说，由于D股分割技术上的变化，导致股价平均数从20元下跌为15元(这还未考虑其他影响股价变动的因素)，显然不符合平均数作为反映股价变动指标的要求。

(2)修正的股份平均数

修正的股价平均数有两种：

一是除数修正法，又称道式修正法。这是美国道·琼斯在1926年创造的一种计算股价平均数的方法。该法的核心是求出一个常数除数，以修正因股票分割、增资、发放红股等因素造成股价平均数的变化，以保持股份平均数的连续性和可比性。具体作法是以新股价总额除以旧股价平均数，求出新的除数，再以计算期的股价总额除以新除数，这就得出修正的股介平均数。即：

新除数 = 变动后的新股价总额/旧的股价平均数

修正的股价平均数 = 报告期股价总额/新除数

在前面的例子除数是4，经调整后的新的除数应是：

新的除数 = (10 + 16 + 24 + 30)/20 = 4，将新的除数代入下列式中，则：

修正的股价平均数 = (10 + 16 + 24 + 30)/4 = 20(元)得出的平均数与未分割时计算的一样,股价水平也不会因股票分割而变动。

二是股价修正法。股价修正法就是将股票分割等,变动后的股价还原为变动前的股价,使股价平均数不会因此变动。美国《纽约时报》编制的500种股价平均数就采用股价修正法来计算股价平均数。

(3)加权股价平均数

加权股价平均数是根据各种样本股票的相对重要性进行加权平均计算的股价平均数,其权数(Q)可以是成交股数、股票总市值、股票发行量等。

2. 股票指数的计算

股票指数是反映不同时点上股价变动情况的相对指标。通常是将报告期的股票价格与定的基期价格相比,并将两者的比值乘以基期的指数值,即为该报告期的股票指数。股票指数的计算方法有三种:一是相对法,二是综合法,三是加权法。

(1)相对法

相对法又称平均法,就是先计算各样本股票指数。再加总求总的算术平均数。其计算公式为:

$$股票指数 = n 个样本股票指数之和/n$$

(2)综合法

综合法是先将样本股票的基期和报告期价格分别加总,然后相比求出股票指数。即:

$$股票指数 = 报告期股价之和/基期股价之和$$

代入数字得:

$$\begin{aligned} 股价指数 &= (8 + 12 + 14 + 17)/(5 + 8 + 10 + 14) \\ &= 51/37 = 137.8\% \end{aligned}$$

即报告期的股价比基期上升了37.8%。

从平均法和综合法计算股票指数来看,两者都未考虑到由各种采样股票的发行量和交易量的不相同,而对整个股市股价的影响不一样等因素,因此,计算出来的指数亦不够准确。为使股票指数计算精确,则需要加入权数,这个权数可以是交易量,亦可以是发行量。

(3)加权法

加权股票指数是根据各期样本股票的相对重要性予以加权,其权数可以是成交股数、股票发行量等。按时间划分,权数可以是基期权数,也可以是报告期权数。以基期成交股数(或发行量)为权数的指数称为拉斯拜尔指数;以报告期成交股数(或发行量)为权数的指数称为派许指数。

拉斯拜尔指数偏重基期成交股数(或发行量),而派许指数则偏重报告期的成交股数(或发行量)。目前世界上大多数股票指数都是派许指数。

第三节 股指期货的概念

股指期货的全称是股票价格指数期货,也可称为股价指数期货、期指,是指以股价指数为标的物的标准化期货合约,双方约定在未来的某个特定日期,可以按照事先确定的股价指数的大小,进行标的指数的买卖。作为期货交易的一种类型,股指期货交易与普通商品期货交易具有基本相同的特征和流程。

一、股指期货的基本特征

1. 股指期货与其他金融期货、商品期货的共同特征

合约标准化。期货合约的标准化是指除价格外,期货合约的所有条款都是预先规定好的,具有标准化特点。期货交易通过买卖标准化的期货合约进行。

交易集中化。期货市场是一个高度组织化的市场,并且实行严格的管理制度,期货交易在期货交易所内集中完成。

对冲机制。期货交易可以通过反向对冲操作结束履约责任。

每日无负债结算制度。每日交易结束后,交易所根据当日结算价对每一会员的保证金帐户进行调整,以反映该投资者的盈利或损失。如果价格向不利于投资者持有头寸的方向变化,每日结算后,投资者就须追加保证金,如果保证金不足,投资者的头寸就可能被强制平仓。杠杆效应。股指期货采用保证金交易。由于需交纳的保证金数量是根据所交易的指数期货的市场价值

来确定的,交易所会根据市场的价格变化,决定是否追加保证金或是否可以提取超额部分。

2. 股指期货自身的独特特征

股指期货的标的物为特定的股票指数,报价单位以指数点计。

合约的价值以一定的货币乘数与股票指数报价的乘积来表示。

股指期货的交割采用现金交割,不通过交割股票而是通过结算差价用现金来结清头寸。

二、股指期货与商品期货交易的区别

标的指数不同。股指期货的标的物为特定的股价指数,不是真实的标的资产;而商品期货交易的对象是具有实物形态的商品。

交割方式不同。股指期货采用现金交割,在交割日通过结算差价用现金来结清头寸;而商品期货则采用实物交割,在交割日通过实物所有权的转让进行清算。

合约到期日的标准化程度不同。股指期货合约到期日都是标准化的,一般到期日在3月、6月、9月、12月等几种;而商品期货合约的到期日根据商品特性的不同而不同。

持有成本不同。股指期货的持有成本主要是融资成本,不存在实物贮存费用,有时所持有的股票还有股利,如果股利超过融资成本,还会产生持有收益;而商品期货的持有成本包括贮存成本、运输成本、融资成本。股指期货的持有成本低于商品期货。

投机性能不同。股指期货对外部因素的反应比商品期货更敏感,价格的波动更为频繁和剧烈,因而股指期货比商品期货具有更强的投机性。

第四节　股指期货对大盘的影响

股指期货推出以后,对海内外市场大盘的走势有着引导与牵引的信号,特别是股指期货尾盘15分钟的涨跌,对越日大盘的开盘影响十分显著。

当大盘趋势向下,而下午3点收盘后,股指期货还延续15分钟交易。假如这15分钟下跌跳水，越日开盘股指大多数会低开，并低走，越日的趋势看跌。所以，当发现尾盘走弱时，后市的惯性走低，将是趋势的加速或者行情跌势的延续，短线应积极沽售。

当大盘趋势向下，大盘下午3点收盘后，若股指期货在这15分钟翘头向上或溘然拉起，那么越日开盘，大多数高开并高走，越日趋势反弹向上看涨。而道·琼斯指数当夜也上涨，隔夜后香港恒生指数也跟随上涨。

当大盘趋势向上，股指期货在尾盘15分钟也拉起，那么越日现货市场开盘往往都是高开乃至跳空高开，常常拉出一根阳线。

当大盘指数趋势向上，而股指期货尾盘跳水，越日往往低开回档，是股市中最佳的参与时机。

当大盘指数横盘震荡的时刻，股指也随之震荡，两者互相牵制互相影响。超级短线投机客在盯盘时，应参考股指期货当月当日走势，大约有5 ~15秒的领先性信号，这样对市场的节奏掌握更有先机。

第十五章　专业操盘之仓位管理

股市永远是一个机遇与风险并存的市场,股市中没有常胜将军,即便是索罗斯之类的顶尖高手,也常有失手之时。风险控制无论对于新手还是老手,都是在市场生存的第一要素,市场中所暗藏的风险并不是那么显而易见的,而暴利却刚好相反。止损对于操盘手的操作而言相当重要,因为大多数套牢者都是没有止损而造成的,如果能够果断地止损,也就只伤皮毛,不伤筋骨,翻身的机会很大,如果深度套牢折损过半,想翻身就难比登天了,这就是止损的重要。

面对变幻莫测的股市行情,只有采取正确的风险控制策略方能立于不败之地。操盘手要有承认错误的勇气,一旦事实证明自己买卖决策是错误的,就应该立即改正,以保持实力。股市操作中出现亏损是极为正常,关键在于应该尽量避免在一次操作中亏损过大,否则不仅保本变得非常困难,还将严重影响到操盘手的操作心态,不利于操盘手发挥正常的操作水平。因此,在高风险的股市中,在谋求高额回报的同时如何有效地防范风险、保全实力始终是操盘手必须首先应该考虑的问题,所谓“留得青山在,不怕没柴烧”,而止损正是在买卖出现明显错误时限定亏损幅度的不二法门。

止损是指当某一交易出现的亏损达到预定数额时,及时了结头寸(在A股市场一般是及时卖出,因为大家一般只做多头交易),以避免形成更大的亏损。其目的就在于操盘手操作失误时把损失限定在较小的范围内。股票操作与鲁莽赌博的一个重要区别就在于前者可通过止损把损失限制在一定的范围之内,同时又能够最大限度地获取成功的报酬,换言之,止损使得以较小代价博取较大利益成为可能。股市无数血的事实表明,一次意外的交易错误足以致命,但止损能帮助操盘手化险为夷。“止损”可分为两种完全不同应用机制的止损，即保护性止损和跟进性止损。我们将考虑两种止损指令，或者更确切地说，两种完全不同应用机制的止损指令。

首先，让我们看一下保护性止损指令。这种类型的止损指令就像消防队。止损指令用于紧急补救，因为事情发展到十分不利的地步以致于看上去类似于亡羊补牢。

无论何处设置保护性止损指令，都可能是最坏的可能性被触发。你将把它设置在某一底点以下一段安全的距离。股价发生突破，触发你的止损价位，然后继续推进在这一价位形成一个新的低谷，或者立即反弹并创出新的高点。但没有关系，你有设置这一止损的理由。股票并不像它应该行动的那样运动，情况并不像操盘手期望的那样，最好立即主动出局，即使遭受损失，也比面临一段时间的担忧与焦虑强。如果股票开始朝不利的方向运动，你不能知道它将会表现得如何糟糕。如果你未能设置好止损，你可能会一直“奢望”那“海市蜃楼”的反弹，而你的股票价格却一天比一天低。最后你可能发现，那些开始看起来一个很小的回调，最后变成一场严重的灾难。

止损既是一种理念，也是一个计划，更是一项操作。止损理念是指操盘手必须从战略高度认识止损在股市投机中的重要意义，因为在高风险的股市中，首先是要生存下去，才谈得上利润。止损的关键作用就在于能让操盘手更好的生存下来。可以说，止损是股市投机中最关键的理念之一。止损计划是指在一项重要的操作决策实施之前，必须相应地制定如何止损的计划，止损计划中最重要的一步是根据各种因素（如重要的技术位和资金状况等）来决定具体的止损位。止损操作是止损计划的实施，是股市投机中具有重大意义的一个步骤，倘若止损计划不能化为实实在在的止损操作，止损仍只是纸上谈兵。

在市场中交易，可能再没有什么因素会比风险控制更为重要了。一个操盘手可以没有一个产生正期望收益的行情判断体系，也可以没有好的交易策略，但绝不可以没有一个基本的风险控制方案。因为资金是一个操盘手在市场中的生命，而风险控制所要解决的是如何保护生命，如何降低市场风险和不利的交易结果对资金所带来的冲击的问题。风险控制水平的高低直接决定着一个操盘手的市场生命会持续多久。当个股和大盘趋势反转向下时，止损成为最为重要的风险控制手段，这时候卖出是正确的，如果你刚买入就碰到这种情况，则要迅速止损。下跌趋势形成之后是不可抗拒的，“兵败如山倒,股泻似天倾","惹不起,躲得起"。一般而言,首次损失控制在10%以内。能确保投机事业持续下去的惟一抉择是,小心守护自己的资本帐户,决不允许亏损大到足以威胁未来操作的程度,留得青山在,不怕没柴烧。中医说:"上医治未病",而《孙子兵法》则说:"夫未战而庙算胜者,得算多也"。买股票不被套比会解套更高明,不止损比会止损更高明。做股票是为了赚钱,而不是为了漂亮干脆地止损,止损并不是目的,止损只是在有突发性利空时,因故不能及时看盘时,错过卖出良机时,或研判错误时,或头脑发热、固执己见而造成亏损时,才万不得已采取的,这是最后的应急的自我保护措施。

高手都强调"买对了要考虑跟进止损,买错了必须坚决执行止损"。如果某只股票的价格跌到低于买入价的7%以下,就坚决以市价卖出。只有上涨的股票才是好股票。一旦操盘手买入的股票不升反跌,并且下跌超过一定幅度就可以考虑卖出。战胜股市的秘密是你必须认识到自己不可能永远正确。但是即使操盘手只对了一半,也能总体盈利,关键是在每次决策错误时应该把损失尽量减少到最小幅度。

如果一辆汽车没有刹车器,你愿意开这辆汽车吗?但在股市中驾驶没有刹车的汽车的人却大有人在。不少操盘手认为不能卖掉已经下跌了的股票,否则就亏了。如果股价已低于你买入的价格,卖出股票并没有让你亏钱,因为现在你已经亏了。继续持有亏了钱的股票并让它一直亏下去是操盘手最容易犯的,最严重的错误。倘若在一个熊市中不设止损位的话,那么亏掉50%乃至80%也属预料之中,比如2007年10月的那波大幅下挫(见图15-1)。

操盘手要学会把亏损当作一种常态,股票买卖的目的就在于本金的增值,通过在股票市场的操作,为自己赢得投机性收益。然而或许正是这一点,亏损永远让人们觉得那么难以承受。当亏损发生时,一方面,人们会惋惜财富的缩水,另一方面也会产生显著的受挫感。但是,事实上在任何一个市场上,亏损都是难以避免的。

亏损的产生来自于风险,我们都知道,风险无所不在,只不过是风险高低的区别。有人或许会说,我把钱存在银行里,不就没有风险,没有亏损了吗?可是,当通货膨胀率高于存款利率时,也就是我们所常说的"负利率"时,存款的同时其实也就意味着本金的缩水。这一点从2005年到2010年就可以看出,这段时期的CPI指数不断上扬,通货膨胀成为了我们日常生活中必须要

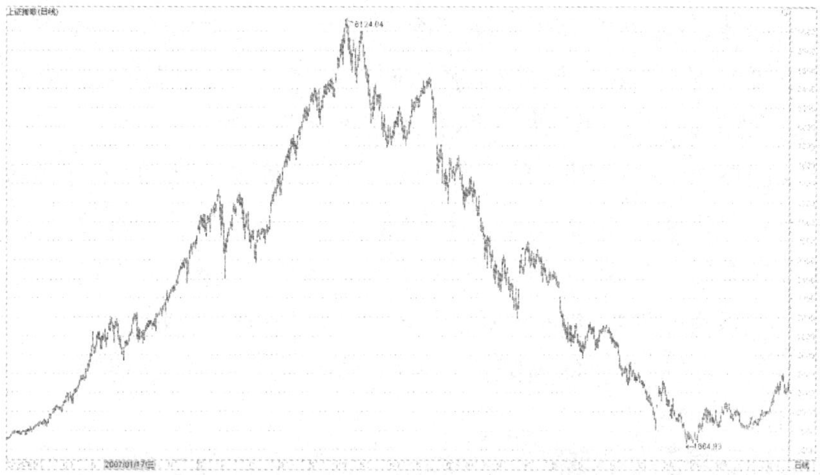

图 15－1 上证指数 2007 年 10 月开始的大幅下挫

去面对的问题。当物价的上扬速度高出了银行存款的利率时，我们的存款便是在产生亏损。当极端的情况发生时，像金融危机席卷全球，一些国家的银行面临破产的风险，储户存在银行的存款也面临着威胁。还有一种最普遍的风险来自于投资的机会成本，在另外一个市场上能够提供更高的获益可能，此时存款同样面临着风险与由机会成本产生的隐形亏损的问题。

当然不可否认的是，低风险产品所产生的风险及亏损可能比较小。而在金融市场上，像股票、基金、债券、期货、外汇等市场上，亏损则是时时看得见、摸得着的。这是因为风险而带来的价格波动无处不在，无论是过去、现在还是未来，我们都难以找到一个单边上扬的市场，价格的起伏波动，便会产生亏损。从这个意义上说，金融市场上是没有永远的常胜将军的。在交易的过程中不断地出现盈利、亏损、盈利、亏损……周而复始，所以说亏损才是交易的常态。因此，当亏损发生时，不必懊恼，更不必沮丧，最重要的是竭尽所能地降低亏损给自己所造成的损失。

操盘手要学会像恋爱一样面对亏损。恋爱的过程中，充满了甜蜜与温馨，这就如同我们在投机中有所斩获得到的喜悦一样；然而在恋爱的过程中也难免会有磕磕绊绊、有不解和吵闹，这时候所带来的心理感受和投机的路途中遭遇的亏损有着很多的共通之处。像恋爱一样面对亏损。

遭受损失痛苦不堪的往往都是新操盘手，这就如同失败的初恋通常是最痛苦的一样，他们认为被爱是正常的，而一旦被抛弃就不能接受，感到愤怒不堪，因此他们对股市也会有着非常理想的勾勒，认为那里是赚钱的沃土，充满期待，一旦遭遇亏损会有心理失衡。而老股民因为常常“涉水”，知其深浅，懂得交易亏损与收益并存的两面性，就如同结婚后另一半的缺点或多或少会暴露一样，更能够去理解和接纳，不排拆现实。

专业操盘手不仅要用一颗平常心来对待亏损，对亏损的理性梳理、采用信息沟通的方式来平衡自己的情绪也同样可以起到作用。而对于一些心理调节能力较弱的人来说，不妨适当地“视而不见”，以缓解和释放亏损所造成的压力。心态调整为坦然面对亏损提供了强大的基础，在此之上，通过调整战术的施展，也能够尽可能地降低亏损的范围，弥补损失，有时候甚至可以达到扭转局面的作用。

利润兑现与止损在操作行为上没有区别，但在心理感受上有差别。止损是在亏损状态下割肉出局，利润兑现是在盈利状态下平仓保住利润。止损与利润兑现在心态上不一样，一般在盈利状态下操盘手心里比较好受，承受能力要好一些，而亏损状态下精神比较凝重，承受能力要差一些。因此，在放松状态下操盘手容易轻松利润兑现，而在凝重状态下操盘手不容易做出割肉止损。所以，多数大亏的操盘手不是不想止损，他们也是知道必须止损，可是真到了止损时他们在心理上很难接受止损，当然无法割肉出局了。而相反，当操盘手在盈利状态下发现行情回调时，担心浮动利润又还给了市场，一般会快速止赢落袋为安，在操作上行云流水，没有一点心理上的障碍。这一心理现象又导致了另外一种交易结果，那就是让多数操盘手又成为了短线客。利润兑现时手脚麻利，无形中成为了短线客；而在亏损时由于心理上接受不了亏损而无法执行止损指令，结果越套越深，最后又成为了套牢户。当趋势行情来了时短线客赚不了大钱，而当意外套牢时又不肯割肉出局斩断亏损，结果出现了巨亏。这样的操盘手只要有一次套牢就会全线套牢，那么毫无疑问，这样的操盘手肯定会成为输家。

动态地进行资产配置结构的调整，则是主动减少亏损产生的重要举措。通过阶段性地部署资产分布，能够有效地保住部分胜利果实，当亏损的状况出现时，由于风险资产配置的比例减小，由此产生的亏损也会被锁定在一个可以控制的范围之内。同时，由于前期已经收获了一定的胜利果实，对于操盘手来说，可以容忍的亏损范围也就相应放大。

适时的止损也很关键。有的人不愿意止损，担心止损是将账面浮亏化作了现实。但实际上，识时务者为俊杰，当交易环境出现较大的变化时，止损是

"退一步换得海阔天空",不仅防止巨亏的酿成,也会为后续操作留备了空间和余地。进行每一项交易之前,严格的止损控制都很重要。但是对于不同的个人,不同的操作对象,可以依据具体的情况来设立。坚决与果断是止损时必备的要素,达到止损要求时,我们都应当严格地执行止损纪律。并不排除止损会给投资者带来实际的损失,但是出于风险控制的需要,出于对交易的稳健性考虑,止损是一项必须的工作。

有经验的操盘手都知道止损的重要性,在没有把握的投资市场里都会在开仓时设置好止损位,一旦行情不对最迟要在止损位处割肉出局。因此止损是纪律,是没有商量余地的硬性条款,不管交易者有多少理由不想割肉出局只要当时行情下跌到了止损位时(多单)必须割肉出局。止损的策略在于,留得青山在不怕没柴烧。我们做错了行情就得欢天喜地地割肉出局,不要有任何精神上的包袱。你想一想,如果在单位里做错了事,领导总要批评两句,然后罚点奖金。割肉就是主动向领导认错,古时叫负荆请罪,市场这位领导会少罚一点奖金,有什么不好?如果交易者在每次割肉止损后在心里总有一种血淋淋的感觉,说明操盘手在割肉止损这件事上还做得不够多,还没有形成割肉的习惯,以后割肉多了自然就没有了血淋淋的感觉,那时候交易者才会知道割肉好处多。

止损点位是短线操盘手的生命线,不能心存幻想,吃亏往往吃在没执行止损上。如果操盘手被套,不要消极等待,要有认错的勇气,立即止损卖出。买错就止损,破位就止损,重大利空就止损,特别是高位看错坚决止损。止损是主动性提前的止损,不是被动性的止损,要化风险于前兆之初,化风险于无形之中。下跌时,壮士断臂勇于止损,避免更大的损失,早了断早解脱,越早认赔了结损失越小。不怕错,就怕不认错和拖延,一错二拖损失更大。知错难,改错更难,死捂到底,必然是深度套牢。浅套抱幻想,中套下不了手,深套放任自流。这会错过最佳的卖点,结果是陷入长期套牢的煎熬或割肉的痛苦。宁肯卖错,绝不留错,止损好比刹车装置,没有刹车装置的汽车你敢开吗?止损不能观望等待,有时技术指标已明确提示出上升趋势的改变,还要等等看看,盲目等反弹,等利好。与其被动等待解套,不如及时割肉追上热点,亏损部分早就回来了。止损不能和最高价比。涨了不卖,还想再涨一涨;涨时都没卖,跌了更不能卖,要卖也得涨上来再卖。小赔没卖,大赔怎么能卖?止损不能犹豫。只有追入的勇气,没有杀出的决心,下不了决心,不能及时止损，不能第一时间坚决止损，越犹豫，套得越深，以致套牢不能自拔。止损不能心存幻想。浅套不在乎，心存侥幸，幻想会出现奇迹。别的股票都涨了，也该轮到我的股票涨了，但幻想总在期待中破灭。

操盘手在面临亏损时不能固执。套得越深越盲目地坚持，负隅顽抗，越套越不卖，相信总有一天会涨上来，"反正我也不等钱用，套着去吧。我也不管了，这钱不要了，愿意咋的就咋的"。这岂不正是庄家所期望看到的，无意中帮了庄家的大忙。止损不能考虑成本。在急跌暴跌时，不能认为没有到达成本价就不能卖，这不是不止损的理由。要看看是否还有下跌的可能，宁肯少损失，绝不多损失。要忘却成本，这是为了保住仅有的资本，能及早地收回原有的成本。

操盘手在执行止损的时候不能爱面子。任何人都不可能在股市中百战百胜，不可能不亏损。人总有糊涂的时候。有些操盘手不愿意止损，怕证明自己选股是错误的，怕证明自己的智商低。

不少操盘手认为"坚持不卖就不能算亏损，坚持到底就是胜利"。这实质上就是死捂，套死也不止损。听说有的散户在低位杀跌后，股票就上涨了；有的忍受不了巨大的亏损，在底部区域采取了过激的行为。这是说他们没有坚持到底，在快胜利的时候放弃了。股市下跌，什么点位到底，跌多长时间，不是一般操盘手能预测的，也不是多数操盘手能够坚持到底的，止跌后也不知道什么时候能拉升。你的预测往往不准，耐心肯定熬不过庄家，庄家会打破你的心理极限位，你还得中途挥刀止损出局。正应了一句俗话"散户就是怪，挣了不卖赔了卖。"与其被套30%到40%甚至50%到60%（这个幅度太大了，不是散户所能承受的，如图6－2所示），为什么不在5%左右、最大极限不超过10%左右，就坚决止损呢？与其头上压个套牢大山的包袱，还不如止损出局，可以清醒头脑，减轻心理负担，放松心情。等你看见跌到底部的惨状时，你会庆幸自己割肉止损的正确。工作遇到困难时，坚持到底就是成功。股市低潮时，坚持死不止损却要输大钱，直至套死，彻底丧失战斗力。

未思进，先思退。止损要因势而异，因股制宜。如果是做短线，买入股票后立刻应设置止损位和止盈位。在牛市或上升趋势或底部启动时，容忍亏损5%左右；在熊市或下降趋势时，亏损到10%左右，不问理由坚决止损。

如果是做长线的话，不必在意小的波动，只要趋势没改变，就可以持股，止损和止盈位可以适当放宽一些。如果是做超级短线，当天买入被深套，第

图 15－2 上涨趋势已变为下跌趋势要及时止损

二天不问理由，开盘就卖或择高卖出。就是低开，已比昨天亏损加大了，也要坚决及时卖出。对重仓股更要格外小心，因占资金权重大，亏损额也就多。

止损位是发生亏损以后最后的出逃位置，但并不是非要行情到了止损位时我们才决定割肉走人。所以，我们在处理割肉这件事情要还可以深入挖掘，不一定要非要当行情下跌到了止损位时才决定割肉出局。一般而言只要我们发现趋势反向了，就可以开始减仓，不必等到止损位的出现（但是这种方法不适合初学者）。在交易中每一种策略都有自己的漏洞，都不完美。例如，当你发现行情趋势反向了时你立刻平仓出局，那时行情并没有到止损位。做对了时你会认为自己很高明，及时割肉出局减小了亏损额度，可是也有做错了的时候，反复割肉也会造成频繁交易，佣金的蚕食也很厉害。因此，我们在执行止损时一般要求在操盘手自己的操盘时间框架上进行，这样可以避免许多止损失误。当然也可以变通，变通条件是要求当时行情反转的成功率很高时才会使用，即当操盘手发现变盘的可能很大时，才可以及时减仓以降低交易风险。

设定止损的方法有很多，最常见的就是通过控制单笔交易亏损比例的风险百分比模式，但是在介绍这种简单方法之前，我们先全面介绍下可以选择的止损方法。关于止损幅度的设置，则莫衷一是，有说 5% 的，10% 的，两者都是相对买入价而言。有操盘手设为跌破某一均线（比如 60 日均线和 20 日均线，如图 15－3 和图 15－4 所示）；有设为某一整数价（如图 15－5 和图 15－6 所示的例子）。

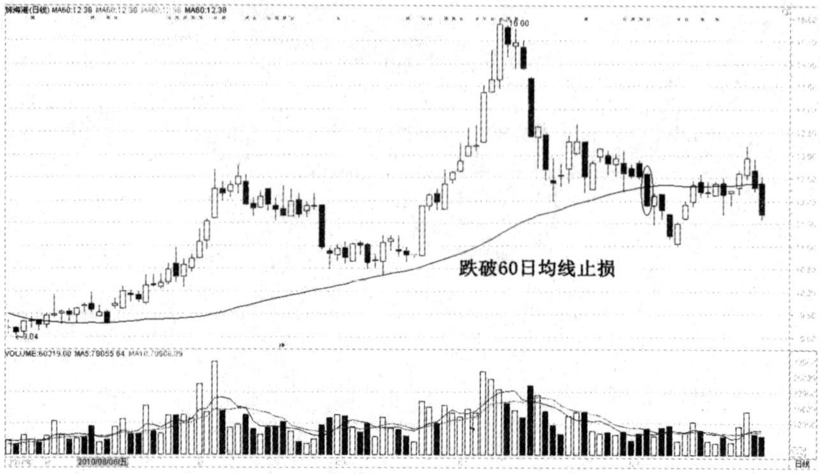

图 15－3　股价有效跌破 60 日均线止损

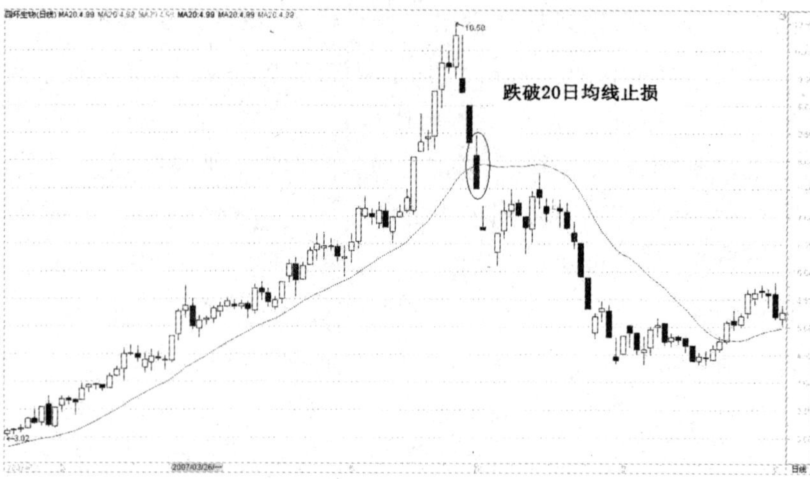

图 15－4　股价有效跌破 20 日均线止损

图 15-5　有效跌破整数关口止损(1)

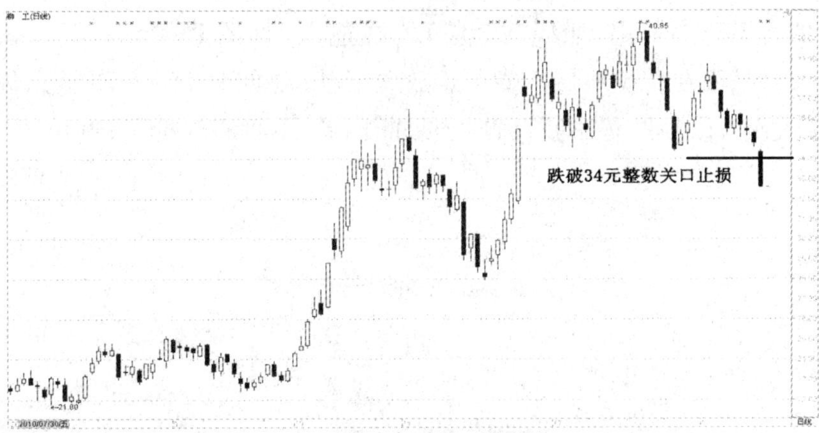

图 15-6　有效跌破整数关口止损(2)

所谓止损位的设置,有一个原则,就是要基于你对该股的股价运行趋势有一个大体的把握,再谈止损(见图 15-7),如果心里一点没底,买入本身就是一种错误(当然并不一定赔钱),但买了就跌怎么办呢?这时候回过头来还是要来分析其跌的原因,看该股是处于什么样的运行状态,再来决定是否止损和止损位设在何处。

如果一只股票运行具有明显向上的趋势,中途出现无量的急跌,甚至于跌停板,止损可以放宽一些,这往往是庄家震仓的行为,你若采用狭窄止损则正中庄家下怀,而这种无量急跌的过程很可能会超过前期的5%或10%,而且个别时候会破重要的均线。但看看该股前期的走势,主力运作迹象明显,并且在回落后,量能逐步萎缩,并且该股在 20 日均线得到明显支撑,从这些就

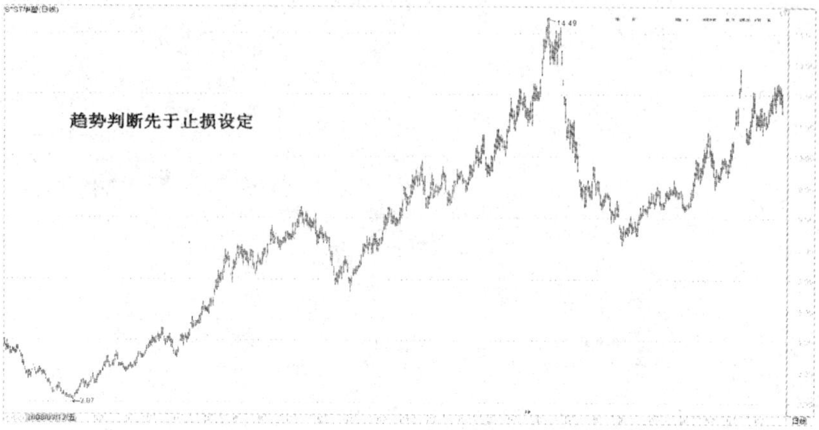

图 15－7　趋势判断先于止损

基本上可以认定为该股主力的震仓行为，不要急于止损。该股后来的走势也使主力的心思昭然若揭，如果在 20 日均线追入（如图 15－8 所示），获利犹丰。但如果某股在高位放量出货了或放量下跌了（如图 15－9 所示），你恰好买入，买入次日发现跌势不止，就应当果断出局，不管买入价了，哪怕 2% 也要止损。

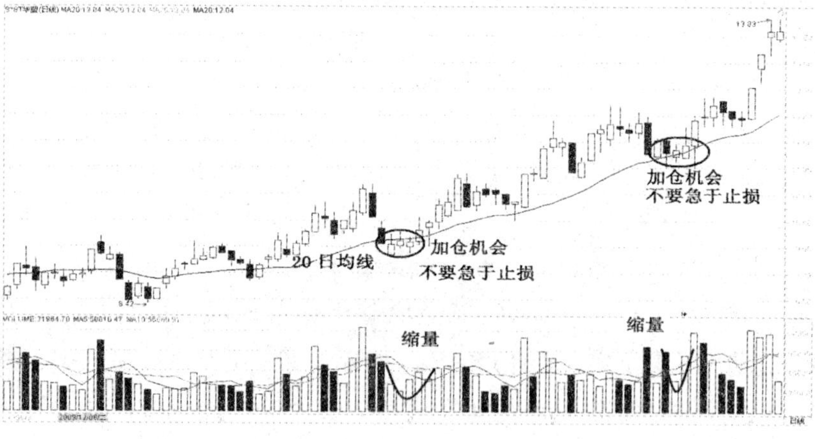

图 15－8　缩量回档到 20 日均线是加仓良机

通过上面两个例子，大家就知道，稍微跌了一点不一定就要止损，止损位的设置应该根据该股运行的趋势来确定，不能一概而论，这叫具体情况具体分析，并没有放之四海而皆准的具体止损位设置法，有的只是原则，就是某股下跌空间较大时应该止损，下跌空间很小时可不止损，主力虚晃一枪时（指主力未出货）不须止损，主力已走时坚决止损。

如果坚持在把握特别大的情况下买入的话，被套是罕见的，止损不过是

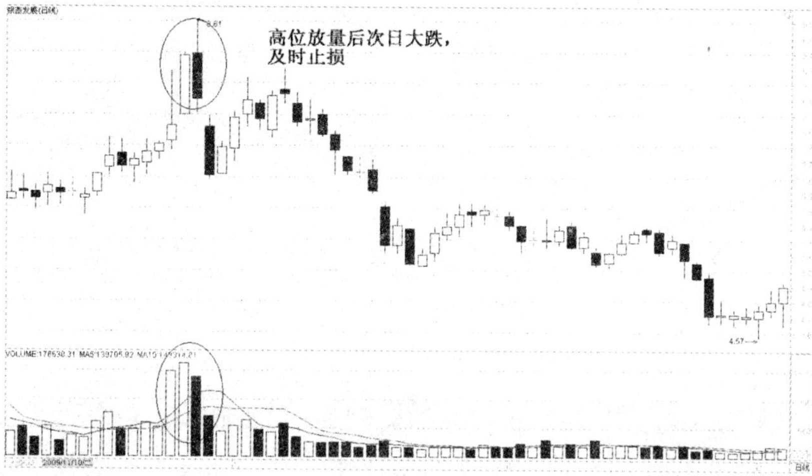

图 15－9 高位放量

亡羊补牢万不得以的事，希望大家看好自己的羊，永远也不让狼进来。下面是几条常见的小窍门，供大家在是否启动止损之时参考：第一，低位横盘较久，拉升第一波，未到前期套牢区，无量下探，跌速甚急或跌幅较大，不予理睬，可以考虑放宽止损，加码买入（见图 15－10）；第二，高位无量横盘较久，放量突破平台，上档并无套牢盘，继续放量上行，一旦涨势逆转，不管下跌是否放量，坚决止损（见图 15－11）；第三，股价在成交密集区箱形震荡，只要不跌破箱底，考虑放宽止损（图 15－12）；第四，股价沿缓慢上升通道运行较久，累计涨幅很大，虽未放过巨量，一旦涨势逆转，坚决止损（图 15－13）；第五，下跌末期买入，买入后遭遇无量破位下行，放宽止损（图 15－14）。

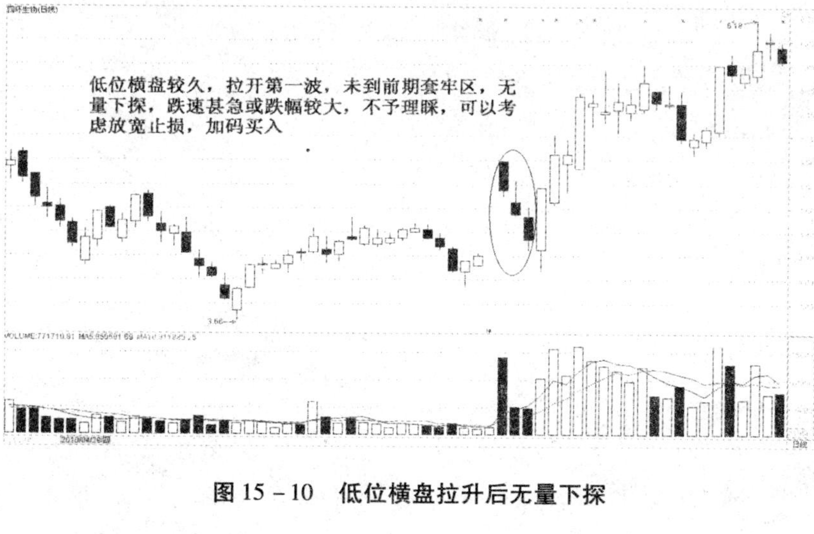

图 15－10 低位横盘拉升后无量下探

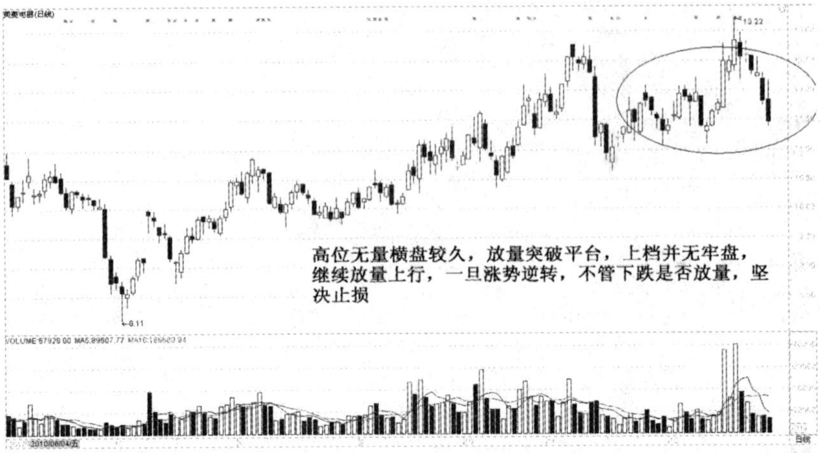

图 15－11　高位横盘后放量突破接着涨势逆转

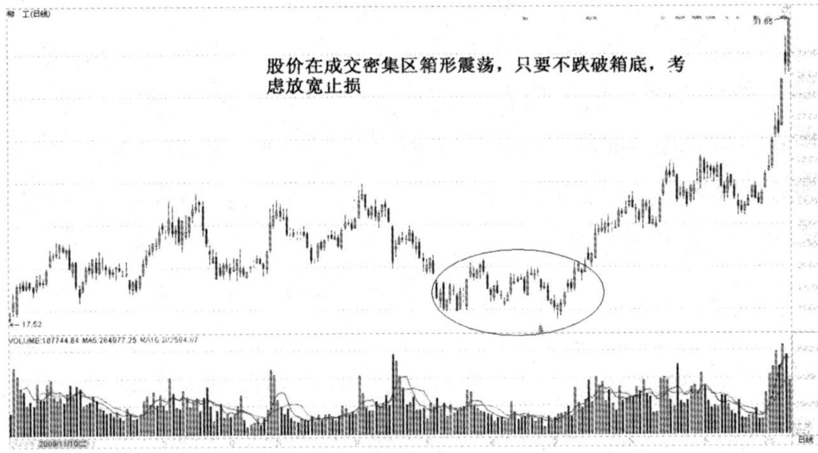

图 15－12　股价在成交密集区箱形震荡

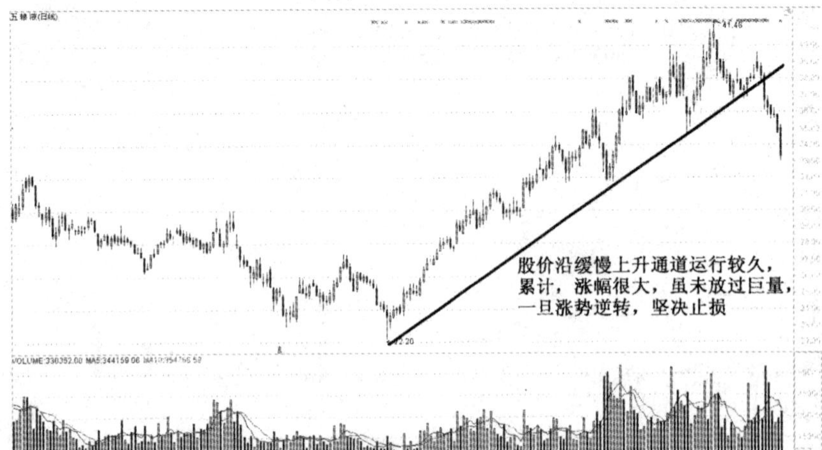

图 15－13　上升趋势线破坏

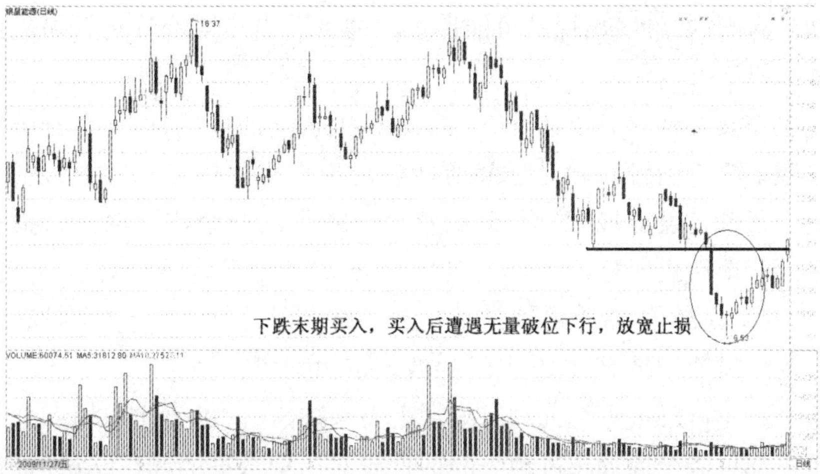

图 15－14 无量破位下行

上述介绍的是各种具体情形下的止损方法，还有一种简单但是更加有效的止损方法，这就是固定百分比止损。这个风险控制模式是我们从新手开始一直沿用至今的风险控制方法，在亏损的道路上不少操盘手曾经大受其益。新人时所采用的思路和技术策略很少能够经的起时间检验而遗留到现在，风险百分比的风险控制模式算一个。

风险百分比是通过控制总资金的一个固定比例作为单笔交易允许的最大亏损来进行风险控制的。例如一个 2% 的风险控制比例，总资金为 20 万，则单笔交易允许的最大亏损为 4000（200000 × 2%），如果产生亏损，则以剩余资金的 2% 作为下一笔交易的允许最大亏损，为（200000 － 4000）× 2% = 3920。在确定了单笔交易允许的亏损金额后就可以根据止损幅度来计算仓位的大小。这是一个反等价鞅策略的风险控制模式，仓位会随着资金的增长而增加，反之会随资金的亏损而降低，但承担的风险是恒定的。这对于亏损的控制和利润的扩展来说是一个比较完美的方案，可以最大限度的限制亏损的速度并在安全的范围内逐渐扩大头寸来扩展利润。这可能也是大家最熟悉最惯用的风险控制方式，但关键的一个问题是这个比例应该怎样设定才是合理的，是 10% 还是 1%，多大的比例才是和自己的行情判断体系相适应的。

我们都知道这样的道理：资金亏损 20% 则需要剩余资金盈利 25% 才可以恢复原来的资金规模，如果亏损 50% 则需要剩余资金盈利 100% 才可以恢复亏损前的资金规模。那么毫无疑问亏损的幅度越大，恢复到初始资金规模的可能性就越小，难度也就越大。资金向上的利润空间是无限的，向下亏损的空间却是有限的，触底出局的可能性也就越大。当然结论就是必须避免资金的深幅回折。

这里需要提到的一个重要概念就是最大资金回折比，也就是资金曲线从任意位置下降直到触底回升之间所产生的最大亏损幅度与回折前资金规模的比值。很明显设定最大资金回折比会有效控制资金产生深幅亏损。那么这个最大资金回折比是20%还是50%更合适，当然设定的比值越小资金越安全，相对利润也越小，资金曲线的波动越平缓。反之可能产生的利润越大，资金所承受的风险也越大，资金曲线的波动也越剧烈。

这个比值可以根据个人的风险承受力来确定，但需要注意的一点是任何现实风险都可能会远远超过预先的估计或对历史数据的测试结论，设定这个比值仅仅是最大限度的保护资金安全，但无法保证实际交易产生的资金连续亏损不会超过预先的设定值。那么设定一个50%的或更大的资金回折比是不合适的，33%是个上限，这也意味着需要用剩余资金盈利50%才能恢复初始资金规模。一些朋友可能对50%的盈利很不屑，或许认为获取100%的盈利也并不困难，所以可以采用50%作为最大资金回折比。我想这些朋友的操作水平是我远远无法企及的，那么使用50%作为自己的最大资金回折比或许也是合适的，但需要明确的一点是自己是否真正具备稳定获取一年一倍利润的能力，所依据的也应该是过去自己长期的历史操作记录而不是一相情愿的臆想。

在连续亏损已经超出一个20%的最大资金回折比时资金仍然亏损有限，有很大的回旋余地。但一个50%的预定回折一旦被超出就几乎没有什么回旋的空间，必须承担更大的风险才能恢复初始资金，如果情况继续不利，那么结果就只是最后一搏之后的一无所有了。重仓操作最容易造成资金的大起大落，看似可以产生暴利，但其背后的风险却是巨大的。这一点，市场老手是很有共识的。

如果确定了自己可以承受的最大风险，那么确定在单笔交易当中究竟使用多大的风险百分比就简单多了。首先需要知道自己的交易类型可以产生多高的交易成功率，是70%还是30%。假定交易盈亏的出现是完全随机的（关于这个问题我一直在思考，但无法证明交易中盈利和亏损出现是否是完全随机的还是呈现出某种规律性特征的，这里暂且以完全随机来对待，有研究结果的读者不妨谈一下自己的观点），那么可以通过数学计算或干脆进行抛硬币实验来验证在某个样本范围内所可能遇到的最大连续亏损次数，我们知道样本越大，则可能遇到的连续亏损次数也就越大，可以选择500次也可以选择1000次来作为样本的大小，总之样本越大越好。

如果计算结果是最大亏损为10次连续亏损，而自己可以承受的最大资金回折是20%，那么适合自己的风险百分比就是20% ÷10 =2%（当然以2%的风险百分比连续亏损10次的结果并不是20%，这里使用算术平均只是为了便于说明）。一个高成功率的系统所产生的最大连续亏损次数会大大低于低成功率的系统，因此高成功率的交易类型相对于低成功率的交易类型在实际风险相同的前提下完全可以采用更高的风险百分比。因此硬性的规定一个风险百分比是不合理的。

许多职业操盘手也仅仅在使用一个简单的风险百分比的风险控制模式和一个简单的行情判断体系来进行交易，无论是资金运用还是行情判断都没有任何复杂的成分在其中。交易方法由繁到简的过程实际是思路由混沌到清晰的过程，而简单的方法也意味着更高的可靠性和更强的适应性。复杂的思路和技术往往代表了思路的模糊与被优化过的交易方法，是经不起推敲的。

上面谈了一些市场上操盘手们用到的止损方式，究竟应该如何如何止损呢？专业的止损计划有几个要点：第一是止损的依据。一般来说，止损的依据是个股的亏损额，即当某一只股票的亏损达到一定程度时，应斩仓出局；但止损的依据也可以是某个操盘手的资金市值，这往往是针对操盘手的整个股票持仓组合而言的，当总的亏损额超过预定数值时，应减仓（减少持股）或清仓（完全离场）；止损的依据还可以是股市大势，即当股指跌破预定点位时，应减仓或清仓。在制定止损计划时，操盘手首先应根据自身的投资状况来确定止损的依据。

第二是止损位的设置，这是止损计划的关键，一般根据有关技术位和投资者的资金状况来确定。但在不同的止损依据下，设置止损位考虑的重点也有所区别。在一般情况下，用百分比而不是价位来表示止损距离，5%至10%是通常可以接受的合理幅度。尽管不同承受能力或不同操作风格的人会采用不同的比例，但是，对于不同价位和不同敏感度的个股，仍需设置不同的止损距离。一般而言，股价较低或股性较为活跃的个股，止损度应适当放宽，反之则较小（参照我们关于波动率的介绍）。如对个股止损，一般根据个股的技术位和投资者对亏损的承受能力来设置,威廉·欧奈尔则简单地规定亏损7%为止损位。对股指止损,则根据大盘的技术位和操盘手对亏损的承受能力来设置;对资金止损,则主要根据操盘手对亏损的承受能力来设置。不论哪种止损计划,需要考虑的莫过于亏损承受力和技术因素,前者是因人而异的,也无客观的标准而言,可以是威廉.欧奈尔的7%,也可以是你的10%;但技术因素则涉及到技巧和经验。常见的方法是结合技术位来设置止损位,比如,某个股因利好传闻而创出近期新高10.80元(假设原高点是10元),操盘手在技术性回调过程中以10.20元买入,一般可考虑在股价跌破原高点10元时止损,但基于破位有效性的考虑,可确定低于原高点一定幅度(如3%或5%)的价格为止损位(如9.70元或9.50元),究竟取什么幅度,则往往取决于操盘手的经验和对该股股性的了解。在买入的情况下,止损价位一般设在上一个局部小底部以下,而且以收盘价为准(见图15-15),以避免被盘中震荡过早地清理出局。

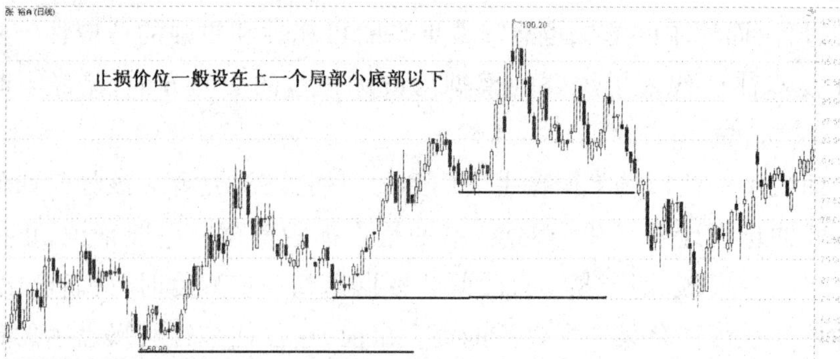

图15-15 止损价位可以设在局部小底部附近

在股价已朝有利方向运动的情况下,采用跟进性止损,建议使用20日均线(如图15-16)(较趋势线发出信号早一些),或前一日收盘价下3%来设置。当出现异常的成交量而未形成突破时,取消原来的保护性止损,将之置于该日收盘价下约2%的地方。

前期低点和高点也是比较重要的止损放置基准(如图15-17和图15-18所示),黄金分割位置也是,特别是50%位置和61.8%位置(如图15-19)。另外,前面提到的SAR也是标准的止损参考基准。如果一根大阴线将

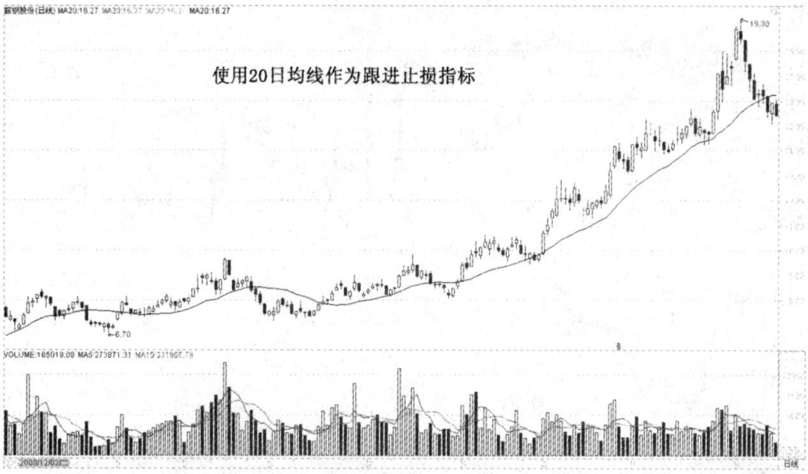

图 15－16 使用 20 日均线跟进性止损

所有均线截断，则被称为“断头铡刀”，也是止损信号（如图 15－20）。

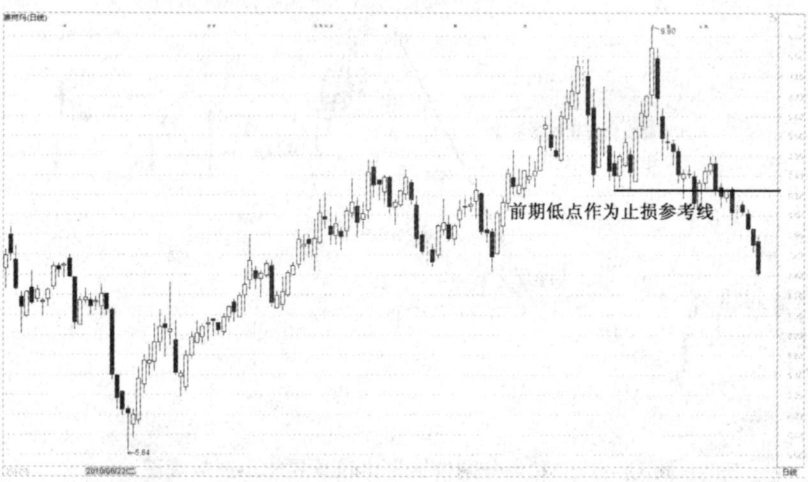

图 15－17 前期低点是比较重要的止损放置基准

我们建议操盘手一旦进入市场，就首先设置好自己的止损水平，准备付出数量较小的损失，从而避免一场较为严重的灾难。尤其需要提请注意的是，永远不要抱有侥幸心理，保护性止损价位永远不能临时向下移动（可以设定的时候较平常幅度放宽一些），这应作为基本原则来牢记。此外，止损幅度（指止损位与买入价的距离）的确定还应考虑排除日常价格波动的影响（参考前面课程关于 ATR 指标的用法），短线操作的止损幅度要小于长线操作，较高风险状态下的止损幅度要小于较低风险状态。止损幅度过大，则丧失了止损的本意，一次错误就造成很大的损失。但止损幅度过小，很可能形成无谓

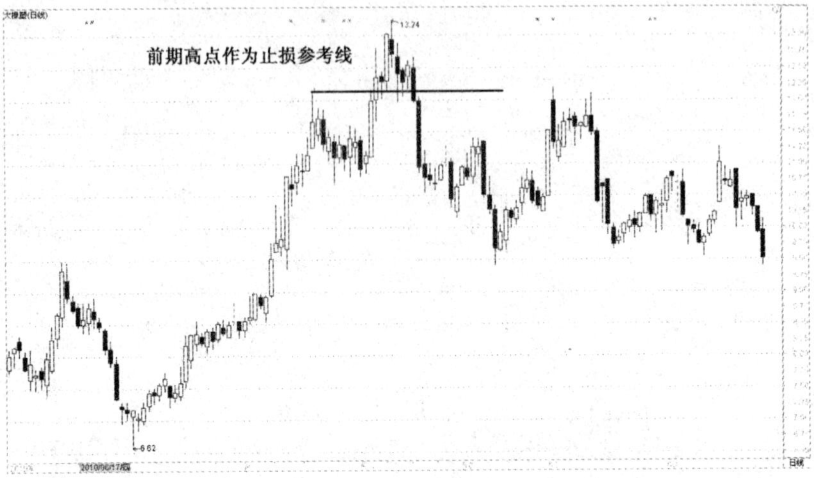

图 15－18　前期高点是比较重要的止损放置基准

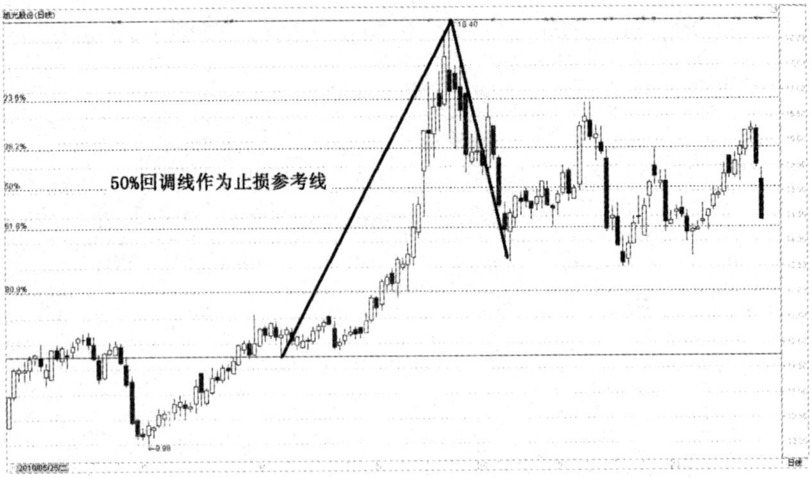

图 15－19　黄金分割位置是比较重要的止损放置基

的损失，因为这种情况下，止损位容易在股价的正常波动中触及。可见，确定合适的止损幅度几乎可以说是一种艺术。

第三是止损的执行，止损操作的关键在于坚定意志、严肃纪律，在应该止损时决不要心成侥幸，决不能用各种理由来说服自己放弃或推迟实施止损计划，必须不折不扣地执行操盘纪律，所谓“加强纪律性，革命无不胜”。国外有些股票市场允许下“止损单”，即在持有某股票的情况下可以下达这样的指令单：当股价低于指定价格时，即刻以市价卖出或限价卖出（分别称为“市价止损单”和“限价止损单”）；如允许下“止损单”，那么止损操作的最佳方式就是在第一时间下止损单（即在确认股票已买入后马上下止损单）。但目前国内

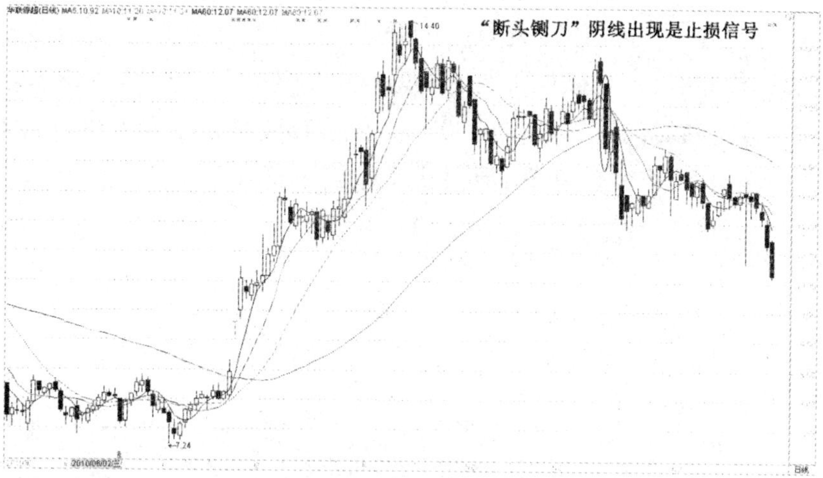

图 15－20 "断头铡刀"止损信号

股市尚不允许下止损单,这就更要依靠我们的意志和纪律性来完成止损操作。当然,止损计划的实施也可以随行情的变化而适当调整,但必须牢记的是,只能在有利情况下方能调整止损位,即只允许当原投资决策正确时,股价已有一定涨幅后,方能随行情的发展逐步调整原定的止损位,在保证既得利益的同时尽量赚取更多的利润,这种经调整的"止损计划"有时可称为"止赚计划"。但决不随意能调低止损位,因为这无异于不实施(至少是推迟实施)止损,彻底违背了止损计划的初衷;而提高止损位不会使亏损扩大,相反只会使亏损减少、乃至确保一定的赢利,没有违背止损计划的本意。

讲完了为什么要止损和如何止损,我们强调下谨慎止损的问题。止损被称为是股民进行短线操作的前提条件之一,对于爱好短线操作的操盘手来说,止损有利于将自己的操作损失控制在一定的范围之内,因而它又被视为是短线操作的重要法宝。尽管如此,操盘手对于止损还是应该谨慎为好。止损是一把双刃刀,止损毕竟意味着割肉,如果频繁止损频繁割肉,那么,股市里的大户早就割成了小散户,而小散户也因此而注销户口成为股市里的"黑户"了。并且止损作为一种投机方法,其准确度也是不高的,而一旦操作失误,你就会将"肉"割在一个低点而再也捡不回来了,原本可以赚钱的筹码却因为止损而变成了亏损操作。这样的事例在股市里,在我们的身边实在是太多了。依据职业操盘手的经验与教训,如下三种情况是不适宜于立即止损的,可以放宽止损。

第一,在上市公司基本面没有发生明显恶化的情况下,历史低价区的筹码是不适宜于止损的。对这类筹码的止损,往往意味着拱手将利润送予他人。对于这种股票,一旦破位下行,操盘手可大胆补仓。比如1998年8月份恰逢股指大跌,当时的秋林股份(600891,如图15-21),也是一度跌破6元的历史低点,创出5.06元的新低,但很快又拉到了9元的上方。如果操盘手在这些低点割去这些股票,只怕是要后悔一辈子。

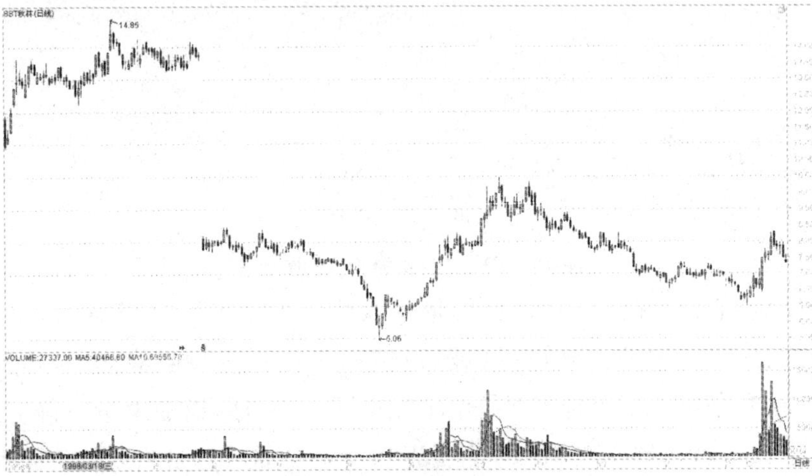

图15-21 秋林股份历史走势

第二,对于上升途中的个股也是不适宜于止损的。根据波浪理论的看法,一个完整的上升浪是由五浪组成的,其中1、3、5浪为上升浪,而2、4浪为调整浪。而上升过程中的股价下跌,应视为是对上升的调整,是进货的机会,如果这时止损,往往会把筹码抛在一个相对的低位上,从而减少收益(如图15-22)。

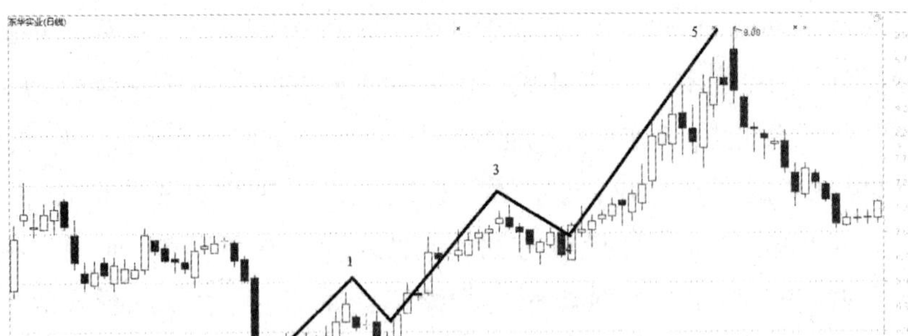

图15-22 5浪结构

第三，高位下跌不放量的个股也不宜急于止损（如图 15－23）。庄家出货往往是在多次反复中完成的，虽然你被套了，但如果是无量跌下来的话，那么你还可持筹耐心地等待庄家下一次拉起时解套出局或少亏一点出局。特别是对于一些小盘股、涨幅又不是特别大的股票，经过一段时间的盘整后，庄家将股价再度拉起的可能性较大。当然对于那些涨幅巨大、放量下行的股票，操盘手一定要及早止损为好，以免庄家跳水出货，给你带来惨重的损失。

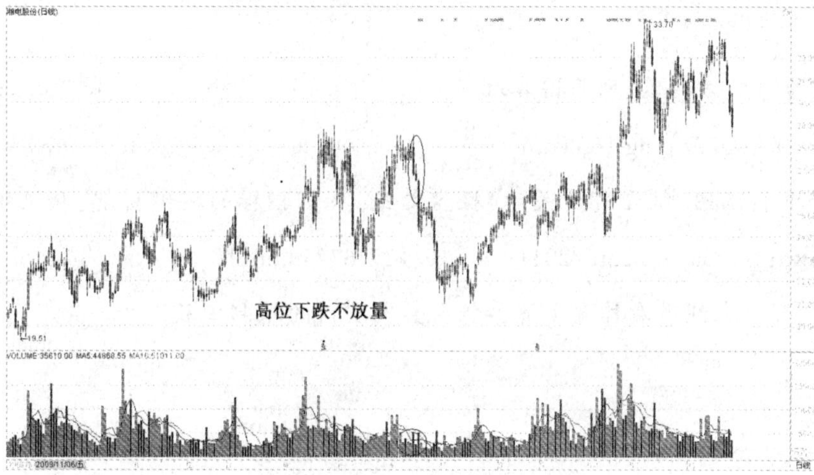

图 15－23　高位下跌不放量

最后需要指出的是，尽管止损是防范风险从而也是整个股市投机中的关键性措施，但它毕竟只是一种防守型技术，不能用来替代行情分析和其他交易技巧。止损的目的是避害，而股市买卖的最终目的是趋利，只有高质量的大势判研、选时、选股等技巧才能实现赢利的目的。这两者的关系好似足球中的防守与进攻，唯有全攻全守，方能决胜股市。

附录一

在线课堂

1. 作者唯一官方博客，网易博客地址：
   http://dtdg777.blog.163.com
2. 请登录和讯网，收看作者关于《操盘之王》技术指标的视频讲解，和讯视频地址：http://tv.hexun.com/2011-05-19/129767258.html
   同时，可以在线观看作者上海签售会盛况空前的精彩回放。

附录二

带头大哥之歌

大哥您好：

我是您众多追随者中的一位，可能您根本不知道我的存在。但是我却因为2007年对您的关注而受益巨大。我以前是一名民歌演唱员，后来年纪大了做了一段主持人，今年已经48岁。2007年我进入股市，投入的总资金为100万元，也基本是我一生的积蓄了。在不知道您博客之前已经亏损了30多万元，当时我连自杀的心都有，觉得这个市场不是我这样人能操作的，而且我也不会上网。后来您5月份在网易的视频我看了，才开始逐渐了解您。当您推荐000655金岭矿业的时候，我毫不犹豫买满仓位。您当时说它可以走到41元以上位置，我在42元全部卖出了，我的成本是23元，一共赢利了57万元。后来我几次去长春都见不到您，我一直想把我赢利的57万送给您10万。因为没有您当年的义举，今天我不知道会是什么样子。您改变了我人生的轨迹。记得后来网易举行过一次最佳股评师的评选，您的粉丝留言竟然有几千楼，我自己也写了5楼。可以说当年受到您恩惠的人远不止我一个，而是成千上万。这些人和我一样，就是按照您博客上写的东西操作的，也赚了大钱。后来您消失的这3年里，我再没买过股票，因为我知道自己做不能赢利，我每天都点您的博客，希望能看到您回来。我去年求朋友为您写了一首歌曲，词曲作者都是大腕，而演唱者是我本人，虽然我的声音已经不太适合演唱了，但是我真的是用心唱给您的。请收下一个散户送给您的生日礼物吧！祝愿大哥全家身体健康，万事如意！

《带头大哥之歌》点击以下网址收听：

http://yc.5sing.com/594490.html

歌词如下：

散户们快抓住大哥的手，割肉的感觉太疼了。大哥你离开我们的时候，我们只能跟着感觉走。主力的嘴巴太黑了，已经杀得我们一无所有。我们再也看不见大哥你温柔的眼眸。大哥，你累了吗？真的不管熊市我们如何度过？大哥，你在的话这点挫折不算什么不算什么。主力的刀子你慢慢地割，再也没人为了散户行善积德。你就是散户的指路明灯，你就是那冬天里的一把火。带头大哥！股市的路充满曲折，狂热的资金化海为河。我们需要你重出江湖，带着我们击败主力将熊市分隔。主力的手段太无耻，一夜醒来不知道是死是活。我们想看见大哥，你是归来的王者。大哥，大哥，我们没听你的话一错再错。大哥，大哥，再也没有人耐心说教谴责。你就是散户的保护神，你凡人身躯狙击主力不顾自我，主力在你的剑下颤抖，因为你是你是斗战胜佛。你是带头大哥，带头大哥，带头大哥，带…头…大…哥！

2011年股票投资类第一畅销书

操盘之王

山西人民出版社

定价:77.70元

ISBN:9787203072409

《操盘之王》连续52天雄踞全国图书畅销榜第一名,8周蝉联全国经管类图书畅销榜第一名,12周蝉联全国股票类图书畅销榜第一名。当当网预售首日热销破万,打破全国图书所有历史销售记录。

《操盘之王》目录

会员服务卡

感谢您对“舵手”图书的认可与支持！当您购买了“舵手”系列图书的任何一本书后，请将本服务卡片邮寄给我们，您将立刻成为我们的注册会员，享受折扣、回馈、快讯、读友会活动等会员权利和服务。也可发电邮至：dsbook88@gmail.com。

为了更详细地了解您的阅读需求和习惯，我们正在进行读者调研。您的每一个建议都可能成为我们策划选题、编辑图书的依据。我们也会根据您的意见改进我们今后的工作。请您参与，感谢您的智慧分享！

……………………………请 您 参 与……………………………

1. 您购买的图书是 ____________________，时间是 ______ 年 ____ 月。

2. 您是通过何种途径知道和购买这本书的？

□他人推荐 □逛书店 □机场 □报纸、杂志 □网络 □邮件信息

3. 您当初是怎么决定购买这本书而不购买其他书的？

□这本书宣传很多，好奇，想看看。

□翻看了内容，觉得确实不错。

□看到报纸杂志上的书评，觉得挺有意思。

□了解这个作者，看到他的书不错就买了。

4. 这本书哪里最吸引您？

□书名 □目录 □封面装帧 □作者 □内容

5. 这本书您认为最不好的地方是？

□书名 □封面 □内文版式 □内容 □定价

6. 您认为本书哪部分写得最好？您的评价是 ______________________。

7. 您认为本书内容还有哪些地方需要改进？

8、您希望本书作者的下一本书写什么?请详细说说您的想法,可能作者的下一本书就真的是专门为您而写。

9、请对我们的出版提出一点建议吧!

您的资料

姓名:__________ 性别:_____ 出生年月:______年___月

工作行业:_____________ 职务:____________

兴趣爱好:_________

通信地址:___________________________________

邮政编码:_________ 手机:_____________

电子邮件:_____________________

联系我们

地址:北京市朝阳区甜水园北里16号楼243号

邮编:100026

电话:010-65934271(兼传真) 联系人:郑老师